学术著作

第二次国共合作政策和策略研究

主　编 ● 胡大牛

著　者 ● 胡大牛　周勇　扶小兰
　　　　　李祥营　唐伯友

重庆出版集团　重庆出版社

图书在版编目(CIP)数据

第二次国共合作政策和策略研究 / 胡大牛主编. —重庆：重庆出版社，2017.9
ISBN 978-7-229-12390-1

Ⅰ.①第… Ⅱ.①胡… Ⅲ.①国共合作—研究—中国—1936-1946 Ⅳ.①K265.19

中国版本图书馆 CIP 数据核字(2015)第 226218 号

第二次国共合作政策和策略研究
DI ER CI GUOGONG HEZUO ZHENGCE HE CELÜE YANJIU
胡大牛　主编

责任编辑：周英斌
责任校对：何建云
装帧设计：重庆出版集团艺术设计有限公司

重庆出版集团
重庆出版社　出版

重庆市南岸区南滨路 162 号 1 幢　邮政编码：400061　http://www.cqph.com
重庆出版集团艺术设计有限公司制版
自贡兴华印务有限公司印刷
重庆出版集团图书发行有限公司发行
E-MAIL:fxchu@cqph.com　邮购电话:023-61520646
全国新华书店经销

开本:787mm×1092mm　1/16　印张:25.75　字数:381 千
2017 年 9 月第 1 版　2017 年 9 月第 1 次印刷
ISBN 978-7-229-12390-1
定价:51.50 元

如有印装质量问题，请向本集团图书发行有限公司调换:023-61520678

版权所有　侵权必究

《中国抗战大后方历史文化丛书》

编纂委员会

总 主 编：章开沅
副总主编：周　勇

编　　委：（以姓氏笔画为序）
山田辰雄　日本庆应义塾大学教授
马 振 犊　中国第二历史档案馆馆长
王 川 平　重庆中国三峡博物馆名誉馆长
王 建 朗　中国社科院近代史研究所副所长、研究员
方 德 万　英国剑桥大学东亚研究中心主任、教授
巴 斯 蒂　法国国家科学研究中心教授
西村成雄　日本放送大学教授
朱 汉 国　北京师范大学历史学院教授
任　　竞　重庆图书馆馆长、研究馆员
任 贵 祥　中共中央党史研究室研究员、《中共党史研究》主编
齐 世 荣　首都师范大学历史学院教授
刘 庭 华　中国人民解放军军事科学院研究员
汤 重 南　中国社科院世界历史研究所研究员
步　　平　中国社科院近代史研究所所长、研究员
何　　理　中国抗日战争史学会会长、国防大学教授
麦 金 农　美国亚利桑那州立大学教授
玛玛耶娃　俄罗斯科学院东方研究所教授

陆大钺	重庆市档案馆原馆长、中国档案学会常务理事
李红岩	中国社会科学杂志社研究员、《历史研究》副主编
李忠杰	中共中央党史研究室副主任、研究员
李学通	中国社会科学院近代史研究所研究员、《近代史资料》主编
杨天石	中国社科院学部委员、近代史研究所研究员
杨天宏	四川大学历史文化学院教授
杨奎松	华东师范大学历史系教授
杨瑞广	中共中央文献研究室研究员
吴景平	复旦大学历史系教授
汪朝光	中国社科院近代史研究所副所长、研究员
张国祚	国家社科基金规划办公室原主任、教授
张宪文	南京大学中华民国史研究中心主任、教授
张海鹏	中国史学会会长、中国社科院学部委员,近代史研究所研究员
陈晋	中共中央文献研究室副主任、研究员
陈廷湘	四川大学历史文化学院教授
陈兴芜	重庆出版集团总编辑、编审
陈谦平	南京大学中华民国史研究中心副主任、教授
陈鹏仁	台湾中正文教基金会董事长、中国文化大学教授
邵铭煌	中国国民党文化传播委员会党史馆主任
罗小卫	重庆出版集团董事长、编审
周永林	重庆市政协原副秘书长、重庆市地方史研究会名誉会长
金冲及	中共中央文献研究室原常务副主任、研究员
荣维木	《抗日战争研究》主编、中国社科院近代史研究所研究员
徐勇	北京大学历史系教授
徐秀丽	《近代史研究》主编、中国社科院近代史研究所研究员
郭德宏	中国现代史学会会长、中共中央党校教授
章百家	中共中央党史研究室副主任、研究员
彭南生	华中师范大学历史文化学院教授
傅高义	美国哈佛大学费正清东亚研究中心前主任、教授

温贤美　四川省社科院研究员
谢本书　云南民族大学人文学院教授
简笙簧　台湾"国史馆"纂修
廖心文　中共中央文献研究室研究员
熊宗仁　贵州省社科院研究员
潘　洵　西南大学历史文化学院教授
魏宏运　南开大学历史学院教授

编辑部成员（按姓氏笔画为序）

朱高建　刘志平　吴　畏　别必亮　何　林　黄晓东　曾海龙　曾维伦

总　序

章开沅

我对四川、对重庆常怀感恩之心,那里是我的第二故乡。因为从1937年冬到1946年夏前后将近9年的时间里,我在重庆江津国立九中学习5年,在铜梁201师603团当兵一年半,其间曾在川江木船上打工,最远到过今天四川的泸州,而启程与陆上栖息地则是重庆的朝天门码头。

回想在那国破家亡之际,是当地老百姓满腔热情接纳了我们这批流离失所的小难民,他们把最尊贵的宗祠建筑提供给我们作为校舍,他们从来没有与沦陷区学生争夺升学机会,并且把最优秀的教学骨干稳定在国立中学。这是多么宽阔的胸怀,多么真挚的爱心! 2006年暮春,我在57年后重访江津德感坝国立九中旧址,附近居民闻风聚集,纷纷前来看望我这个"安徽学生"(当年民间昵称),执手畅叙半个世纪以前往事情缘。我也是在川江的水,巴蜀的根和四川、重庆老百姓大爱的哺育下长大的啊! 这是我终生难忘的记忆。

当然,这八九年更为重要的记忆是抗战,抗战是这个历史时期出现频率最高的词语。抗战涵盖一切,渗透到社会生活的各个层面。记得在重庆大轰炸最频繁的那些岁月,连许多餐馆都不失"川味幽默",推出一道"炸弹汤",即榨菜鸡蛋汤。……历史是记忆组成的,个人的记忆汇聚成为群体的记忆,群体的记忆会汇聚成为民族的乃至人类的记忆。记忆不仅由文字语言承载,也保存于各种有形的与无形的、物质的与非物质的文化遗产之中。历史学者应该是文化遗产的守望者,但这绝非是历史学者单独承担的责任,而应是全社会的共同责任。因此,我对《中国抗战大后方历史文化丛书》编纂出版寄予厚望。

抗日战争是整个中华民族(包括海外侨胞与华人)反抗日本侵略的正义战争。自从19世纪30年代以来，中国历次反侵略战争都是政府主导的片面战争，由于反动统治者的软弱媚外，不敢也不能充分发动广大人民群众，所以每次都惨遭失败的结局。只有1937年到1945年的抗日战争，由于在抗日民族统一战线的旗帜下，长期内战的国共两大政党终于经由反复协商达成第二次合作，这才能够实现史无前例的全民抗战，既有正面战场的坚守严拒，又有敌后抗日根据地的英勇杀敌，经过长达8年艰苦卓绝的壮烈抗争，终于赢得近代中国第一次民族解放战争的胜利。我完全同意《中国抗战大后方历史文化丛书》的评价："抗日战争的胜利成为了中华民族由衰败走向振兴的重大转折点，为国家的独立，民族的解放奠定了基础。"

中国的抗战，不仅是反抗日本侵华战争，而且还是世界反法西斯战争的重要组成部分。

日本明治维新以后，在"脱亚入欧"方针的误导下，逐步走上军国主义侵略道路，而首当其冲的便是中国。经过甲午战争，日本首先占领中国的台湾省，随后又于1931年根据其既定国策，侵占中国东北三省，野心勃勃地以"满蒙"为政治军事基地妄图灭亡中国，独霸亚洲，并且与德、意法西斯共同征服世界。日本是法西斯国家中最早在亚洲发起大规模侵略战争的国家，而中国则是最早投入反法西斯战争的先驱。及至1935年日本军国主义者通过政变使日本正式成为法西斯国家，两年以后更疯狂发动全面侵华战争。由于日本已经与德、意法西斯建立"柏林—罗马—东京"轴心，所以中国的全面抗战实际上揭开了世界反法西斯战争(第二次世界大战)的序幕，并且曾经是亚洲主战场的唯一主力军。正如1938年7月中共中央《致西班牙人民电》所说："我们与你们都是站在全世界反法西斯的最前线上。"即使在"二战"全面爆发以后，反法西斯战争延展形成东西两大战场，中国依然是亚洲的主要战场，依然是长期有效抗击日本侵略的主力军之一，并且为世界反法西斯战争的胜利做出了极其重要的贡献。2002年夏天，我在巴黎凯旋门正好碰见"二战"老兵举行盛大游行庆祝法国光复。经过接待人员介绍，他们知道我也曾在1944年志愿从军，便热情邀请我与他们合影，因为大家都曾是反法西斯的战士。我虽感光荣，但却受之有愧，因为作为现役军人，未能决胜于疆场，日本就宣布投降了。但是法国老兵非常尊重中国，这是由于他们曾经投降并且亡国，而中国则始终坚持英勇抗战，并主要依靠自己的力量赢得最后胜利。尽管都是"二战"的主要战胜国，毕竟分量与地位有所区别，我们千万不可低估自己的抗战。

重庆在抗战期间是中国的战时首都，也是中共中央南方局与第二次国共合作的所在地，"二战"全面爆发以后更成为世界反法西斯战争远东指挥中心，因而具有多方面的重要贡献与历史地位。然而由于大家都能理解的原因，对于抗战期间重庆与大后方的历史研究长期存在许多不足之处，至少是难以客观公正地反映当时完整的社会历史原貌。现在经由重庆学术界倡议，并且与全国各地学者密切合作，同时还有日本、美国、英国、法国、俄罗斯等外国学者的关怀与支持，共同编辑出版《中国抗战大后方历史文化丛书》，堪称学术研究与图书出版的盛事壮举。我为此感到极大欣慰，并且期望有更多中外学者投入此项大型文化工程，以求无愧于当年的历史辉煌，也无愧于后世对于我们这代人的期盼。

在民族自卫战争期间，作为现役军人而未能亲赴战场，是我的终生遗憾，因此一直不好意思说曾经是抗战老兵。然而，我毕竟是这段历史的参与者、亲历者、见证者，仍愿追随众多中外才俊之士，为《中国抗战大后方历史文化丛书》的编纂略尽绵薄并乐观其成。如果说当年守土有责未能如愿，而晚年却能躬逢抗战修史大成，岂非塞翁失马，未必非福？

2010年已经是抗战胜利65周年，我仍然难忘1945年8月15日山城狂欢之夜，数十万人涌上街头，那鞭炮焰火，那欢声笑语，还有许多人心头默诵的杜老夫子那首著名的诗："剑外忽传收蓟北，初闻涕泪满衣裳！却看妻子愁何在？漫卷诗书喜欲狂。白日放歌须纵酒，青春作伴好还乡。即从巴峡穿巫峡，便下襄阳向洛阳。"

即以此为序。

庚寅盛暑于实斋

（章开沅，著名历史学家、教育家，现任华中师范大学东西方文化交流研究中心主任）

序

周 勇

"中国人民抗日战争的胜利,成为中华民族走向复兴的历史转折点。"[1]

"这一伟大胜利,彻底粉碎了日本军国主义殖民奴役中国的图谋,洗刷了近代以来中国抗击外来侵略屡战屡败的民族耻辱;重新确立了我国在世界上的大国地位,中国人民赢得了世界爱好和平人民的尊敬;开辟了中华民族伟大复兴的光明前景,开启了古老中国凤凰涅槃、浴火重生的新征程。这一伟大胜利,也是中国人民为世界反法西斯战争胜利、维护世界和平作出的重大贡献。"[2]

抗日战争时期,重庆是中国的战时首都、中共中央南方局所在地,是以国共合作为基础的抗日民族统一战线的重要政治舞台,是世界反法西斯战争东方战场统帅部所在地,为中国人民抗日战争和世界反法西斯战争的胜利作出了巨大的历史贡献。以重庆为中心的中国西部地区,是中国抗战的大后方,大后方人民在浴血奋战的抗战历史中,创造出独具特色的抗战历史文化。抗战大后方历史文化发展的主导力量,是中国共产党倡导和推动建立的以国共合作为基础的抗日民族统一战线。

在纪念中国人民抗日战争暨世界反法西斯战争胜利60周年之后,从2008年起,在中共重庆市委的领导下,重庆市实施了"重庆中国抗战大后方历

---

[1] 胡锦涛:《在纪念抗日战争胜利60周年大会上的讲话》(2005年9月3日),《人民日报》2005年9月4日。

[2]《习近平在中共中央政治局第二十五次集体学习时强调,让历史说话用史实发言,深入开展中国人民抗日战争研究》(2015年7月30日),《人民日报》2015年7月31日。

史文化研究和建设工程"。在此背景下,我们根据以重庆为中心的抗战大后方历史特点,专门设计以抗战时期国共合作为题的重大研究项目,获得了中宣部的批准立项。历时八年,我们承担并开展了国家交给我们的"第二次国共合作及其经验研究",取得了一系列新进展、新成果。纳入《中国抗战大后方历史文化丛书》的"第二次国共合作及其经验研究系列"就是这些成果的集中体现。

时值上述成果完成并即将出版之际,中共中央政治局于2015年7月30日就中国人民抗日战争的回顾和思考,进行了第二十五次集体学习。中共中央总书记习近平在主持时强调:长期以来,对中国人民抗日战争的研究,取得了许多重要成果;"同时,同中国人民抗日战争的历史地位和历史意义相比,同这场战争对中华民族和世界的影响相比,我们的抗战研究还远远不够,要继续进行深入系统地研究。""要坚持用唯物史观来认识和记述历史,把历史结论建立在翔实准确的史料支撑和深入细致的研究分析的基础之上。"为此他要求"要加强国家层面的统筹协调,按照'总体研究要深、专题研究要细'的原则,制订中长期规划和具体工作方案,确定研究重点和主攻方向。"[①]

这一重要讲话是对中国人民抗日战争研究的顶层设计,意味着抗战研究将作为中国近现代历史学科的"显学"而成为常态,进入重点推进的新阶段。

在本课题结题的时候,这一讲话既是对既往研究的充分肯定,更是对未来深入研究的方向引领。

一、项目体系

大家看到的"第二次国共合作及其经验研究系列"是国家哲学社会科学基金特别委托项目"第二次国共合作及其经验研究——以中共中央南方局和抗战大后方为中心"(项目批准号:09@ZH012,简称"特别委托项目")的最终成果。

这一项目的申报始于2008年重庆市酝酿"重庆中国抗战大后方历史文

[①]《习近平在中共中央政治局第二十五次集体学习时强调,让历史说话用史实发言,深入开展中国人民抗日战争研究》(2015年7月30日),《人民日报》2015年7月31日。

化研究和建设工程"之际,得到了中央领导同志和中央宣传部、中央文献研究室、中央党史研究室、国家新闻出版总署、军事科学院等单位的大力支持。这一项目由重庆市委宣传部和西南大学联合申报,以周勇教授为首席专家,由中共重庆市委抗战大后方历史文化工作协调小组及其办公室牵头,整合国内及全市研究力量,协同实施。

在此背景下,这一课题所涉及的一批重要的研究及工作项目被列为"特别委托项目"的子课题,有的被重庆市哲学社会科学规划领导小组办公室列为重庆市社科规划的重大项目,形成了以"第二次国共合作"为核心主题,以"特别委托项目"为中心,以重庆社科项目为延伸,以全国范围研究力量为骨干,强调基础研究与应用研究相结合、历史研究与史料搜集相结合、学术研究与应用研究相结合,主次分明、层次清晰的立体式项目结构,以达成研究力量多元、优势互补的研究体系。从而很好地发挥了中央和地方的学术引擎"双驱动"作用,呈现相互支撑、协同创新、成果互补的良好局面,为完成这一国家社科规划重大项目打下了坚实基础。

这些项目主要有:

2009年:"第二次国共合作的形成与发展研究"(中央党史研究室李蓉主持,批准号:2009-ZDZX02)、"第二次国共合作国际国内环境研究"(西南大学张国镛主持,批准号:2009-ZDZX01)、"第二次国共合作政策与策略研究"(重庆市委党校胡大牛主持,批准号:2009-ZDZX03)、"第二次国共合作模式与机制研究"(西南大学潘洵、鲁克亮主持,批准号:2009-ZDZX04)、"第二次国共合作的分歧、冲突与谈判研究"(西南大学张守广、谭刚主持,批准号:2009-ZDZX05)、"第二次国共合作的成效与影响研究"(西南大学刘志英、杨如安主持,批准号:2009-ZDZX06)、"第二次国共合作破裂以来的国共关系的演变研究"(北京大学牛军主持,批准号:2009-ZDZX07)、"第二次国共合作的历史经验及其对当前发展两岸关系的指导意义研究"(重庆市委宣传部苟欣文主持,批准号:2009-ZDZX08)。

2010年:"抗战大后方与周恩来研究"(中央文献研究室廖心文主持,批准号:2010-ZDZX03)、"抗战时期国共合作档案文献资料汇编"(西南大学潘洵主持,批准号:2010-ZDZX11)、"重庆谈判档案文献汇编"(重庆中国抗战大后方研究中心刘志平主持,批准号:2010-ZDZX12)、"国民参政会档案文献资料汇编"(重庆中国抗战大后方研究中心黄晓东主持,批准号:2010-ZDZX13)、"政治协商会议档案文献资料汇编"(重庆中国抗战大后方研究中心何林主持,批准号:2010-ZDZX14)、"中共南方局党史资料汇编"(重庆市委党史研究室徐塞声主持,批准号:2010-ZDZX10)。

2011年:"董必武与抗战大后方研究"(西南政法大学俞荣根主持,批准号:2011-ZDZX01)、"红岩千秋——南方局口述历史资料集"(重庆中国抗战大后方研究中心刘志平主持,批准号:2011-ZDZX02)。

2012年:"西部12省区市抗战大后方党史系列研究"(重庆市抗战大后方历史文化研究会周勇主持,批准号:2012-ZDZX02)。

2013年:"中共南方局与抗战大后方社会研究"(西南大学陈跃主持,批准号:2013-ZDZX02)、"中国共产党抗战大后方文献选编"(重庆红岩联线管理中心朱军、刘志平主持,批准号:2013-ZDZX05)、"抗战大后方八路军办事处档案文献汇编"(重庆红岩联线管理中心朱军、吴绍阶主持,批准号:2013-ZDZX06)、"中国抗战时期中间党派档案文献选编"(重庆市政协学习与文史委员会杨力主持,批准号:2013-ZDZX07)、"中国共产党抗战大后方活动研究"(重庆工商大学洪富忠主持,批准号:2013-ZDZX10)、"抗战时期中国共产党在重庆的舆论话语权研究"(重庆大学张瑾主持,批准号:2013-ZDZX28)。

2014年:"中国共产党抗战大后方文献研究"(西南大学中国抗战大后方研究中心刘志平主持,批准号:2014-ZDZX06)、"抗战时期美国与中共关系档案资料汇编"(西南大学张凤英主持,批准号:2014-ZDZX19)。

二、研究的意义和价值

立项研究"第二次国共合作及其经验",旨在深化考证研究,增进历史认同,解决遗留问题,构筑政治互信,探索合作新路。

自20世纪20年代以来,中国共产党和中国国民党就是中国政治舞台上影响中国近代历史进程的两大政党。虽然两大政党在政治纲领、政治信仰方面存在重大差异，但却有过两次比较成功的合作，对国家进步、民族复兴产生了重要的推动作用。令人遗憾的是，抗日战争结束以后，国共两党发生了严重的政治对抗，乃至兵戎相见，这种状况一直延续至今。

中共中央提出："两岸应该本着建设性态度，积极面向未来，共同努力，创造条件，通过平等协商逐步解决两岸关系中历史遗留的问题和发展过程中产生的新问题。"[1]

在新的历史条件下，中共中央进一步提出，要"让历史说话，用史实发言，深入开展中国人民抗日战争研究"；特别提出，要"推动海峡两岸学术界共享史料、共写史书，共同捍卫民族尊严和荣誉"[2]。为此，史学工作者应当恪守"一个中国"原则，尊重历史，求同存异，追求最大共识，增进政治互信，为推动两岸和平统一作出贡献。

因此，今天我们研究第二次国共合作的意义和价值就在于：

（一）有利于充分认识中国共产党是领导中国人民争取民族独立和人民解放的坚强核心和全民族抗战的中流砥柱，充分认识中国共产党在抗战大后方的卓越历史地位和巨大作用，深刻反映中国共产党倡导和推动建立的以国共合作为基础的抗日民族统一战线的形成和发展历程，继承和弘扬红岩精神

抗战时期，中国共产党领导的革命斗争，逐渐形成了两条战线、两个战场。一个是敌后抗日根据地的武装斗争，一个是中国共产党倡导和推进建立的抗日民族统一战线。特别是以重庆为中心的大后方，国际国内形势风云激荡，政治斗争纷繁复杂。中共中央南方局在党中央的正确领导下，始终高举抗日和民主的旗帜，坚持国共合作，牢牢把握抗日民族统一战线的领导权，正确处理统一战线中的阶级关系，凝聚民族力量，推动全民抗战，既为抗战胜利作出了重要贡献，又为民主党派阵营的形成和新中国建立后的中国共产党领导的多党合作政治格局的开创，奠定了坚实的基础。同时，在党中央领导下，

---

[1] 胡锦涛在纪念《告台湾同胞书》发表30周年座谈会上的讲话（2008年12月31日），《人民日报》2009年1月1日第1版。

[2] 《习近平在中共中央政治局第二十五次集体学习时强调，让历史说话用史实发言，深入开展中国人民抗日战争研究》（2015年7月30日），《人民日报》2015年7月31日。

以周恩来同志为代表的南方局老一辈无产阶级革命家,培育了以崇高思想境界、坚定理想信念、巨大人格力量和浩然革命正气为本质的红岩精神,体现了中国共产党精神风范中的核心价值。红岩精神同井冈山精神、长征精神、延安精神一样,都是中国共产党人和中华民族的宝贵精神财富。深入研究第二次国共合作及其经验,就是要加强对中国共产党在抗战大后方的地位和作用的研究,梳理中国共产党倡导和推进建立的抗日民族统一战线的发生、发展历史轨迹,厘清各民主党派成长历史和经验教训,深入研究抗日民族统一战线形成的机制和方法。大力弘扬红岩精神,有利于在新的历史时期进一步坚持中国共产党的领导,坚持和完善中国共产党领导的多党合作和政治协商制度,增强民族凝聚力,加强民族大团结,为实现中华民族的伟大复兴提供强大的精神动力。

(二)有利于充分认识第二次国共合作的重大意义和深远影响,增强新时期发展国共关系和两岸关系的责任感和自觉性

1931年九一八事变后,面对空前严重的民族危机和国内日益高涨的抗日浪潮,中国共产党和中国国民党及时调整政策,以民族利益为重,捐弃前嫌,求同存异,毅然再次合作,共赴国难,实现了中华民族的空前团结,并最终取得了近百年来第一次民族解放战争的完全胜利,开启了中华民族走向复兴的伟大转折。通过对大陆、台湾及其他地区和国家保存资料的参照对比、梳理考证和重新解读,进一步研究抗战时期国共两党艰难曲折的合作历程,还原第二次国共合作的历史真实;系统论证第二次国共合作取得的重大成果及其对抗日战争的伟大胜利、对中华民族走向复兴的伟大转折、对国共两党的发展所产生的深远影响;总结梳理抗战结束后,两党政治对立、国家分裂对民族复兴和国家利益造成的严重伤害,将有利于我们充分认识国共两党"合则对国家有利,分则必伤民族元气"的经验教训,进一步增强新时期发展国共关系和两岸关系的责任感和自觉性。

(三)有助于化解歧见,增加互信,解决历史遗留问题,为实现祖国和平统一排除历史认知障碍

抗战时期第二次国共合作的历史,既是国共两党求同存异、相忍为国的

集中体现,也是两党智慧较量和实力斗争的充分展示。第二次国共合作取得了抗战的胜利,推动了民族的复兴,同时也对国共两党产生了重要的影响。中国共产党通过与国民党的合作、与广大中间党派的合作,努力争取实现抗日和民主两大目标,获得了空前的发展,建立了一系列根据地,拥有了强大军队,党员人数剧增,赢得了广大人民群众的支持,成为全国性大党,为中国人民抗日战争暨世界反法西斯战争的胜利作出了重大贡献,初步得到国际社会的了解,也为新中国政治制度奠定了重要的基础。中国国民党通过合作抗日,取得了中国历史上成功抵御外敌入侵、胜利还都的"不曾有的先例"(冯友兰语)。然而,长期以来,国民党和台湾方面并不认同国共合作,甚至完全不提"国共合作",其中重要原因,就是把国民党在大陆的失败完全归咎于国民党在抗战时期所谓的"容共政策",认为在两次国共合作中,国民党都吃尽苦头,终以中华民国退出中国大陆为代价,因此决不能再搞"国共合作"。这种对国共合作历史及经验教训的认识误区,实际上已成为国民党和台湾当局的一个历史包袱,也是阻碍当前发展两党和两岸关系的制约因素。因此,深化对第二次国共合作历史的研究,以科学的历史观正确认识第二次国共合作的历史、成果、影响及经验教训,有助于增进国共两党、海峡两岸的历史认同,逐步解决两岸关系中的历史遗留问题,构筑两岸政治互信的基石,从而排除祖国和平统一的历史认知障碍。

(四)有助于借鉴历史经验,在新的形势下积极探索发展两岸、两党关系的新内容、新形式与新机制

经过30多年的改革开放,中国的面貌发生了历史性变化,中国同世界的关系也发生了历史性变化。随着国家综合国力的整体增强,中华文化走向世界,中国的国际地位和影响力正在进一步提升,两党交流合作、两岸共谋发展迎来了新的国内和国际环境。两岸关系历经风雨坎坷,随着国民党在台湾执政地位的重新确立,台湾局势发生积极变化,两岸关系也迎来难得的历史发展机遇。历史研究的终极目的不仅是知晓过去,更是理解现在、指引未来。抗战时期以国共合作为核心的党际合作、朝野合作,最终表现为团结御侮、民族复兴,表现了中华民族生生不息的顽强生命力,尤其突出地表现了中华民

族持久坚韧的民族凝聚力。研究第二次国共合作的历史,就是为发展两党关系和两岸关系提供历史的借鉴。这有助于站在新的历史起点上,探索基于民族凝聚力、建立党际政治互信与政治合作的制度性框架,乃至于更深入、更广泛层次的合作策略、合作模式与合作机制(如基于一个国家之下的不同政权、不同政党之间的合作),探索发展两党关系和两岸关系的新内容、新形式、新模式,有助于促进结束两党、两岸的政治对立,实现祖国的早日统一。

(五)有助于深化对中国近代史、抗日战争史、中华民族复兴史、国共两党关系史、民主党派史的研究,进一步从学理和法理上遏制"台独",促进祖国统一。

正确的历史经验教训建立在科学的理论指导和最基本的史实研究基础之上。没有客观、深入和系统的研究,不可能实事求是地弄清楚长期影响着两党感情的种种历史矛盾和冲突的来龙去脉。仅仅满足于早已设定的政治结论,既不利于学术研究,也不可能正确地总结历史上的经验教训。深入研究第二次国共合作的历史,要坚持中国化马克思主义的指导,要注重现实关怀,坚持学术标准,在还原历史的真实上狠下功夫;需要在已有学术研究成果的基础上,立足新形势,拓宽新领域,挖掘新史料,构建新体系,提出新思考;在历史研究中再攀学术高峰,从而深化对中国近代史、抗日战争史、中华民族复兴史、国共两党关系史、中国民主党派史的认识。更为重要的是,抗战历史文化研究,特别是第二次国共合作历史研究的基本前提是"一个中国"原则。因此,研究国共合作的历史就是对"一个中国"的论证,是对"一个中国"原则的坚持。因此,基于科学和理性基础上的研究,就是从学理和法理方面遏制"台独",这是海峡两岸学界对促进祖国统一最实在的贡献。

三、国内外对第二次国共合作研究现状述评

(一)国内(含台湾地区)研究现状

自20世纪80年代以来,中国史学界对国共两党关系史的研究日益深入,硕果累累。其中对第二次国共合作的研究,成绩尤为显著。

发表的论文,据不完全统计,截至目前为止,以"第二次国共合作"为主题

在CNKI学术期刊网上进行检索,有研究论文1200余篇,其主要侧重在共产国际和第二次国共合作、第二次国共合作形成的历史过程和涉及的人物、对抗日战争胜利所起的巨大作用和意义、第二次国共合作期间国共两党的历次谈判、第二次国共合作为什么没能实行党内合作、抗日战争时期中共是否取得合法地位、第二次国共合作期间两党关系发生根本变化的标志、第二次国共合作破裂主要标志和过程、西安事变,等等。另外,中国中共党史学会选编的纪念抗日战争胜利40周年论文集《抗日民族统一战线与第二次国共合作》(中国文史出版社,1987年版)、第一至第五届全国国共两党关系史学术讨论会论文集等,均收入大量有关第二次国共合作的论文。

出版的资料集,主要有:中共党史资料征集委员会编辑的《第二次国共合作的形成》(中共党史资料出版社,1989年版);中央统战部、中央档案馆编辑的《中共中央抗日民族统一战线文件选编(上、中、下)》(档案出版社,1985年版);重庆市政协文史资料委员会、重庆市委党校、红岩革命纪念馆合编的《抗战时期国共合作纪实(上、下)》(重庆出版社,1992年版);中共湖北省委党史资料征集编研委员会、中共武汉市委党史资料征集编研委员会编的《抗战初期中共中央长江局》(湖北人民出版社,1991年版);南方局党史资料征集小组编的《南方局党史资料(1—6)》(重庆出版社,1986—1990年版);重庆市政协文史资料研究委员会编的《国民参政会纪实(上、下、续)》(重庆出版社,1985、1987年版);中共重庆市委党史工作委员会、重庆市政协文史资料研究委员会、红岩革命纪念馆合编的《重庆谈判纪实》(重庆出版社,1983年版);中共重庆市委党史研究室、重庆市政协文史资料委员会、红岩革命纪念馆合编的《重庆谈判纪实增订本》(重庆出版社,1993年版);重庆市政协文史资料研究委员会、重庆市委党校合编的《政治协商会议纪实》(重庆出版社,1989年版);中共代表团梅园新村纪念馆编辑的《国共谈判文献资料选辑(1945.8—1947.4)》(江苏人民出版社,1980年版)》;中央档案馆编辑的《中共中央文件选集》(内部本第10—13册,中央党校出版社,1985—1987年版);中央档案馆编辑的《中共中央文件选集》(公开本第11—16册,中央党校出版社,1991—1992年版);中央文献研究室和中共南京市委编辑的《周恩来1946年谈判文选》(中央文献出版社，1996年版)，以及中共中央文献研究室、中央档案馆合编的《建党以来重要文献选编(1921—1949)》(其中涉及1931—1945年抗战时期的共15册，即第8—22册，中央文献出版社，2011年版)。另有西安事变资料多种，皖南事变资料多种。

出版的专著主要有：张梅玲的《干戈化玉帛——第二次国共合作的形成》(中国广播电视出版社，1991年版)，郝晏华的《从秘密谈判到共赴国难——国共两党第二次合作形成探微》(北京燕山出版社，1992年版)，杨奎松的《失去的机会？战时国共谈判实录》(广西师范大学出版社，1992年版)，李良志《度尽劫波兄弟在——战时国共关系》(广西师范大学出版社，1993年版)，黄修荣《抗战时期国共关系纪事(1931—1945)》(中共党史出版社，1995年版)和《国共关系70年纪实》(重庆出版社，1994年版)等。

此外，国共关系史、国共合作史以及中共党史、中国国民党党史著作中均有大量篇幅论述第二次国共合作问题。此方面的著作主要有：林家有的《国共合作史》(重庆出版社，1987年版)》，王功安、毛磊主编的《国共两党关系史》(武汉出版社，1988年版)，杨世兰等主编的《国共合作史稿》(河南出版社，1988年版)，张广信的《国共关系史略》(陕西教育出版社，1989年版)，唐培吉等的《两次国共合作史稿》(浙江人民出版社，1989年版)，苏仲波、杨振亚主编的《国共两党关系史》(江苏人民出版社，1990年版)，李良志、王顺生的《国共合作历史与展望》(福建人民出版社，1990年版)，秦野风等的《国共合作的过去与未来》(黑龙江教育出版社，1991年版)，王功安、毛磊主编的《国共两党关系通史》(武汉大学出版社，1991年版)，马齐彬主编的《国共两党关系史》(中共中央党校出版社，1995年版)，范小方、毛磊的《国共谈判史纲》(武汉出版社，1996年版)，杨奎松的《国民党的"联共"与"反共"》(社会科学文献出版社，2008年版)等。

从20世纪80年代后期到90年代前期，国共合作研究曾一度形成高潮，发表了大量的研究论文和学术专著，也涌现出了李良志的《度尽劫波兄弟在——战时国共关系》，杨奎松的《失去的机会？战时国共谈判实录》，王功安、毛磊的《国共两党关系通史》和马齐彬的《国共两党关系史》等质量较高的著述。90年代中期以后,出现了杨奎松的《国民党的"联共"与"反共"》,这部著作使用了国共双方大量可靠、翔实资料,论述严密,多有创见,被称为研究国共关系的"开先河之作"。

但总体而言,抗战期间国共关系研究无论在史料史实方面,还是在观点创新方面,取得突破性进展的研究成果并不多,[①]尤其是对国民党方面的研究相当欠缺,而低水平重复的现象大量存在,研究的视野还有待超越,研究的领域还有待拓宽,研究的史料还有待发掘,专题研究还有待深入。特别是作为第二次国共合作主要机构的中共中央南方局和重要活动舞台的抗战大后方,一直没有受到研究者的重视,这不能不说是第二次国共合作研究的重大缺陷。

台湾地区和国民党方面长期否认国共合作,1956年蒋介石撰写《苏俄在中国》,总结失败的原因、教训,认为"对共党谈判和共军收编,乃是政策和战略上的一个根本错误"。无论是国民党还是民进党,都把国民党丢掉中国大陆归因于所谓的国民党"容共政策"。陈永发的《中国共产革命七十年》(台北联经出版事业公司,1998年版)、张玉法的《中华民国史稿》(台北联经出版事业公司,2001年修订版)和《中国现代史》(东华书局,2001年增订版),都有较大的篇幅论述国共在抗日战争中的联合与斗争,但仍然仅仅是从国民党的立场来分析国共关系,具有相当的片面性。

(二)国外研究现状

国外涉及第二次国共合作研究的著述不多。日本学者波多野善大开风气之先,对国共合作进行了专题研究,并形成了一部专著《国共合作》(罗可群译,广东档案史料丛刊增刊,1982年版),这也是目前所见国外最早的一部直接研究第二次国共合作历史的学术著作。日本山田辰雄(齐福霖译)的《中国对国民党史的研究——以国共合作为中心的重新探讨》也对国共合作进行了探讨。奥夫钦尼科夫的《中国抗日民族统一战线的形成和发展》(莫斯科,1985年版)是苏联学者论述国共合作的代表性作品,但过分强调苏联和共产国际的作用。美国方面有范力沛的《敌与友:中共党史中的统一战线》(斯坦

[①] 参见杨奎松:《抗战期间国共关系研究50年》,载《抗日战争研究》1999年第3期。

福大学出版社,1976年版),比较系统地论述了中共党史中的统一战线问题。而涉及国共关系,尤其是在中美关系中涉及国共关系的论述很多,包括易劳逸的《毁灭的种子:战争和革命中的中国(1937—1949)》(斯坦福大学出版社,1948年版)、齐锡生的《抗战期间的国民党中国:军事失利与政治崩溃(1937—1945)》(密歇根大学出版社,1982年版)、迈克尔·沙勒的《美国十字军在中国(1938—1945)》、《马歇尔使华》(美国,1976年版)、苏姗娜·佩伯的《中国的内战:政治斗争(1945—1949)》(《剑桥中国史》第13卷,剑桥大学出版社,1986年版)、赫伯特·菲斯的《中国的纠葛——从珍珠港事变到马歇尔使华美国在中国的努力》(普林斯顿大学出版社,1953年版)、肯尼思·休梅克的《美国人与中国共产党人》(康奈尔大学出版社,1971年版)、约翰·斯图尔特·谢伟思的《美亚文件与中美关系史上的若干问题》(加州大学伯克利中国研究中心,1971年版)、约瑟夫·W.埃谢里的《在中国失掉的机会——美国前外交官约翰·W.谢伟思第二次世界大战时期的报告》(纽约,1974年版)、巴巴拉·W.塔奇曼的《史迪威与美国在华经验(1941—1945)》(麦克米伦公司,1978年版)等。英国有关第二次国共合作的著述包括嘉韦的《第二次统一战线的起源:共产国际和中国共产党》,论述了共产国际对中国共产党统一战线提出的影响;沈奎功的《中国共产主义者的强大道路:抗日民族统一战线(1935—1945)》,论述了中国共产党抗日民族统一战线的形成和发展过程;方德万的《中国的民族主义和战争》也对国共合作抗日有所涉及。国外研究也在美、苏等国对国共关系影响的研究方面取得了不少的成果。但总体而言,国外对国共合作的研究,由于受到意识形态、史料等多方面的影响,专题性的研究不多,也不深入。

综上所述,中外学术界对第二次国共合作已经进行了大量研究,取得了重要的成就。但是,还有大量的空白需要填补,还有许多问题需要深入,还有相当的史料需要发掘,尤其是对代表中共与国民党交往,具体实施第二次国共合作的中共中央南方局的研究,总体还相对薄弱;对国共合作舞台的大后方的研究,还处在起步阶段。因此还有相当大的空间可以施展,这是当今学人,尤其是作为第二次国共合作重要政治舞台的抗战大后方和国共合作主要机构的中共中央南方局所在地的研究机构和研究学者必须担任的历史责任。

四、项目的总体框架

本项目的基本理念是"中国立场,国际视野,学术标准,一流水平,进入西方主流社会,服务全国大局"。即:坚持国家民族立场,超越国共两党视野,站在前人研究的基础之上,以中共中央南方局与抗战大后方为中心,立足新形势,拓宽新领域,挖掘新史料,构建新体系,提出新思考,分专题深入研究第二次国共合作的国际国内环境、政策与策略、形成与发展、模式与机制、分歧与谈判、成就与影响,系统总结分析第二次国共合作的历史经验和对当前发展两岸关系的现实指导意义,服务于推动两岸关系和平发展、实现中华民族伟大复兴的大局。为此我们努力:

尊重历史事实。即从客观历史实际出发,在史料搜集、挖掘和考订上狠下功夫,通过史料的发掘来还原历史的真实。一方面要发掘和运用国共双方现存而尚未很好使用的历史档案;另一方面也要用好已经公开但利用不够的档案文献,特别是中共中央南方局档案和《新华日报》《群众周刊》等大量反映国共合作的文献资料。必须立足让史实说话。

拓宽研究领域,加强对过去较少关注或忽视的第二次国共合作的政策与策略、模式与机制、成就与影响的研究(如成就方面过去较多关注政治层面、文化层面,而对经济层面、社会层面、外交层面关注不多),特别是过去比较忽略、比较肤浅的对国民党及其政策的研究;注重构建研究框架,从纵向的发展历程研究转入横向的专题性研究。

关注历史与现实的结合。史学的任务不仅是回顾、复原历史,还要通过历史研究展望未来,探索历史发展的规律,为推进社会进步服务。

以中共中央南方局和抗战大后方为中心进行研究。中共中央南方局是抗日战争时期和解放战争初期中共中央派驻国民政府统治中心重庆的代表机关,在第二次国共合作中扮演了极其重要的角色,而抗战大后方是第二次国共合作最重要的活动舞台。以中共中央南方局和抗战大后方为中心进行研究,有助于深化对第二次国共合作诸多方面的认识。

项目研究的整体布局为三个部分:

(一)从八个方面对项目主题进行整体的深入研究

第二次国共合作国际国内环境研究；

第二次国共合作的形成与发展研究；

第二次国共合作政策与策略研究；

第二次国共合作的模式与机制研究；

第二次国共合作的分歧、冲突与谈判研究；

第二次国共合作的成果与影响研究；

第二次国共合作破裂以来国共关系的演变；

第二次国共合作的历史经验及其对当前发展两岸关系的指导意义。

以上内容是本项目研究的核心,也是本项目的代表性成果。

(二)对项目涉及的历史进行多侧面专题研究

中国共产党抗战大后方活动研究；

抗战大后方各省市党史研究；

中共南方局与抗战大后方社会研究；

抗战大后方与周恩来研究；

抗战大后方与董必武研究；

抗战时期中国共产党在重庆的舆论话语权研究。

以上内容围绕项目主题展开,是对主题所涉及的若干重大领域的挖掘,是从点和线上形成对主项目研究的深化。

(三)史料的搜集与整理

中国共产党抗战大后方文献；

中共中央南方局历史文献；

抗战大后方八路军办事处档案文献；

抗战时期国共合作档案文献资料；

国民参政会档案文献资料；

中共南方局口述历史资料；

重庆谈判档案文献；

政治协商会议档案文献资料；

中国抗战时期中间党派档案文献。

以上内容是本项目研究的特色,是整个学术研究创新的基础,也是主项目得以深化的前提。

五、项目研究的基本内容

(一)核心研究的基本内容

核心研究由八个子课题构成

子课题之一:第二次国共合作国际国内环境研究

学术界至今尚未对该问题进行过全面系统的研究,若有也只是研究某一具体问题,没有就第二次国共合作整体系统的国际国内环境进行研究。因此我们认为,对第二次国共合作环境进行系统研究是一次新的学术尝试,本课题以求全面准确把握第二次国共合作的"生态环境"、环境表征和历史使然,为第二次国共合作的历史走向找出合乎历史逻辑的解释。这对第二次国共合作的研究是一个创新。

本子课题是整个课题研究的基础。我们力求深入系统地对第二次国共合作形成、运行和发展的外部环境和内部环境进行研究,为整个课题研究提供客观依据;同时也极大地拓宽了整个课题研究的领域,丰富和深化对整个课题的研究广度和厚度。作者把这种环境分为国际环境、国内环境、党际环境三个方面,从三个层次展开,即纵向研究影响第二次国共合作形成、发展过程中的国内外环境变化,并探究二者之间的关系;横向研究国共合作阶段决策的国内外环境及其对国共之间的影响;对比研究国共两党合作过程中各自受国内外环境变化的关系,探寻其中的规律,总结经验。

——第二次国共合作的国际环境。主要包括:一是德意日法西斯的侵略尤其是日本帝国主义对中国的侵略,这是促成第二次国共合作最主要的外部因素;二是英美等西方资本主义国家始终从自身战略利益权衡得失,在这一外部环境的影响下,国共合作始终充满变数;三是苏联为维护其自身利益,支援中国抗战和支持国共合作,牵制日本和中苏之间的博弈,支持建立广泛的反法西斯统一战线等。尽管美英和德意日进行过某种交易,甚至牺牲中国的一些利益，但根本上还是支持国共合作的，这是从积极方面促成国共合作的外部环境。

——第二次国共合作的国内环境。首先是政治环境，包括第一次国共合作的影响、各中间党派的诉求、地方实力派力量、社会贤达以及汪伪势力等因素和力量对第二次国共合作的影响。其次是经济环境。经济是基础，它对政治决策有影响作用。主要研究国共两党合作中的经济联系，以及这种经济联系对政治合作的影响。三是军事环境。两党军事力量的对比和消长，是影响第二次国共合作的重要条件。当共产党力量比较强势时，蒋介石国民党就要想方设法加以围剿；当共产党军事力量变弱时，蒋介石国民党同意改编；当双方军事斗争的矛头指向日本帝国主义侵略时，国共两党合作显得比较友好；当共产党军事力量再次发展后，蒋介石国民党又采取了军事摩擦，削弱共产党军事力量；当共产党军事力量再次减弱时，蒋介石国民党又伸出了橄榄枝，国共两党关系出现了微妙变化；当共产党力量再次强大时，国民党再也按捺不住了，于是有了后来的军事斗争，直到全面内战。四是文化环境。

——第二次国共合作的党际环境。主要是国民党、共产党、中间党派三个方面的相互影响。对于国民党来讲，作为执政党，自然要考虑处于反对党地位的共产党内外政策的变化。所以，共产党态度及政策的变化，必然会影响到国民党对共产党的态度等，从而成为一种外部环境；对于共产党来讲，处于执政地位的国民党内外政策的变化，也会影响到共产党对国民党态度的变化等，也会成为共产党制定政策和策略的外部环境；对于中间党派来说，他们虽然也处于在野地位，但他们是一支不可忽视的政治力量，或多或少能够影响国民党、共产党的政策和策略，也成为国民党、共产党的外部环境。特别需要指出的是，有时候，国民党的不同派别、共产党内部的不同意见，都可能成为一种影响决策的因素。

子课题之二：第二次国共合作的形成与发展研究

本子课题的基本任务是从历史的角度对国共第二次合作的发生、发展到结束的全过程进行系统的史实考察，给读者以第二次国共合作的完整印象，对其他子项目的研究提供史实支撑，同时形成国共第二次合作史的完整框架。

对第二次国共合作的历史,学界已经形成了一大批成果。但还没有出版将第二次国共合作作为独立的对象进行系统而全面研究且分量轻重的学术著作。特别是随着新的大量可靠、翔实的历史档案的披露和许多重要人物的日记、回忆录的公开,重新对第二次国共合作的形成与发展进行系统全面的史实梳理和深化研究就尤为迫切。

本子课题的研究着重于:与时俱进,站在21世纪的高度审视历史事件;实事求是,重视史料的掌握与运用;站上巨人的肩膀,在史学界已经取得成果的基础上前行;观水观澜,把握历史进程的关键环节。因此,在认真吸收与整合前人研究成果的基础上,重点利用中共南方局与抗战大后方等新史料,就第二次国共合作的接洽与会晤、推进与发展、合作与摩擦、破裂与对立重新进行了深入细致的梳理和研究,详细叙述了国共从分到联,再从联到分的过程,力争客观真实地描述国共两党领导人既为民族独立,也为主义、事业的坚持与妥协,最终以民族利益为重,捐弃前嫌,共赴国难,实现第二次合作并最终取得伟大的抗日战争的胜利。

在此基础上,作者形成了两个基本判断:一是国共第二次合作的历史,起于1935年中国共产党发表《八一宣言》,终于1947年3月8日中国共产党中央级人员吴玉章撤离重庆。二是国共第二次合作全过程的基本线索由八个关键环节构成,即:中共提出《八一宣言》和国民党响应——西安事变实际上结束了国共的内战——《国共合作宣言》的公开发表使中共实际上有了合法的名分——国民党五届六中全会和晋西事变所标志着的变化——林彪代毛泽东同蒋介石会谈和国民党五届十中全会表明两党关系的改善——抗战胜利后国共在新的基础上继续合作——国民党进攻中原解放区是由政治解决到军事解决的转折——中共代表团撤离是合作渠道的完全断绝。

基于以上基本判断,作者把第二次国共合作的进程分为七个阶段:1.酝酿阶段:起于《八一宣言》发表,终于西安事变之前;2.形成阶段:起于西安事变和平解决,终于《关于国共合作宣言》发表;3.展开阶段:起于国共合作宣言发表之后,终于国民党五届六中全会和晋西事变之前;4.波折阶段:起于1939

年11月国民党五届六中全会和晋西事变,终于1942年10月林彪代毛泽东同蒋介石会谈之前;5.持续阶段:起于1942年10月林彪代毛泽东同蒋介石会谈,终于抗战胜利;6.继续阶段:起于重庆谈判,终于1946年6月国民党政府军进攻中原解放区之前;7.终结阶段:起于1946年6月国民党政府军进攻中原解放区,终于1947年3月中共代表团撤出南京、上海、重庆。

子课题之三:第二次国共合作政策与策略研究

在以往的研究中,对第二次国共合作的政策与策略缺乏系统与深入的研究。本子课题围绕国共第二次合作的政策和策略展开,通过回顾和总结第二次国共合作进程中的国共两党关于合作的相关政策和策略的演变,分析其演变的主客观条件和相应的机制,力求全面深入并系统地梳理、准确理解把握合作双方在政策和策略上的演变过程和基本规律,进而为后面的几个子课题研究提供更加充分的客观依据。本子课题是整个研究课题中的创新点之一。

中共的政策和策略是旗帜鲜明的。作者将其概括为:以抗日民族统一战线包括抗日、民主两大根本任务,以在各方面工作中发展进步势力、争取中间势力、孤立反共顽固势力的战略任务为总政策,以区别对待各种政治势力而采取的又联合又斗争、以斗争求团结为总策略。以总政策和总策略指导而形成并体现为"三三制"政权、减租减息和交租交息、提高与普及民众文化和民族自尊心、大力发展中共武装力量等,以形成包括政治、经济、文化、军事等具体政策的分层级的政策和策略体系。其基本的运作程序是:在总政策的指导下,形成带有方向目标性的方针性政策和为实现方针性政策而采取的总策略。方针性政策和总策略决定各项目标的具体政策。其简化的程序是:总政策→总策略(方针性政策)→具体政策。可以说,毛泽东在政策、策略混用的纷繁表述中,厘清了政策和策略的分野与程序体系结构,具体指导了当时政策策略的策划和运用,为后世留下大量生动具体的"案例"。共产党的国共合作政策和策略,从总的方面讲,更多地注意在坚持抗战、动员群众、"发展壮大"方面着力,这是一笔厚重的思想财富,值得好好研究。

国民党绝口不提其政策策略规定,但其政策策略事实上却是客观存在的。国民党在抗战中的总政策是以"三民主义暨总理遗教"为"最高准绳",

"在本党及蒋委员长领导之下","全国人民捐弃成见,破除畛域,集中意志,统一行动",以"求抗战必胜,建国必成"的战略总目标;具体政策,如政治方面是组织国民参政会、实现县自治、改善各级政治机构、整饬纲纪、严惩贪官污吏。虽说从表现上并不涉及中共和各抗战小党派,但其"捐弃成见"就是要求中共等党派必须归属国民党当局在思想上、政治上的统一领导,即"溶共"等政策和策略内涵已包含其中。因此,其总政策可概括为抗战、反共、统一,而其策略包含在总政策中,又通过具体政策体现反映出来。由此可以推知,在反共总政策与推进参政会这类具体政策之间,有一套具体政策和策略在起作用。从反共目标和结果的关系看,从基本历史事实即政策实践的结果看,这套策略就只能是"容共""溶共""限共"等。所以,国民党政策规定的方式、程序仍然是:总政策→策略(方针或指导性政策)→具体政策。可以看出,国民党的国共合作政策和策略,从总的方面来讲,更多地是从依靠政府、"内部控制"的方面着力,缺乏动员群众等方面的思路。

在实践中,第二次国共合作只是发表政治宣言,有工作平台(国民参政会),但没有具体约束机制的合作方式,只能根据国共各自政策和策略采取"遇事协商"①的方式开展活动了。

纵观抗战时期的国共关系,其合作所依据的政策和策略,是国共两党各自拟订的;两党的"合作"政策目标,除抗战外,很多重大问题上是南辕北辙的,所以后来摩擦不断;正因为有了抗战这一共同点,才使合作得以形成并延续到最终。所以,研究第二次国共合作的政策和策略,基本内容就只能是以国共历史过程为经,以不同阶段的形势演变为纬,着力展现抗战中国的基本政策和策略及其演变和作用。

子课题之四:第二次国共合作的模式与机制研究

从模式与机制的角度去研究第二次国共合作,也是过去学术研究中较少关注或忽视的。本子课题从这一新的视角,全面回顾了第二次国共合作的模式和机制,即:1.第二次国共合作模式的磋商与确立。包括两党的初步合作

---

① 周恩来在中共六届六中全会上的发言记录,1938年9月30日。转引自金冲及主编的《周恩来传(1898—1949)》,人民出版社、中央文献出版社1989年版,第396页。

模式、两党关于正式合作模式的反复磋商和两党合作模式的初步形成。2.第二次国共合作的活动平台。包括抗战初期的国防参议会、《新华日报》与《群众周刊》、国民参政会、军委会政治部第三厅与文化工作委员会,以及抗战胜利后召开的政治协商会议。3.第二次国共合作的联络机制。包括国防会议及战区的划分、八路军(新四军)驻各地办事处(通讯处)和军事委员会驻延安联络参谋等。4.第二次国共合作的协商机制。包括政治谈判和军事谈判等。

在此基础上,作者分析了第二次国共合作确立后的两党合作模式和机制,探索第二次国共合作时期的两党合作模式和机制的产生、发展与破裂的演变历程与轨迹。本子课题是整个研究课题中的创新点之一。

子课题之五:第二次国共合作的分歧、冲突与谈判研究

目前学界虽对第二次国共合作的分歧有所注意与研究,但对国共政治分歧、军事冲突和国共谈判的研究相对不足。本子课题通过对抗战时期第二次国共合作的分歧、冲突与谈判进行全面系统研究,全面深入分析国共合作的特殊性和复杂性,努力加深和拓宽第二次国共合作研究的深度和广度。可以说,这是一个"问题阈"研究。

抗战时期,国共两党在政治、军事方面存在分歧和冲突,两党遇事协商谈判,两党甚至分分合合,这是第二次国共合作的常态和特点。

双方的分歧、冲突和谈判,主要围绕军队、政权、政党这三个基本问题展开。

双方的基本分歧在于:蒋介石、中国国民党及国民政府,在政治和理论上,完全缺乏关于国共合作及抗日民族统一战线的观念,并对于抗日民族统一战线形势及格局下的国共关系作出了不切实际的错误认知。这种错误认知,导致蒋介石、中国国民党及国民政府在抗战时期乃至于战后一系列重大军政处置上的严重失误,使国共两党在以抗战和建国为现实目标的第二次国共合作中冲突不断,险象环生。这种矛盾、冲突愈演愈烈的状况,既不利于战时团结抗日,也不利于战后合作建国,并导致最后两党关系的破裂。

双方的冲突表现在政治、军事、思想文化等各个方面:政治上,国民党方面掌握着中央政权,在政治上长期占据有利地位。国民党以中央政府名义,

强调军令政令统一和训政体制,要求中共交出军队,取消根据地政权。国民党拒绝从法律上承认中共合法地位,长期以"文化团体"对待中共。军事上,国民党不断制造摩擦、冲突,并对陕甘宁边区实行封锁;思想文化上,强调三民主义,认为共产主义不适合中国国情等。中共方面,强调其作为政党的独立性,并在团结、民主、抗战、建国的旗帜下,要求国民政府允许其扩编军队并补充饷弹,承认根据地民选政权,承认中共及一切抗日党派的合法地位,战时合作抗战,抗后合作建国;要求国民党实行真正民主,最后提出"联合政府"的政权主张,否认国民党一党专政的合法性。中共强调,现阶段当然信奉三民主义,但将来还是要致力于共产主义的事业。

双方的谈判大致上分为战时和战后两个阶段:第一次和第二次谈判围绕防区及中共军队的扩编、边区政权的范围等具体问题展开,第三、四、五次围绕"联合政府"问题展开,第六次重庆谈判围绕"和平建国"问题展开,第七次围绕和平民主及政协会议展开。双方主张在谈判中呈现渐行渐远的总体趋势。

国共双方的分歧、冲突和谈判,为中国近代以来艰难演进的现代化进程开拓出了相对宽阔的发展空间。政治上,民主观念得到广泛传播并深入人心,并在抗战胜利后诞生出政治协商会议这样崭新的政治协商形式。军事上,敌后游击战从普通的战术形式演变为军事战略,并成功开辟出由中国共产党领导的敌后战场,创建了一系列敌后根据地,根据地、游击区和深入敌占区的武工队形成了人民战争的汪洋大海,使侵略者深深陷入无边的泥淖而不能自拔。中华民族的解放事业也由此迎来了云开日出的万道霞光,并最终迎来了抗战的胜利,民族伟大复兴的转折点终于到来。

子课题之六:第二次国共合作的成果与影响研究

在以往的研究中,对第二次国共合作所取得的成就,较多关注政治与文化层面,而对经济、社会、外交层面关注相对较弱。本子课题在吸收前人研究成果的基础上,对以国共合作为基础,国内各党派、各民族实现了空前的民族团结,在政治、军事、经济、文化、外交等众多领域开展的合作与取得的成就进行系统梳理与深入研究,重点加强对以往研究薄弱的国共在经济、外交领域中的合作进行探讨，进而分析国共合作分别对国共双方所产生的不同影响。本子课题是整个研究课题中的创新点之一。

第二次国共合作在政治上的成效主要表现在：第二次国共合作的实现，成为抗日民族统一战线的基础，尤其是克服了合作抗日历程中，曾反复出现的不利于团结抗日大局的各种投降、分裂、倒退的危机，坚持了抗日、团结、进步的大局，赢得了抗战的最终胜利。

在军事上的合作成效主要表现在：国共合作建立后，两党坚持持久战以空间换时间，两个战场相辅为用，两党在战略方针、战役战斗、军事训练等方面上形成了多层面的战时军事合作关系，最终取得了对日作战的胜利。

在经济上的合作成效主要表现在：国共合作的建立，使国共两党停止了军事对抗，国民党解除了对共产党所辖区域的经济封锁，结束了国统区和根据地在此之前长时期的经济隔绝状况，缓和了封锁与反封锁的尖锐斗争，开始了有限度的经济领域的合作，为全民族抗战提供了基本的物质基础。

在外交上的合作成效主要表现在：国共合作的建立，使得国共捐弃前嫌，共同倡导、推动了世界反法西斯统一战线的建立；极大拓展了民间外交的空间，国共合作背景之下的民间外交成为国家总体外交的重要组成部分；不平等条约的废除与国家地位的提高，使得中国不断增强和提升着自己在世界的影响力和国际地位；国共还携手参与了建立联合国等涉及战后国际秩序安排的重要外交行动，最终迎来了中华民族由衰败到复兴的伟大转折。

在文化上的合作成效主要表现在：国共合作的建立，使一切不愿做亡国奴的文化工作者都联合起来，组成了我国近代文化史上最广泛、最持久的抗日文化统一战线。即便是在相持阶段到来后，国民党对内对外政策策略发生改变，对抗战进步文化实行专制主义和高压政策的时候，共产党始终坚持"相忍为国"的大局意识和"又联合又斗争"、"以斗争求团结"的策略原则，国民党也最终坚持了民族大义并作出了一些妥协，从而使国共合作"摩而不裂"。因此，在国共合作的大背景下，抗日进步文化运动始终占据主导地位，从而为取得抗日战争的最后胜利作出了独特而重大的贡献。

子课题之七：第二次国共合作破裂以来国共关系的演变

本子课题主要研究第二次国共合作破裂后,国共两党政策、策略的变化,两党、两岸之间的接触和交往及其演变,分析不同历史时期国共关系变化的内外因素,探讨国共关系的未来发展走向。研究第二次国共关系破裂后国共关系的演变,是理解和通往国共两党、两岸未来关系的桥梁和纽带。

本子课题着重研究:1.第二次国共合作破裂后国共双方的激烈对抗,包括内战的爆发、北平谈判和国民党政权的覆灭。2.海峡两岸对峙局面的形成,包括美国插手台湾事务、第三次国共合作的提出、国共两党的秘密接触。3.国共关系的缓和与两党交流的重启,"一国两制"构想的提出与隔岸政治对话,九二共识与"汪辜会谈"。4."台独"与反"台独"的斗争,"台独"的起源,台湾的"民主化"与台独的发展,民进党执政与台独势力的猖獗。5.国共关系的新篇章,两岸经贸关系的发展,国共两党党际交流的重新建立,国民党在台湾的再度执政。

本子课题的成果将以研究报告的方式呈现。

子课题之八:第二次国共合作的经验及其对当前发展两岸关系的指导意义

本子课题的研究主要基于2008年3月台湾局势发生积极变化,两岸关系迎来难得历史机遇的新形势。

本子课题在全面总结与借鉴第二次国共合作给我们留下的宝贵历史经验的基础上,认真探讨其对当前发展两岸关系的指导意义,积极推动两岸关系的良性发展,通过共同努力,切实做到共创双赢,促进祖国统一的早日实现。

在新时期,研究和总结抗战时期第二次国共合作的历史经验,将有利于我们对海峡两岸关系的认识,对推进祖国早日实现和平统一具有积极的现实意义。主要是:

统一的民族观念是推动国共两党合作的社会基础;

有利的国际国内形势是实现国共合作的外在环境;

共同的认识目标(即"九二共识")是促成国共两党合作的政治前提;

正确的策略方针是达成国共两党合作的关键所在;

适当的合作机制是建立国共两党合作的正确途径；

必要的妥协和让步是实现国共两党合作的重要条件。

(二)专题研究的基本内容

1. 中国共产党抗战大后方活动研究。本课题侧重于对中共在大后方的作用进行研究，进而提出了中共在大后方地位和作用的观点。作者认为，中国共产党在大后方发挥了彪炳史册的重大作用，大后方既是中国抵御日寇入侵的最后战略基地，也是抗日民族统一战线政策的实践地，也是抗战期间中共实现自己的政治抱负最重要的活动舞台之一。为此，中共努力宣传坚持抗战、反对投降的政治理念，相忍为国，维系国共合作，为抗战胜利奠定政治基础；团结一切可以团结的力量，努力争取中间势力，为抗战胜利壮大进步力量；推动抗战文化发展，为抗战胜利凝聚精神力量；开展民间外交，推动建立国际反法西斯统一战线，为抗战胜利营造有利中国的国际环境。从中共在大后方的历史作用及其发挥作用的主要方式来看，中共在大后方主要是通过立场宣告、以方向引领为主的政治指导方式发挥作用，而成为大后方政治方向的引领者和指导者。

2. 抗战大后方各省市党史研究。本课题主要研究包括中国共产党第七次全国代表大会大后方代表团和中国共产党在抗战大后方地区各省市党的活动。中国共产党第七次全国代表大会设置了大后方代表团，这是党中央对以周恩来为书记的南方局在大后方八年工作的充分肯定，也客观地反映中国共产党在南方地区领导抗战而不懈奋斗的历程。我们依据这批档案史料，对大后方代表团的面貌进行了呈现。同时，本课题对中共在大后方重庆、四川、云南、贵州、广西、陕西、甘肃、宁夏、青海、新疆等省市的活动进行了全面系统的梳理和反映。两大部分共同构成了中国共产党在抗战大后方的历史全貌。

3. 抗战大后方与周恩来研究。研究周恩来的论著不少，但迄今为止，还没有一部全面反映周恩来在抗战大后方的著作，这个课题立项研究是一个创新。课题将以现有研究成果为基础，大量补充在周恩来传记、年谱中没有使用的档案史料，力图全面、真实地反映周恩来在以重庆为中心的抗战大后方的革命斗争生涯和建立统一战线的丰功伟绩，同时，也将涉及这一时期他在延安等方面的活动。本课题以周恩来为主,对其他领袖人物及其所涉及的方方面面也将适当反映,使读者看到的是活跃在抗日民族统一战线大舞台上的周恩来,是中国共产党和各抗日党派群体中的周恩来,而不仅仅是单独的周恩来个人。全书将以纪实体的风格,适当配置历史照片,力求图文并茂。这将是一部以丰富的档案史料为显著特色的著作,也是一部迄今为止最为权威地,反映周恩来在抗日战争时期的历史著作。

4. 抗战大后方与董必武研究。董必武是中共南方局仅次于周恩来的主要领导人。当时,周恩来常奔走于重庆与延安之间,以军委会政治部副主任名义巡视战区,还去莫斯科治病等,南方局就由董必武主持工作。迄今为止,没有一部全面反映董必武在抗战大后方的著作,更缺乏撰写这部著作所需要的基础性历史资料。因此,本课题首要的任务就是搜集抗战时期董必武在重庆撰写的著述、诗文、电稿、信函等,其次是搜集已经发表的有关董必武在抗战时期的生平、思想的回忆和研究文章。在此基础上,再对董必武在抗战大后方的历史活动进行深入系统的研究。

5. 抗战时期中国共产党在重庆的舆论话语权研究。重庆是国共合作的主阵地,舆论话语权是考察第二次国共合作的重要领域。中国共产党在重庆的新闻传播活动,对国共关系、战时中国时局、全民族的抗日战争、中美关系均产生了深远的影响,也是第二次国共合作的"晴雨表"。本课题在充分吸取前人研究成果的基础上,运用传播学、舆论学、历史学、政治学、社会心理学等多学科的理论和方法,运用丰富的中外文第一手历史文献,以抗战大后方中心城市重庆及其周边区域为空间,以国民政府移驻重庆时期为研究历史时段,全面系统地探讨在这一时空下,中国共产党在重庆的舆论话语权变迁及其重大意义。研究认为,国共关系是考察中国共产党在重庆时期舆论话语权的重要历史语境。国共两党对于战时合作关系的认识差异,直接影响着两党新闻宣传喉舌的话语权的走向,也必将面临大众对于其话语的接受度。中共一开始就明确了从国家民族高度看待与国民党的关系。抗日民族统一战线的建立,为中共进入大后方和在重庆建立起自己的舆论阵地创造了条件。在与各党派各方面交流和宣传中,中共的政策主张得到了前所未有的认同和支持,重庆为中共发出自己的声音提供了巨大的话语空间。

(三)史料搜集与整理的基本内容

1. 中国共产党抗战大后方文献搜集整理。抗日战争时期,中国共产党对大后方工作发了一系列重要的主张、指示,形成了丰富的关于大后方工作的文献。但是,迄今为止,还没有一部这样的文献选编。我们编纂中国共产党抗战大后方文献,就是要以此梳理中国共产党关于抗日民族统一战线的理论与实践,梳理中国共产党关于第二次国共合作的理论、路线、方针、政策,梳理中国共产党在大后方建设坚强的党组织的成功经验,从而充分认识中国共产党是领导中国人民争取民族独立和人民解放的坚强核心和全民族抗战的中流砥柱,充分认识中国共产党在抗战大后方的卓越地位和巨大作用,充分认识中国共产党倡导和推动建立的以国共合作为基础的抗日民族统一战线的艰难历程和宝贵经验,充分认识中国共产党在大后方培育和形成的红岩精神,是中国共产党和中华民族的宝贵精神财富。收入的文稿,起自1931年9月,截至1945年9月,包括中共中央及中央有关领导机构作出的关于抗战大后方工作的决定、指示,毛泽东等中共中央领导人、中共中央有关机构负责同志关于抗战大后方工作的报告、讲话、谈话、电报、书信、题词等,全面系统地反映中国共产党关于抗战大后方工作的指导思想和方针政策。

2. 中共中央南方局历史资料搜集整理。南方局党史资料的收集整理,已经进行了30年。重庆出版社1990年出版的《南方局党史资料》(六卷本)是其代表作。囿于当时的条件,由中央档案馆保存的档案史料相当部分并没有收入。后来,这部分档案文献由原中共中央党史资料征集委员会南方局党史资料征集小组移交给了中共重庆市委,保存在重庆市委党史研究室。近年来,根据中共中央关于加强南方局历史资料研究编写工作的指示精神,我们将这部分档案进行了全面系统的整理,历时六年。我们将这部分档案与此前出版的《南方局党史资料》合并起来重新编辑,成为目前关于中共中央南方局历史最为完整系统的文献资料,为研究第二次国共合作提供了翔实的史料。这些年来,南方局老同志撰写了一批回忆录,弥补了档案文献之不足;近年来我们对南方局老同志的子女进行了系统的采访,形成了一批珍贵的口述史资料,这些也将结集出版。

3. 第二次国共合作历史资料搜集整理。这些年来，我们按照第二次国共合作的发生、发展、曲折、直到最后破裂的历程，做出了四题八卷、500万字的全景式专题资料著作，计分《抗战时期国共合作纪实》《重庆谈判纪实》《政治协商会议纪实》和《国民参政会纪实》。编者本着"实事求是"原则，按照历史发展顺序，以事件本末为中心，采取融大陆、台湾国共两党，中、美两国政府档案、报刊资料，以及当事人的回忆文章为一体的纪实性体例编成。本书的编辑始于20世纪80年代。30年来，关于这段历史的资料又有了进一步的公开披露。编者寻访于中国大陆和美英俄日荷等国及台湾地区，将所得史料补充于其中，从而极大地丰富了这部史料，也将深化对第二次国共合作的研究。

4. 抗战时期中间党派档案文献搜集整理。中间党派是在抗日战争这一民族危亡的时期产生、发展起来的国共两党以外的政党和派别，以民族资产阶级、小资产阶级为其社会基础，以知识分子为主体，有独立的政治主张或利益诉求。在面对外族入侵，中华民族面临生死存亡之际，各中间党派站在救亡图存、爱国民主的立场，坚持团结抗日，积极提出各自的抗战、民主、团结的主张，开展抗日救国和民主宪政活动，对推动全民族抗战，为取得抗战最后胜利作出了重大贡献。中间势力有很大的力量，往往可以成为中共和国民党顽固派斗争时决定胜负的因素。因此，中国共产党总结出"发展进步势力，争取中间势力，孤立顽固势力"这一巩固和发展统一战线基本经验。我们组织搜集了反映中国抗战大后方各中间党派主要政治主张的文献资料。这些党派主要是组成中国民主政团同盟的几个党派，如中华民族解放行动委员会（第三党，中国农工民主党前身）、中国青年党、中国国家社会党、全国各界救国联合会和中国人民救国会、中华职业教育社、中国乡村建设协会，以及其前身统一建国同志会和改组后的中国民主同盟，等等。这些史料的搜集整理，有利于梳理中间党派与国共两党关系的演变及中国各主要中间党派的发展变化脉络；有利于清晰地呈现中国各党派对中国发展道路的判断、比较和选择；有利于厘清抗战后中国走上中共领导的多党合作与人民民主国家发展道路的深厚历史根源；有利于坚持和完善中国共产党领导的多党合作和政治协商制度；有利于借鉴历史经验，促进祖国和平统一；也有利于深化对中国近代史、抗日战争史、中华民族复兴史、各主要中间党派和各民主党派历史的研究。

六、项目的主要创新点和特色

（一）登高行远，站在国家民族立场审视两党合作的历史

历史学研究必须忠于历史。抗日战争已经结束70年了，我们今天面临着海峡两岸和平发展的国内环境和开放的国际环境。在这个环境中进行学术工作，对于忠于历史有了更好的条件，是我们这一代史学工作者的幸运。因此，使我们有可能在抗战研究中，转变"国共对立"的战场思维范式，而树立"国家民族利益和国家民族立场"的文化思维范式。如此，便能秉持国家民族的立场，增强中华民族的情怀，顺应历史潮流，把握发展趋势，在这样的高度上去研究历史，评价历史，才能洞察时事，超越创新，建功民族，成就自己。

为此，我们先后两次组团到台湾考察搜集抗战历史资料和学术交流，我们在重庆和台北与国民党高层，特别是中国国民党主席马英九、名誉主席吴伯雄和副主席林丰正、吴敦义，以及国民党文化传播委员会党史馆等就合作开展抗战历史研究深入交换意见，了解双方对历史的认知，从而也对一些问题有了新的认识，甚至共识。也便有了2009年8月13日，中共重庆市委宣传部和中国国民党党史馆签署《关于抗战文化交流备忘录》。这是60年来中国国民党党史馆与中国共产党有关组织就抗战历史文化研究交流合作达成的第一份文件。

就在本系列图书即将出版的时候，2015年7月30日，中共中央政治局就中国人民抗日战争的回顾和思考进行第二十五次集体学习。中共中央总书记习近平在主持学习时强调，深入开展中国人民抗日战争研究，必须坚持正确历史观、加强规划和力量整合、加强史料搜集和整理、加强舆论宣传工作，让历史说话，用史实发言，着力研究和深入阐释中国人民抗日战争的伟大意义、中国人民抗日战争在世界反法西斯战争中的重要地位、中国共产党的中流砥柱作用是中国人民抗日战争胜利的关键等重大问题。特别是他提出，

"要推动海峡两岸史学界共享史料、共写史书,共同捍卫民族尊严和荣誉。"这"三共"的前提就是共同的立场,这就是"国家民族利益与国家民族立场"。习近平总书记的讲话,是对我们这些年秉持"国家民族利益和国家民族立场"进行抗战历史研究的肯定,也对我们进一步研究指出了明确的方向。尽管这件事情是需要付出极大努力的。

(二)放眼世界,以全球的视野观察两党合作的历史

我曾经提出过"重庆史是中国史、世界史的一部分"的观点,即要有全球视野和全局思维,才能在重庆史研究上有所作为。在这个项目中,我们提出以中共中央南方局和大后方为中心。南方局是中共设在重庆的党的秘密机构,负责处理国共关系,维系统一战线大局并领导南方各省党的工作;大后方是抗战时期以重庆为中心的西部广大地区,重庆是中国国家政权意义上的政治、军事、经济、文化和外交的中心,更由于中国与西方大国结盟,使中国各党各派与世界发生着密切的联系。这在中共党史和抗战史上,都是具有全局意义的,也因为如此,中国抗战史、中共党史和国共合作历史与世界反法西斯战争史紧密相连。但既往的研究,有就事论事的情况,有知其然而不知其所以然的情况,把一个全局的历史,搞成了一部地方历史;把全球背景下的角逐,搞成了纯粹是国共两党的争斗。其实,中国的抗日战争,并不只是中日之间的事情,而是亚洲的事,是世界的事。同理,国共合作的进程并不简单地是国民党和共产党的事,而是中国的事,也是世界的事。

因此,在这个项目中,我们努力把发生在重庆和大后方的历史事件,放在国内和国际的环境中去考察,努力以重庆和大后方为研究对象,去研究中国和世界的历史。这就要求研究者努力培养宏观、开阔的国际视野和中国胸怀,即以世界的眼光看中国,用中国的视角看世界。洞悉世界,而不囿于中国一域,更不能画地为牢。这种视角的转变,是学术得以创新的一大途径。

我们整体上作了对国共合作环境的研究,努力从国际视野的角度去研究国共关系,这使我们收获了许多新成果,比如,美军观察组进驻延安是第二次世界大战时期美国国家战略的重要组成部分。这是太平洋战争爆发以后,围绕赢得东方战场的胜利这个核心问题,美国为了自己的国家利益,与中国(包

括国民党、共产党及各派政治力量)、英国和苏联等国角逐的产物,是中国为了自己的国家利益,包括国民党和共产党为了自身的利益,与美国、苏联力量角逐的产物,从而成为中国抗日战争与世界反法西斯战争发生直接联系的军事行动,成为第二次世界大战东方战场的重大事件,更成为中国共产党融入世界反法西斯战争的重要标志和与美国关系史上的里程碑。

(三)纵横观察,从多角度深入剖析两党合作的历史

第二次国共合作是中国近现代史、抗日战争史和中共党史上的老课题,已经取得了相当丰硕的学术成果;但也感觉视野单一,还需努力扩大,以加深对这段历史的认识。我们这一轮的研究,就是努力站在前人的肩上,从整体上对"第二次国共合作"再作一次系统的研究,收获更多的新成果。主要包括三方面的努力:一是在整体设计上,如前所述,对第二次国共合作作全球视野的俯瞰;二是把第二次国共合作作为一个独立的对象,进行系统而全面的研究,我们的定位是"第二次国共合作及其经验研究",既注重本体,又注重经验总结,落脚点是为现实服务;三是设计了一批新的角度,对第二次国共合作进行系统的研究,主要是国际国内环境、国共合作历史进程、政策与策略、模式与机制、分歧冲突与谈判、成果与影响这六个方面,努力对第二次国共合作进行纵向的梳理和横向的展开,从而构成了当下对这一历史现象的许多新认识。

(四)突破狭隘,在与境外交流中努力实现国共合作史料的丰富性

目前,中国抗战大后方的历史资料分散保存于中国大陆、台湾地区和战时盟国(美国、英国、俄罗斯),以及日本国内。多年以来,影响第二次国共合作研究水平提升的一个重要原因是资料的偏狭;随着国门的逐渐打开,随着台湾地区对大陆的开放,随着时间的远去,大批档案得以开放,不少史料陆续披露,更随着思想的解放和实事求是的研究态度的进一步确立,再加之数字技术的兴起,加快了档案文献的数字化,以及互联网的互联互通,我们完全有可能从崭新的视野去研究国共合作的历史。

这就需要整合力量和资源,建立一个与此相适应的史料搜集整理体系,为此,我们设计了"抗战大后方海外档案史料征集暨青年学者培养计划",组

织专家学者到美国、英国、俄罗斯、荷兰、日本和台湾地区搜集史料,至于零星的学者访问和资料搜集活动,已成常态;同时,将征集到的档案史料进行系统编辑出版,惠及学界,滋养研究,也成为我们的学术追求。

这项工作得到了国家新闻出版部门的支持,2009年国家新闻出版总署批准了重庆申报的"中国抗战大后方历史文化丛书"为国家出版重点项目。本课题首席专家周勇教授为负责人,以档案文献、学术专著、通俗读物、电子出版物等为主要形态,以反映中国抗战大后方历史文化为核心内容,以中国大陆、台湾地区和海外保存的档案文献合集出版为特色。其中关于国共合作的内容占三分之一以上,主要有《抗战时期国共合作纪实》《中国共产党关于抗战大后方工作文献选编》《中共中央南方局历史文献汇编》《国民参政会纪实》《重庆谈判纪实》《政治协商会议纪实》《中国抗战大后方中间党派文献资料选编》《中国共产党抗战大后方历史》《国共合作重庆谈判图史》《抗战时期中国共产党在重庆的舆论话语权研究》,等等。这些图书的出版为我们的研究,乃至国内外的学者研究第二次国共合作提供了准确的全面的史料基础。

(五)中流砥柱,以中共中央南方局为视角深化两党合作历史研究,彰显中国共产党在大后方的地位和作用

几十年来,中外学术界对于以延安为中心的抗日根据地的研究,已经取得了巨大的进步和相当的共识。但是,对于中国共产党在大后方和沦陷区的研究则比较浅表和零碎,使独具特色的中国共产党在抗战大后方的历史淹没于抗日战争史的宏大叙述之中,忽视了中共在大后方独特的历史作用和贡献。以至于在有的人看来,"大后方"就等于国民党,研究"大后方"就等于研究国民党。这固然与"非白即黑"的落后惯性思维有关,也与没有研究清楚身在大后方的中国共产党、大后方的抗日民族统一战线、大后方的中间党派等丰富的历史有关,也与提升历史认知的丰富性、复杂性有关。当我们承担了国家哲学社会科学特别委托项目"第二次国共合作及其经验研究——以中共中央南方局和抗战大后方为中心"后,感到很有必要专门对中国共产党在大后方的历史进行必要的梳理和深入的研究,以更加清晰、完整地认识这段历史,更加深刻地彰显中国共产党对抗日战争与世界反法西斯战争作出的巨大

贡献,更加准确地定位中共在抗日战争中的地位作用。

我们认为,"大后方"既是抗日战争时期各派政治势力普遍使用的概念,也是中国共产党话语体系中的基本概念。中国抗战大后方是在中国共产党倡导建立的抗日民族统一战线旗帜下,国共两党合作抗战的重要政治舞台。中国共产党是中国抗日战争的政治指导者①、抗日民族统一战线的倡导者和推动者,是抗日战争的中流砥柱。中共在抗战大后方的政治、经济、文化、军事、外交等方面同样发挥了重要作用。

可喜的是,我们的努力已经在国内外学术界产生了积极的反响,我们撰写的《抗战时期毛泽东对大后方的政治指导——兼论毛泽东与第二次国共合作的关系》入选2013年"全国党史界毛泽东同志诞辰120周年学术研讨会"②；著名汉学家、荷兰莱顿大学教授彭轲(F.N.Pieke)也将研究的视野转向中共中央南方局,与我们合作研究中共的统一战线历史及其影响。

(六)全局俯瞰,以抗战大后方为中心拓展研究的视野与途径

由于深化研究"第二次国共合作"的需要,"抗战大后方"概念第一次出现在国家哲学社会科学规划项目之中。这是学术的突破,更是思想的解放。因此,我们对"大后方"的基本问题进行了系统的研究。

我们认为,1937年中国人民抗日战争全面爆发以后,中国的政治版图逐渐呈现出一分为三的态势,即以延安为中心的抗日根据地,以上海为中心的

---

① 关于"中国共产党是中国抗日战争的政治指导者"的表述,是作者基于历史与现实的考量第一次提出来的。源于延安革命纪念馆基本陈列对延安在抗日战争中的地位作用的表述。经过全国爱国主义教育基地"一号工程"的建设,2009年,延安革命纪念馆新馆建成并开放,其基本陈列调整为六个部分:一、红军长征的落脚点;二、抗日战争的政治指导中心;三、新民主主义的模范试验区;四、延安精神的发祥地;五、毛泽东思想在全党指导地位的确立;六、夺取全国胜利的出发点。其中将延安定位于"抗日战争的政治指导中心"是关键。据报道,这一陈列大纲和陈列方案,先后经过中共中央文献研究室、中共中央党史研究室、中国人民解放军军事科学院、中国国家博物馆、中国人民军事博物馆的充分论证、反复修改。时任中共中央政治局常委李长春等中央领导同志亲临视察,作出重要指示。2006年5月,中共中央宣传部审批通过了陈列大纲和方案(见2009年8月25日延安日报:《认真践行科学发展观精心打造时代精品工程——全国爱国主义教育示范基地"一号工程"延安革命史陈列布展纪实》)。延安是"抗日战争的政治指导中心",这是中央对延安及中共在抗日战争中的历史地位的新表述,表现了实事求是的思想路线和国家民族的宽广襟怀,使这一研究达到了新境界。这也反映了包括作者在内的学界的心声,故作上述表述。

② 参见《全国党史界毛泽东同志诞辰120周年学术研讨会论文集》,中央党史出版社2014年版。

沦陷区，以重庆为中心、由中国国民党统治的中国西部地区，这是中国抗战的大后方。

我们认为，推动和加强对中国抗战大后方历史文化的研究，这是深化中国抗战史、第二次世界大战史研究的一个新途径。可以更加深刻地认识和准确把握抗日民族统一战线的进程，揭示近代中国政治发展的大趋势；研究中国抗战大后方的历史，可以还原二战真相，进一步揭露日本侵华的战争罪行；可以还原中国战时首都的面貌，从而全面准确地认识和把握这段历史；可以全面展现中国战场的全貌，更加准确地反映中国在世界反法西斯战争中的作用和作出的巨大贡献。①

为此，从1999年起，以本项目核心团队为基础，我们联合中国社科院近代史所、哈佛大学、牛津大学、剑桥大学、日本和台湾学术机构，连续在重庆举办了相关的国际、两岸学术研讨会，将"中日战争共同研究"这个国际性研究平台的中国举办地定在重庆，从而吸引了世界的目光，把过去零星的学术研究，形成了整体而固定的研究群落，而且后继有人。在此基础上，我们对中国抗战大后方研究的基本问题进行了研究。②这是一次顶层设计，也标志着"中国抗战大后方研究板块"正式形成，并被认为"重庆所做的大后方方面的研究是实事求是的"，"这是一件功德无量的事。"③

本项目最终成果的陆续发表，意味着项目研究的结束。但是，对于第二次国共合作研究而言，则意味着新的阶段的开始。

---

① 周勇：《抗日战争研究视角、方法与途径的探讨——以大后方研究为例》，《抗日战争研究》2012年第3期。
② 周勇：《关于抗战大后方研究的几个基本问题》，《重庆大学学报》（哲学社会科学版）2015年第6期。
③ 杨天石《: 重庆做了件功德无量的事》，《重庆日报》2013年9月15日。

目 录

总序 ·· 章开沅 1
序 ·· 周 勇 1
导言 ·· 1

第一章 第二次国共合作政策的确立 ························ 25
一、国共合作政策和策略的渊源 ·························· 25
（一）中国共产党的民主革命基本政策和策略················ 25
（二）中国国民党的政治主张 ···························· 27
（三）以争取国民会议制度为导向的国共合作················ 29
二、大革命失败后国共对立的政策和策略 ·················· 34
（一）中共的工农民主专政政策和策略 ···················· 34
（二）国民党的反共政策和"剿共"策略 ···················· 37
（三）"九一八"事变后的国共政策和策略 ···················· 44
三、第二次国共合作的酝酿 ···························· 48
（一）国共对立的政策策略开始转变 ······················ 48
（二）第二次国共合作酝酿中的谈判 ······················ 56
（三）西安事变——时局转换的枢纽和第二次国共合作的初步形成······
··· 64
四、第二次国共合作基本形成 ·························· 68
（一）国共各自的合作政策和策略 ························ 69
（二）国共谈判的艰难进程 ······························ 75

第二章 抗战前期的国共合作政策和策略 ···················· 85
一、国民党利用合作与力图控制的联共策略 ················ 86
（一）第二次国共合作正式形成 ·························· 86

（二）联共与防共双管齐下 ·················· 90
　　（三）国共合并的"大党"谋略 ················ 97
二、中共坚持合作与实力发展并重政策 ············· 103
　　（一）抗日救国的基本政策 ···················· 103
　　（二）军事合作与实力发展并重 ················ 106
　　（三）巩固和扩大统一战线 ···················· 111
三、民族危机迫在眉睫时的较好合作 ··············· 117
　　（一）中共为制定国共合作共同纲领而努力 ······ 118
　　（二）国共合作和统战工作平台——军委会政治部第三厅 ·· 121
　　（三）国共合作、统一战线的活动舞台——国民参政会 ·· 122

第三章　第二次国共合作政策策略冲突的表面化 ······ 126
一、战略相持阶段国共两党的政策策略 ············· 126
　　（一）中共在抗战新阶段的政策策略 ············ 127
　　（二）国民党从政治溶共转向限共 ·············· 129
　　（三）中共的战略思考与南方局的成立 ·········· 139
二、中共应对国民党消极抗日积极反共的政策策略 ··· 143
　　（一）坚持抗战团结进步方针 ·················· 143
　　（二）遏制国民党对日妥协的斗争 ·············· 149
　　（三）中共及其南方局与宪政运动 ·············· 154
三、国共摩擦与反摩擦中的谈判斗争 ··············· 161
　　（一）南方局对国民党当局以斗争求团结 ········ 161
　　（二）国共缓和军事摩擦的谈判 ················ 166
　　（三）国共关于"新四军北移问题"的谈判 ······ 170

第四章　皖南事变及其后国共合作的策略调整 ········ 177
一、国民党从对共策略之争到确定政治解决策略 ····· 177
　　（一）皖南事变：国民党对共政策策略的强硬表现 ···· 177
　　（二）第二次反共高潮因不得人心而退潮 ········ 180
二、共产党从准备破裂到以政治攻势维系合作 ······· 183

（一）中共应对皖南事变的斗争策略 ………………………… 183
　　（二）中共在参政会发起政治攻势 …………………………… 190
　　（三）南方局全力争取中间势力孤立顽固势力 ……………… 195
　三、国共政治力量渐趋平衡对抗战格局的维系 ………………… 198
　　（一）从林彪赴重庆谈判开始的攻守互换 …………………… 198
　　（二）反对第三次反共高潮 …………………………………… 210
　　（三）国民党坚持"政治解决"策略 …………………………… 214
　　（四）国民党对林伯渠赴重庆谈判的应对 …………………… 218
　　（五）政策落实与策略配合——南方局扩大团结中间势力 … 222

第五章 "一党专政"与联合政府的对立 …………………………… 226
　一、抗日战争后期的新形势与构建联合政府主张的实践基础 … 226
　　（一）新形势对民主政治的要求 ……………………………… 227
　　（二）战略策略转变的前哨战：林伯渠赴重庆谈判 ………… 229
　　（三）南方局对林伯渠谈判的配合 …………………………… 235
　二、联合政府主张的提出与宣传 ………………………………… 242
　　（一）联合政府主张的酝酿和形成 …………………………… 243
　　（二）联合政府主张的正式提出 ……………………………… 251
　　（三）中共的谈判重心彻底转向争取联合政府 ……………… 254
　　（四）南方局与第二次宪政运动的高涨 ……………………… 256
　　（五）发挥群众性统战工作的配合作用 ……………………… 260
　　（六）促成美军观察组常驻延安 ……………………………… 261
　三、围绕联合政府主张的谈判斗争 ……………………………… 265
　　（一）赫尔利访问延安与《五项协议草案》 ………………… 266
　　（二）中共力争"入股"以推进联合政府战略 ……………… 268
　　（三）周恩来两度赴重庆谈判 ………………………………… 271
　　（四）重庆工委对周恩来赴渝谈判的工作配合 ……………… 278
　四、在政策对立中争取联合政府 ………………………………… 282
　　（一）中共七大与国民党六全大会的政策和策略宣示 ……… 282

（二）重庆工委为实现联合政府而继续努力 …………… 288
　　（三）威胁联合政府的内战态势益显 …………………… 294

第六章　从重庆谈判到内战爆发 …………………………… 298

　一、重庆谈判：中共和平民主团结政策的政治攻势 ………… 298
　　（一）受降权利之争与国共"和战"抉择 ………………… 298
　　（二）中共"和平民主团结"政策的确定 ………………… 304
　　（三）重庆谈判：确认"和平、民主、团结" …………… 308
　二、政治协商会议：联合政府政策及其运作模式的确立 …… 313
　　（一）中共为召开政协而努力 …………………………… 314
　　（二）中共民主理念和联合政府政策的强势影响 ……… 316
　　（三）政协协议：联合政府政策及其程序性模式的确认 … 327
　三、国民党推行内战政策与第二次国共合作破裂 …………… 333
　　（一）国民党坚持专制独裁政策与中共的和平民主政策受阻 …… 333
　　（二）国民党内战政策与中共"边打边谈"策略 ………… 345

结束语 ……………………………………………………………… 350

附：主要参考文献 ……………………………………………… 354

后记 ……………………………………………………………… 362

导　言

　　政党是干政治的,否则就是不务正业。干政治,就需要政党有引领事业发展的政治纲领,及其在各个历史发展阶段、时期的表现形式即实现纲领所定方向与目标的政策和贯彻落实政策的策略。否则,这政党就名不副实,它和国家的事业就没有引领而无从发展,也就谈不上什么历史了。对于中国共产党与中国国民党在抗日战争时期的第二次合作而言,也是这样。因此,对第二次国共合作的政策和策略即合作中国共两党的政策和策略进行研究,对于深化抗日战争史等相关历史的研究是必要的,在这方面研究尚不足之时更是十分必要的。所以,第二次国共合作的政策和策略研究,是一个研究的好课题,值得学术界对它进行深入研究。

一

　　第二次国共合作的政策和策略研究,具有相当大的难度。这首先表现在对于什么是政策、什么是策略,论者迄今没有准确界定,以致分歧极大。这与抗日战争中国共两党的历史资料对此没有界定密切相关。当时国民党人在牵涉中共的问题上,一般不怎么谈政策、策略,如抗战建国纲领32条,条条都是政策,又都包含了实现政策的策略,却绝口不说这是政策策略规定。与其相反,中共则自第二次国共合作酝酿时期起,就反复强调合作抗日的政策,如抗日救国十大纲领,十大类 37 条,反复给读者以明示——这些全是中共的抗日政策。但稍加分析,就会发现,十大纲领的政策规定往往是纲领性、原则性的,且同样没有策略规定乃至说明。总之,两党都给人以政策和策略概念混淆、内涵混用的感觉。

也许正是由于这种混淆,才有了毛泽东对于中共在抗日战争时期政策、策略集大成之规定——《论政策》。一开篇,他就说:"在目前反共高潮的形势下,我们的政策有决定的意义。"凸显政党按照政策行动、政策决定政党成败,因而政策对于事业发展具有根本指导性和极端重要性。他随即强调中共的"抗日民族统一战线的政策是决不会变更的",由此表明具有方向性、目标性的制度规定、行动准则就是政策。以此为标准,他将土地革命后期的中共政策表述为"革命和反革命两条道路的决战"的政策,包括在经济上消灭资产阶级(过"左"的劳动政策和税收政策)和富农(分坏田)、在肉体上消灭地主(不分田),打击知识分子,肃反中的"左"倾,在政权工作中的独占,过"左"的军事政策(进攻大城市和否认游击战争),白区工作中的盲动政策,以及党内组织上的打击政策等等,并由此得出结论:"在第一次大革命后期,是一切联合,否认斗争;而在土地革命后期,则是一切斗争,否认联合(除基本农民以外),实为代表两个极端政策的极明显的例证。而这两个极端的政策,都使党和革命遭受了极大的损失",所以,为避免错误和损失,"现在的抗日民族统一战线政策,既不是一切联合否认斗争,又不是一切斗争否认联合,而是综合联合和斗争两方面的政策。"基于这一历史经验的认识,毛泽东提出了中共的抗日民族统一战线总政策,并将它分解为 10 项"综合联合和斗争两方面的政策",即抗日人民联合组成抗日民族统一战线、统一战线下的独立自主、战略统一下的独立自主的游击战争、"利用矛盾,争取多数,反对少数,各个击破"及"有理,有利,有节"、在敌占区和国民党统治区尽量发展统一战线和隐蔽发展党的力量、"发展进步势力,争取中间势力,孤立反共顽固势力"的"基本政策",对反共顽固派的革命的两面政策、对汉奸亲日派中的两面分子的两面政策,对大地主大资产阶级和民族资产阶级及中小地主开明绅士按抗日与否的标准加以区别而建立的不同政策,对帝国主义按照其对日伪的不同态度和政策而区别采取不同政策。这10项政策有一个没有点明却明显存在的共同的目标指向,即为了抗日、民主,以及相应地发展自身实力。因此,这10项政策需要特定的长期性才有效,即它们应该涵盖一个或者数个历史时期,却不能是一个历史时期内同一政策不停变换内容的所谓"政策多变"。也因此这10项政策还须具有全局性才有效,即它们应当互相配合、相互为用而对各方面工作形成系统的指导。长期性和全局性同在,也就构成了战略性,所以这10项政策其实就是中共在抗日战争时期为实现抗日民主所要完成的各方面战略任务,以及为此而规定的工作的基本原则和方式方法。战略任务归类,根本就是对己对人两方面,所以抗日民族统一战线及其政策,根本上"对己"是抗日的全民组成的"人统战"即发展自己力量,"对人"是区别对待非敌方的各上层阶级乃至帝国主义各国的"小统战"即争取可以争取的力量以维护和扩大自身力量、反对异己力量干扰破坏,从而保证战略任务的实现。所以统一战线是根本,是方向、目标、战略及其实践策略的根本所在,它包括了10项政策全部。在毛泽东看来,这种针对特定对象而带有方向目标性、长期性、全局性,即具有战略性的行为原则和方式方法的综合体,就是政策。但这里有一个问题需要指出,就是这里所提的原则和方式方法往往只是明确了行为的总体方向,却不具有行为目标的唯一指向性,因此不便于条文化,不具有准确的操作性。如第7—10项政策,指示了当政策对象具有不同表现时须采用不同方法的原则,却没有对对象、对策作出准确的规定,可见它们只是一种方针性的指导而非具体的操作性指导。对这种政策,只能名之曰方针性政策。

因此,毛泽东的论述不可能就此结束。若按照上述政策标准,仔细分析毛泽东10项政策,会发现在抗日民族统一战线这个"大统战"总政策的规范下,这10项中其实只有第6项,即"发展进步势力,争取中间势力,孤立反共顽固势力"完全符合政策标准。难怪毛泽东将此项称为"基本政策"。其他9项则往往或者不明确对象或针对性,如独立自主;或者仅针对可能发生的形势、对象变化而作了行为假设,如"两面政策";或只是设定不同政策的出台条件,如为了建立相应的政策而要求按照抗日标准区别各阶级阶层。因此这9

项其实是在为达成统一战线中的发展进步势力、争取中间势力、孤立反共顽固势力的政策目标任务,规定应分别采取联合与斗争这两种手段、或联合或斗争的具体条件和方式方法;它们与基本政策的关系,其实是服务与统率的关系,即以联合与斗争这两种基本手段的适当配合和运用,将发展、争取、孤立这三方面战略任务或政策落到实处、予以实现,以便最终实现抗日民族统一战线的抗日民主总政策目标。正因此,毛泽东将这9项中的第4项"利用矛盾,争取多数,反对少数,各个击破"及"有理,有利,有节",明确确定为"策略原则"即基本策略,也就是实现其他8项的基本方法。其实其他8项与第4项在本质上一样,本身也不具有目标性,却是实现统一战线及其发展、争取、孤立的政策目标服务的方式方法。因此可以说,在论政策的题目下,毛泽东着重阐述的,其实是联合与斗争并举的策略手段及其对于实现抗日民族统一战线政策的极端重要性,实质是在论证保证实现抗日民族统一战线政策的总策略——又联合又斗争,以斗争求团结。这样,抗日民族统一战线就有了总政策和总策略,毛泽东以它们为统率,规划了各方面的战略任务,或者说将总政策和总策略寓于各项战略任务或工作展开之中,这就有了10项政策;希望以总策略在各项战略任务和工作中的运用,去保障这些任务、工作的完成,以达到总政策的目标要求。这表明,策略是实现政策的必备条件,政策与策略的基本关系是领导与服务、规定目标任务与运用操作手段的关系。

上述抗日民族统一战线的总政策、总策略的表述是纲领性的,这10个方面展开的战略任务、工作方面的"政策"是原则性的,即只是方针性政策,在很大程度上还不是国家或政党在操作层面的条文化的政策。因此,为实现总政策和这10个方面的战略任务即方针性政策,以保证在中共领导下实现抗日、民主的根本政策目标(战略目的),按照又联合又斗争的既提高积极性又克服消极因素的总策略,还需要有具体的政策规定。于是,毛泽东提出或列举了中共在抗战中的若干具体政策,即可以条文化的、可以在日常工作中具体操作的政策。如政治上的"三三制"政权组织规定,目的在于实现民主、破坏买办大资产阶级和大地主阶级的专政;抗日的地主资本家与工农群众同等享有人民权利的有关公民权政策;经济上的改良工人生活但加薪减时均不过多的劳动政策,以调动工人积极性和让资本家有利可图;减租减息和交租交息的土地政策,以调动农民积极性而有利经济发展;除最贫苦者外居民均须纳税而非仅由地主资本家负担税赋的税收政策;军事及相关内政方面的有奸细就必须镇压但又少杀并宽大动摇胁从者且重证据的锄奸政策,和只杀群众痛恶者而尽数释放并不加侮辱被俘者的俘虏政策,其中特别要求区别处理国民党情报人员与日探汉奸,即宽大前者、严惩后者,以"孤立反动营垒";吸引外地资本、奖励民营企业,以达促进流通、自给自足目的的经济政策和发展农工商业的关税货币政策;文化方面实行以提高和普及人民大众的抗日的知识技能和民族自尊心为中心的文化教育政策,放手吸收、培训、任用和提拔较有抗日积极性的知识分子,并大力培养干部;军事上实行尽量扩大中共领导的八路军、新四军,对国民党军继续采取人不犯我我不犯人政策并尽量交朋友的军事政策。①

这样,毛泽东构建了一个以抗日民族统一战线这一包括抗日、民主的根本任务,和因此而在各方面工作中发展进步势力、争取中间势力、孤立反共顽固势力的战略任务为总政策,以为了区别对待各种政治势力而采行的又联合又斗争、以斗争求团结为总策略,以总政策和总策略指导而形成并体现为"三三制"政权、减租减息和交租交息、提高与普及民众文化和民族自尊心、大力发展中共武装力量等政治、经济、文化、军事等具体政策的分层级的政策和策略体系。其基本的构建方式即运作程序是:总政策决定各方面战略任务即带有方向目标性的政策(方针性政策)和实现战略任务即方针性政策的总策略,方针性政策和总策略决定各项条文化的具体政策。其简化的程序格式是:总政策→总策略(方针性政策)→具体政策。可以说,毛泽东在政策、策略混用的纷繁中,大致厘清了一个政策和策略的分野与程序体系结构,方便了当时政策策略的策划和运用,也方便了后世的研究。

以此程序体系,反观国民党抗建纲领的政策规定,会发现基本上也是这样的:抗战中的总政策是以"三民主义暨总理遗教"为"最高准绳","在本党

---

① 以上参见毛泽东:《论政策》(1940年12月25日),《毛泽东选集》第2卷,人民出版社1991年版,第762—769页。

及蒋委员长领导之下","全国人民捐弃成见,破除畛域,集中意志,统一行动",以"求抗战必胜,建国必成"的战略总目标;具体政策如政治方面是组织国民参政会机关、实现县自治、改善各级政治机构、整饬纲纪、严惩贪官污吏。这里边毫不涉及中共和各抗战小党派。但若明白"捐弃成见"等的具体含义,加之"本党及蒋委员长领导",也就明白它实际上是要求中共等党派必须归属国民党当局在思想上、政治上的统一领导,即中共与国民党同质化而没有必要存在、不再存在的政策和策略内涵已包含其中。仅此已见国民党当局的总政策是抗战、反共、统一。同理,这里边的无策略规定,也就好理解了——策略包含在总政策中,又通过具体政策体现或反映出来。如"组织国民参政机关,团结全国力量,集中全国之思虑与识见,以利国策之决定与推行"①,就同中共相关,就同既受中共的民主政治主张推动,又坚持"训政"政策而抵制中共主张的策略考量与运作相关,由此得出的政策及其执行结果——因为没有全民选举而只能是非权力的、上(国民党当局)对下(中共等党派)的咨询机构——的反共并坚持一党专政的实质自然也就包含其中了。由此可以推知,在反共总政策与参政会这类具体政策之间,有一套策略(方针性政策)在起作用。从反共目标和结果的关系看,从基本历史事实即政策实践的结果看,这套策略就只能是"容共""溶共""限共"之类。所以,国民党的政策规定的方式、程序仍然是:总政策→策略(方针或指导性政策)→具体政策(条文化的施政策略体现)。

至此,已经可以对第二次国共合作中两党关于政策和策略的概念及二者相互关系,得出大致的认识了。所谓政策,就是国家或政党根据自己的政治路线为实现一定历史时期的一定战略任务而制定的行动准则。所谓策略,就是国家或政党为实现既定战略任务即方针性政策而根据形势变化所采取的谋略手段。政策和策略的基本关系是相辅相成的关系,实现政策需要策略,谋划策略则须依据政策需要和指导;是构成上下关系的,政策指导策略,策略为落实政策服务;是分层级的,上一层级的策略指导一般就是下一层级的政

---

① 国民党临全大会:《抗战建国纲领决议案》(1938年4月1日),荣孟源主编:《中国国民党历次代表大会及中央全会资料》下册,光明日报出版社1985年版,第484—486页。

策，上一层级的政策对于下一层级的策略构成方针性质的政策指导，但对于再上一层级政策的贯彻落实而言它又仅仅是策略手段；政策和策略的层级性使得二者关系错综复杂，在实践中也就往往被使用者或后世研究者在概念上混用，将其笼统视之为策略或政策而不加区别，故需要在准确把握政党根本目标任务的基础上，加以仔细辨别，简言之，政策是带有方向目标的战略性行动准则，策略是为此战略服务的工具手段；根据时效的长短及实效的全局性和局部性，政策和策略是发展变化的，因而是有前因后果关系的，是有渊源的。

本项目研究本着上述认识去进行：明辨国共两党各自的战略任务即总政策，着重分析为实现此总政策所采取的策略手段及其演变乃至所采取的具体政策形式。

二

再一个棘手的问题是：第二次国共合作的政策和策略研究，从题目上看，似乎应当研究国共两党共同形成的合作政策和策略及其在实践中的发展演变和作用。这是人所公认的政治法律行为方式和结果——不然怎么会有第二次国共合作呢？但这种"公认"，在第二次国共合作问题上无效，因为事实与人们的一般思维大相径庭。

在提出合作主张之初，中共也曾秉持同当今公众、读者及一些作者一样的认识，同时基于对国民党当局在大革命末期国共合作突然破裂的戒心，和以民主为基础完成民主革命的基本理念，要求同国民党一起，召开各党各派各界各军的抗日救国代表大会，成立国防政府与抗日联军，[①]或国共共同发表

[①] 参见《中华苏维埃人民共和国中央政府关于召集全国抗日救国代表大会通电》（1936年2月21日），中共中央文献研究室、中央档案馆编：《建党以来重要文献选编（1921—1949）》第13册，中央文献出版社2011年版，第45—46页。

宣言,形成共同纲领,①双方按照代表大会产生的政府所制定的政策或共同纲领所规定的政策、策略,实现有统一的合作组织、有合作的共同纲领的因而国共两党及各种抗日政治力量平等的、有章可循的、推动民主的,也就不太可能出现中途变卦、随意打压直至灭共之举的合作。

但是,国民党当局却另有打算:不存在国共平等合作而只有蒋介石收编中共,故不能平等地召开代表大会、成立国防政府,甚至不能有国共平等合作的共同宣言,仅可以国民党中央通讯社发表《中共中央为公布国共合作宣言》,再由蒋介石在庐山发表谈话,提及此宣言而教导中共"真诚实践"宣言所举"四项保证"的方式,对中共"捐弃成见"(皈依三民主义、取消中共革命)、服从国民党政府的"领导"及"统一指挥"去"共赴国难"的行为予以"开诚接纳"。② 这即是以双方分别阐述各自主张以成就国共不再敌对的事实的形式,默示当局对中共宣言的接受。这种方式清楚地表明国民党当局希望向世人宣告一个国共已经交往的事实,使大家将它理解为当局终于"招安"了中共;当然也可让希望国共合作的人,尤其是让熟知内情的中共将其理解为第二次国共合作成立;希望明确并告诉世人一个很明显的法律事实和法律效果,即所谓第二次国共合作是没有双方共同签署的、平等享有和承担相等的权利义务的法律文书的,因而是不具有法律效力的,所以这个"合作"本身是不存在的,只存在中共归顺国民党当局而被接纳的事实,所以"在朝"的国民党当局就是法律的化身,将继续合法并永远合法地统率一切包括中共,"在野"的中共若不服从当局及其规定的"合作"形式和内容则是非法的。

果然,世人接受了国民党当局这一意图;中共则在终于明白不愿承担对10年来民族危机所应负的责任的"国民党自大主义的精神"后,为了当前"合法地位"和"统一战线的成功"而被迫接受了当局这种策略方式,认为这在事

---

① 参见中共中央文献研究室编:《周恩来年谱(1898—1949)》修订本,中央文献出版社1998年版,第371页。

② 参见蒋介石:《集中力量挽救危亡》(1937年9月23日),秦孝仪主编:《"总统"蒋公思想言论总集》卷38,国民党中央党史委员会1984年印行,第95—96页。

实上形成了第二次国共合作。①

对此,中共总想设法补救,其基本方法是组织包括国共的党派联盟,以它来制定并实践共同纲领即超越国共之上的共同政策和策略。还在1937年4月初,鉴于蒋介石在国共谈判中要中共提出一个永久合作的办法,中共中央政治局就决定在中共的抗日救国十大纲领和国民党一大宣言基础上起草民族统一战线纲领,并提议在此纲领基础上成立包括国共及各党派和政治团体的民族联盟,且推举蒋介石为领袖。② 中共显然没有理解或故意装作不理解蒋的"永久合作"的内涵。蒋介石因此不好再等中共提出使它自己倒霉的方案,而对中共这个追求平等却又拥蒋之举,回应以如下方案:由国共推出同等数目干部,组成国民革命同盟会,以蒋为主席,有最后决定权;国共一切外宣和行动,统由同盟会讨论执行;同盟会将来可扩大为国共合组的党;同盟会可与第三国际发生组织关系以代替与中共的关系;对其他党派不必谈合作。这个方案非常清楚地展现了蒋介石要吞并中共的"溶共"企图。中共中央书记处当然不会就范,在周恩来起草的国共《两党关系调整方案》中明确要求:同盟会可负责调整两党关系,决定两党共同行动事项,但不能干涉两党内部事务,两党均须遵守共同纲领,又均保留各自的组织独立性及政治批评和讨论的自由权。对于这种坚持在国共之外、以国共为基础形成合作组织、签订共同纲领的主张,蒋介石本着谈不成就拖的办法,将它搁置下来。直到12月21日,周恩来等人只好提出新办法,去同蒋介石谈判成立国共两党关系委员会,由它商定两党共同纲领等问题。这即是说,中共对之前追求的党外广泛合作形式作了让步,转而按照国民党当局的要求,答应将合作形式限制在两党范围之内。这终于促成了成立两党关系委员会的协议。但这毕竟同蒋介石的追求有着本质区别,所以自30日的关系委员会会议开始,双方在签订共同纲领问题上就分歧不断。在这次会上,国方将议题转到请求中共帮助以达到使苏联出兵援助中国抗战的问题上,因而未能讨论周恩来起草的共同纲领草

---

① 参见中共中央负责人对蒋介石谈话的意见,1937年10月2日《解放周刊》发表;转引自彭明主编:《中国现代史资料选辑》第5册上,中国人民大学出版社1989年版,第213页。
② 参见中共中央文献研究室编:《周恩来年谱(1898—1949)》修订本,中央文献出版社1998年版,第368页。

案。1938年春,关系委员会虽然又共同协商并草就了一个共同纲领草案,但国民党中央执行委员会本着"拖"的精神,始终未对它提出正式意见而使其不了了之。2月6日,中共中央代表团和长江局联席会议针对国民党中一部分人拟取消国共两党、另立新党问题,决定向国民党建议建立民族革命联盟以巩固统一战线。作为回应,2月10日,陈立夫向周恩来提出在两党外共同组织双方都可以参加的三民主义青年团。这表明双方都已不认可两党关系委员会这种形式,因为它不解决问题。而国民党所希望的取代关系委员会的三青团形式,中共是不赞成的,因为它既在形式上被降格并将固化不平等,且非政党组织,又使中共失掉信仰。这样,对中共而言,平等合作形式就只剩下第一次合作时期的中共党员以个人身份加入国民党即国民党所坚持防备而反对的"跨党"形式了。12月6日在桂林,周恩来同蒋介石会谈时,蒋对中共中央的意见明确表示:跨党不赞成,中共既行三民主义,最好(与国民党)合成一个组织;如(中共党员)全体(加入国民党)做不到,可以一部分中共党员加入国民党而不跨党。蒋方案的实质及其结果是:没有国共有组织的合作,只以国民党这个唯一政党形式来实现"合作";中共党员的骨干部分退出中共而成为国民党员,剩下部分在失去骨干、没有平等地位也即没有合法地位的情形下只好自行消亡。这是既不同意国共平等有形的合作,还要进而灭共。周恩来当然不能同意,当即回答:(一)中共实行三民主义,不仅因为这是抗战的出路,而且因为这是达到社会主义的必由之路,国民党员则不都如此想,所以国共终究是两个党。(二)跨党,我们不强求,如认为时机未到,可采用他法。(三)加入国民党,退出共产党,这是不可能和做不到的。(四)少数人退出共产党而加入国民党,不仅失节失信仰,而且于国家有害无益。① 这实在是一场理想信念的交锋。在这次面对面领教了中共领导人的坚定信仰之后,国民党五届五中全会随即决定"限共"。中共通过这之前两年的谈判、交往,也明白了国民党当权人物坚持反共的立场是不会变的,所以后来将其命名为"顽固派";不能不承认原来希望通过有组织有纲领的合作来求得中共的平等合法

---

① 参见中共中央文献研究室编:《周恩来年谱(1898—1949)》修订本,中央文献出版社1998年版,第374、377、403、404、412、436—437页。

地位、推进民主政治,进而改造国民党的努力的失败①。这之后,双方不再谈组织合作问题,当然也就谈不上共同纲领问题了。

所以,第二次国共合作真可谓是"东方手续",即是一个没有签订和依据双方法律性质契约的,因而只可意会、不见形式的产物;因其自始就无共同组织、共同纲领,只能采取根据国共各自政策和策略去"遇事协商"②的方式开展活动,当然也就没有超越国共两党之上的合作政策和策略可供研究了。

三

没有共同纲领、共同政策和策略,在强敌入侵、民族危亡的形势下,第二次国共合作却还得进行,这就只能取决于两党各自的政策和策略了。对此,无须分析研究,两党的基本主张即公诸于世的方针政策也是一目了然的。这就是中共提出并反复强调的"抗日救国"口号(口号就是纲领、政策的集中表现),即"争取中华民族之独立自由与解放"③;是国民党当局对中共的要求——在当局指挥下"自卫自助,以抵暴敌,挽救危亡"④。正是这种抗日救国的基本立场,使两党本着中华民族至上的爱国情怀,走到了一起,实现了合作,并且无论多么艰难,也坚持了抗日这一最基本的政策,将合作维系到了抗日战争胜利。换言之,若没有这种民族情怀和立场,合作是不可能成立并维持的。这是在研究第二次国共合作及双方政策和策略时,最应注意的基本点;也是中国人现在应对任何国际国内问题时都必须首先考虑的根本点。

---

① 参见毛泽东:《在中国共产党第七次全国代表大会上的口头政治报告》(1945年4月24日),中共中央文献研究室编:《毛泽东文集》第3卷,人民出版社1996年版,第311页。

② 周恩来在中共六届六中全会上的发言记录,1938年9月30日。转引自金冲及主编《周恩来传(1898—1949)》,人民出版社、中央文献出版社1989年版,第396页。

③《中共中央为公布国共合作宣言》(1937年7月15日),《周恩来选集》上卷,人民出版社1980年版,第76、77页。

④ 参见蒋介石:《集中力量挽救危亡》,秦孝仪主编:《"总统"蒋公思想言论总集》卷38,国民党中央党史委员会1984年刊行,第96页。

但除了抗日这一点相对简单明了、颇为一致外,第二次国共合作双方的更多政策策略却需要颇费周章地仔细分析才能理解其本意和作用。如从这次合作的政策规定的原点看,若仔细分析形成第二次国共合作事实的中共宣言与国民党谈话,会发现双方阐述的观点、内容大相径庭。周恩来起草的中共为公布国共合作宣言,在声明"孙中山先生的三民主义为中国今日之必需,本党愿为其彻底的实现而奋斗"时,将它的内容表述为"争取中华民族之独立自由与解放";"实现民权政治,召开国民大会,以制定宪法与规定救国方针";"实现中国人民之幸福与愉快的生活",其当务之急是"切实救济灾荒,安定民生,发展国防经济,解除人民痛苦与改善人民生活"。这就是说,中共是按照自己的民主革命思想理论及国民党一大宣言的精神并结合抗战的实际来解释三民主义,规定自己在第二次国共合作中即在抗日战争中的民族解放、民主政治、改善民生的"奋斗之总的目标"即政治纲领或总政策的。虽然宣言按照谈判中国民党方面的要求,重申了取消推翻国民党政权的暴动政策及赤化运动、取消苏维埃政府、停止以暴力没收地主土地的政策、改编红军为国民革命军等四项保证,但如果联系到中共对于实现民权即其理解的民主政治的具体要求是召开国大、制定宪法与规定救国方针这些与训政时期国民党当局的主张和行为貌似吻合却严重对立的政策主张来看,联系到红军只是改编并受国民政府军事委员会"统辖"而非改变红军性质并受"统一指挥"的政策规定来看,联系到"解除人民痛苦与改善人民生活"的方针政策来看,中共后来必然在敌后根据地普遍建立民选的"三三制"政权、普及新代议制思想理论,并从地方推动中央层面走向联合政府、为过渡到全民普选的正式政府作准备,苏维埃即代表会议制度的实践和理想追求实际上是取消不了的;必然在敌后战场发动民众、全面展开持久的游击战争,在抗击敌伪中迅速壮大中共领导的武装力量,红军实际上也是取消不了的;必然采取"二五减租"等实现"耕者有其田"的前提办法和过渡形式去改善民生,即虽然暂时不没收并平分地主土地,但其政策的指向是没有变的。这就是说,中共的根本理想追求仍旧,仅是放缓了步伐或变换了形式而已。因此,中共在合作之初就已经制定并提出了抗日、民主、改善民生、争取群众、发展实力、实现对抗日战争的领导权的根本政策。

蒋介石的庐山谈话,同样围绕三民主义来展开,其内容却是指责"十年以来,一般国人,对于三民主义,不能真诚一致的信仰……致使革命建国……遭受不少之阻碍……遂令外侮日深,国家益趋危殆",将日寇入侵归咎为全民的罪过,更将板子打在中共身上;同时完全忘记了国民党当局"攘外必先安内"的策略乃至政策宣示和执行,而无中生有地自我表扬"中央政府无日不以精诚团结,共赴国难①相号召",凸显在此基础上"国人昔日之怀疑三民主义者,亦均以民族利益为重,放弃意见,而共趋于一致。"在表明国民党当局的三民主义才有"民族意识"并可号召一切的同时,也给民众一个面子,为后文的转弯作准备。这个转弯就是"此次中国共产党发表之宣言,即为民族意识胜过一切之例证",告诉世人,中共受国府感化而愿意共同抗日了,即民族主义成为"招安"之本。据此,下面的话也就顺理成章了:"对于国内任何党派,只要诚意救国,愿在国民革命抗敌御侮之旗帜下共同奋斗者,政府自无不开诚接纳,咸使集中于本党领导之下,而一致努力。中国共产党人既捐弃成见……吾人唯望其真诚一致,实践其宣言所举之诸点,更望其在御侮救亡统一指挥之下,以贡献能力于国家"。符合民族主义而"捐弃成见"、服从"统一指挥",本党和政府皆愿意"开诚接纳"、予以"领导"和"指挥",中共就是这方面的榜样。通篇讲话看下来,除民族主义要求在党国领导下"自卫"之外,不见对三民主义特别是其民权、民生及其政策规定的全面展示和解释,只给人以各党派都得效法中共,服从党国领导、指挥的印象。这样,中共成了进一步招抚其他党派的广告或教材。当然这里面也就包含了深一层不便明言的含义——中共若做不到这些要求,也就不能当广告或教材,而是另一种后果了。至此,国民党当局对于"第二次国共合作"乃至对其他党派的政策及策略是什么,也就不言自明了。当然,谈话人也清楚,需要对抗战时期政策有所交代。所以,蒋在谈话的结尾处宣示政府本着三民主义这一"中国立国原则","自必坚守

---

① 就第二次国共合作而言,"共赴国难"字样,最早见之于周恩来起草的中共中央为公布国共合作宣言。国民党当局在1937年7月接读宣言稿时,不允许中共有此提法,因为这个提法表示国共是平等的,而国民党当局认为国共是不平等的。谁曾想一个多月后,蒋介石根本立场仍旧,却将这个提法据为己有。

不偏不倚之国策","自卫自助,以抵暴敌,挽救危亡"。① 除此之外,再无其他。这就明明白白告诉世人,尤其是向蒋介石最看重的外国人宣示,除民族主义的自卫这"一民"及中共等团体必须服从指挥的政策规定外,国民党政府更无其他"二民"的想法,也就不必谈对它们的政策主张及实行了。这种用意,同一个多月前蒋介石对中共宣言提出的诸多要求是一致的。蒋当时的要求包括:不同意提"民主",要求一律改为"民用";要取消对民族、民权、民生的解释;不同意提同国民党获得谅解而共赴国难。② 这表明蒋不同意中共和国民党一大对三民主义的解释,尤其不同意中共对民权、民生的主张,因为它居然要求"民主";当然也就不同意"共赴国难",因为这就变相承认了国共平等地位,因而承认了民主。换言之,蒋介石在向世人宣告:民权、民生这"二民"的既往政策照旧不变。

难怪在世人所理解的国民党五届三中全会确立对中共新政策后不久,蒋介石就对日本驻华大使川越说,在三中全会上"敝国政府对中国共产党之政策,并未有何变更,三中全会之宣言及决议案,都已有明白确实之表示","依三中全会之决议,当然不承认中国共产党,盖中国共产党原是土匪。现其性质虽已变更,但敝国政府仍本一贯方针对付之"。③ 庐山谈话和对川越谈话所宣示的方针、政策,或明或暗,表现不一,但精神是一致的,是既符合将希特勒这股祸水东引的英美法列强的政治意识形态和实际利益需要,又符合以《反共产国际协定》结盟的德日法西斯的政治意识形态和实际利益需要的。毋庸置疑,三中全会后,国民党当局对中共虽然不再以"匪"待之,但这绝不等于说它改变反共政策、承认中共作为政党的平等合法地位了。即使在国共关系相对最融洽的时期,即国民党五届三中全会至五中全会之间,蒋介石也多次向中共代表作过与对川越谈话精神一致的谈话。1937年3月间国共杭州谈判

---

① 参见蒋介石:《集中力量挽救危亡》,秦孝仪主编:《"总统"蒋公思想言论总集》卷38,国民党党史委员会1984年刊行,第95—96页。
② 朱德、周恩来、叶剑英致毛泽东、洛甫转博古、林伯渠电,1937年8月12日。转引自金冲及主编:《周恩来传(1898—1949)》,人民出版社、中央文献出版社1996年版,第366页。
③ 蒋介石:《对共产党之政策我决不改变》(1937年3月6日),秦孝仪主编:《"总统"蒋公思想言论总集》卷38,国民党中央党史委员会1984年刊行,第47、48页。

时,蒋介石向周恩来明确表示,中共不必谈与国民党合作,只是与他合作,拥护他为领袖。① 这就是说,在蒋看来,根本就没有什么国共合作,只有他个人对中共的领导,即接管中共。这样下来,别说合作,中共将仅仅等于蒋个人的私人帮闲和私家武装,连党的地位都保不住了。1938年12月12日在重庆,蒋又对王明等人说:共产党员退出共产党,加入国民党,或共产党取消名义将整个加入国民党,我都欢迎;我的责任是将共产党合并国民党成一个组织,国民党名义可以取消,我过去打你们也是为保存共产党革命分子合于国民党,此事乃我的生死问题,此目的如达不到,我死了心也不安,抗战胜利了也没有什么意义,所以我的这个意见,至死也不变的。② 这是明确宣示:过去打中共,现在不打而要"合并"中共,表现形式不一,目的却始终如一,并将永远如一、至死不变,即要达到使中共在中国不复存在的目的(这不是反共是什么?),因为这是你死我活的根本问题;因此,这个目的的当前意义至少也同抗战并列,属于战略性的头等重大目的。蒋介石说这些话,是要中共等有关当事人、当事方听了,明白无误地理解他的本意,从而使中共屈服、让步,按他的旨意办,以达到解决中共这一根本问题、根本解决中共这个心腹之患的难题的目的,而不是为了去写日记供后人阅读,塑造自己"有容乃大"而相应的中共"破坏抗战"的形象。这些远较蒋介石日记真实准确的历史资料,都将结论推向一点:在抗日战争时期,过去在国共对峙时期形成的国民党当局对中共的一贯方针即根本政策——反共——是没有变的,并且是决不会变的,可以改变的充其量只是反共的形式。这就是说,在蒋介石国民党当局看来,反共政策一定不变,但贯彻落实它的策略可以变换,可以从以前的武力"剿共"变为当前的按照"法统"来"容共"(容纳、收编中共),将来还可以根据国际形势的演变而再变为"溶共""限共"之类,总之只要能达到把中共给弄没了,或者起码也要达到将其限制在最低限度的政策目标才行。这样,国民党当局自合作之初起,其根本政策也是已经确定了的,就是自卫抗战和以国民党"法统"为基础

---

① 《周恩来年谱(1898—1949)》修订本,第367页。
② 《陈绍禹等关于一个大党问题与蒋介石谈判情况向中央的报告》(1938年12月13日),中央档案馆编:《中共中央文件选集》第12册,中共中央党校出版社1991年版,第5—6页。

的反共、统一。

可见,第二次国共合作所依据的政策和策略,是国共两党各自拟定的;两党的"合作"政策目标,除抗战这一点外,是南辕北辙的,所以后来摩擦不断。正因为有了抗战这一共同点,才使双方各自的政策得到对方在形式上的认可,才使合作得以形成并延续到最终;所以,研究第二次国共合作的政策和策略,基本内容就只能是研究国共以合作问题也即两党关系问题为核心的、适应形势演变的、对于抗战中国的基本政策和策略及其演变和作用。

后来,以前述带有根本方针性质的即规定国共两党各自事业发展方向和目标的政策为基准,双方都根据形势、实力的演变而不时调整自己的策略和具体政策。如国民党当局的对共政策,在其五届三中全会承诺接纳中共的背景下,无论如何也须改变形式,不能再上演之前剑拔弩张的武力反共一幕,而要表现出"容共",从而有了今天不少人认可的"容共政策";在抗战防御阶段根据战局所需而中共力量尚不足道之时,当然要抓住时机加紧利用且溶化中共,就有了"溶共政策";待到相持阶段到来,中共力量发展势头惊人并坚决抵制"溶共"之时,"溶共"已不现实却必须限制其发展,也就有了"限共政策";限而不成之时,就有了以三次反共高潮为代表的利用"法统"地位,武力驱共、压共之举,这当然不是"容共""溶共"之类了,在当今一些人又以既然在合作就不可能有对立的政策为由而不允许将它说成是反共的"学术"背景中,只好将、起码也得将其视为"限共政策"的极端化变种;但共不易"限",实在不行,只好又回到最初的"政治解决"的表面"联共"或"容共"形式。其实,若无反共的政治意识形态和政策指向在背后支撑,只需如上一次国共合作那样简单但却大体平等地"合"到一起就行了,何须这些曲折纷繁的短命"政策"呢?所以,这些"政策"调整都不具有根本性,都不过是从属于全局战略性、根本方针性政策而有的策略性变化而已,虽然从当时将政策、策略含混表述的角度看,将其视为具体政策变化似也无妨,但容共、溶共、限共之类在本质上从属并服务于反共的策略属性是无法改变的。

四

从历史事实、进程的叙述、分析中去认识国共两党政策、策略及其演变、作用，是历史研究的基本要求，否则就是政治学研究而非历史研究了。故，本项目研究的基本方式是从历史叙述中去揭示主题。

既是历史研究，就须对研究对象的由来有清楚的认识。从政策、策略的渊源考虑，第一章回顾了第二次国共合作政策的由来和确立。本章在形势变化的大背景中，对大革命失败、国共合作破裂以后，到抗日战争爆发前，国共两党的基本政策和策略及其实行中的演变，对两党政策策略从对峙到合作的过程，作了由简到繁、由浅入深的梳理和概述。这个时期的国共政策策略的变化主线是中共从反对国民党统治、建立工农民主专政的政策，武装反抗国民党及其政权的策略，到主张建立抗日民族统一战线的总政策和反蒋抗日、逼蒋抗日、联蒋抗日的策略及其当前政策（如改变富农政策、改苏维埃工农共和国为人民共和国）的演变；国民党则是对以反共求"统一"的方针性政策的一贯坚持，和从武力"剿共"到武力高压下的和谈"收编"中共的策略的演变。这些构成了第二次国共合作中双方政策和策略的基础。

在抗日战争的战略防御阶段及战略相持阶段到来之时，在日军深入侵略、中日民族矛盾极其尖锐的形势下，第二次国共合作双方的政策和策略运作，经历了一个表面上似乎融洽的时期。第二章对这一时期国共合作政策及其作用作了叙述。这时的重点是国民党在反共政策指导下，短期秉持"容共"策略，基本采行"溶共"策略，具体运作"一个大党"主张的方式方法，以求灭共；中共本着抗日民主基本政策和已在实践中摸索出的以斗争求团结策略的雏形，迅猛发展实力并努力探求党派联盟的平等合作平台。因此研究的重点也在于此，正面肯定了这些主张特别是国民党当局主张的积极作用——形成了第二次国共合作及其表现形式，如抗战建国纲领、国府军委会政治部第三厅、国民参政会,推动了合作的发展。

第三章,国共合作政策策略的冲突表面化。以对于《论新阶段》和国民党五届五中全会的分析为中心展开叙述,展示国共两党在抗战相持阶段的不同合作意图:中共基于坚持抗战、实现民主的政策需要,力图使自己在敌后的实力发展得到当局承认而合法化;国民党则秉承自始就有的反共加"统一"理念,力图以自己的"法统"来规范、限制乃至打压中共的发展,最终仍然希望达到变相的"一个大党"意图。这两种政策基本理念的冲突,必然表现在策略上向以斗争为主的转变,于是在维持抗战局面的同时,各地摩擦、编军谈判、驱共通牒、宪政运动纷纷上演,且愈演愈烈。

以皖南事变为核心,加上其后两年多的国共合作政策策略调整,构成第四章的内容。皖南事变是国民党当局试图以强制打压来迫共屈服的限共策略的产物,但完全没有达到预想目的,并且由于中共的政治攻势、中间势力尤其是中间党派的震惊疑惧,加之国民党当局的腐败无能,而使国民党统治的合法性从此大打折扣,开始动摇。这种情况下,国共的策略都开始在反思中调整,国民党被迫改行政治解决中共问题的策略,即尽可能不取武力打压手段而加强"正统"的攻击力度,中共则在日益取得同情的背景下,熬过难关,放手发展而不再顾忌国民党的限制,并且认识到并强调合法性的根源在于民众和各派政治势力的认可而不在国民党当局及其"法统",因而一边敷衍"正统",一边探寻突破和改变"正统"的途径,通过林彪、林伯渠先后赴重庆谈判,在试探中逐步加大政治进攻的力度,加之南方局工作的深入,将国民党当局推到了自然法意义上非法的边缘。

在抗战战略反攻阶段,中共坚持民主这一基本政策主张,顺应第二次世界大战中形成潮流的民主理念,在前一时期探求的基础上形成并提出了民主联合政府的战略及其政策规定,开始在政治上发起对国民党的根本性进攻——要求召开党派会议、改组国民党政府、成立联合政府以挽救战场危局、过渡到普选的民主政府,这之中包含的既联合又斗争策略十分明显,从而极大地争取了大后方以中间势力为主体的民心所向。国民党则仍然以不变应万变,坚持以其"法统"来"统一"(包括反共)的政策,在策略上则坚持并提出召开国民大会的训政模式与中共对抗。第五章的基本内容,就是分析"一党专政"与联合政府两种政策和策略的矛盾斗争。在国共反复谈判中,中共的国共加民盟召开政协会议成立临时的民主联合政府再过渡到民选国大的策略及具体政策主张日益清晰、坚定,并得到中间势力和中间党派的拥护,形成对国民党一党专政的日益加大的压力。这就是说,在当时中国各种政治势力中形成了一个政治协商合乎民主趋势即自然法发展、一党国大则属背道而驰的倒行逆施的基本共识,即形成了不开政协会议而坚持一党国大,就将构成破裂第二次国共合作、在政策和策略上反动的基本价值判断。这终于迫使国民党当局暂时接受了召开政协的主张。

国共两党战后政策和策略的形成因素,除了前述法律考量之外,还有另一方面的考量,即国共双方特别是国民党根据实力原则的考量与行为。第六章"从重庆谈判到内战爆发",主要依据非中共材料,对此两点作了综合分析。国民党当局抢占战略要地,以图迫使中共屈服,并力争在合作破裂而开战时处于战略进攻的有利态势。可见它虽未明确提出这一时期的政策和策略主张,但其以"统一"名义反共的政策及其武力解决问题的策略是清晰可见的,只是在当时要求召开政协的背景下暂时收敛而已。中共有相同的实力考量,因此与国民党军争夺东北,但考量的结果是不能与国民党破裂和交战,因而确定了"和平、民主、团结"的方针政策,用以指导政协策略及具体政策的推进。政协协议大体反映了中共的主张和要求,因而是国民党内右翼势力所不能接受的。因此国民党当局全面发动了国共第二次内战,希图以武力"剿共"的政策和策略迫使中共就范,推进一党国大的实现,从而在事实上撕毁了政协协议,破裂了第二次国共合作。

基于从历史学角度考虑,对论题论点作概略总结的必要性的考虑,结束语对基本论点作了尽可能简短的概述:出于各自不同阶级立场的国共双方,在第二次合作中虽因政策和策略相异而起的摩擦不断,却能坚持到抗战最后胜利并推动了民主政治的发展,根本原因在于中华民族情怀以及现代国际法意识的作用,换言之,是双方政策中抗日这个基本点起了根本作用;中共在抗战中的合作政策和策略,是在马列主义策略原则指导下,基于对阶级立场、时代要求、中国国情和历史经验教训等因素综合考量的规律性认识的结果,而国民党的政策和策略则是基于复兴传统政治文明,以及近代军阀政治与法西斯主义糅合的产物,两者的政策和策略除抗战之外,是对立的,这决定了合作的基本态势是在抗战中摩擦不断,在战后必然破裂;中共政策和策略的表现、国共双方政策和策略的交锋,都集中表现在南方局的行为,或者可以说南方局的工作是国共双方合作政策策略及其作用的最直接反映;政党及其政策和策略的成败,根本不是取决于自身的主观认定,而是取决于历史发展的方向和民族、国家、人民的当前与长远的发展需要。

五

一个学术项目的研究价值,总要以对于相关研究领域的发展有所贡献为标准。因此,本项目研究从国共关系史研究必须注重,但在既往研究中却不大注意的第二次国共合作的政策和策略着手,对两党在抗战中相关政策和策略的渊源、制定、演变、作用等,进行必要的梳理、分析,意在提供基本认识的基础上,抛砖引玉,将研究引向深入。这本身就是一种创新理念的结果。

历史研究是对包罗政治(包括内政、外交、军事)、经济、文化等各方面内容的历史时期、事件、史实、人物及其活动效果(作用)、影响等进行的综合研究。这需要对研究对象的政治、经济、文化等专业性,从概念、内涵到实际效用,力求准确地理解和把握。从第二次国共合作的政策和策略来看,就需要遵循政策、策略的本义,尤其是准确把握基本政策作为国家或政党的行动准则所具有的目标性、战略指导性和相对长期性、稳定性等特性,准确理解策略作为根据形势发展变化为实现一定的战略任务即基本政策、总政策而采取的谋略手段的涵义,尤其是准确把握政策与策略的领导与被领导、指导与服务、统帅与执行的关系和执行政策的谋略等特性。由此明辨第二次国共合作期间,两党对政策和策略的概念和内涵似乎并无严格区分而混用的状况,对两者予以厘清,力求根据其概念内涵和基本史实去准确适用之。据此,我们发现,第二次国共合作期间,中共对国民党的政策有很大变化——从之前的武装推翻国民党统治变为抗战中及战后的联合乃至迫使国民党共同发展以求民主,而国民党的反共政策却始终未变,变化的只是为执行此政策而根据变化了的形势所采取的不同策略而已。如收编中共的"容共"、取消中共的"溶共"、打压中共的"限共"等,这一切无论哪一项若得以实现,都将使中共被严重削弱甚至消亡,故其目标指向都是为了消灭中共的战略目的即反共政策的实现,所以它们只是实现反共政策的手段即策略而非政策。由此进而可知,在第二次国共合作中,就国共关系的政策而言,充其量只有百分之五十的合作可能性;但这次国共合作却变成为现实,之所以有此结果,根本在于两党还有一个可以合作的共同的政策目标存在,这就是抗日或国民党人所说的抗战(本项目研究基于"中立",对这两个概念,一般采取了混用方式),它对于这次合作的存续起到了决定性的作用;也正因此,那至少百分之五十的不合作因素虽然导致这次合作中摩擦不断,却终不能使合作破裂;还是因此,许多今人看不懂甚至不看重的史实,也就使人看得懂而不能随意忽视、轻视了,如蒋介石在皖南事变之前花几个月时间去揣摩国际形势的演变趋势,目的在于为了决定最终将"宝"押到何方,进而决定对国内政治包括对中共所要采取的策略;又如中共在汪伪投敌以后一再掀起反投降运动,目的还在于以斗争手段去维系抗日大局,进而维护国共合作,以保证中共的生存及其革命与抗日战争的发展环境。这些观点都同厘清政策和策略的概念、内涵、关系,密切相关。若不从这个基础上去认识问题,硬将国民党的策略上升到政策层面去看待,得出国民党以政策的不断调整去求"合"的认识,也就小看并否定了国民党当局反共立场的坚定性,同时小看并否定了中共妥协求"合"以求自身发展与国家进步同步推进的立场的坚忍性,当然也就看不清、看不懂第二次国共合作乃至抗日战争的基本历史演进和基本历史事实及其内在作用和影响了。本项目研究力求准确界定政策与策略本义并在研究中准确适用的努力,之前的研究似是没有的,因此它本身就具有提出问题、抛砖引玉、推动这方面研究深化的学术价值。

如前所述，弄清楚政策和策略的层级划分、相互功用，因而分清二者的统属关系，不将二者混为一谈，最直接的目的还在于辨明当前有些研究的似是而非，以求正确的史学研究方法，得出准确的结论。现在的第二次国共合作研究中，存在分不清或不分清政策和策略的区别，而将两者混为一谈的倾向，因此认为这次合作从渊源、酝酿，到形成、发展和结束，国民党在政策上经历了反共、联共、容共、溶共、限共，再到联共的一系列变化。这是将一切国家或政党行为的思想指导，不管其是长期的、根本的、战略方向目标指导的政策，还是仅为实现政策目标所采取的策略即谋略指导，都归结为政策。照此观点，要回答为前述不同"政策"服务的策略分别是什么的问题，就只好把本应属于再下一个实践层级的，即政策和策略相互为用的表现形式如编军谈判、国民参政会、两党摩擦、一党国大之类具体行为方式、史实，上升到策略层级用以充数、应对，从而在事实上否定了策略的存在。照此观点，则第二次国共合作中国民党为什么会有这一系列"政策"的变化，为什么会有国共不断摩擦、出现三次反共高潮，中共为什么要提出并推行民主联合政府主张等等问题，都将无法得到合理的即符合基本历史事实的回答，因为这种混为一谈的观点连国民党这些"政策"的目标指向和动因、背景等起码因素都是不清楚的。按照这种观点，只可能导向一个模糊的结论，即一种"跟着感觉走"的东西——出现国民党当局"政策"一变再变的原因，都是中共及其政策在捣蛋！可见，这种观点及其运作，不是系统的、透过现象看本质的、追求经验和规律认识的现代科学研究，而起码是在简单断章取义观念支配下对于线性因果关系率的传统学问模式的运用。这样的结论，当然是不符合历史事实的。反之，若认清国民党在第二次国共合作中的战略任务即根本政策的目标指向，除了抗战之外，与前一历史时期一样，根本未变，仍然是反共和统一，其"容共""溶共""限共"之类不过是根据当时国共实力对比和国内外形势的演变，为达成政策目标所采取的策略而已，再之下的摩擦、谈判之类现象不过是策略指导所使然，或者是对于策略运作的体现而已，则政策、策略、实践方式方法这三个层级也就清楚了，中共和中间势力对国民党政策和策略的因应，直到由此产生的谈判、摩擦、中间势力包括地方实力派逐渐倾向中共等所有史实,也就成为人们可以认识和理解的了。所以,本项目研究虽曾一度想过随大流,将国民党的溶共等策略统统视为"政策"加以宣扬,但最终还是决定回到以基本史实为依据、以公认的政策和策略定义为客观标准的正道而放弃随大流,认定国民党当局在抗日战争时期的对共政策同之前一样是反共,所谓"联共"的"容共""溶共""限共"等变换,不过是围绕或贯彻执行反共政策的策略手段而已。这个基本观点也许并不"新颖"、不"高深",但肯定是遵循实事求是的史学研究基本原则去全面系统分析问题的结果。也许这正从一个侧面表明了史学研究应有的价值,不在于为某种现实需要去漠视甚至歪曲基本史实,用避重就轻、避实击虚、断章取义等手法以鸣新高,而在于从本质上尽可能还原历史本真,以求启示。

历史研究者对于历史研究对象的价值判断,无论他对此认识到还是没有认识到,也无论他对此直接还是间接、公开还是隐晦地采行,都是客观存在的。所以孔子在删修《春秋》时号称其目的在于使乱臣贼子惧,并由此而有寓褒贬于叙述之中的"春秋笔法"。仅此可见所谓的"学术价值中立"是不存在的。在新中国,这种价值判断,无论按照现行宪法的规定,还是按照站在人民立场去实事求是地求得结论的史学原则规范,价值判断的准绳都应该是马克思列宁主义的唯物史观。按照马克思主义观点,历史研究的对象,即人类社会及其历史的发展进步,是一个由低级向高级发展演变的自然历史过程,符合这个方向的就是进步的、正义的,反之就是反动的、非正义的。这种正义、进步的价值及其判断标准,在资本主义以降的近现代社会的反映,仅从非马克思主义的西方观点来看,也应该是衡量实在法是否正义的近现代自然法所主张的人类理性、社会契约、天赋人权,因而人民有权推翻暴政等观念,和从它们引申而来的法律面前人人平等、法治、民主等原则,以及为法律制度提供用以实现社会组织形式的手段、表明法律无法使之实现的社会目的等观点;也应该是包含在实在法中的政党政治、普选制、代议制、责任内阁制、权力制衡制等程序法原则规定;还应该是近现代国际法的国家主权与领土完整神圣不可侵犯等基本原则和战争法的有关规定。既往国内学界的历史研究,包括用马克思主义历史唯物论指导的国共关系史研究,多少是有这些观念的,但反映太不明显。尤其对于第二次国共合作的政策和策略研究,因为是近年才衍生开来的研究新领域,对这些价值观念,就更谈不上有什么反映,当然也就谈不上对于它们的研究规范性的认同了。因此,引进法的观念,以自然法、实在法的基本规范为标准,使对于本属于法律规范范围的国家(政府)和政党的政策和策略的研究具有比较坚实的法理基础,去分析第二次国共合作中的是非曲直、正义与非正义,从而避免按照研究者个人的好恶、当前需要行事而不免出现的片面看重或曲解某些史料,以致得出不确结论的现象,使研究论断比较更经得起历史事实、政治法律规范和历史发展的检验,是必要的。因此,本项目研究尽可能向前述理念看齐,在价值判断标准上,以民主理念和制度为正义;在内容和方法上,以民主追求及其实践为历史发展的基本线索,以此判断第二次国共合作的政策和策略在实践中、在发展方向上的是非曲直,从而使研究结论在当下的研究氛围中具有了一定的创新性及其价值。

本项目研究认为,政策指导政党事业的发展,策略具体落实政策,都必然体现在对局部工作的具体指导上,换言之,局部工作的开展正是政策和策略及其效用的真实写照。这种认识对于以实证研究为特征的历史研究,尤为贴切。因此,我们选定中共中央南方局的工作实践,作为对于国共政策和策略的演变、作用进行分析认识的基础和切入点,尽可能以抗日战争时期南方局在重庆、大后方的工作为实例,以其运作国共关系的统一战线工作实践作为分析研究的具体承载平台,通过南方局对国民党当局的联络、协商、谈判和相关的对中间势力的统战工作,对大后方群众的争取和组织工作,对中共组织的隐蔽和发展工作等,去反映中共中央的抗日民主的统一战线政策与争取和团结广大中间势力、孤立国民党反共顽固势力等策略及其具体运作,在应对国民党当局政策和策略时的发展变化,以便补充既往研究,也纠正其史实和认识的不足,使之在历史认识上得以深化。这可视为一种研究方法的创新,具有在探索中总结提高并推广的价值。

第一章　第二次国共合作政策的确立

在抗日战争时期及解放战争时期初期,中国共产党与中国国民党实行的第二次合作,是两党不同政策和策略运作的结果。而政策和策略是有其产生发展的渊源的。因此,有必要对第二次国共合作之前的国共政策和策略的由来、演变,作一个概略的梳理。

一、国共合作政策和策略的渊源

1924—1927年的国共合作,是在双方基于各自不同的政治理念、为求得不同的政策目标的基础上形成的。因为中共没有自己最终可以凭借的武装力量和政权体系,合作一开始就是不平等的。所以在中共帮助国民党逐步建立起全国党组织和军队、政府之后,在帮助国民党通过北伐战争,最终消灭北洋军阀、建立全国政权的前夕,合作走到了尽头。这对于国共两党后来在第二次国共合作期间制定和执行相关政策和策略,留下了诸多经验教训。

(一)中国共产党的民主革命基本政策和策略

根据马克思列宁主义的基本理论,1921年7月,中国共产党第一次全国代表大会制定的纲领,规定了党的根本政策:在政治上"以无产阶级革命军队推翻资产阶级,由劳动阶级重建国家",在经济上"消灭资本家私有制,没收机器、土地、厂房和半成品等生产资料,归社会公有",最终"承认无产阶级专政,直到阶级斗争结束,即直到消灭社会的阶级区分"。这是在规定共产主义政治方向和远大目标,为此;现阶段的政策目标,是建立无产阶级专政的社会主义。如何实现这个政策目标?党纲规定的基本策略是"承认苏维埃管理的制度,把工农劳动者和士兵组织起来,宣传共产主义,并承认党的根本政治目的是实行社会革命";"彻底断绝同黄色知识分子阶层及其他类似党派的一切联系",相应地,任何人"在加入我们队伍之前,必须与企图反对本党纲领的党派和集团断绝一切关系"。① 这一策略与当前政策要求以工人阶级联合农民、士兵,建立无产阶级专政的国体,因此相应建立苏维埃政体;革命的对象是资产阶级,与资产阶级接近的上层小资产阶级虽然还不是革命对象,但也不在联合之列。可见,中共成立之初就已有源自《共产党宣言》的最基本的统一战线策略观念,即工农兵构成的、占全国人口绝大多数的"大统战";但要应对复杂的形势变化和阶级阶层关系,这种策略若不辅之以"小统战"策略,显然是不够的。

使中共理解民主革命、具有现阶段革命策略的人是列宁。1920年6月,列宁向共产国际第二次代表大会提交的民族和殖民地问题提纲初稿,就落后国家革命问题指出:"各国共产党必须帮助这些国家的资产阶级民主解放运动";"必须特别援助落后国家中反对地主、反对大土地占有制、反对各种封建主义现象或封建主义残余的农民运动,竭力使农民运动具有最大的革命性";必须特别尽力"用建立'劳动者苏维埃'等方法把苏维埃制度的基本原则应用到资本主义前的关系占统治地位的国家中去";"必须坚决反对把落后国家内的资产阶级民主解放思潮涂上共产主义的色彩";同时这些国家的无产阶级政党只有"在认识到同本国资产阶级民主运动作斗争这些特别任务的条件下,才应当援助殖民地和落后国家的资产阶级民主民族运动;共产国际应当同殖民地和落后国家的资产阶级民主派结成临时联盟,但是不要同他们融

---

① 《中国共产党第一个纲领》(1921年7月),中共中央文献研究室、中央档案馆编:《建党以来重要文献选编(1921—1949)》第1册,中央文献出版社2011年版,第1、3页。

合",要绝对"保持独立性"。① 这就为中共这样的殖民地和落后国家的共产党制定了一整套民主革命策略:在保持独立性和必要斗争的前提下,帮助农民乃至资产阶级实现其利益要求,与其结成临时统一战线,开展反对帝国主义和封建主义的资产阶级民主革命,力争达到"劳动者苏维埃"即无产阶级专政的结果。

列宁的民主革命策略思想,由1922年初的远东各国共产党及民族革命团体第一次代表大会传达给中共。于是,7月间召开的中共二大接受了列宁的策略思想,制定了反帝反封建、统一中国为真正民主共和国的最低革命纲领,并基于这个纲领即民主革命策略或当前政策所需,提出"党纲和政策必须不违背民主主义的原则""行动必须始终拥护民主主义与军阀斗争"的民主派标准,据此认定国民党为革命民主派,②准备邀请其开联席会议,互商建立民主联合战线,同时集合工农商学等各种民众团体和职业团体组织"民主主义大同盟"。③ 这体现了中共现阶段革命的政策和策略已经基本成型:为了实现政策上主张的议会民主政体,在策略上与国民党结成统一战线,依靠其武力,实行文武并进的革命方式。这一策略的基本实现形式,是在广泛发动民众的统一战线即"大统战"的基础上,构建与国民党这种上层势力合作的"小统战";以"大统战"为基础和根本,以"小统战"引领"大统战"发展。

(二) 中国国民党的政治主张

作为中共认定的主要的"小统战"对象,国民党却没有统一战线的概念。如宋教仁在筹组国民党后所宣称的"自斯而后,民国政党,唯我独大"④那样,它只有一党独大的观念。这反映在政党与国家政权的关系上,就是实现宋教

---

① 列宁:《民族和殖民地问题提纲初稿》,《列宁选集》第4卷,人民出版社1972年版,第274—275页。
② 《中共中央第一次对于时局的主张》(1922年6月5日),中央档案馆编:《中共中央文件选集》第1册,中共中央党校出版社1982年版,第19页。
③ 《关于"民主的联合战线"的议决案》(1922年7月),《中共中央文件选集》第1册,中共中央党校出版社1982年版,第39页。
④ 《同盟会本部总务部通告海外书》(1912年8月13日),陈旭麓主编:《宋教仁集》下册,中华书局1981年版,第419页。

仁主张的"政党内阁"①和孙中山的"主张'以党治国'"②的政策;反映在国家政体上,则是由国民党按照军政、训政、宪政的程序,召开国民大会,制定"五权宪法",成立"五权政体"的策略。

为此,孙中山以自己的"生元论"哲学为基础,分万民为先知先觉的"诸葛亮"与不知不觉的"阿斗",认为现在是民权时代,得让"阿斗"们有政权,却又不能因"阿斗"的愚蠢而弄坏政治,故而治权必须掌握在"诸葛亮"们手中,所以将包括选举、罢免、创制、复决"四权"的政权与包括行政、立法、司法、考试、监察(弹劾)的"五权"相对应,使"政"与"治"、权与能分开,以保证"诸葛亮"们在"五权宪法"的框架内不受"阿斗"们的干扰而治理好国家。③ 在这个总设想中,为保证"阿斗"们的政权,关键须有一部宪法让"诸葛亮"们去遵循。孙中山为此制订并逐步完善的"革命方略"规定:革命既起,首先为打破清朝专制、施行军法的军政时期,为期3年;继之为建设地方自治、施行约法的过渡时期,即约法时期,为期3年;再后为全国平定后的宪法时期,办法是在"地方自治"的基础上,每县选举代表一名,组织国民大会,制定五权宪法,然后由县民票选总统以组织行政院、选举代议士以组织立法院,由总统得立法院同意后委任司法院、考试院、监察院,并且"五院皆对于国民大会负责",而这时"国民大会职权,专司宪法之修改及制裁公仆之失职",革命政府当归政于总统,开始宪政。④ 可见,这是孙中山模仿美国政体模式,再加上古色古香的考试、监察两权而得之发明。因此,制定"五权宪法"的程序也模仿自美国,同时又"发挥吾国数千年地方自治之美性",以县为单位实行自治,办法是先"立地方自治学校",选人入学一二年后,到地方任事,再"定自治制度",即

---

① 宋教仁:《代草国民党之大政见》(约1913年3月),《宋教仁集》下册,中华书局1981年版,第490页。
② 孙中山:《中国国民党第一次全国代表大会开幕词》(1924年1月20日),广东省社会科学院历史研究室等合编:《孙中山全集》第9卷,中华书局2006年版,第96页。
③ 孙中山关于民权主义的论述,最集中、最具代表性的是《三民主义》(1924年1—8月)。关于此文,参见《孙中山全集》第9卷,中华书局2006年版,第254—355页,特别是其中的第283—287、312—314、322—333、349—355页。
④ 参见孙中山:《中国革命史》(1923年1月29日),中山大学历史系孙中山研究室等合编:《孙中山全集》第7卷,中华书局2006年版,第62页。

调查人口、清理地亩、平治道路、广兴学校。① 之后，孙中山又将自治办法扩充定形为"清户口；立机关；定地价；修道路；垦荒地；设学校"②，由此达到地方自治。在这个建政程序、政权模式中，不见国民党的身影，但从"以党治国"的规定可见，它从头到尾都得由国民党操控，只是规定粗糙了一些而已。这就为后来的国民党当局预留了政策和策略的延伸、变换的空间。

（三）以争取国民会议制度为导向的国共合作

1923年2月，为落实"民主主义大同盟"和革命议会行动的政策，中共借用9年前袁世凯的《中华民国约法》已经提出却不见进一步动静的"国民会议"概念，决心利用国民会议有决定宪法之权③的规定，使将要发动的运动在北京政府那里具有"合法性"，因而具有号召民众的可行性；提出了"用革命的手段废去现行各级议会的组织法及选举法，改用由现存的团体（如工会、商会、教育会、律师公会等）选举的国民会议、市民县民会议，代替现在职业议员的国会及各级地方议会"的政体设想，并且要求"此种国民会议……能收监督政府之实效"。④ 这就是要用具有立法、监督全权的各级民众代议机关，取代北洋政权的旧国会体系，使政权、政体发生转向民众的革命性变化。中共这种民众联合专政的国体主张与建立议会制、责任内阁制政府的政体主张，在国体上即民主政治的实质内涵上，要求劳动群众为主体的人民群众当家作主，与西方代议民主制的政党政治是不同的；在政体即代议制的实现程序上则是相同的，却与后来国民党政府的国体、政体主张无疑都是不相同的，从而决定了国共两党在统一战线的政策与策略上，必然具有深层次矛盾。

根据这一设想，中共三大提出：作为国民革命的一个重要组成部分，"集

---

① 孙中山：《在沪举办茶话会上的演说》(1916年7月17日)，中国社会科学院近代史研究所中华民国史研究室等合编：《孙中山全集》第3卷，中华书局2006年版，第328—330页。
② 孙中山：《地方自治实行法》(1920年3月1日)，中国社会科学院近代史研究所中华民国史研究室等合编：《孙中山全集》第5卷，中华书局2006年版，第220页。
③ 《中华民国约法》(1914年4月29日约法会议三读通过，5月1日公布)，中国人民大学法律系国家法教研室资料室编：《中外宪法选编》，人民出版社1982年版，第88页。
④ 陈独秀：《中国之大患——职业兵与职业议员》(1923年2月7日)，《陈独秀文章选编》中卷，生活·读书·新知三联书店1984年版，第242页。

合国民自己之势力,做强大的国民自决运动"①,因为"北京之国会已成为封建军阀的傀儡,国民已否认其代表资格","只有国民会议才能代表国民,才能够制定宪法,才能建设新政府统一中国"。为此,中共要求国民党号召人民团体,推举多数代表,在适当地点召开国民会议;同时强调人民自己要负责,"上海总商会所发起的民治委员会即应起来肩此巨任,号召国民会议,以图开展此救国救民的新局面"。②诚如后来中共关于"国民会议的运动,就是国民革命时代'国民的联合战线'之具体的表现,也就是国民革命时代自始至终一切运动的骨干"③的理解,国民会议既是革命的民主目的之所在及当前时期的战略任务或政策,又是革命运动的组织方式,还是联系各方面工作的策略手段。这就形成了中共以国民会议为载体,将革命统一战线与国体、政体问题即真正民主的问题连在一起予以考虑、解决的民主革命战略任务及其策略构想。

  这一构想的实现需要国民党,加之共产国际关于中共与国民党合作的指令,就有了中共三大同国民党实行党内合作的决定。1924年1月,以国民党第一次全国代表大会的召开并通过大会宣言,在事实上确定联俄联共扶助农工的政策为标志,国共合作正式形成。但是按照以蒋介石为代表的国民党人后来的说法,这个"合作"是不存在的,而仅仅是遵照孙中山的要求,国民党容纳共产分子即"容共"而已。这就是说,在他们看来,"容共"不是国民党和它所要建立的、代表国家执政的政府根据其治国根本路线即根本政治理念或追求,准备在一个相当长时间内奉行的,因而具有相对稳定性的行为准则,即政策;只是由于实现根本路线的当前所需而采取的,因此可根据具体情况的变化而灵活变更的具体行为方式、手段、计策谋略,即策略。据此,国民党在势力尚弱时,应承中共的一些主张,如国民党一大接受共产党的"耕者有其田"主张,也未尝不可。

---

  ①《中国共产党第三次全国代表大会宣言》(1923年6月),《中共中央文件选集》第1册,中共中央党校出版社1982年版,第128页。
  ②《中共中央第二次对于时局的主张》(1923年7月),《中共中央文件选集》第1册,中共中央党校出版社1982年版,第133页。
  ③《中共中央第五次对于时局的主张》(1926年7月12日),中央档案馆编:《中共中央文件选集》第2册,中共中央党校出版社1983年版,第191—192、193页。

1924年10月23日,直系第三军总司令冯玉祥乘第二次直奉战争激战之机,自热河回师,发动北京政变,推翻直系军阀政权,与皖系段祺瑞、奉系张作霖决定组成临时执政府,由段任临时执政。同时,冯表示转向革命,邀请孙中山北上商讨时局。孙在北上宣言中提出了"召集国民会议,以谋中国之统一与建设"的主张,并建议"在国民会议召集以前,主张先召集一预备会议,决定国民会议之基础条件及召集日期、选举方法等事"。① 这就代表国民党正式接受了中共的国民会议主张,并从中共手中接过了国民会议这面旗帜去号召民众。

在此有利形势下,中共加紧推进国民会议,于11月提出组织国民会议促成会以实现国民会议预备会的主张:"预备会之任务不但是筹备国民会议……在正式政府未成立以前,即为临时国民政府——号令全国的唯一政府"②,强调"国民会议及预备会如果实现时,此促成会即须负支配选举及监督会议的责任"③。为此,中共将社会各阶级和有反帝倾向的武力都列入应拥护预备会的力量范围内,即以反帝与否画线,以促成会、预备会为组织形式,形成尽可能广泛的反帝反封建的统一战线,既提供革命力量,又解决国体的构成,这就将民主革命、民主政权与统一战线三者构成为一个相辅相成的整体。以此为基础,1925年1月召开的中共四大希望通过国民会议运动,"使本党日渐与实际政治生活接近而有可以领导中国国民运动之趋势"④;3月在北京召开了有两百多名各界代表与会的国民会议促成会全国代表大会,使中共的主张进一步普及开来。虽然由于段祺瑞执政府的破坏,大会的决议并未执行,其有关组织也被解散,运动遭到挫折,但中共并未因此后退,而是"猛烈

---

① 孙中山:《北上宣言》(1924年11月10日),广东省社会科学院历史研究室等合编:《孙中山全集》第11卷,中华书局2006年版,第297页。
② 《中共中央第四次对于时局的主张》(1924年11月),《中共中央文件选集》第1册,中共中央党校出版社1983年版,第236—237页。
③ 《中央通告第×××号》(1924年11月),《中共中央文件选集》第1册,中共中央党校出版社1983年版,第240页。
④ 中共四大:《对于中央执行委员会报告之议决案》(1925年1月),《中共中央文件选集》第1册,中共中央党校出版社1983年版,第270页。

的继续国民会议及废除不平等条约运动"①,形成了以五卅运动为开端的大革命巨浪。基于"最要紧的是人民和进步武力的联合战线"②的策略思想,中共视北伐为国民会议的实现手段,设想在北伐军占领武汉后,各地人民团体自己召集发表政纲的国民会议,建立地方的人民政府,使北伐胜利成为真正民权的胜利。③ 照此设想,上海工人三次武装起义的目的正在于配合北伐,夺取上海,然后"召集全上海市民代表大会,一切权力归市民代表大会,实现国民政府之北伐目的——市民会议的政权!"④这无疑是苏俄式革命的途径。由此可见,中共是将革命的发展和民主的实现皆寓于国民会议运动之中,使之成为革命具有合法性并得以实现的根本途径。

因此,在国共合作的政治格局中,1926年10月召开的国民党中央执委会及各省区联席会议决定"继续主张开国民会议"⑤,并相应设立"省民会议、县民会议、乡民会议,用职业选举法选举代表",从而在表面上似乎接受了中共的主张,也即继承了孙中山两年前的政策。但会议又根据孙中山的国大主张,明定省民、县民会议"皆为咨询机关",唯"乡民会议每年立即预备将来选举代表至国民会议"。⑥ 这实际上是在遵行国大主张,只是表面上挂了一幅国民会议的旗号而已。所以,在孙中山发出召开国民会议的号召后,在中共全力推进国民会议运动之时,却不见国民党当局有任何这方面的举动,而是看到它依照"以党治国"原则和后来其通行的委员制大政府方式,于1925年7月在广州改组大元帅府,宣布成立了国民政府。这种国民会议与国大的分歧,正是后来抗日战争时期在民主问题进而在政策和策略上,中共与国民党

---

① 《中共中央为孙中山之死告中国民众》(1925年3月15日),《中共中央文件选集》第1册,中共中央党校出版社1983年版,第325页。
② 《中央通告第七十三号》(1926年1月19日),《中共中央文件选集》第2册,中共中央党校出版社1983年版,第10页。
③ 参见《中央通告第一号》(1926年7月31日)、《中央通告(钟字)第十七号》(1926年9月16日),《中共中央文件选集》第2册,中共中央党校出版社1983年版,第207、206、223页。
④ 《中国共产党为上海总罢工告民众书》(1927年2月25日),中央档案馆编:《中共中央文件选集》第3册,中共中央党校出版社1983年版,第18页。
⑤ 《国民会议召集问题决议案》(1926年10月18日),荣孟源主编:《中国国民党历次代表大会及中央全会资料》上册,光明日报出版社1985年版,第279页。
⑥ 《省政府、地方政府及省会议、县民会议议决案》(1926年10月19日),《中国国民党历次代表大会及中央全会资料》上册,光明日报出版社1985年版,第281页。

分歧的一个基本点。

可见,中共重视国民会议和国民会议运动,在于革命根本途径及策略的需要。大革命以城市为中心展开,而中共此时几乎没有武装力量,革命对象却有严密控制城市的政权体系和庞大的武装。这种基本力量态势再加上苏联经验,决定了中共的革命战略只能是扬己之长、文武并举而以"文"为主,在城市围绕国民会议的政权目标,提高群众的政治觉悟,发动和领导其政治斗争,以迫使北洋军阀政府召开国民会议,建立无产阶级领导的各革命阶级联合的民主政权;"武"则是辅助手段,依靠国民党军、国民军乃至反叛的军阀武装,以图遏制、削弱乃至剪除军阀武力,甚至在最后关头发动工人阶级的城市武装起义,以保证国民会议运动向前推进,直至国民会议政权的实现。虽然国民党当局在本质上不愿意接受国民会议,但它以策略方式对待中共这一策略。所以,这一策略推动了国共合作的发展。

由于国民会议政策导向和策略运作,在中共鼎力支助下,并因此而得到苏联的大力支援下,国共合作的大革命迅速推进,但同时又酝酿了不可调和的矛盾。到1927年,国民党组织从小到大地发展起来,在政治上独领风骚;国民党政权达到长江流域,其在全国执政已指日可待;国民革命军即国民党"党军"从无到有地发展起来,且通过北伐期间的招降纳叛等手段而急剧膨胀,并因此使国民党演变成新军阀的工具。这时,国民党当局与西方列强"礼尚往来"已必不可免而且十分必要,扶助农工政策也需要落实到"耕者有其田"、八小时工作制等具体实践了,中共因此就变得不仅不再为当局所需要,并且因国民会议主张及相应的工农运动而成为当局执政的巨大妨碍,即双方阶级立场根本差异的矛盾,在此时已经基本上都暴露出来,本来就不是战略目标即根本政策指向而仅仅是策略手段的"容共",本来虽具有民主革命时期战略目标即根本政策性质,但在当前时期更具有国共合作、统一战线的策略性质的国民会议之类,也就走到了尽头。这就是说,国民党需要"清党""分共"了;中共及其政策策略却因为没有武装力量的保障而无力回天,只能眼睁睁看着大革命的成果付诸东流。但这不是国民会议策略的过错,因为在有了武力保障时,结果将截然相反。从这个意义上,国民会议运动为毛泽东后来领导中共,在第二次国共合作后期胜利前进,提供了政策和策略的渊源与宝贵的经验。当然这也就决定了在第二次合作中,国共两党在军队、政权问题上必然反复较量。

二、大革命失败后国共对立的政策和策略

大革命失败后,国共两党成为敌对势力。中共在经历短暂的游移之后,政策和策略很快转向抗击国民党当局的反共政策。国民党则因为是分裂的始作俑者而自始秉持反共政策和"清党""剿共"策略。"九一八"事变后,中共在策略上政策上逐步变更,希望国民党停止反共、一致抗日;国民党当局则宣称"攘外必先安内",坚持反共政策和策略。

(一) 中共的工农民主专政政策和策略

从1926年12月中共中央特别会议起,到1927年7月汪精卫为首的武汉国民党中央"分共",以及这之后两个多月,中共始终在设法挽救国共合作的大革命。8月1日,中共在南昌发动武装起义,打响了武装反抗国民党反动派的第一枪,以中共的方式在事实上宣告了国共合作的破裂,即宣告中共开始独立领导中国革命。但中共发动起义和起义后成立的革命委员会,都用的是国民党革命派的名义,起义目的则是回广东重新开展国民革命。8月7日,中共中央紧急会议规定:"须组织南方局于广东,至少须有政治局委员或候补委员三人加入。"①循此范本,随后的鄂湘赣粤秋收暴动规定:本着"耕者有其田"口号,以农会为中心组织力量,组织革命委员会领导暴动、建立政权,开展

---

① 《"八七"中央紧急会议文件·党的组织问题议决案》(1927年8月7日),《中共中央文件选集》第3册,中共中央党校出版社1983年版,第230页。

土地革命,拱卫和服从广东革命委员会领导,参加革命军,深入国民革命"。①八七会议甚至向全党明说:"党应当要明白以后还是要与国民党联合,但是要与国民党的左派联合"②;因为"国民党是各种革命阶级的政治联盟之特殊的形式",故应"恢复革命的国民党";所以应"组织革命的工农暴动于革命的左派国民党旗帜之下"。③可见中共政策仍在于维系国共合作,只是为此采取与反动派分道扬镳的策略而已。难怪连国民党人也评价说,对于"国共的分裂,在中共直到最后五分钟还想设法补救"④。事实上,中共是过了"五分钟"还在力图挽救。

现在所见,第一个提出对国民党实行政策转变的是毛泽东。8月20日,他代表湖南省委致信中共中央,提出:"国民党旗子已成军阀的旗子,只有共产党旗子才是人民的旗子",故秋收起义"我们不应再打国民党的旗子了","再打则必会再失败",我们应立即坚决地树起共产党的红旗。⑤ 此后,国民党当局反共的形势,各种政治力量对此的态度等,都已迅速明朗,中共对国民党完全绝望;斯大林的"三阶段"理论因此为共产国际和中共所接受。斯大林的这一理论认为,广州时期为第一阶段,是全民族联合战线的革命(工农、资产阶级知识分子和民族资产阶级四个阶级联盟);武汉时期是第二阶段,即资产阶级民主革命(民族资产阶级离开了革命而只剩三个阶级);汪精卫背叛后是第三阶段,即苏维埃革命,是民主革命转向社会主义革命的过渡时期(只剩工农两个阶级)。⑥ 因此,9月19日,中共中央政治局决议指出:"现在群众看

---

① 参见《中共中央关于湘鄂粤赣四省农民秋收暴动大纲》(1927年8月3日)、《"八七"中央紧急会议文件·最近农民斗争的议决案》(1927年8月7日),《中共中央文件选集》第3册,中共中央党校出版社1983年版,第220—222、226页。
② 《中共"八七"会议告全党党员书》(1927年8月7日),《中共中央文件选集》第3册,中共中央党校出版社1983年版,第257页。
③ 《中国共产党的政治任务与策略的议决案》(1927年8月),《中共中央文件选集》第3册,中共中央党校出版社1983年版,第288、290页。
④ 张其昀:《党史概要》。转引自王功安等主编:《国共两党关系史》,武汉出版社1988年版,中共中央党校出版社1983年版,第218页。
⑤ 《湖南致中央函》(1927年8月20日),《中共中央文件选集》第3册,中共中央党校出版社1983年版,第303、304页。
⑥ 斯大林:《关于形势和保卫苏联》(1927年8月1日),《斯大林全集》第10卷,人民出版社1954年版,第14—15、16、25页。

国民党的旗帜是资产阶级地主及反革命的象征",这"指示出中央以前复兴左派国民党的估计不能实现",所以"八月决议案中关于左派国民党运动与在其旗帜下执行暴动的一条必须取消";"此后我们对于国民党的政策,主要的原则有两点",一是反对宁汉各派国民党领袖机关及政府并定出推翻目标,因其已是革命的叛徒和民众的仇敌;二是只认为零星散乱的国民党左派分子是暂时的同道者并在斗争中使之赞助我们,现在任务是宣传苏维埃并在革命新高潮中心地方成立苏维埃。① 自此,中共完成了新时期的政策转变过程,政策转向反对国民党当局和实行工农民主苏维埃制度。为此,1928年7月召开的中共六大通过决议,正式制定"推翻军阀国民党底政府;建立工农兵代表会议(苏维埃)政府"的政策,并相应确定了"最初的政权形式是临时的,即革命委员会",由它"筹备召集'代表会议'",成立正式政府②的程序性策略。因此,中共领导各地工农武装割据、创建苏维埃区域,走上了农村包围城市、武装夺取政权的道路。

根据斯大林的"三阶段"理论,中共六大认为:"广州武装起义便开始了中国革命的第三时期,——苏维埃时期",这时"民族资产阶级背叛革命底联合战线","城市底上层小资产阶级……日益动摇,而终至于投降到地主资产阶级底反动营垒里去",所以"中国革命底动力,已经只有无产阶级和农民"。照此,在统一战线问题上,在对于国民党关系问题上,中共笼统地认定国民党各派"都是反革命的派别"③,从国民党分裂出来的第三党则具有"社会民主党"性质④,提出了"反对御用的国民会议""打倒替资产阶级作走狗欺骗群众

---

① 《关于"左派国民党"及苏维埃口号问题决议案》(1927年9月19日),《中共中央文件选集》第3册,中共中央党校出版社1983年版,第312、313页。
② 中共六大:《政治决议案》(1928年7月9日)、《苏维埃政权组织问题决议案》(1928年7月10日),中央档案馆编:《中共中央文件选集》第4册,中共中央党校出版社1983年版,第170—171、238—239页。
③ 《政治决议案》(1928年7月9日),《中共中央文件选集》第4册,中共中央党校出版社1983年版,第172、173、171、188页。
④ 《中国共产党对目前时局宣言》(1930年8月14日),中央档案馆编:《中共中央文件选集》第6册,中共中央党校出版社1983年版,第217页。

的第三党(中华革命党)"①等策略或具体政策。特别是在 1931 年初,为力争和维护正在筹备中的中华苏维埃共和国临时中央政府的合法性,就须抵制国民党当局为粉饰其合法性而准备召开的国民会议,中共六届扩大的四中全会专门就此发表宣言,指出现在是"两个政权尖锐对立",国民党的国民会议对于群众是改良欺骗,指斥"国民会议是反动的旗帜",号召群众"全力拥护苏维埃运动并反对反革命的国民会议"。② 这些对于不知历史、不懂政治却喜欢道听途说和感受改良的普通市民群众,基本上是不起作用的。因此,如此策略或具体政策及其背后的"左"倾情绪,使中共在城市的统战工作乃至在整个国民党统治区的工作都受到严重的负面影响,以致中共中央不得不迁到中央苏区去。

(二)国民党的反共政策和"剿共"策略

相对于中共,国民党首创以行动改变政策的模式。1927 年 4 月 12 日,军权在握的蒋介石在上海发动四一二政变。在此影响下,广州的李济深等人马上响应;武汉阵营的夏斗寅进攻武汉、许克祥发动"马日事变";最终是汪精卫于 7 月 15 日上演"分共",实现了国民党中央统率下的整体反共。国共合作至此破裂。

"清党""分共"引导国民党当局从"联共"走向反共的巨变,当然导致其政策转向反共、统一、训政,而与中共绝对对峙。从反共来看,9 月 16 日,之前分裂的国民党宁汉沪三方,宣布组织中央特别委员会掌控政权,"一致取反共政策"③。特委会指导下的南京国民政府提出了六条"施政方针"即根本政策,其中半数针对中共,即肃清共产党,因为其"煽动阶级斗争";"厉行革命纪律",严厉制裁中共"利用头脑简单之工农,与无知之流氓……驱而之死"

---

① 《中央通告第六十二号——目前党的根本策略与政治宣传鼓动》(1928 年 8 月 11 日),《中共中央文件选集》第 4 册,中共中央党校出版社 1983 年版,第 376 页。
② 《中国共产党第六届中央委员会扩大的第四次全体会议文件 四中全会为反对国民会议宣言》(1931 年 1 月 7 日),中央档案馆编:《中共中央文件选集》第 7 册,中共中央党校出版社 1983 年版,第 30—31、32 页。
③ 《中央特别委员会宣言》(1927 年 9 月 16 日),《中国国民党历次代表大会及中央全会资料》上册,光明日报出版社 1985 年版,第 487 页。

以"剥夺"人民"生命财产"之"最毒计划";实行建国方略、建国大纲之程序,绝不"与中国共产党之抢业主义"相容。①

为了实现反共政策,国民党当局采取的配套策略或具体政策是组织上"清党"和阵线划分清楚后的"剿共"。与四一二政变同步,"清党"于此时开始。其目标是通过在各地各级"厉行清党"来成立正式党部②。其具体内容是:在限定时间内"党员一律重新登记",其中"曾经加入本党以外之政治团体者,须切实声明与该团体脱离关系"。③ 这是官样文章的说法,事实绝不是查出中共党员后予以开除或由其登报"自首"那么简单,而是一开始就与疯狂的血腥屠杀结伴而行的。据中共根据公开报道而得之的不完全统计资料,自从四川军阀刘湘于1927年在重庆制造"三三一"惨案起,到年底的半年多时间里,由于"清党""分共"等原因,中共党员和革命相关人员被捕31471人,被处死刑和被反动军队屠杀72706人。④ 若加上继续"清党"的1928—1929年,被捕、被杀者的数量当是相当惊人的。1929年3月国民党三全大会后,"清党"方才退潮。但从积极反共"清党"的蔡元培在此前后先是坚辞司法部长等职、继之与宋庆龄等人组织民权保障同盟等事实看,白色恐怖的策略并未真正消失。

与"清党"的非常策略紧密相随并最终取而代之的必然是常态化的"法治"策略或具体政策。与"清党"同步,国民党当局规定"严厉处置反革命分子,即共产党、第三党、国家主义派及一切违反三民主义之分子"⑤。国民党二

---

① 《南京国民政府成立宣言》(1927年9月20日),彭明主编:《中国现代史资料选辑》第3册,中国人民大学出版社1988年版,第8—10页。

② 《统一党务办法案》(1927年9月27日),《中国国民党历次代表大会及中央全会资料》上册,光明日报出版社1985年版,第488页。

③ 《整理各地党务决议案》(1928年2月4日),《中国国民党历次代表大会及中央全会资料》上册,光明日报出版社1985年版,第521—522页。

④ 《国民党政府统治下的白色恐怖》,原载《布尔塞维克》1卷26期(1928年8月20日出版)。转引自《中国现代史资料选辑》第3册,中国人民大学出版社1989年版,第22—23页。死难数量远高于被捕数量,广东、广西、湖南、江西等大革命主要地区皆如此,原因在于许多人是未经逮捕手续而被杀的。如山东被捕500人,被处死刑及被屠杀者350人,但在暴动后被杀者则达到约35000人,拉大了这个看似畸形的数量比。

⑤ 《中央16次常务会议记录》,中国第二历史档案馆藏。转引自胡大牛主编:《中共中央南方局统战史论》,人民出版社2008年版,第28页。

届四中全会宣言"确立法治主义之原则",摒弃"共产党徒之非国家的煽动宣传"所造成的"国人群趋于社会的争斗"即阶级斗争,以保障"社会之秩序、人民生命财产及一切生活关系"。① 据此,1928年3月,国民党当局颁行《暂行反革命治罪法》和刑法,规定"反革命"罪为"意图颠覆中国国民党及国民政府或破坏三民主义而起暴动者","内乱罪"为"意图以非法之方法,颠覆政府僭窃土地或紊乱国宪而着手实行者",其惩治法条是附和随行者、加入团体或集会者皆获刑、首魁死刑、执行重要事务者死刑或无期徒刑,就是"预备或阴谋犯本法"者乃至"未遂犯"也要惩罚;另有外患罪,即通谋外国意图使之与民国开战或为敌军执役、"与敌国械抗民国或其同盟国者"处死刑或无期徒刑。② 虽然这时乃至之后近20年,除了其自行规定的"训政时期约法"外,国民党当局并无现代民主国家意义上的"国宪"③,国民党及其政府的法律地位并无宪法规定。但它既已开府执政,就要惩治持不同政见的反对者。可见所谓"国宪"不过是国民党当局"成则为王"的产物,将法的阶级性显现无遗,其"法治"在很大程度上不过是自己定了规矩去管制别人,尤其是针对以中共为代表的所有反对者,借以巩固统治的策略而已。这样,凡是中共或与中共有关系者、与苏联有关系者,无论早晚、无论行为或思想,都将被惩处,并且往往是处以死刑。

反共政策的"法治"策略,还具体体现在与"剿共"紧密相连的保甲制政策。1929年9月,蒋介石自己忙于新军阀混战,却电令各省加紧"剿共"并授之以法:欲绝"匪"之根株不在用兵,宜由举办保甲,清查户口入手;限期3个

---

① 《第二届中央执行委员会第四次全体会议宣言》(1928年2月7日),《中国国民党历次代表大会及中央全会资料》上册,光明日报出版社1985年版,第511页。
② 《暂行反革命治罪法》(1928年3月9日国民政府公布),《中华民国刑法(摘录)》(1928年3月10日国民政府公布),《中国现代史资料选辑》第3册,中国人民大学出版社1989年版,第26—27、29、30页。
③ 宪,在中国古代泛指典章制度等法律性规定;进入近代以后,随着西学东渐,近代西方国家宪法理念和实践传播来华,它不再泛指法令法规,而是以其对译西文 constitutio、constitution,被赋予了专门特指的新意——宪法。宪法规定国家根本制度(包括政党的作用和地位)、根本任务、公民的基本权利和义务等国家最根本的原则性问题,具有最高法律效力,是国家的根本大法。国家其他法律皆须依据宪法才能产生,才算合法。因此,宪法及国家重要法律皆须由公民投票选举代表因而代表民意所组成的最高立法机关制定,才是合法的,而不能由某政党自行决定或制订后要求全民实施。在此语境中,此处的"国宪"当首先理解为宪法,然后才是其他法律。

月,至多半年办好。① 国民党三届一中临时全会进而确认"消弭共祸""剿灭赤匪"的方法,是必须举办保甲清乡等辅助"剿匪"善后事宜。② 于是,国民党当局逐步在全国范围清查户口、编订保甲,其主要目的在于使民众无法也不敢与"匪"勾结,便于"剿共"。可见这一系列源于封建时代王安石的"法治"安排,皆不过从"清党"走向"剿共"的策略步骤而已。

强制性策略或具体政策最终还要归结到"剿共"。1930年10月,蒋介石在刚战胜各路诸侯,赢得中原大战,从而进一步稳固党首地位之际,就提出了以"肃清共产党"为首的五项政治方针。他又建议国民党三届四中全会将"完全根绝共产主义与土匪"作为头等重大的五项任务之首对待之。1931年5月初,蒋介石通过三届一中临时全会,制定了《全国一致消弭共祸案》及其所附《对于国民政府剿灭赤匪报告之决议案》。在蒋介石随即召开的国民会议上,通过了这些文件,让南京政府将自己装扮成"合法"中央,同时将反共政策推向了"匪"当然必"剿"才算"合法"的极致。因此,蒋介石从11月开始实践其军事"剿共"策略,到次年9月,连续三次"围剿"中共的中央苏区,且力度愈增,只是皆被打得大败而归。这种政策和策略的规定性,当然预示了后来第二次国共合作时,国民党必然会在反共及其策略问题上与中共纠缠不已。

除政治上以"法治"和武力打压外,反共的再一方面策略是在思想上既"破"且"立"——诋毁共产主义以树立三民主义。1927年9月10日,尚在下野时期的蒋介石对美国人所办《密勒氏评论报》的记者说:"共产党势力必须排除于中国历史之外,即其名称,亦不容存在。"③ 11月,汪精卫在中山大学解释"分共"原因说:"国民党要将国民革命带往三民主义那条路去,共产党要将国民革命带往共产主义那条路去,其势非冲突不可……所以容共之后,必

---

① 李勇、张仲田编:《蒋介石年谱》,中共党史出版社1995年版,第178页。
② 《全国一致消弭共祸案》所附《对于国民政府剿灭赤匪报告之决议案》(1931年5月2日国民党三届一中临时全会通过),《中国国民党历次代表大会及中央全会资料》上册,光明日报出版社1985年版,第952—959页。
③ 参见《蒋介石年谱》,中共党史出版社1995年版,第186、187、158页。

定分共,是不可免的。"①这些话除展示对共产主义的仇恨外,当然显示了国民党人对政治意识形态的极端重视。这毫不足奇,因为人及其团体包括政党的利益,只有靠一定的指导思想即政治意识形态指导下的行动才能实现。而当时的事实是大革命使中共及其思想理论至少已开始影响革命风暴席卷地区的工农群众,国民党及其三民主义的内涵,在相当数量的国人乃至国民党员中却并无多少认知,这无论于反共还是执政,都不能不使以蒋汪为代表的国民党人感到担心。因此,需要采取策略手段,从源头上进行"破"与"立"并举的"思想建设",即骂倒共产主义并同时树立三民主义。1927年,特委会宣言就已秉承戴季陶主义,开始了这一进程。② 1928年,在国民党二届四中全会上,蒋介石宣称达成三民主义、五权宪法的"唯一的方法,就是共同一致反对共产党",对其主义、理论与方法"铲除净尽",若不然,"共产党从新起来三个月后,国民党便会分散"。③ 为此,全会批准了蔡元培、李煜瀛、张人杰、李宗仁、陈果夫五委员关于积极铲除共党之理论方法、机关、运动并立付执行的提案。④ 全会公布了新的国民党理论纲领及民众运动方针,宣称"民族独立、文化复兴、民生发展"的"最高指导原则"是三民主义,即使全世界欲求和平与进步,也"绝不能背离此原则"。这个取消了"民权"原则的标准,要人们认清俄共、第三国际作为赤色帝国主义,其共产革命犹如暴秦专制、共产党的专制暴虐百十倍于白色帝国主义而不止,"实为民族独立运动之大敌";要人们吸取过去由于不遵信三民主义而"放纵共产党危害中国"的"失败"教训,因而提出当前执政的"最重要之方针",是从内政外交到教育实业乃至心理,全面批判共产党及其主义。至于三民主义究竟有何内容,如何用它来针对性地批判中共,国民党人则始终未作正面阐释。如对于"教育的建设",他们宣称中共利用"世界潮流","惑之以利,乱之以色,迷之以虚伪口号,强之以破坏暴

---

① 汪精卫:《武汉分共之经过》(1927年11月5日),中共中央党校中共党史教研室编:《中国国民党史文献选编(1894—1949年)》,中央党校科研办公室1984年印行,第137页。
② 参见《中央特别委员会宣言》(1927年9月16日),《中国国民党历次代表大会及中央全会资料》上册,第485—486页。
③ 蒋介石:《开会词》(1928年2月2日),《中国国民党历次代表大会及中央全会资料》上册,光明日报出版社1985年版,第506—508页。
④《中国国民党历次代表大会及中央全会资料》上册,光明日报出版社1985年版,第526页。

举"，致使青年学生"误入歧途"而被"科之以……严刑"，从而危及教育且将使国家灭种，故"救济之道，首在保护教育之独立，充实教育之内容，防止青年之恶化腐化"，加之以"健全母性"、实现"救国保民之要图，优生强种之基础"的女子教育。① 这通议论，对于教育为何物、其如何"独立""充实"什么"内容"之类，极其强调，但除了强调思想上反共和女人生"强种"小孩这两点外，没有再说更多，使人不得要领，故只能算是一种仇共反共情绪支配下的奇谈怪论。它只能使人感到是当权人物在利用三民主义口号，发表自己想当然的观感。这种东西当然不是政策，充其量只是达成反共政策的具体策略而已。

于是，国民党三全大会"鉴于本党过去数年党之一切理论、法令、规章，为共产党之反动思想所搀混，以致全党在思想上失却统一之意志"等原因，要求根据总理教义对其重新编制，"毋令反动思想再存留于本党"，②以实现"思想必须统一于三民主义之下"的"全国之真实统一"。③ 1931年5月，蒋介石在他召开的国民会议上，将各国政府从理论到形式分为三种，加以批判："第一，法西斯蒂之政治理论……认定国家为至高无上之实体，国家得要求国民任何之牺牲"，"统治权乃与社会并存，而无后先，操之者即系进化阶段中，统治最有效能者"；"第二，共产主义之政治理论，以唯物史观为立场"，"而阶级斗争，凡更残酷"，"尤不适于中国产业落后情形，及中国固有道德，中国亦无须乎此，可断言也"；"第三，自由民治主义之政治理论……动以个人自由为重，英美民治……有时不免生效能迟钝之感……若在无此项历史社会背景之国家行之，则意大利在法西斯蒂党当政以前之纷乱情形，可为借鉴，他邦议会政治之弱点已充分暴露"。他的结论是"今日举国所要求者，为有效能的统治权之行施"。④ 这就以民生宗旨否定了共产主义，以讲求"效率"否定了英美"民治主

---

① 《第二届中央执行委员会第四次全体会议宣言》(1928年2月7日)，《中国国民党历次代表大会及中央全会资料》上册，光明日报出版社1985年版，第512—513页。
② 《根据总理教义编制过去一切党之法令规章以成一贯系统；确定总理主要遗教为训政时期中华民国最高根本法案》(1929年3月21日)，《中国国民党历次代表大会及中央全会资料》上册，光明日报出版社1985年版，第653、654页。
③ 《对于外交报告之决议案》(1929年3月27日)，《中国国民党历次代表大会及中央全会资料》上册，光明日报出版社1985年版，第652页。
④ 蒋介石：《国民会议开幕词》(1931年5月5日)，《中国现代史资料选辑》第3册，中国人民大学出版社1989年版，第315—316、317页。

义",从而以国民党当局人物中"最有效能者"的身份,明白选定了源于意大利墨索里尼、成于德国希特勒的法西斯主义为根本国策,并以此"统一"国民党的思想,建树起不同于国民党一大之新三民主义的蒋记三民主义。故其反共策略性是清晰可见的,因而必然引发后来中共从抗日民族统一战线政策及其在文化上的策略运用着眼,对它的猛烈进攻。

南京政府的政策还在于统一和训政,即平定国民党内各派系和地方军阀,实现南京的政治一统;公布"约法"、训练民众,巩固统治的社会环境。这两点与反共政策相辅相成,即被相互利用为政策实施的策略。尤其是反共,甚至从一开始就成为打击异己的口实。如在"清党"中,许多国民党中下层党员被乘机混入的劣绅地主诬陷为中共党员而受累被害,白色恐怖因而随意扩大,使国民党员也感到朝不保夕,以致连国民党三全大会也承认"今之议者,往往以为本党必须保持军事时代之一切状态,使全党党员及全国民众常在风潮恐怖之中,乃为革命",担心这种"方法与政策""势非至将十余年来军事所得之成就捣毁净尽不可"。① 其实,国民党内的党同伐异,也是如此心态和方法。蒋介石就以此方法,首先驱逐了汪精卫派系,接着挑起蒋桂战争、蒋冯战争等,直至中原大战,从而"合法"平定了各派军阀。对手当然也给蒋介石安同样罪名。如1929年9月张发奎等人"拥汪讨蒋"时,就一面宣称自己与"共产党徒"势不两立,一面攻击南京"对俄则专事委蛇"。② 再如,胡汉民反对由国民会议制订约法而被蒋介石软禁,由此引发1931年蒋系运作国民会议时爆发的讨蒋运动,国民党各派通电宣称"中国之共祸,乃执事所酿成",所以"视执事为与共匪同等之公敌",要蒋引退后让他们灭共。③ 这种不顾事实甚至编造"事实"的攻击,与"清党"策略一脉相通,却光大于以"红帽子"坐实对方"罪状"并因此粉饰自己"正统""合法",以便名正言顺地干掉对方的封建

---

① 《对于政治报告之决议案》(1929年3月27日),《中国国民党历次代表大会及中央全会资料》上册,光明日报出版社1985年版,第647页。
② 《国民革命军第四师通电》(1929年9月17日),《中国现代史资料选辑》第3册,中国人民大学出版社1989年版,第195、196页。
③ 唐绍仪等促蒋下野通电,1931年5月25日,《中国现代史资料选辑》第3册,中国人民大学出版社1989年版,第318、19页。此处"执事"指蒋介石。

心态;使国民党派系攻伐不已,无疑不利于国民党作为一个整体在政治舞台上的活动。难怪在酝酿第二次国共合作时,中共感慨国民党派系尤其地方实力派的封建性强①。这决定了中共在第二次合作前期与国民党中央之外各派系疏于往来的状况;当然也使中共早已明了国民党统治的缝隙并因而形成进一步的统战策略。

(三) 九一八事变后的国共政策和策略

1931年9月18日,日本关东军在沈阳炸毁铁路、进攻中国军队,制造了九一八事变。中华民族团结抗击日本帝国主义的侵略,日益成为挽救民族危亡的当务之急。国共对峙的政策和策略,因此开始逐步调整。

自9月20日起,中共中央为九一八事变一再发表宣言、作出决议,号召中国工农劳苦民众"一致动员武装起来,给日本强盗与一切帝国主义以严重的回答"。同时又认为,国民党政府自事变以来高唱无抵抗主义、和平镇静的忍耐外交,表明"中国各派国民党及各派军阀根本都是帝国主义的走狗",所以应当坚持"打倒各派国民党"的政策,因而提出"变帝国主义国民党反对中国革命的战争为反帝国主义反国民党的革命战争"②的策略。这决定了中共当前时期的政策和策略,在此时不可能有根本变化。但从22日的中共中央决议认定"党在这次事变中的中心任务"包括组织各种反帝公开组织,实行反帝下层统一战线,吸收广大小资产阶级参加,尤其应注意学生工作;在东北加紧组织群众反帝运动,组织游击战争直接打击日本帝国主义的主张看,③中共基于工农民主专政的理念,已经开始考虑建立和扩大抗日统一战线的政策,虽然这在当时还带有很强的反对国民党统治的策略性。1932年4月15日,毛泽东以中华苏维埃共和国临时中央政府主席身份签发了对日战争宣言:

---

① 参见《中央关于同蒋介石谈判经过和我党对各方面策略方针向共产国际的报告》(1937年4月5日),中央档案馆编:《中共中央文件选集》第11册,中共中央党校出版社1991年版,第183页。
② 《中国共产党为日本帝国主义强暴占领东三省事件宣言》(1931年9月20日),《中共中央文件选集》第7册,中共中央党校出版社1983年版,第427—428、429、430页。
③ 《中央关于日本帝国主义强占满洲事变的决议》(1931年9月22日),《中共中央文件选集》第7册,中共中央党校出版社1983年版,第446、447页。

"中华苏维埃共和国临时中央政府特正式宣布对日战争",指出中共要领导全民"驱逐日本帝国主义出中国,以求中华民族彻底的解放和独立。"①限于苏区的实际管辖面积,这在山海关内还基本上不能成为现实,但从法理上宣告了中共与日本帝国主义的战争状态,因而在政治上宣告了中共抗日政策的确立,则是事实。

1933年1月17日,中共以中华苏维埃临时中央政府主席毛泽东、中国工农红军革命军事委员会主席朱德的名义发表宣言,表示愿意在立即停止进攻苏维埃区域、保证民众的民主权利(集会、结社、言论、罢工、出版之自由)、武装民众创立义勇军以保卫中国及争取中国的独立统一与领土完整的条件下,"与任何武装部队订立作战协定,来反对日本帝国主义的侵略",同时呼吁国民"反对帝国主义的走狗国民党军阀的卖国与投降"。② 这是从策略上号召国民党军的部队脱离国民党政府,与红军组织义勇军,既抗日,又瓦解国民党政府对苏区的进攻;表现了与无军阀统率的国民党军即中间势力结盟的松动意向;初步形成了后来抗日战争期间中共的抗战与民主两大政治追求;反映了当时中共中央关于军事上"除下层统一战线外","或能实行上层的统一战线"并进而"保持最宽广的反帝统一战线"③的新思路与愿望,当然为后来的政策变化准备了基础。

因此,中共协助冯玉祥组织察哈尔民众抗日同盟军,以"外抗暴日,内除国贼"④号召全民,于5月下旬至10月中旬合作进行了察哈尔抗战。10月26日,中共与福建政府及19路军为"准备进行反日反蒋的军事同盟"订立初步协定,规定"双方立即停止军事行动",恢复商贸"并采取互助合作原则",福建方面立即释放政治犯、赞同革命组织的活动、发表反蒋宣言、准备反日反蒋

---

① 《中华苏维埃共和国临时中央政府宣布对日战争宣言》(1932年4月15日),中央档案馆编:《中共中央文件选集》第8册,中共中央党校出版社1985年版,第178页。
② 《中华苏维埃临时中央政府工农红军革命军事委员会为反对日本帝国主义侵入华北愿在三条件下与全国各军队共同抗日宣言》(1933年1月17日),《中共中央文件选集》第8册,中共中央党校出版社1985年版,第445—446页。
③ 《中央给满洲各级党部及全体党员的信——论满洲的状况和我们党的任务》(1933年1月26日),《中共中央文件选集》第8册,中共中央党校出版社1985年版,第461、463页。
④ 高树勋等:《察哈尔民众抗日同盟军》,全国政协文史资料研究委员会编:《文史资料选辑》(合订本)第14辑,中国文史出版社2000年版,第109页。

军事行动。① 这在一定程度上促成了福建事变。但福建政府的反对土地革命等政见,使中共中央在一个月后认定它除了反帝反军阀官僚等空喊外,没有实际行动,"它不会同任何国民党的反革命政府有什么区别",所以声言"中间的道路是没有的",中间分子"必然遭到惨酷的失败,而变为反革命进攻革命的辅助工具"。② 由此可见中共与福建政府的合作,主要在于反"围剿"所需的策略考虑,除了经济合作外,并未在军事上全力策应19路军。但双方缔约文件要求的反日反蒋政治军事合作内容,必然包含并要求中共进一步从战略性上看待中间势力,从而开始政策转变。

九一八事变发生后,国民党各派开始在民族危机面前暂缓派系之争。首先是广州国民党政府于9月21日通电宣称,鉴于九一八事变,"和平统一,尤为必要",提出在蒋介石践言下野的前提下,愿意"另行组织统一的国民政府"。③ 因此有了宁穗沪三方按事先约定于11—12月分别召开的国民党四全大会,及联合召开的四届一中全会,又以蒋介石于12月15日通电下野,表示其"统一"政策在强敌面前的某种松动,和国民党各派实现了利益平衡基础上的表面"统一"。但从国民党四届二中全会于次年3月5日通过设立国民政府军事委员会,以蒋介石为委员长④的决议来看,"统一"无疑是蒋的"七分政治,三分军事"运作的结果。这对蒋介石后来对中共改行政治解决的基本策略及具体政策,必然会有影响。

1931年7月23日,蒋介石在南昌行营发表告全国同胞电,首次提出"攘外必先安内"的方针。⑤ 因此,国民党四届一中全会仍然坚持"继续努力肃清赤匪"⑥。1933年9月3日,蒋介石在庐山陆军军官训练团第3期开学典礼上

---

① 《中华苏维埃共和国临时中央政府及工农红军与福建政府及19路军反日反降的初步协定》(1933年10月26日),《中共中央文件选集》第8册,中共中央党校出版社1985年版,第735—736页。
② 《中共中央为福建事变告全国人民书》(1933年12月5日),《中共中央文件选集》第8册,中共中央党校出版社1985年版,第781—784页。
③ 广州国民政府对和平之通电,1931年9月21日,《中国现代史资料选辑》第3册,中国人民大学出版社1989年版,第341页。
④ 《中国国民党历次代表大会及中央全会资料》下册,光明日报出版社1985年版,第155、141页。
⑤ 李勇、张仲田编:《蒋介石年谱》,中共党史出版社1995年版,第206、194页。
⑥ 《第四届中央执行委员会第一次全体会议宣言》(1931年12月28日),《中国国民党历次代表大会及中央全会资料》上册,光明日报出版社1985年版,第116—117页。

训话,强调"先安内后攘外"的方针。① 1934年12月,国民党四届五中全会宣言高喊的仍是"攘外必先安内"②。可见,国民党当局的反共政策,并未因"九一八"而稍减,只是换了一种提法而已。所以从策略上看,蒋介石仍然积极"安内"。如1933年4月6日,为配合前一天开始制订的对中央苏区的第五次"围剿"计划,他发表《告各将领先清"内匪"再言抗日电》,称"外寇不足虑,内匪实为心腹之患"。4月10日,他进一步声言,在"匪"未肃清前绝对不能言抗日,违者即予最严厉处罚。这种政策在策略上落实为具体政策,就仍然是以前就有的对苏区实行经济封锁、清乡、编查保甲、整理民团等,再加上修筑碉堡、公路以围困苏区等新办法。

积极"安内"的另一面是消极"攘外"。对于日本帝国主义侵华、中日国力对比,蒋介石1934年7月间在庐山军官训练团讲演时,评价说:"我们抗敌的条件","一点也没有";"他们只要发一个号令,真是只要三天之内,就完全可以把中国要害之区都占领下来。灭亡我们中国","日本人要你几时死,就可以几时死,要占你什么地方,就可以占什么地方"。③这种亡国论腔调,直接目的是基于反共的策略考虑,鼓动军官们去"剿共",这是蒋的真实内心;但其另一半内心也是真实的,就是中国抗日必亡,这从后来太平洋战争前他的表现、中共一再反妥协投降皆可见。这种看法在"剿共"时的表现,就是1933年3月10日蒋介石所严令国军将士的"侈言抗日者,杀勿赦"④。此后,国民党政府不再顾忌"有承认伪组织之嫌"⑤,在经过至少大半年从秘密到公开的中日谈判之后,自1934年7月1日起半年左右时间内,逐步实现了山海关内外的通车、通邮、设卡征收关税,在事实上默认了"满洲国"。这不仅无需"攘外",而且进一步刺激了日寇的吞并胃口,于是就有了1935年的华北危机。

---

① 李勇、张仲田编:《蒋介石年谱》,中共党史出版社1995年版,第216页。
② 《第四届中央执行委员会第五次全体会议宣言》(1934年12月14日),《中国国民党历次代表大会及中央全会资料》上册,光明日报出版社1985年版,第243—244页。
③ 李勇、张仲田编:《蒋介石年谱》,中共党史出版社1995年版,第211、210、217、222页。
④ 袁旭等编著:《第二次中日战争纪事》,档案出版社1988年版,第50页。
⑤ 《国闻周报》第11卷第16期。转引自石源华著:《中华民国外交史》,上海人民出版社1994年版,第406页。

三、第二次国共合作的酝酿

随着华北事变导致的中华民族危机空前加深加剧,随着红军长征的结束,国共对峙的局面开始变化。虽因两党政策和策略的差异,公开的对阵与暗地里的联络交替进行,且在前期,前者总是压倒后者,但这终归要服从民族国家至上的感召,双方在政策和策略的逐步调整中,逐步走到了停止内战、一致抗日的历史发展新阶段。

(一)国共对立的政策策略开始转变

1935年5月,日本帝国主义在华北不断制造事端,提出对华北统治权的要求。6月,华北军分会代理委员长何应钦与日本的天津驻屯军司令官梅津美治郎秘密会谈,于7月6日接受日方要求,签订"何梅协定",规定在河北境内取消一切中国党政机关并撤退中国军队。之前的6月27日,国民党察哈尔省政府代理主席秦德纯与日军代表土肥原贤二达成"秦土协定",规定在察省境内取消国民党机关,成立察东非武装区并撤出第29军,担保日本人今后在察省可自由来往。随后,日方策动汉奸制造企图使冀察绥鲁晋五省脱离中国的所谓"华北五省自治运动"。10月,日方又指使河北香河汉奸暴动,占领县城。11月,汉奸殷汝耕在河北通县成立伪"冀东防共自治委员会",控制冀东22个县。这一系列事件构成对中国主权严重侵犯的"华北事变"。在此前后,日本关东军、"满铁"公司进一步扩大对华北的经济侵略;日本外相提出中国取缔排日运动、中日满经济合作、中日共同防共的所谓"广田三原则",试图在外交上制造侵华反共的法理基础。这一切使华北即将成为第二个"满洲国",中华民族的存亡危机空前加深加剧。

7—8月间召开的共产国际第七次代表大会,提出建立世界反法西斯统一战线的基本策略。为贯彻国际决议,中共驻共产国际代表团发表了《中国苏维埃政府、中国共产党中央为抗日救国告全体同胞书》(《八一宣言》①),号召全国同胞,包括"国民党和蓝衣社中一切有民族意识的热血青年们",基于"'兄弟阋于墙外御其侮'的真诚觉悟"和"停止内战""共同救国"的目标,组织全中国统一的国防政府和抗日联军。②这就开始了中共从反对国民党统治到为抗日而反蒋的策略转变,并将由此引起中共战略任务即根本政策的转变。

中共中央在10月间结束长征,于12月17—25日在瓦窑堡召开政治局会议,认为日本并吞中国的行动改变和正在改变着中国的阶级关系,因此要"组织千千万万民众进入伟大的民族革命战场上去",为此,"党的策略路线,是在发动、团结与组织全中国全民族一切革命力量去反对当前主要的敌人——日本帝国主义与卖国贼头子蒋介石";指出"只有最广泛的反日民族统一战线(下层的与上层的),才能战胜日本帝国主义及其走狗蒋介石",统一战线以工农为基本动力,小资产阶级和革命知识分子是最可靠的同盟者,他们形成的坚固联盟是基本力量,由于部分民族资产阶级与军阀对反日反汉奸同情或善意中立,应该"争取这些力量到反日战线中来","地主买办阶级营垒……也不是完全统一的"而应"使某些反革命力量暂时处于不积极的反对反日战线的地位",对日本帝国主义以外各帝国主义的策略亦如此,党应由此以彻底的正确的言论与行动去取得反日战线的领导权;为扩大和加强统一战线的基础,将苏维埃工农共和国改变为苏维埃人民共和国,并相应改变具体政策的许多部分,如应欢迎民族资本家到苏区经营;党内主要危险是关门主义,"共产党员必须深入到群众中去"领导群众斗争。③从中国革命的战略层面看,这就形成了抗日民族统一战线新政策和策略的雏形,只是当时在下一层级的策略即具体政策上还限于抗日反蒋;从未来抗日战争的角度看,则是

---

①《八一宣言》于1935年10月1日在巴黎出版的《救国报》上发表;俄文稿《宣言》首次在《共产国际》杂志12月号上公布。由于文件注明日期为1935年8月1日,所以称为《八一宣言》。
②《为抗日救国告全体同胞书》(1935年8月1日),中央档案馆编:《中共中央文件选集》第9册,中共中央党校出版社1986年版,第486页。
③《中央关于目前政治形势与党的任务决议》(1935年12月25日),《中共中央文件选集》第9册,中共中央党校出版社1986年版,第605、609—624页。

对既有政策和策略的全新突破。

遵循转变总策略及其具体政策的思路，中共从11月起，就已经开始修正具体政策了。28日，发表抗日救国宣言，宣传八一宣言精神，突出了对知识分子和青年学生的关心，表明对城市小资产阶级政策开始转变。[①] 12月6日，中共中央又规定为了"建立全国人民的统一战线"，不将富农推到反革命怀抱而使中农不安，改变以前的反对富农的政策，"只取消其封建式剥削的部分"，使其享有与普通农民一样的经济政治权利。[②] 中共策略和具体政策的转变，促进了北平学生在中共领导和影响下，于12月9日发动抗日救国请愿游行，在华北事变最危急的时刻，制止了冀察政务委员会的成立，打击了日本帝国主义通过"华北自治"来炮制第二个"满洲国"的图谋和国民党政府的妥协退让政策。"一二·九"运动在事实上开始了中共对抗日的领导，推动了抗日救亡运动走向新高潮。

1936年2月21日，苏维埃中央政府发出通电，"主张立刻召集全国抗日救国代表大会，正式组织国防政府和抗日联军，开始实行抗日战争的具体步骤"。为此，通电提出六项在大会之前"必须保障"民意的条件：取消国民党一党专政，容许党派自由活动，释放政治犯；"实行外交公开"；取消国民党禁止抗日反卖国贼运动的法令，保障言论、出版、集会、结社的自由；"停止内战，一致抗日讨逆"；凡愿意抗日反卖国贼的政治、社会和职业团体与武装队伍，都有权公开选举自己的代表参加代表大会；确实保障大会代表的言论行动自由与生命安全。又提出"大会之后，必须立刻讨论并决定"的五个"紧急问题"："对日绝交宣战，讨伐'满洲国'，收回失地"；宣布中日不平等条约与卖国借款无效；颁布全国海陆空军对日作战动员令；号召与帮助全国人民组织、武装起来，参加对日作战；"正式成立国防政府与抗日联军，并实现苏维埃中

[①]《中华苏维埃共和国中央政府中国工农红军革命军事委员会抗日救国宣言》(1935年11月28日)，《中共中央文件选集》第9册，中共中央党校出版社1986年版，第587、588页。

[②]《中央关于改变对富农策略的决定》(1935年12月6日)，《中共中央文件选集》第9册，中共中央党校出版社1986年版，第589—592页。

央政府所提出的十大政纲"。① 这个文件没有出现"反蒋"字样,实际上是以抗代会作为实现瓦窑堡会议精神的载体,提出了中共的实现民主、准备抗战的策略和抗日政策。

在抗日救亡运动走向高涨的背景中,国民党于 1935 年 11 月在南京召开了五全大会。大会以蒋介石在 19 日会上作的对外关系讲演为指归。但蒋讲的主要篇幅不在外交,而是说鉴于自"九一八"事变以来的国难,应使"全国已达到一种深切之体认"的三条:一是"所谓民族运动,决非单纯的对外运动",其内容是"对外应向国际为吾民族求独立平等,对内应向民族为吾国家求自立自强",所以应该"对内极力主张精神建设、物质建设"并为之反省十数年来的努力程度如何。二是"国家与国家间决无百年不解之仇","故国际关系,纯系比较的,而非绝对的",即是说"决定国际间离合友敌关系,应以整个的国家盛衰及整个的民族利害为对象,不应以一时的感情及局部的利害为对象","此次空前之国难,自有其因果律,决非偶然发生的",如孟子所说"人必自侮而后人侮之","苟吾人自暴自弃而不能自立自强,则今日之友邦,成为明日之敌,反之吾人果能自立自强,则今日之敌未始不可成为明日之友"。三是"吾党'国民革命'之使命尚未完全成功……吾人处此时会,应须注意者约有二点:其一,应完成'国家中心之基础工作'为绝对的坚决的共同信条,不应斤斤于一时利害之冲突,孔子所谓'小不忍则乱大谋'者是也。盖非常时期之外交,决非普通国家所用之经常手续可资应付。其二,国际关系,瞬息万变,机微莫测,每一事变发生,均有当机立断,迅赴事机之必要",东西诸国革命中的内外困难与阻力,多"与吾国最近十年间之政象相同,然卒因全国上下有坚决的共同信仰,负责当局有立断的应付全能,故均能转危为安,国基大定"。蒋然后宣称"东邻日本,关于东亚之和平与彼此两国之福利,亦必关心更切也",而"吾人今日孳孳以求者,不过对本国求自存,对国际求共存也,岂有他哉",因此"可下一结论如下":"基于上述三项意见,苟国际演变不斩绝我国家生存、民族复兴之路,吾人应以整个的国家与民族之利害为主要对象,一切

---

① 《中华苏维埃人民共和国中央政府关于召集全国抗日救国代表大会通电》(1936 年 2 月 21 日),中央档案馆编:《中共中央文件选集》第 10 册,中共中央党校出版社 1985 年版,第 10—11 页。

枝节问题当为最大之忍耐,复以不侵犯主权为限度,谋各友邦之政治协调,以互惠平等为原则,谋各友邦之经济合作;否则即当听命党国,下最后之决心","质言之,和平未到完全绝望之时,决不放弃和平,牺牲未到最后关头,亦决不轻言牺牲。""果能和平有和平的限度,牺牲有牺牲的决心,以抱定最后牺牲之决心,而为和平最大之努力,其达奠定国家复兴民族之目的。深信此必为本党救国建国唯一之大方针也。"因此,蒋"请大会授权政府在不违背方针之下,政府应有进退伸缩之全权,以应此非常时期外交之需要"。①

  蒋介石的演讲,长不过二千来字,说得云里雾里、似是而非,需要仔细辨析,才能明白其意。其意思概括起来无非是:外交的基础在内政和"精神建设、物质建设",进而在于政府有掌控"全权",否则"必遭意外之挫折"。在华北危机愈演愈烈的背景下,蒋的进一层意思则是:日本侵华、华北事变,在于外交搞不好,该为此挨板子的是没有"精神"而遭致"意外"的国人;就外交即国际关系而言,无所谓百年固定的敌友,这只是此一时彼一时的事,判断标准只在"比较"中存在,根本是看长久对我有利还是不利。这在外交上树立了一个"实用主义"的标准。但这个标准,似乎是不能成立的,因为它既在时间上要求对一时一事作比较,又要求有利于国家兴盛这种长时间的效应。以此观察日本侵华与蒋对日本的长期期盼,矛盾毕现。这种矛盾现象,其实与"精神"现象一样,不过是蒋介石为自己的行为找借口的结果。所以,他为反共而迎合欧美的需要,在1929年指使张学良挑起中东路事件,导致中苏两国断绝外交关系;又为了争取外援、拖住日本南侵步伐而于1932年12月与苏联复交。这种反复无常的举动毫无疑问是短视的,全不从长期利益考虑,更无"义"可言。照蒋的逻辑,东北丢了、华北面临沦丧,都不过是"一时的感情""局部的利害"问题,甚至日本侵华也算不得什么,也许过几天就会化敌为友了,所以国人不应斤斤计较于华北事变那样一时的局部现象而感情激动。那么,日本侵华的"因果律"是什么呢?是国人不"自立自强"。为何这般呢?

---

① 蒋介石:《请大会授权政府在不违背另文陈述之方针下,应有进退伸缩之全权,以应此非常时期外交之需要案》(1935年11月19日),《中国国民党历次代表大会及中央全会资料》下册,光明日报出版社1985年版,第318—321页。

因为没有"精神"。为何没有精神呢？因为没有"共同信仰"，没有按照《建国大纲》《建国方略》等种种遗著办事。至此，蒋介石虽然只字未提"反共""统一"，其用意却已昭然若揭了——日本侵华，根本在于中共的存在和党国事权未照法西斯主义要求的那样向领袖集中，要解决华北事变这类"枝节问题"，就得先解决这两个问题。所以，蒋虽不乏恳求日本帝国主义不要太过分，否则他只好"最后牺牲"的含义，但他的谋篇立意，即真实内心则在于强调要本着"小不忍则乱大谋"的精神，抓住"国民革命"这一"中心之基础工作"去完成之，为此又需要在"共同信仰"前提下"当局有立断的应付权能"，则是无可置疑的。在这种日本侵华的责任在内而不在外的逻辑支配下，蒋当然会将严重危害中国领土主权的华北事变视为"枝节问题"而要求"为最大之忍耐"；进而认为日本更关心东亚和平与中日福利，而中国的要求是与之相同的国家生存、民族复兴，基于这种本质上的化敌为友理念的一致，与实际上政治协调、互惠平等、经济合作的利益一致，"自信必有内外相谅之一日"；所以，现在是主权未被侵犯、和平尚未绝望之时，就不能轻言牺牲已到最后关头、揪住华北事变不放，而应该以对内由领袖决断一切、解决中心基础工作，去达到对外"为和平最大之努力"，作为奠定国家复兴民族之"唯一大方针"。

可见蒋介石的演讲，是在全面阐述反共、独裁、媚日妥协政策的愚民说辞。在蒋的威权影响下，其效果极佳——大会以全场一致起立的方式接受了它。因此，大会宣称要"恪守总理遗教，恢复民族自信，确立正当之对外关系，以保持国家独立平等之尊严，而达世界大同之目的"①，即要以三民主义去统一中国乃至世界；制定了国民党员守则十二条，提倡忠勇、孝顺、仁爱、信义、和平、礼节、服从、勤俭、整洁、助人、学问、有恒，②即明确了以儒家文化治党，相应规定要"严厉取缔曲解三民主义之著述""严厉取缔鼓吹阶级斗争之谬

---

① 国民党：《第五次全国代表大会宣言》(1935年11月23日)，《中国国民党历次代表大会及中央全会资料》下册，光明日报出版社1985年版，第300页。
② 《中国国民党党员守则》(1935年11月18日五全大会通过)，《中国国民党历次代表大会及中央全会资料》下册，光明日报出版社1985年版，第304页。

说""确定新闻政策,严厉取缔反动宣传"①;规定了实施宪政的程序和政治制度改革②,决定在明年内宣布宪法草案及召集国大③;规定"为冲破目前危局,统一全党意志,集中全民力量起见,应授权于本党文武兼赅伟大崇高之领袖,使之统筹一切,全党同志,听其指挥"等三条"救党救国"原则④;再次强调"赤匪为民族复兴之大患",现已"摧破匪巢","唯陕甘一带,余孽尚存,仍应迅予肃清,安定边陲。"⑤又可见,在为自己提供个人专权独裁理论的基础上,蒋介石战胜了国民党内一切对手,从而实现了他对国民党的"统一",开始独裁了。虽然次年还有两广事变等着他,但那已是不必过虑的反蒋余蓄了。进而可见,国民党的反共政策、"剿共"策略,即使在民族危亡之际,也丝毫未变。

但是蒋介石没有想到,对于他以主权为底线,追求中日政治协调、互惠平等、经济合作的外交政策,日本人根本不买账,侵华、走私,依然我行我素,直至大打出手,制造卢沟桥事变,逼得他虽不想牺牲,却也只好从"八一三"事变开始,做"最后牺牲";之后,日本又模仿蒋的条件,反过来以"近卫三原则"引诱乃至逼迫他答应"经济提携"。他更没有想到,中共后来会抓住他这一条,逼得他背弃他五全大会的政策规定,一步步走向抗日,甚至不得不玩弄"民主"之火,从而一发不可收拾,始终找不到反悔、翻身的机会。当然这些皆是后话,而在当时就立刻发生作用的,是国民党五届一中全会对南京政府进行了改组,蒋介石取代汪精卫担任行政院长,各部部长也大多为亲英美派而排除了亲日派,这意味着对日妥协和反共政策,当然首先是其策略在实践层面,开始发生动摇。

进入1936年,日本发生"二二六"法西斯少壮军人暴乱,导致广田弘毅组

---

① 《统一本党理论扩大本党宣传案》(1935年11月16日),《中国国民党历次代表大会及中央全会资料》下册,光明日报出版社1985年版,第316—317页。

② 《实施宪政程序暨政治制度改革案》(1935年11月21日),《中国国民党历次代表大会及中央全会资料》下册,光明日报出版社1985年版,第304—309页。

③ 《召集国民大会及宣布宪法草案案》(1935年11月21日),《中国国民党历次代表大会及中央全会资料》下册,光明日报出版社1985年版,第313页。

④ 《确定救党救国原则案》(1935年11月22日),《中国国民党历次代表大会及中央全会资料》下册,光明日报出版社1985年版,第314页。

⑤ 《对于党务报告之决议案》(1935年11月23日),《中国国民党历次代表大会及中央全会资料》上册,光明日报出版社1985年版,第323页。

阁、东条英机等控制军队,形成垄断资产阶级支持下的法西斯军事专政,增兵中国(如3月间香月清司师团开赴中国东北),准备扩大侵华。4月,日本外相有田八郎提出包括与冀察当局直接交涉华北问题;援助冀察当局,使与日本发生更密切关系;调整中日经济关系,要求国民政府减轻关税,促成中日"满"关税同盟,但并不强迫国府承认"满洲国"等内容的对华外交新政策。受此鼓动,伪满与冀东伪组织随即在长春订立了"互助协定大纲";年初由南京政府成立的冀察政务委员会,于5月6日与日军订立"华北防共协定",规定国民党军不得开入冀察。日伪自上年8月至本年4月在华北的武装走私使中国损失关税二千五百多万元,其中4月就达800万元。① 这一切,加之6月1日爆发的以"北上抗日,收复失地"相号召的两广事变,迫使国民党当局不能不正视日本侵华加剧,因而调整政策、准备抗日。7月中旬,在南京召开的国民党五届二中全会,经蒋介石等提议,决定组织讨论国防方针、国防外交政策、国防事业、国家总动员等事宜的国防会议,由蒋以军委会委员长和行政院院长身份担任正副议长。② 13日,蒋介石在会上作题为《救亡御侮的步骤与限度》的报告,在明知山海关内外已经通邮通车即已变相承认伪满、日本已宣布不再强迫他承认伪满的情况下,声言"对于外交所抱的最低限度,就是保持领土主权的完整……假如有人强迫我们签订承认伪满洲国等损害领土主权的协定的时候,就是我们不能容忍的时候,就是我们最后牺牲的时候。"这种明知不会"牺牲"而侈谈牺牲的"豪气",使他有底气解释"御侮救亡"的"最低限度",即"和平未到完全绝望时期,决不放弃和平,牺牲未到最后关头,亦不轻言牺牲",并因而斥责言抗战者是"和平未到绝望之路,而自己偏要来走绝路","国家可以不致灭亡的时候,而偏要使他灭亡。"当天,他在出席国民党中央机关总理纪念周时,发表讲话说:"自从'九一八'以来,中央一贯的方针,就是'安内攘外'四个字,认定内不能安,不仅不能攘外,而且连'外交'二字也谈不起来。由此可知此次全体会议所讨论的要案,虽然包含内政外交两

---

① 《第二次中日战争纪事》,档案出版社1988年版,第89页。
② 参见《组织国防会议及粤桂两省军事政治之调整案》(1936年7月13日),《中国国民党历次代表大会及中央全会资料》下册,光明日报出版社1985年版,第414—416页。

方面的问题,实际上只是一个内政问题。"很清楚,蒋仍然认为反共重于抗日。但他毕竟又准备"牺牲"了,因此必有对中共策略的调整,这对于酝酿第二次国共合作,还是有益的。

(二)第二次国共合作酝酿中的谈判

在中华民族遭受日本侵略的危机加深的背景中,在中共已有国共联合抗日意向并为之调整政策和策略、国民党当局已有抗战表示的前提下,两党开始了寻找机会、建立联系,在事实上酝酿第二次国共合作的过程。

最早的行动始于国民党。1935年秋,蒋介石应当已经看到王明在共产国际七大所作的建立抗日统一战线的发言和有关文章,同时也应已经读到八一宣言。按照他的"七分政治,三分军事"的"统一"策略,这当然是既打又拉、施展"政治统一"策略的好机会。更重要的是,这是拉拢苏联、牵制日本南下侵略的好机会。因此,他责成宋子文、陈立夫负责,寻找与中共联系的渠道。具体行动由宋子文、曾任蒋介石侍从秘书的南京政府驻苏联大使馆武官邓文仪、铁道部政务次长曾养甫分别去执行。宋子文通过宋庆龄找到以上海圣彼得教堂牧师身份作掩护的中共地下党员,同时又是宋子文的原圣约翰大学同学的董健吾,请他去陕北,向中共中央传递国民党愿意谈判的信息。邓文仪通过苏联方面的关系及胡秋原找到中共驻共产国际代表团的潘汉年乃至王明,于1936年1月13日提出国民党方面的条件:取消中国苏维埃政府,政府领导成员和工作人员参加南京政府;改编中国红军为国民革命军,统一指挥;国共恢复合作。① 经双方反复商讨,王明决定派潘汉年回国,促成国共两党直接谈判合作抗日的问题。曾养甫通过他早年在天津北洋大学的同学、他委任的铁道部劳工科长谌小岑,找到中共上海党组织和中共中央北方局的关系,分别同上海的中共秘密党员张子华、中共北平市委宣传部长周小舟及北京中国大学教授吕振羽会晤、商谈。在1月的南京谈判中,吕振羽向国民党提出组织抗日联军和国防政府;停止内战,一致抗日;停止进攻苏区,承认苏区合

---

① 《蒋介石年谱》,中共党史出版社1995年版,第232、230页。

法地位等条件。曾养甫向中共提出四点:停止土地革命;停止阶级斗争;停止苏维埃运动;放弃推翻国民政府的武装暴动等活动。① 这四条若实现,中共也就没有了,至少也已无从活动而无存必要了,所以是实现反共政策的策略。可见蒋介石坚持既定政策,辅以"拉"的策略,想不费力就灭共。中共当然不会就范。因此,蒋介石的策略基点是"打",打、拉结合,以打为主。2月初,蒋介石部署了对陕北红军的"围剿",却被20日开始的红军渡黄河东征给打乱。23日,蒋介石下令调中央军30万人入晋协同阎锡山堵截红军。②

这时,中共中央在落实抗战统一战线政策的策略上,也是两手即军事发展与统一战线并行。首先要寻找到既能抗日,又能生存,并能在抗日中获得发展的前进基地,于是瓦窑堡会议决定红军东征山西。同时还需要打破东、西北军已形成的围攻态势,所以会后决定设立东北军工作委员会,周恩来为书记。③ 对东北军的联系,起于上年10月25日榆林桥战斗中被俘的东北军第107师第619团团长高福源的联络张学良联红抗日的主动请求。周恩来立即抓住这个机遇,让高于1936年1月初回到东北军,征得张与红军建立联系的同意。于是有了中共西北中央局联络局局长李克农受毛泽东指派,于20日与张学良在洛川谈判,促成张表示愿意为成立国防政府奔走;3月上旬在洛川,李克农、钱之光等人同张学良及王以哲谈判,达成红军与王以哲军互不侵犯及经济通商的口头协定等协议,使陕北危局初步缓解,红军东征暂无后顾之忧;4月9日晚,周恩来由李陪同,与张、王在肤施(延安)会谈,晓以法西斯主义反共没有群众基础、广泛发动群众收复东北的大义,征得张完全同意停战抗日、国防政府与抗日联军、红军集中河北抗日等中共主张,张提出红军出绥远的建议、争取蒋介石合作抗日的承诺,周与张商定了通商、互派代表,由张代办军用品等办法。④ 2月间,北方局在几年来做杨虎城第17路军(西

---

① 转引自《国共两党关系史》,武汉出版社1988年版,第346页。
② 《蒋介石年谱》,中共党史出版社1995年版,第230页。
③ 中共中央文献研究室编:《周恩来年谱(1898—1949)》修订本,中央文献出版社1998年版,第301页。
④ 中共中央文献研究室编:《毛泽东年谱(1893—1949)》上卷,人民出版社、中央文献出版社1993年版,第505、507、519—520、534页。

北军)工作的基础上,与杨达成互不侵犯、互派代表并在杨处建立电台联系、建立交通站帮助红军运输物资和掩护中共人员往来、准备抗日等四项协定。中共因此促请杨虎城与东北军搞好关系。

除文武两手外,在谈判问题上,中共中央也是两手抓,即周恩来3月2日提出的策略:对蒋介石、张学良的工作分别进行,对张工作仍经过王以哲,和蒋谈判以成立国防政府和抗日联军为条件。① 3月4日,毛泽东等人提出与南京当局谈判的意见:停止内战一致抗日;组织国防政府与抗日联军;容许红军集中河北抵御日寇;释放政治犯和容许人民政治自由;改革内政与经济。这已经包括了后来中共在抗日战争中对三民主义解释的基本内容也即基本政策。这些谈判条件随即交由董健吾带往上海转南京当局。3月下旬召开的政治局晋西会议上,毛泽东在外交(即统一战线)问题报告中,强调指出这五个谈判条件是同一切人交涉的基本;谈判中对方若提出"取消苏维埃",则以"取消国民政府"相对,提出"取消暴动",则以"取消国民党压迫"相对,苏维埃问题由人民投票;不管任何派别,都与其进行外交谈判;在基本原则上不能让步妥协。会议一致通过了毛泽东的报告。② 这实际上是本着两个政权对立的原则,坚持普遍联系各方"反蒋抗日"的策略。所以,周小舟于3月到南京谈判时,带去了毛、周、朱德等人给宋子文、孙科、冯玉祥、程潜、覃振、曾养甫、谌小岑等人的信件,增加了开放抗日群众运动等民主要求,并且认为国共合作组成国防政府后,阶级斗争、土地革命政策都将暂停,武装推翻国民党政府问题将不存在。

4月25日,中共中央向各党派社团发出"创立中央的与地方的抗日的人民阵线"的宣言,以"抗日讨逆"取代了"反蒋抗日"③。5月5日,又发出"停战议和一致抗日"通电,宣布红军撤回河西,要求南京政府结束内战。④ 同样

---

① 《周恩来年谱(1898—1949)》修订本,中央文献出版社1998年版,第308、310、307页。
② 《毛泽东年谱(1893—1949)》上卷,人民出版社、中央文献出版社1993年版,第519、527—528页。
③ 《中国共产党中央委员会为创立全国各党各派的抗日人民阵线宣言》(1936年4月25日),《中共中央文件选集》第11册,中共中央党校出版社1986年版,第17—19页。
④ 《停战议和一致抗日通电》(1936年5月5日),《中共中央文件选集》第11册,中共中央党校出版社1986年版,第20—22页。

避免了"反蒋"字样,标志着中共为实现联蒋抗日政策,已经开始将策略由"反蒋抗日"转向"逼蒋抗日"的过渡阶段。

这时,在与国民党中央和地方谈判、构建统一战线问题上,中共仍是分开进行,但已从之前的重地方轻中央转向到二者并重。5月初,潘汉年到达香港,与陈果夫派去的国民党中央组织部调查科总干事张冲会见,并由张陪同到南京与曾养甫会商,决定到陕北听取中共中央意见后,再返宁与陈面谈。5月中旬,陈立夫提出解决国共问题的四项办法,以回应中共在3月间提出的要求:欢迎共方武装部队参加对日作战;作战时待遇同中央军;共方意见可向即将成立的民意机关提出;共方可选择一地区试验其政治经济理想。① 这些条件由曾养甫于下旬告诉张子华,让张带到陕北,报告中共中央。毛泽东评价它是"满纸联合抗日,实际拒绝我们的条件,希望红军出察、绥、外蒙边境,导火日苏战争"②,一语道破国民党政府主动寻共谈判的目的所在,也从一个侧面显示了1940年中共拒绝国民党当局"中央提示案"的原因。6月20日,中共中央致书国民党五届二中全会,要求立即动员全国对日武装抗战,通过抗战实现统一,正式提议停止内战一致抗日,配套提出了实现民主自由、释放政治犯、"另颁民主的宪法"、召集各党派救国会议、组织国防政府等政策主张;表示随时准备同国民党进行合作救国谈判。③ 这就将正在秘密谈判中的条件公之于众,意在促蒋转变。7月,周小舟在南京正式与曾养甫会谈,就国防政府的组织形式、红军改编、南方游击队集中、释放政治犯等问题进行了讨论。在领导权问题上双方争论很激烈。在合作形式问题上,国方认为是国民政府,周则代之以各方代表组成的战时"民意机关"作为"最高权力机关"。④ 中共通过合作实现民主的政策目标指向日益明显。7月,曾养甫请张子华赴

---

① 《周恩来年谱(1898—1949)》修订本,中央文献出版社1998年版,第314页。这与其他资料略有出入。如谌小岑的《西安事变前国共两党谈判的片段回忆》记叙,第一条还有中共部队"须加以改编";第二条为改编后"与中央军同等待遇";第四条为国民党"承认边区政府的合法地位"(见《国共两党关系史》,武汉出版社1988年版,第347页)。
② 《毛泽东年谱(1893—1949)》上卷,人民出版社、中央文献出版社1993年版,第554页。
③ 《中共中央致国民党二中全会书》(1936年6月20日),《中共中央文件选集》第11册,中共中央党校出版社1986年版,第43—47页。
④ 吕振羽:《南京谈判始末》,《新华文摘》1981年。转引自《国共两党关系史》,武汉出版社1988年版,第347页。

陕北请周恩来到南京或曾与张冲到陕北谈判。鉴于双方通过谈判在逐渐接近,毛泽东、周恩来在8月10日的在政治局会议上都认为"抗日必先反蒋"的口号,现在已不适合。①

对于地方,基于打破蒋介石对陕北围攻的战略需要,中共中央全力加强与蒋介石有矛盾的各派系的联系。首先是加强与东北军和西北军的联合,提出争取与他们建立西北国防政府。5月12日,周恩来与张学良商谈了其政治军事经济、杨虎城等七部联合战线、东北军和红军今后行动方针等问题。② 6月间,为应对东北军和国民党中央军的进攻,中共中央迁往保安,将瓦窑堡让与东北军;还送食盐援助东北军。③ 8月间,中共又着力推动杨虎城参加抗日联合战线、斡旋西北各部④,从而大致形成了西北"三位一体"的格局。6月1日,陈济棠和李宗仁、白崇禧等两广地方势力发出通电,提出"非反蒋不能抗日,非反蒋不能救亡",宣布组织西南联军"北上抗日",并在湖南同蒋军发生激战。中共宣言支持两广,意在请蒋出兵抗日⑤,并因此开始与两广建立联系。5月下旬起,针对蒋介石"强制晋军二度入陕",中共表示愿与晋军共同"除此中国人民之公敌",⑥与阎锡山也建立了联系。夏秋间,中共又逐步与张自忠、刘汝明、宋哲元、刘湘、傅作义乃至韩复榘等通信,建立了联系。⑦ 这种明显的制蒋策略需要,成为抗日战争中联合地方实力派争取民主的政策的先声。

结束过渡,进入"逼蒋抗日"阶段,与蒋介石已经屡有准备"牺牲"的抗日

---

①《毛泽东年谱(1893—1949)》上卷,人民出版社、中央文献出版社1993年版,第567—568页;《周恩来年谱(1898—1949)》修订本,中央文献出版社1998年版,第322—323页。
②《毛泽东年谱(1893—1949)》上卷,人民出版社、中央文献出版社1993年版,第545、540页;《周恩来年谱(1898—1949)》修订本,中央文献出版社1998年版,第316、313—314页。
③《周恩来年谱(1898—1949)》修订本,中央文献出版社1998年版,第318—319页。
④《毛泽东年谱(1893—1949)》上卷,人民出版社、中央文献出版社1993年版,第569页;《周恩来年谱(1898—1949)》修订本,中央文献出版社1998年版,第325页。
⑤参见《毛泽东年谱(1893—1949)》上卷,人民出版社、中央文献出版社1993年版,第551页;《中华苏维埃人民共和国中央政府中国人民红军革命军事委员会为两广出师北上抗日宣言》(1936年6月12日),《中共中央文件选集》第11册,中共中央党校出版社1991年版,第23—26页。
⑥《毛泽东年谱(1893—1949)》上卷,人民出版社、中央文献出版社1993年版,第544页。
⑦《周恩来年谱(1898—1949)》修订本,中央文献出版社1998年版,第323页;《毛泽东年谱(1893—1949)》上卷,人民出版社、中央文献出版社1993年版,第570、571页。

表示有关,也与他在 8 月下旬大体摆平两广事变后,调集 260 个团重兵进攻陕北,中共却没有外部制蒋力量相配合的严峻形势有关。为摆脱困境,这时已被明定负责统战工作的毛泽东指挥中共进一步加强与各地方实力派的联络。除与张学良加强合作外,自 9 月上旬起红军与西北军停止了敌对行动。同时广泛寻求与阎锡山、傅作义、李宗仁、白崇禧、蒋光鼐、蔡廷锴、陈铭枢订立抗日协定。即使已无实力的冯玉祥,中共也希望他在停止内战方面,"登高一呼"。对于国民党抗战派如蔡元培、孙科,毛泽东也分别致信,望其"痛责南京当局立即停止内战",领导抗日派向降日派坚决斗争。[①]

这时,决定时局的关键是国民党中央和蒋介石。8 月 8 日,潘汉年到达保安,向中共中央传达了共产国际执行委员会书记处不同意将反蒋、抗日口号并提的意见,和共产国际表示应由国共两党中央在国内谈判的主张,汇报了在莫斯科时王明与邓文仪的会谈,以及他在上海、南京同张冲联络的情况。[②] 25 日,毛泽东起草中共中央致国民党书,明确指出"一党专政的国民党政府"的"错误政策"招来了日本进兵华北的"绝大危险",再次疾呼"立即停止内战,组织全国的抗日统一战线";欢迎蒋介石对"和平的绝望时期"与"牺牲的最后关头""这种解释,较之过去是有了若干进步",但又认为"并未达到最后关头"的观点"是完全错了";重申为消除内战与不统一,就应如中共那样赞助建立民主共和国、召集普选国会、拥护各党各派各界各军的代表构成的抗日救国代表大会及其产生的国防政府与抗日联军,奉行抵抗外侮、民主权利、发展经济以减轻以至免除民生痛苦等主要纲领,并宣布届时苏区可成为其组成部分;表示中共"盼望两党重新合作,共同救国之心是迫切到了万分",并早已准备国共全权代表开始谈判,迅速订立并坚决遵守抗日救国的具体协定。[③] 这是形成并向国民党提出了中共抗战战略(政策和策略)的雏形,表明中共当

[①]《毛泽东年谱(1893—1949)》上卷,人民出版社、中央文献出版社 1993 年版,第 583—584、618 页。
[②] 参见《周恩来年谱(1898—1949)》修订本,中央文献出版社 1998 年版,第 322 页。
[③]《中国共产党致中国国民党书》(1936 年 8 月 25 日),《中共中央文件选集》第 11 册,中共中央党校出版社 1991 年版,第 77—87 页。

前政策和策略已完全转向为"联蒋"而"逼蒋"了①。因此,中共中央于9月1日发出了逼蒋抗日指示。17日,政治局作出民主共和国决议,要求全党通过对于国民党错误政策的严厉批评与斗争,促使南京政府抗日倾向日渐发展;以"建立民主共和国"的统一战线口号,发动和保障抗战胜利,教育和组织群众,给中共的"斗争以自由活动的舞台"。②毛泽东据此起草的《国共两党抗日救国协定草案》,提出中共承认停止推翻国民党政权的言论与行动,抗日作战时,在不变更中共人员在红军中的组织与领导的条件下,实行全国军队的统一指挥与编制。③开始形成中共以军事让步换取民主政治的策略。于是,中共领导人发起了新一轮对国民党民主派、国民党当局、中间势力代表人物宋庆龄、蒋介石、曾养甫、陈果夫、陈立夫、章乃器、陶行知、沈钧儒、邹韬奋等的信函联络,联系谈判渠道,同意周恩来前往谈判,以促成国共合作、统一战线的攻势。9月24日,潘汉年携带这些信件和中共致国民党书、国共协定(草案)前往南京。10月14日,张子华在西安向周恩来致电报告国民党的谈判条件:苏区可存在;红军改联军,待遇同国军;中共代表参加国民大会;即派人具体谈判。④中共中央因此认为"与南京谈判有急转直下势"。又获悉蒋介石16日到西安,于是通知张子华要求蒋介石派飞机接周恩来到西安与蒋直接谈判。⑤鉴于与国民党中央联络的渠道已经打开,中共中央于10月间停止了北方局与南京的接触。

谁知这时正在进行的日本、德国谈判结盟并拉蒋介石入伙的反共形势,着实刺激了蒋的反共信心和决心。他于是下达了对苏区的"进剿"令,并在10月22日从南京飞赴西安,督促东、西北军"围剿"红军,由此形成了国民党军260多个团,分四路展开对红军进攻的严峻形势。为救危局,周恩来只好

---

① 《毛泽东年谱(1893—1949)》上卷,人民出版社、中央文献出版社1993年版,第574页。
② 《中央关于抗日救亡运动的新形势与民主共和国的决议》(1936年9月17日),《中共中央文件选集》第11册,中共中央党校出版社1991年版,第94、95页。
③ 《毛泽东年谱(1893—1949)》上卷,人民出版社、中央文献出版社1993年版,第589—590页。
④ 《周恩来年谱(1898—1949)》修订本,中央文献出版社1998年版,第332页。
⑤ 《毛泽东年谱(1893—1949)》上卷,人民出版社、中央文献出版社1993年版,第597页。

于21日通知国方,由潘汉年进行初步谈判①;同时,毛泽东等红军将领分别致信蒋介石、陈诚、汤恩伯、王均、朱绍良、毛炳文、胡宗南等,呼吁国共合作、停战抗日,表示红军愿担任一定战线、服从全国统一的军事指挥。②蒋介石则因此提高了要价。11月10日,他派陈立夫在上海沧州饭店与潘汉年会谈,推翻以前所议,提出:中共政权的称号和军队的番号必须取消,实行统一,中共军队至多编3000—5000人,师以上干部一律解职出洋,半年后召回,量才录用,适当分配到南京政府各机关服务。潘指出这是蒋站在"剿共"立场的收编条件,不是合作抗日的谈判条件。他还阐述了中共的意见:两党应合作抗日;建立全国抗日救国联合战线;停止内战;建立两党代表组成的混合委员会,作为经常接洽与讨论之机关;双方保持政治上组织上之独立性等。陈强调蒋的中心意旨是必须先解决军事,如果军队能如此解决,其他一切都好办。他还威胁说:日德正在拉蒋先生加入反苏战线,中苏关系可能会恶化,那时,红军岂不更糟糕;我们不希望中国加入反苏阵线,因此更希望红军方面能为民族捐除成见。陈矢口否认曾养甫提出的国共合作的四个条件,说没有此事。会谈因此无法继续进行。但张冲之后又屡次会见潘汉年,表示国共谈判不宜中止。③这种条件突变,反映了蒋介石收编中共的真实意图即政策目标指向,原因则起于蒋的军事优势,解法因此就只能是打破其优势。11月17日,红军在荫城以西将胡宗南中路第1军第1师第2旅击溃。19日,将胡部右路第78师诱入红军主力隐蔽集结的环县以北山城堡地区。21日,红军发起猛攻,经一昼夜激战,全歼胡部1个旅又两个团。同时,红28军击溃了进攻盐池、定边的胡部左路第1师第1旅,从而粉碎了胡宗南的三路夹击。山城堡一役是

---

①《蒋介石年谱》,中共党史出版社1995年版,第236页;《周恩来年谱(1898—1949)》修订本,中央文献出版社1998年版,第332页。

②《红军将领给蒋总司令及国民革命军西北各将领书》(1936年10月26日),《中共中央文件选集》第11册,中共中央党校出版社1991年版,第108页;《周恩来年谱(1898—1949)》修订本,中央文献出版社1998年版,第334页;《毛泽东年谱(1893—1949)》上卷,人民出版社、中央文献出版社1993年版,第578、598页。

③参见《毛泽东年谱(1893—1949)》上卷,人民出版社、中央文献出版社1993年版,第607—608页;《周恩来年谱(1898—1949)》修订本,中央文献出版社1998年版,第335页;《蒋介石年谱》,中共党史出版社1995年版,第236—237页;《文献和研究》1985年第4期,第4—5页;《国共两党关系史》,武汉出版社1988年版,第352页。

第一次国共内战的最后一仗,在一定程度上达到了毛泽东要求的"双管齐下,逼蒋妥协"的目的。在这种情况下,陈立夫第三次找潘汉年商谈,同意红军留3万人,但要服从南京政府。逼蒋抗日虽未实现,逼蒋让步却已有成绩。但中共中央的最终目的远不止此,而是逼蒋根本改变对外妥协、对内苛求的政策,根本拒绝其侮辱红军的态度;红军仅可在抗日前提下改换抗日番号、划定防地,服从抗日指挥,不能减少一兵一卒并须补充之,因此要彼方立即停战、退出苏区,静待谈判结果,而"我们愿以战争求和平,绝对不作无原则让步"。① 于是,12月10日,毛泽东致电潘汉年,强调"我们并不坚持形式上的平等,也不须用两个政府出面谈判,但是必须两党(表示两政府)平等地签订抗日救亡之政治军事","离开实行抗日救亡之任务,无任何商量余地"。② 这就明确了中共的国共谈判底线,从而确定了下一轮乃至以后长期的谈判内容、立场和策略。

(三)西安事变——时局转换的枢纽和第二次国共合作的初步形成

1936年11月25日,德国、日本签订《反共产国际协定》,并在缔约之前为制造声势、扩大阵营而掀起的反共反苏浪潮中根据其战略需要和蒋介石之前的表现而竭力拉他入伙;次年11月意大利加盟,结成法西斯"轴心"集团。很重视利用国际形势为国内政策服务的蒋介石从中看到了近十年"剿共"政策已到"最后五分钟"的机遇,放言日本离我们很远,危害尚缓,因而共产党才是国民党最近的敌人;决心结束之前的徘徊观望,先行军事灭共,继而政治解决即收编中共残余。于是他策划了11月10日陈立夫对潘汉年的最后通牒式的上海会谈;并在10月31日"面斥"张学良、阎锡山的停止"剿共"、联共抗日要求,颁发了对陕北红军总攻击令。12月4日,他飞到西安,一再逼迫张学良、杨虎城进攻红军,一个月内消灭之,并威胁说否则将其所部分调闽皖;又

---

① 参见《毛泽东年谱(1893—1949)》上卷,人民出版社、中央文献出版社1993年版,第613—614、619—620页。

② 《毛泽东年谱(1893—1949)》上卷,人民出版社、中央文献出版社1993年版,第620页;《周恩来年谱(1898—1949)》修订本,中央文献出版社1998年版,第337—338页。

威胁王以哲说他已掌握王通共的情况;甚至与开枪打伤为纪念"一二·九"运动一周年而示威游行的学生的国民党特务警察一个鼻孔出气。最关键的是蒋于9日召集其司令部参谋人员,议决在12日发布第六次总攻红军的命令,若张杨两部违令,即解除其武装。蒋的本意当然是尽快了结"五分钟",但他完全忽略了张学良、东北军的老家在东北,对日本侵略的深仇大恨,对替蒋背黑锅而得的"不抵抗将军"的耻辱决心洗刷等等心理。

在被逼上绝路的情况下,张学良、杨虎城于12月12日发动"兵谏",到华清池扣蒋,在西安城扣留了蒋鼎文、朱绍良、陈诚、邵力子等大员,随即通电全国,并致电南京及宋美龄,提出改组南京政府,容纳各党各派共同负责救亡;停止一切内战;立即释放上海被捕之爱国领袖;释放全国一切政治犯;开放民众爱国运动;保障人民集会、结社一切之政治自由;切实遵行总理遗嘱;立即召开救国会议等八项主张。① 是即著名的西安事变。

接到张学良的告知后,中共中央政治局于12月13日召开常委扩大会议,讨论西安事变问题。毛泽东首先发言,认为西安事变是革命的,中共应明白表示拥护,并揭露蒋介石的罪恶,稳定国民党各派,推动各方赞助事变。主持会议的张闻天提醒大家"不要急躁",要"慎重考虑","依靠我们党的策略正确"。周恩来建议在军事上准备打、政治上不与南京对立。毛泽东作结论说:我对西安事变不轻易发言;不正面反蒋,只具体指出其错误,不把抗日反蒋并列;应该把抗日援绥的旗帜突出起来。② 这样,会议实际上确定了继续逼蒋(适时转变为逼南京政府)方针,以援绥争取群众、扩展既有工作成绩,静观事态发展、等待共产国际指示,再作决定的临时应变策略。之后,在等候共产国际指示却因电报乱码而不得的情况下,周恩来按照会前决定,于15日动身,17日抵达西安。19日,政治局讨论通过并发表了对西安事变通电,正式提出和平解决事变的主张;呼吁南京立即召集和平会议,各党各派各界各军代表参加;会前由各方先提抗日救亡草案,基本纲领应是团结全国、反对内

---

① 《蒋介石年谱》,中共党史出版社1995年版,第236、237—239页。
② 《毛泽东年谱(1893—1949)》上卷,人民出版社、中央文献出版社1993年版,第621、622页;中共中央党史研究室张闻天选集传记组编:《张闻天年谱》上卷,中共党史出版社2010年修订版,第275页;《周恩来年谱(1898—1949)》修订本,中央文献出版社1998年版,第338—339页。

战、一致抗日。① 这个通电与 20 日收到的国际电示的主张基本上是一致的。

于是,本此精神,中共中央书记处于 21 日致电周恩来,指示谈判方略:"我们与西安策略,应扶助左派,争取中派,打倒右派,变内战为抗战",为此,与张杨商量采取的步骤是:与蒋介石、陈诚等谈判南京政府增加几个抗战领袖人物、排除亲日派,取消何应钦等的权力、讨伐军退出陕甘,保障民主权利,停止剿共政策、联合红军抗日,与同情中国抗日的国家合作,这些条件有相当保证时恢复蒋自由并赞助中国统一、一致抗日;以上述条件与各方谈判;使英美赞助和平。② 中共对事变采取和平解决方针,为和平解决事变、转变时局、实现联蒋抗日策略,打下了基础。

事变爆发后,南京政府明显分为两派。孔祥熙接受宋美龄的建议,决定"讨伐"之前先和平营救蒋介石,于是派前任张学良的顾问、现任蒋介石的不具名义的顾问端纳于 14 日由南京飞抵西安,劝蒋接受停战抗日主张,并替宋美龄带信带话给蒋:南京的情况戏中有戏;请蒋以手令暂停何应钦主持讨伐张杨而对西安的轰炸。③ 其他地方实力派的总体倾向与这一派相近,希望政治解决西安事变。另一派以何应钦为代表,有乱中夺权之嫌。16 日,南京政府下令以何为"讨逆军"总司令,讨伐张杨;国民党军开始分别由潼关、天水等地向西安紧逼,并轰炸渭南。宋美龄为了蒋介石的安全,派端纳再往西安请蒋于 17 日下手令制止了何的轰炸。因为蒋的举动,亲日派的活动受到抑制,使和平解决西安事变具备了基本条件。

12 月 17 日,周恩来飞抵西安。傍晚,即与张学良商定红军参加抗日联军临时西北军事委员会;与张杨两军分区布防;同宋子文会谈停战、援绥、过渡政府、抗日联军、"释放政治犯,实现民主,武装群众,开救国会议"等五项内容;表明中共的态度是保证蒋安全,但要声明如果南京挑起内战则蒋的安全无保障。第二天,周恩来与杨虎城会谈,说明中共和平解决事变的主张。同

---

① 《中华苏维埃中央政府及中共中央对西安事变通电》(1936 年 12 月 19 日),《中共中央文件选集》第 11 册,中共中央党校出版社 1991 年版,第 130—131 页。
② 《中央关于和平解决西安事变问题致周恩来》(1936 年 12 月 21 日),《中共中央文件选集》第 11 册,中共中央党校出版社 1991 年版,第 139—140 页。
③ 《蒋介石年谱》,中共党史出版社 1995 年版,第 239—240 页。

时了解到蒋的态度现已转取调和,企图求得恢复自由,"对张有以西北问题、对红军求降求合完全交张处理之表示",并立即电告毛泽东。中共中央因此致电国民党中央,指出武力讨伐适足杜塞双方和解的余地,提出召集抗日救国大会等五项主张。① 12月19—21日,周恩来一面听取中共地下组织各方面的汇报,指示充分发动群众、支持张杨八项主张,以保证和平解决;一面分别同杜斌丞、杨明轩、卢广绩、曾扩情等各方面人士二三十人谈话,宣传中共和平解决方针,望他们为此做贡献。② 这就从当事人到各方人员着手,为和平解决西安事变开通了道路、准备了群众基础。

西安事变期间,毛泽东则从事变的外围着手,与1935年成立的国民党民主派的抗日反蒋秘密政治组织——中华民族革命同盟的李济深、陈铭枢、蒋光鼐、蔡廷锴等人,还有阎锡山,继续通信联系,为合作抗日、保卫西北华北,或希望其推动成立各派联合战线,或请之共同调停宁陕并为晋绥陕甘团结联成一气以利国事。③ 他还具体指导了开展联合陕甘晋绥事,着重于对阎锡山的统战工作。这些展现了毛泽东和中共认识与解决问题的系统观念,为和平解决西安事变,乃至于为国共合作实现后中共的发展,准备了必要的政治环境条件。

12月22日,宋子文、宋美龄、端纳等飞抵西安。蒋介石授意二宋代表他与西安方面谈判,并说对商定好的条件,他以"领袖"人格保证,不作书面签字,回南京后分条逐步执行。④ 蒋答应的条件是:改组政府,三个月内开救国会议,改组国民党,同意联俄联共。⑤ 23日,张、杨、周恩来同宋子文谈判。周恩来根据中共中央书记处21日电的内容,提出停战;改组南京政府;释放政治犯,保障民主权利;停止"剿共",联合红军抗日,允许中共公开活动;召开各党各派各界各军救国会议;与同情抗日的国家合作等六项条件。可见中共与

---

① 《毛泽东年谱(1893—1949)》上卷,人民出版社、中央文献出版社1993年版,第624—625页;《周恩来年谱(1898—1949)》修订本,中央文献出版社1998年版,第341—342页。
② 《周恩来年谱(1898—1949)》修订本,中央文献出版社1998年版,第342、343—344页。
③ 中共中央文献研究室编:《毛泽东文集》第1卷,人民出版社1993年版,第473—474页;《毛泽东年谱(1893—1949)》上卷,人民出版社、中央文献出版社1993年版,第628、629页。
④ 《周恩来年谱(1898—1949)》修订本,中央文献出版社1998年版,第345页。
⑤ 《蒋介石年谱》,中共党史出版社1995年版,第240页。

蒋介石答应的条件极其相似,所以张、杨同意以这六条作为谈判基础,宋亦同意,并答应转告蒋。张、杨、周要求先撤兵,蒋才回宁。周恩来又与宋美龄谈话,阐述中共关于和平解决事变的主张和抗日政策,望蒋从速抗战。24日,周、张、杨与二宋谈判,达成孔、宋组行政院,肃清亲日派;中央军撤兵并调离西北;蒋允许回宁后释放爱国领袖;苏维埃和红军仍旧,两宋担保蒋停止"剿共",并经张学良接济红军,抗战发动后,红军再改番号,统一指挥,联合行动;开放政权,召集救国会议;分批释放政治犯;抗战发动,中共公开;联俄,与英、美、法联络;蒋回后通电自责,辞行政院长职。① 在会外,蒋介石于当天口头答应了张学良六条,从条目上看顺应并基本答应了中共的六条,从而使西安事变最大的障碍得以克服,使事变得以和平解决。于是,周恩来于当晚会见蒋介石。蒋表示同意停止"剿共"、联共抗日、统一中国、归蒋指挥等条件,并表示在他回南京后周恩来可以去宁谈判。② 由此,中共中央、周恩来与蒋介石的直接联系开始。西安事变因此成为时局转变的枢纽,国民党政府近十年的反共"剿共"政策和策略在事实上告一段落,第二次国共合作的意向从而初步形成。

四、第二次国共合作基本形成

西安事变和平解决后,国共两党联合抗日已成定势。两党因此制定了各自的相应政策,并形成了各自的配套策略,这在中共有明确规定——通过国共合作,走向抗日民主和中共发展壮大;在国民党虽不见白纸黑字的规定,却从蒋介石主导的马拉松式的五次谈判可见一斑——通过"容共"而"收编"中共。

---

① 《周恩来年谱(1898—1949)》修订本,中央文献出版社1998年版,第345—346页。
② 《周恩来年谱(1898—1949)》修订本,中央文献出版社1998年版,第346—347页;《蒋介石年谱》,中共党史出版社1995年版,第241页。

（一）国共各自的合作政策和策略

1936年12月24日，蒋介石在正式谈判之外，口头答应了张学良六条，除"分批释放政治犯""中共公开""蒋回后通电自责"这三点没有答应，"开放政权，召集救国会议"这一条变为"立即召开国民党会"，①即在事实上也没有答应外，对于周恩来、张、杨与二宋当天达成协议的其他内容，照单全收。由此可见蒋介石的心理：对国民党的法统、政权极其看重，中共等本质上的异己政治力量，绝对应排斥而不容介入；他最看重的是政治意识形态的决不能混淆，因为它是法统、政权的根本思想基础；前述两点决定了中共终将威胁国民党一党专政，所以对中共必须打压，它不能公开且须设法抑制，"七君子"②可放而以中共人员为主体的政治犯不可放。本着实力原则，对中共军队若不承认，则事变不能和平解决，自己有性命之忧；反之，只要能以法统、政权去接收并统一指挥中共军队，它也就变成国民党军，成为不足为虑的一碟小菜了，并且日后用得着，现在当然应予适当接济。而张、杨的行为直接危及国民党的法统、政权和自己的威信、地位，所以必须严惩，当然对己就不可能有"通电自责"而须我行我素了。因此，蒋介石回到南京后即扣留张学良，又于1937年初调集三四十个师进逼西安，对中共则采取了"恩威"并施的策略。

蒋介石的心计，后世研究者一目了然，毛泽东、周恩来等中共领导人当然不会看不懂。于是中共为求得国共合作政策的实现，采取了大让步的策略。2月10日，中共中央致电将于15—22日召开的国民党五届三中全会，提出五项国策性质的要求（停止内战一致对外；言论集会结社自由，释放政治犯；"召集各党各派各界各军的代表会议，集中全国人材共同救国"；迅速完成抗战准备；改善民生）、四项保证（停止推翻国府的武装暴动方针；"苏维埃政府改名为中华民国特区政府，红军改名为国民革命军"，受南京指导；特区实施普选

---

① 参见《周恩来年谱（1898—1949）》修订本，中央文献出版社1998年版，第346页。
② 指全国各界救国联合会领导人沈钧儒、章乃器、邹韬奋、李公朴、沙千里、史良、王造时。七人因宣传抗日救国，被国民党政府于1936年11月22日夜逮捕入狱，次年4月由国民党苏州高等法院起诉公审。这引起全民公愤。中共中央发表宣言、宋庆龄等人提出抗议，要求释放"七君子"。抗战爆发后，他们才被释放出狱。

民主制度；"停止没收地主土地之政策"，执行统一战线之共同纲领）"①，使中共合作政策的实现彻底转到拥蒋抗日。因此，在五届三中全会上，宋庆龄、何香凝、冯玉祥等14人认为近半年迭接中共书函通电提议国共合作、联合抗日，其"亦愿停止危害本党政权之企图"，故提出"我党更应乘此机会恢复总理三大政策，以救党国于危亡"的提案。② 这虽引起激烈争论，但终归为全会所接受，并相应否定了汪精卫提出的坚持"剿共"的政治决议案草案。全会于21日通过《关于根绝赤祸之决议案》，坚持反共立场，在重复近十年来国民党当局指责中共的提倡阶级斗争、破坏党国民生乃至"使抗日之师，为之牵制"等"罪状"之外，又说"今者共产党人于穷蹙边隅之际，倡输诚受命之说。本党以博爱为怀，决不断人自新之路，唯是鉴往思来，不容再误"，因而提出"目前最低限度之办法"：取消红军、取消苏维埃、停止赤化宣传、停止阶级斗争。③ 这既坚持了从上年初以来既定的灭共灭红灭其思想行动的立场和主张，又部分接受了中共的要求和全盘接受了其保证，从而在感觉上大获全胜，在事实上则开始接受中共的停战抗日、国共合作主张，由此形成了人们理解的国民党当局第二次"容共"政策，标志着第二次国共合作的基本形成。

西安事变后，中共中央依据其基本政治理念，及时总结和平解决事变的经验，深切体会到抗日与民主须臾不可分离的极端重要性；认识到以自己正确的政策和策略引导同盟者、影响对立面，从而实现政治领导权的必要性和可能性；进一步认识到政策和策略的原则性与灵活性相结合的必要性，因此很快作出了红军可以改变番号并接受统一指挥的决定，④进而做出四项保证这样原则性的让步，以换取五项要求这样根本性主张的实现；还体会到照顾同盟者利益的重要性，在事变后全力维护东、西北军的利益；并且进而认识到

---

① 《中共中央给中国国民党三中全会电》（1937年2月10日），《中共中央文件选集》第11册，中共中央党校出版社1991年版，第157—158页。
② 《宋庆龄、冯玉祥等向三中全会提议恢复孙中山"三大政策"之提案》（1937年2月），《中国国民党历次代表大会及中央全会资料》下册，光明日报出版社1985年版，第436页。
③ 《关于根绝赤祸之决议》（1937年2月21日），《中国国民党历次代表大会及中央全会资料》下册，光明日报出版社1985年版，第433—435页。
④ 《中央关于统一战线区域内党的工作的基本原则草案》（1937年1月3日），《中共中央文件选集》第11册，中共中央党校出版社1986年版，第146页。

抗日的国际统一战线的重要性,如毛泽东在 1937 年 3 月 1 日提出了中英美法苏建立太平洋联合战线的主张①。

在上述认识和当时与国民党谈判的经验总结基础上,按照民主政治的程序和共产党章程的规范,为制定中共在抗日战争中的纲领即指导性政策和策略,就需要召开中共七大却又无条件开七大的情况下,1937 年 5 月 2—14 日,中共中央在延安召开了中国共产党全国代表会议(时称苏区党代表会议)。会议最主要的内容,是毛泽东作《中国共产党在抗日时期的任务》和《为争取千百万群众进入抗日民族统一战线而斗争》的报告。对于形势和党的总政策,毛泽东指出:"中日矛盾变动了全国人民大众(无产阶级、农民和城市小资产阶级)和共产党的情况和政策","由于中日矛盾成为主要的矛盾、国内矛盾降到次要和服从的地位而产生的国际关系和国内阶级关系的变化,形成了目前形势的新的发展阶段。"因此,"我们的统一战线应当以抗日为目的,不是同时反对一切帝国主义",同时"我们的统一战线是包括资产阶级及一切同意保卫祖国的人们的,是举国一致对外的"。从而提出并确立了抗日民族统一战线的总路线或总政策,国共合作的政策策略也就自然包含其中了。

毛泽东重点论述了民族和人民的民主和自由,指出:没有民主自由,便不能巩固和平、增强团结,所以"中国真正的坚实的抗日民族统一战线的建立及其任务的完成,没有民主是不行的"。这就需要立即实行两方面民主改革:一是政治制度的民主改革,即全力争取民选国大、制定民主宪法、召集民主国会、选举民主政府、执行民主政策;二是实现人民的自由权利,即争取"人民的言论、集会、结社自由",否则"不能实现政治制度的民主改革"、不能动员人民进入抗战,这在当前必须争取完成的最低程度任务就是释放政治犯、开放党禁等。他针对国民党视中共"五项要求四项保证"为"投降"的宣传,指出"让步是有限度的",即在特区和红军中保持中共领导,在国共关系上保持中共的独立性和批评自由,同时,"让步是两党的让步,国民党抛弃内战、独裁和对外不抵抗政策,共产党抛弃两个政权敌对的政策。我们以后者换得前者,

---

① 《毛泽东年谱(1893—1949)》上卷,人民出版社、中央文献出版社 1993 年版,第 658 页。

重新与国民党合作,为救亡而奋斗",所以"投降"说"只是阿Q主义和恶意的污蔑"。为此,他突出强调"三民主义有它的历史变化",孙中山的"革命的三民主义"曾因孙与中共合作而坚决执行,故"取得人民的信仰","因此,重新整顿三民主义的精神,在对外争取独立解放的民族主义、对内实现民主自由的民权主义和增进人民幸福的民生主义之下,两党重新合作,并领导人民坚决地实行起来,是完全适合于中国革命的历史要求"的,但"共产党人决不抛弃其社会主义和共产主义的理想……中国共产党有自己的政治经济纲领",其最高纲领与三民主义有区别,其最低纲领即"在民主革命时期的纲领,亦比国内任何党派为彻底",却与国民党一大通过的三民主义纲领"基本上是不相冲突的",所以我们不拒绝并坚决执行三民主义,我们认为,国共两党和全国人民,应当共同一致为之奋斗。顺应对于三民主义的如此重大的区别性认识,毛泽东明确强调指出国内阶级、党派、政治集团间的矛盾和斗争无法避免,应当适当解决,在抗战中"其原则是应当有助于抗日民族统一战线的增强和扩大",具体是"停止那些不利于团结抗日的斗争"(内战、党派敌对、地方割据、封建政治经济压迫、暴动政策和过高经济要求等),保存那些有利于团结抗日的斗争(批评自由、党派独立、人民政治经济条件的改善等)。所以,他提出了中共将当前的红军改编为国民革命军并提高其军政文教素质以成"模范兵团"、将根据地改造成抗日和民主的模范区、实行必要的经济文化建设以改善民生等五项任务。很清楚,在中共中央和毛泽东看来,非民主无以抗战,非抗战无从民主;而抗战、民主双重任务得以实现、完成的关键在于正确的纲领指导,所以中共制定政策策略和教育党员干部及群众,必须坚持中共二大开始的远大理想论和发展阶段论相结合的观点,以远大理想去规范当前发展阶段的政策和策略,包括重新解释并坚持革命的三民主义,反对国民党的蒋氏三民主义,以当前发展阶段的正确政策和策略的制定与实施,去积蓄力量、准备条件,服务于远大理想在将来的实现,这就是要争取民主,在抗战中完成资产阶级民主革命,然后过渡到社会主义。所以,在毛泽东看来,民主既是目标,又是手段,在根本上是目的,在阶段上是手段;以此辩证认识为指导,就有了他对抗战中民主任务的规定,以及对于围绕民主目的的政策和策略的制定。

　　基于上述认识,毛泽东阐释的再一个重点是"我们的领导责任"。毛泽东从中国资产阶级及其政党国民党在经济上政治上的软弱性,认定其既有在某种历史环境中参加反帝反封建的可能性,又有在另一种历史环境中动摇变节的规律性,鉴于反帝反封建的民主革命的"领导责任的问题,乃是革命成败的关键",断言"离开了无产阶级及其政党的政治领导",统一战线不能建立、"和平民主抗战的目的不能实现"、祖国不能保卫、统一的民主共和国不能成功,这就加重了中共的"政治领导责任。抗日救国的总参谋部的职务,共产党是责无旁贷和义不容辞的"。对于实现中共政治领导的方式方法,他指出首先"是根据历史发展行程提出基本的政治口号"(如"抗日民族统一战线""统一的民主共和国",即从全局性长期性发展的战略角度作出政策规划)和为实现它而提出在各阶段和每一重大事变中的动员口号(如"停止内战""争取民主""实现抗战",即从战役、战术角度考虑,提出策略指导),作为全民一致行动的具体目标,来实现政治领导;二是中共及其党员应该"成为实现这些具体目标的模范";三是"在不失掉确定的政治目标的原则上,建立与同盟者的适当的关系,发展和巩固这个同盟";四是"共产党队伍的发展,思想的统一性,纪律的严格性"。对于实现领导权,他当时还乐观地认为国共合作成立后,中共的斗争、组织和工作方式都"应当有所改变",即"主要是从武装的转到和平的,非法的转到合法的",所以要重新学习和重新训练干部。按照上述设想,他指出民主共和国的"阶级性是各革命阶级的联盟"而非一般的资产阶级共和国;"在国际新环境之下","其前途可能是走向社会主义",中共"应该力争这后一个前途"。因此,他要求要反对关门主义、宗派主义、冒险主义,同时又要反对尾巴主义,以争取多数群众,并"在全党中提高马克思列宁主义的理论水平",以指导中国民主革命的彻底胜利。[①] 加上这一部分,报告实际上承继上一次国共合作就已出现且绕不开的关于党派联盟领导权的老问题;又根据第二次国共合作酝酿中已经出现的新情况,对中国革命的领导权、任务、发

[①] 毛泽东:《中国共产党在抗日时期的任务》(1937年5月3日),《毛泽东选集》第1卷,人民出版社1991年版,第252—264页。

展阶段和方向及方法，提出了完整的战略规划雏形。

对于毛泽东的报告，经过几天讨论，除了个别同志提出了不同意见之外，大家都已表示同意。针对不同思想的存在，毛泽东5月8日的结论，首先指出"提出'争取民主'的新口号，只有这样才能巩固和平，也只有这样才能实现抗战"，"提出'巩固和平'、'争取民主'、'实现抗战'这样三位一体的口号"，"为的是把我们的革命车轮推进一步"。这就明确了政策和策略手段的重要性，从侧面凸显了战略思维的极端重要性。针对只要抗日不要民主运动的观念，他明确指出："对于抗日任务，民主也是新阶段中最本质的东西，为民主即是为抗日。抗日与民主互为条件"，并且"历史给予我们的革命任务，中心的本质的东西是争取民主"。对于国民大会，指出"因为它是可能牵涉到全部生活的东西，因为它是从反动独裁到民主的桥梁，因为它带着国防性，因为它是合法的"，强调了其重要性。这些，不仅强调了民主的极端重要性和它是抗战的任务之一，而且明确了它的实现和表现形式与策略方式是国大。对于革命前途问题，他也有针对性地指出："我们是革命转变论者，主张民主革命转变到社会主义方向去。民主革命中将有几个发展阶段，都在民主共和国口号下面。从资产阶级占优势到无产阶级占优势，这是一个斗争的长过程，争取领导权的过程，依靠着共产党对无产阶级觉悟程度组织程度的提高，对农民、对城市小资产阶级觉悟程度组织程度的提高。"所以"今天的联合资产阶级抗日派，正是走向社会主义的必经的桥梁"。在这个转变过程中，"同我们争领导权的是资产阶级"，这就需要"对资产阶级的动摇性和不彻底性的克服，依靠群众的力量和正确的政策"。总之，民主革命、社会主义，这是"两篇文章，上篇与下篇，只有上篇做好，下篇才能做好。坚决地领导民主革命，是争取社会主义胜利的条件。我们是为着社会主义而斗争，这是和任何革命的三民主义者不相同的。现在的努力是朝着将来的大目标的，失掉这个大目标，就不是共产党员了。然而放松今日的努力，也就不是共产党员"，近乎直白地道明了抗日、争取领导权的目的是既为抗战胜利，又为走向社会主义。这是真正的革命发展和历史进步的阶段论。为此，他强调"干部决定一切"，要求培养成百成万的"懂得马克思列宁主义，有政治远见，有工作能力，富于牺牲精神,能独立解决问题,在困难中不动摇,忠心耿耿的为民族、为阶级、为党而工作""联系党员和群众"的"群众领袖和干部";本着民主基础上的集中和集中指导下的民主的民主集中制基本观念,强调抗日战争中民主与集中的关系在于"集中制应该密切联系于民主制。用民主制的实行,发挥全党的积极性";强调"只有经过共产党的团结,才能达到全阶级和全民族的团结",才能战胜敌人、完成革命;要求在抗日民族统一战线中,通过长期艰苦努力,"把党的方针变为群众的方针",以"争取群众","实现全部的民族解放和社会解放"。① 毛泽东的理论观点和战略思想,诚如他自己所概括的"只有以抗日民主与蒋比进步才能生存发展"②,集中起来就是以抗日和民主为中心任务,建立中共实际领导的抗日民族统一战线,通过上层小统战创造条件,发展党和人民力量的大统战,争取抗战胜利,创造在战后将中国革命转向社会主义前途的条件。这里的战略任务是抗日、民主,战略目标是抗战胜利和社会主义,其实际内涵是中共领导的民主力量的大发展。政策是抗日民族统一战线及其相应的民主、国大等的具体内容;策略则既有大统战,又有小统战。这样,毛泽东在抗战开始之前,已经为中共绘制了一幅在抗战中争取民主,通过抗战胜利和实现民主,走向社会主义的中国革命胜利蓝图。后来南方局在重庆和大后方的大、小统战工作包括国共关系的进行,正是这幅蓝图在具体政策和策略层面的贯彻执行及其结果。

(二)国共谈判的艰难进程

按照蒋介石在西安的允诺,国共两党在中央层面互派代表的正式谈判,于1937年2月开始启动。8日,蒋介石为谈判事向顾祝同面授机宜说:"最要注意之一点,不在形式之统一,而在精神实质上统一;一国之中,决不能有性质与精神不同之军队。简言之,要其共同实行三民主义,不作赤化宣传工作。若在此点同意,则其他当易商量。如彼与兄面谈,可以此言切实直告。"③蒋很

---

① 毛泽东:《为争取千百万群众进入抗日民族统一战线而斗争》(1937年5月8日),《毛泽东选集》第1卷,第271—279页。
② 《毛泽东年谱(1893—1949)》上卷,人民出版社、中央文献出版社1993年版,第682页。
③ 《蒋介石年谱》,中共党史出版社1995年版,第245页。

懂得人及其组成的政党、军队是受思想支配的,只要确立自己思想的正统和基础,截断对方思想影响而使之归于消灭,其他问题包括最要命的军队问题,都将迎刃而解——共产党军队也就变成国民党军了,所以在思想理论问题上绝不含糊,必须"切实直告"而作为谈判的基础。自9日起,周恩来与顾祝同、张冲的谈判在西安进行。中共提出的谈判主要内容和条件是:政治立场,依照五项要求四项保证;军事,编4军12师,以林彪、贺龙、刘伯承、徐向前为军长,组成一路军,以朱德、彭德怀为正副总司令;饷项,改番号则照中央军待遇,缓改则每月接济至少80万—100万;国防委员会的组织,若有则红军应派代表参加,暂无则红军代表驻京、参与国防准备;我们参加军事机关如军委会、总司令部、国防会议等,政治集会如各党派代表会议、国民大会等;抗日时参加政府;党的问题,不逮捕党员、不破坏组织即可,红军中组织领导不变。① 国民党方面的条件是:取消苏维埃政府改为特区,改变红军番号名称,照国军编制,由国府军委会派政训人员及联络员,其他地区的游击队改为民团。②

谈判中最直接的焦点是红军改编问题。蒋介石于2月16日电示顾祝同说:"不可与之说款项多少,只可与之商准留编部队人数几何为准";红军改编后的人数,"准编其四团制师之两师,照中央编制,八团兵力当在五千人。以上之数,不能再多","各师之参谋长与师内各级之副,自副师长乃至副排长人员,皆应由中央派充也";"至其他对于政治者待军事办法商妥后,再由周恩来来京另议。"③ 24日,周恩来提出对案:红军改编人数可让步为六七万,编制可改4个师,可实施统一的政训纲领,但国民党不得派政训人员,不得辱骂和反对共产党。27日,中共将要求提高到6师18团,总指挥部在外;从速接济红军并停攻西路军。张冲这时老实露底说:蒋、顾非轻视红军,而是恐其壮大,最多只能编4师4万人。④ 3月1日,毛泽东等人提出编5万人,红27—30军及地方部队均改保安队及民团。⑤ 3月初,张冲提出红军主力编4师16团,另

---

① 《毛泽东年谱(1893—1949)》上卷,人民出版社、中央文献出版社1993年版,第651页。
② 《周恩来年谱(1898—1949)》修订本,中央文献出版社1998年版,第358页。
③ 《蒋介石年谱》,中共党史出版社1995年版,第245页。
④ 《周恩来年谱(1898—1949)》修订本,中央文献出版社1998年版,第362页。
⑤ 《毛泽东年谱(1893—1949)》上卷,人民出版社、中央文献出版社1993年版,第657页。

编徒手工兵师2师8团,共6万人。① 中共中央认为该提议可以接受。② 蒋却认为不行。张只好在4日告知周:南京只允许中共部队改编为3师9团。

经过多轮交锋,在周恩来、叶剑英于3月8日与顾祝同、贺衷寒、张冲会谈时,双方认为意见已经大体趋于一致,决定将一月来的谈判作一总结,由周写成条文,送蒋最后决定。条文的主要内容是:(一)中共承认服从三民主义的国家和国民党的领导地位,彻底取消暴动政策和没收地主土地政策,停止赤化运动;国府分批释放监禁中的中共党员,容许共产党在适当时期内公开。(二)取消苏维埃政府及其制度,目前红军驻在地区改为陕甘宁行政区,执行国府统一法令与民选制度,其行政人员经民选推荐,由国府任命,行政经费由行政院及省政府规定。(三)红军取消,改编为国民革命军,服从国府军委会及蒋介石的统一指挥,其编制人员、给养及补充与国军同等待遇,其各级人员由其自己推选,呈报军委会任命,政训工作由军委会派人联络;红军中最精壮者改编为三个国防师,计六旅十二团及其他直属之工、炮、通信、辎重等部队,三师上设某路军总指挥部;红军地方部队改编为地方民团或保安队;红军学校办完本期后结束;此外,在河西走廊令马步芳、马步青部停攻红军西路军。③ 但按照蒋的意图,谈判的隐含焦点则是政治信仰问题。对此,中共此时没有使蒋为难,蒋为了其实质"统一",即灭共,却一定要为难中共。这就有了国民党三中全会上汪精卫的反共叫嚣和全会通过"根绝赤祸案";在谈判中出现往红军中派政训人员、设政训处的问题。所谓政训处,是国民党军中设置的政治控制机关。早在1930年3月,国民党三届三中全会就已经指出:"军队政治训练之实施,实为特别党部工作之主体。然旧制复设政治训练处以掌理之",从实践经验看,它使"各方职权既难划分,工作亦嫌重复",所以规定军队一律成立特别党部,今后"各级政治训练处一律裁撤","士兵政治训练事

---

① 《周恩来年谱(1898—1949)》修订本,中央文献出版社1998年版,第362页。
② 《毛泽东年谱(1893—1949)》上卷,人民出版社、中央文献出版社1993年版,第659页;《周恩来年谱(1898—1949)》修订本,中央文献出版社1998年版,第362页。
③ 《周恩来年谱(1898—1949)》修订本,中央文献出版社1998年版第363、364页。

宜,归并各该级军队特别党部办理",中下级军官则轮流调至中央,分期训练。① 虽然因为政训处在很大程度上是反共拥蒋的复兴社特务组织,后来只是改名而并未裁撤,但这个文件无疑表明,就是国民党也希望在军队管理中淘汰政训处。这时,国民党当局却要将这种已所不欲的东西,强加给中共,其欺人太甚自不待言,关键是要以此从思想上掌控、瓦解乃至接管红军。这些反映在谈判中,周恩来当然不能容忍,因此发出"可以服从三民主义,但取消共产主义信仰绝无谈判余地"的呼声。他认为中共可以承认国民党全国领导,但取消共产党绝不可能,唯国民党若改组成民族革命联盟性质的党,共产党可加入该联盟,但仍保持其独立组织。② 对于国民党在思想、组织问题上对中共的打压,毛泽东强调:谈判一定要在合作的原则上,不是投降;谈判的方针无疑是无产阶级政党与资产阶级政党的合作方向,而不是无产阶级做资产阶级的尾巴,若这样,我们便失去信仰,我们宁为玉碎、不为瓦全;谈判的方法,先谈原则,再谈技术。③ 国民党的自大和高压态度,中共的反应,当然是各自立场使然。这决定了双方的决不妥协,由此延续到南方局时期的统战工作、国共关系,必然是曲折繁复、充满斗争的。作为这种对立的表现,在当时就有了国方对周草拟条文的重大改动,如"承认改为服从,要求改为请求";"陕甘宁行政区"改为"地方行政区",直属各省;取消"民选制度";裁减红军定员,1师1万人,共3万人;将"服从统一指挥"改为"服从一切命令";不提停攻西路军等。周恩来向中共中央提出:在小问题上可作些让步,唯上述重大问题须中央考虑;这些争执基本还是民主政治和红军独立领导问题,不是同顾、贺谈判能够解决的。④ 毛泽东、张闻天也认为这种改动,非常危险,故决不能同意。书记处断然决定:谈判须重新作起。⑤ 第一次谈判就此结束,除中共在西安设办事处、国方自3月起接济红军军饷两项外,其他主要问题皆未

---

① 《军队政治训练事宜应归并军队特别党部办理案》(1930年3月5日),《中国国民党历次代表大会及中央全会资料》上册,光明日报出版社1985年版,第789—790页。
② 《周恩来年谱(1898—1949)》修订本,中央文献出版社1998年版,第361页。
③ 《毛泽东年谱(1893—1949)》上卷,人民出版社、中央文献出版社1993年版,第661页。
④ 《周恩来年谱(1898—1949)》修订本,中央文献出版社1998年版,第364—365页。
⑤ 《毛泽东年谱(1893—1949)》上卷,人民出版社、中央文献出版社1993年版,第660—661、662页;《周恩来年谱(1898—1949)》修订本,中央文献出版社1998年版,第365页。

达成协议;但从一上来就直接切入、交锋激烈的编军数量、指导思想及其已经指向的指挥系统等根本问题看,作为政策和策略的直接表现,它却定下了今后国共几乎所有谈判的内容、方式方法乃至结果。

由于顾祝同等不能决定问题,第一次谈判尚未结束,第二次谈判就已按事先的约定而在酝酿之中了。3月下旬,按照书记处电示,周恩来飞抵上海,当天由潘汉年陪同到杭州,按中共中央所提的15项条件,与蒋介石谈判。他表示中共为国家民族,谋求同蒋介石和国民党合作,决不能忍受投降收编之诬蔑和待遇,说明中共拥蒋的立场系站在为民族解放、民主自由、民生改善的共同奋斗的纲领上。周在谈判中具体要求:陕甘宁边区不能分割;红军改编后须达4万余人;3师上设总部;国民党不能派遣副佐及政训人员;红军学校须办完本期;红军防地须增加。蒋表示承认中共"有民族意识,革命精神,是新生力量";承认由于国共分裂,致十年来革命失败,帝国主义占领中国;要中共检讨过去的决定,永久与他合作,不必谈与国民党合作,只是与他合作,拥护他为领袖。还说具体问题好解决,如陕甘宁行政区可以是整个的,由中共推荐的南京的人任正职,中共派人任副职;红军改编3师4万余人,设总指挥部;决不派人破坏中共的部队;粮食接济定额设法办到等。他还要中共提出一个永久合作的办法。对此,周表示制定共同纲领为最好办法。① 与蒋介石谈完,周恩来离杭到沪。3月30日,他携带同蒋联系的密码飞到西安,当晚同顾祝同谈判红军给养等事项。4月初回到延安。② 毛泽东认为,与南京谈判,在红军、苏区方面以保证我们的绝对领导为原则,在两党关系方面以保证我党独立性为原则,绝对不能让步。照此标准,第二次谈判已使对方大致承认了这些条件。③ 所以,政治局扩大会议认为这次谈判"结果尚好",因此决定在抗日救国十大纲领和国民党一大宣言基础上起草民族统一战线纲领,并提议在此纲领基础上成立民族联盟,推举蒋为领袖。④ 于是中共中央又开始筹

---

① 《周恩来年谱(1898—1949)》修订本,中央文献出版社1998年版,第367页;《蒋介石年谱》,中共党史出版社1995年版,第246页。
② 《周恩来年谱(1898—1949)》修订本,中央文献出版社1998年版,第367—368页。
③ 《毛泽东年谱(1893—1949)》上卷,人民出版社、中央文献出版社1993年版,第667—668页。
④ 《周恩来年谱(1898—1949)》修订本,中央文献出版社1998年版,第368页。

备第三次谈判。

　　按照第二次谈判中蒋介石的永久合作承诺,中共希望第三次谈判在合作形式上实现突破。4月20日,政治局会议讨论由中宣部副部长吴亮平起草、周恩来修改的《御侮救亡、复兴中国的民族统一纲领草案》和民族同盟问题,在听周恩来详细说明纲领的细则后,毛泽东发言说:联盟应宽泛、不要严密,不要造成一个组织来制约我们;所以规约愈简单愈好,不用固定代表制、执行委员等组织,用有事议议的方式较好。[①] 5月5日、9日,毛泽东、张闻天等人连续电示周恩来,要求坚持两党发共同宣言,内容大意与共同纲领同,在共同纲领定后发,若张、顾要我们单独发宣言,则彼党须同时发宣言,我党宣言将驳复三中全会宣言及"根绝赤祸"案中我党不能忍受之许多东西;规定同蒋会谈时解决国共关系的具体步骤是确定共同纲领,发表共同宣言,发表边区政府及4师首长名单,红军改编与南京释放政治犯。[②] 这些反映了毛泽东在国共合作形式上更深层次的策略考虑:要有组织形式,以便制约国民党当局,有利于中共战略及其政策策略的展开和施行;吸取大革命失败的教训,考虑到国民党在形式上掌握中央大权,只要有一个松散的组织形式,在根本问题上能有场所与国民党当局斗争,进而约束其行为,保证中共利益就行了。这间接引导了后来的国民参政会产生,中共希望的国共合作组织形式始终未能成立,可见毛泽东的预见是对的。同时这也反映了经过两次谈判,毛泽东极其重视中共合法性等问题的白纸黑字式的落实解决,绝不含糊,从而确定了这之后所有谈判的重心所在,也就有了后来中共中央为公布国共合作宣言和蒋介石庐山谈话的发表。带着这些预案,周恩来于4月26日飞到西安谈判。他在谈判中坚持要求在确定共同纲领基础上两党共同发表宣言;坚持红军编4个师,并已经细化到4师首长人选和边区政府委员会人选(中共占2/3强,

---

[①]《毛泽东年谱(1893—1949)》上卷,人民出版社、中央文献出版社1993年版,第670页;《周恩来年谱(1898—1949)》修订本,中央文献出版社1998年版,第370页。

[②]《毛泽东年谱(1893—1949)》上卷,人民出版社、中央文献出版社1993年版,第673、674—675页。

余为国民党人和无党派人士。毛泽东等回电要求中共占 3/4 强的席位)①;还与顾祝同商定红军经费再给 50000 元、红军夏衣在 6 月中旬发放、红军西路军被俘人员已到兰州的可送西安或发衣被等问题,并商定由叶季壮到行营办理领款和运输事;提出首先派人去鄂豫皖和湘鄂赣开展与南方各苏区的联络,求得顾答应电蒋请示。在这些谈判中绕不过去的要事上,周恩来力争使中共的利益得到尽可能的实现。但是,不见蒋,就无法谈大事。于是,5 月下旬末,周恩来结束了在西安的谈判,飞往上海。

第四次谈判,从时间上看似乎是为迁就蒋介石的行止而在庐山继续第三次谈判,但从内容看,却与第三次不同而应该是另一次谈判。吸取大革命时期的教训,担心蒋介石的"手段",中共对第二次国共合作坚持必须在民主基础上,必须有双方签字认可的白纸黑字的共同纲领才算成立。如此重大问题,顾祝同等人是无法决定的。所以,5 月 23 日,周恩来致电中共中央:准备庐山见蒋,谈共同纲领等前提问题。第二天,他致电蒋介石,提出修改国大组织法、选举法的原则:使国大民主化;使各党派各民众职业团体各武装部队都能有代表参加;过去的选举一律作废,选举前释放政治犯,保障人民自由。②这是遵照毛泽东关于谈判首先谈原则的要求和苏区党代会关于以民主保和平、促抗战的策略规定,定下与蒋会谈的预案。但鉴于前述谈判没有解决中共合法性问题,民主没有推进的条件,毛泽东、张闻天、秦邦宪这时更关心军队、政府、边区安全问题,于 25 日致电周恩来,提出同蒋谈判须力争办到者:特区政府委员 9 人名单;红军设某路军总司令部(准备让步设总指挥部)、4 个师长,为加强抗日政治教育,政治部制度照旧(准备让步设政训处);取缔北平、西安、上海等地破坏两党合作的行为;取缔利用土匪、流氓、会党破坏红军、苏区的行为;增加红军防地。6 月 4 日,周恩来到庐山。8—15 日,与蒋多次谈判;向蒋提交"民族统一纲领草案"。蒋提出先由中共发表宣言,国府即公布红军编制 3 个师、45000 人,其上设政训处;朱德、毛泽东须离开红军;边

---

① 参见《周恩来年谱(1898—1949)》修订本,中央文献出版社 1998 年版,第 371、372 页;《毛泽东年谱(1893—1949)》上卷,人民出版社、中央文献出版社 1993 年版,第 676—677 页。
② 《周恩来年谱(1898—1949)》修订本,中央文献出版社 1998 年版,第 372、373 页。

区政府可由中共推荐政府方面的人任正职,中共推荐副职;分批释放在狱中共党员;由中共派人联络南方游击队,经调查后实行编遣,但其领袖需离开部队;国大指定中共出席代表,但不能以中共名义;国防会议可容中共干部参加等;成立国民革命同盟会,由国共双方推出同等数目干部组成,蒋为主席,有最后决定权;共同纲领及国共两党一切对外宣传和行动,统由同盟会讨论执行;同盟会将来可扩大为国共合组的党;同盟会可与第三国际发生组织关系以代替与中共的关系;对其他党派不必谈合作。蒋关心这些问题,等于将周的推进民主的预案全部弃置了;包含了在军队数量上的妥协,但决不妥协的进攻是主要的,如政训处、同盟会等,目的在于取消中共的独立性,达到收编中共及其军队、苏区的目的。所以,可以说蒋推翻了以往谈判中达成的原则意见,使谈判走到了中共签字投降的边缘。因此,周恩来明确表示不能同意同盟会的组织原则和有关红军指挥机关与边区政府人事安排等意见,坚持设总司令部或总指挥部。他还同宋子文、宋美龄等会谈,再三陈述以政治名义管理军队不妥、红军改编后3师之上统帅机关应给以军事名义,希望以迂回方法,让二宋影响蒋改变政训处的设置。但对于军队指挥系统这种重大问题,蒋决心不让步。周只好声明需要回延安再行讨论。谈判无果而散。周恩来于18日回到延安汇报情况。[①]

对于蒋介石旨在收编中共和红军的谈判条件,中共中央的策略是既抵制又让步。这集中表现在周恩来于6月25日为第五次谈判准备的新提案中。提案认为对于合作问题,原则上同意组织国民革命同盟会,但要求先确定共同纲领,承认蒋依据共同纲领有最后决定权。对于蒋,在共同纲领的前提下,做了极大让步。提案对于一些具体问题的主张是:7月中旬发表宣言;如蒋同意设立总的军事指挥部,红军即待其名义发表后改编,否则即于8月1日自行宣布改编;陕甘宁边区7月实行民主选举,在张继、宋子文、于右任3人中择一人任边区行政长官,林伯渠任副长官;力争朱德为红军编后的指挥官,毛泽东不拒绝出外做事,但非到适当时机不去;不放弃国大民主选举的基本

[①]《毛泽东年谱(1893—1949)》上卷,人民出版社、中央文献出版社1993年版,第676—677、679页;《周恩来年谱(1898—1949)》修订本,中央文献出版社1998年版,第373—374页。

原则,但要注意联合各民众政治团体,以促进蒋的转变与扩大统一战线。① 26日,南京电催周恩来再去庐山谈判,中共中央复电,待国共合作宣言拟好并得蒋复电(已电告蒋,总的指挥机关及主持人选仍须照定)后,周再去庐山。29日,政治局常委会议讨论同国民党谈判问题,周恩来认为如果只能设政训处,建议在谈判中要把政训处的权力确定下来。毛泽东发言:现在的情形,是要限制我们党、军队,一切行动要受同盟会的决定,且蒋有最后决定权;这次去谈判就要签字,我们的态度,还是在他定的圈子里做事,他这个圈子在形式上大大损伤、在实质上也若干损伤我们的独立性;党的独立性主要是政策问题,现在我们的政策是逐渐冲破他的圈子;不能因这种限制就与他决裂。② 29日,南京政府电告中共中央:红军改编后只能设政训处。中共中央因此决定:可以用政治机关名义指挥部队,但必须有等于指挥机关的组织和职能;万一争不到朱德为政治机关的主任,即自行改编。这一切概括起来就是:在边区政府行政长官、政训处问题上可以有条件让步;在红军改编、朱毛"出洋"等问题上决不让步。按照独立性原则,周恩来于6月间为书记处起草了国共《两党关系调整方案》,提出革命同盟会可负责调整两党关系、决定共同行动事项,但不能干涉两党内部事务;两党均须遵守共同纲领,又均保留各自的组织独立性及政治批评和讨论的自由权。7月初,他又起草了《中共中央为公布国共合作宣言》初稿。这些文件,既同意蒋介石的同盟会主张,又以共同纲领维护中共的独立、削弱同盟会将会造成的限制乃至吞并。在做了这些准备后,7月4日,周恩来、博古、林伯渠从延安到达西安。13日(或14日)到庐山,向蒋介石递交宣言。蒋对此表示待到中日全面开战后再发表,并让张冲转告周等人,红军改编后"各师须直隶行营,政治机关只管联络",较之上次谈判,更明确表示了收编红军的意图。因此,待到17日谈判时,除周建议以《中共中央为公布国共合作宣言》为国共合作的政治基础,尽快发动全国抗战外,已无具体内容可谈。第五次谈判在事实上就此结束,周恩来等人只好"来宁、

---

① 《周恩来年谱(1898—1949)》修订本,中央文献出版社1998年版,第374—375页。
② 《毛泽东年谱(1893—1949)》上卷,人民出版社、中央文献出版社1993年版,第683—684页;《周恩来年谱(1898—1949)》修订本,中央文献出版社1998年版,第375—376页。

沪暂观时局变化"。①

五次谈判,表面上看,了无成绩,却毕竟是国共在一起谈判了,是蒋介石动起了"溶共"的心思,表明蒋在事实上承认了中共作为一个政治力量的存在;同时谈判作为国共双方对于合作的政策和策略的初步交锋,既显现了后来成立合作的可能性,又预示了后来摩擦迭起的风云变幻。

---

① 《周恩来年谱(1898—1949)》修订本,中央文献出版社1998年版,第376、377、378、379、380页。

第二章　抗战前期的国共合作政策和策略

以卢沟桥事变为起点，日本帝国主义侵华战争全面发动；中华民族处于生死存亡的紧急关头，国共两党在民族大义与阶级利益的博弈与抉择中再度携手，合作抗日，中共倡导和推动的以国共合作为基础的抗日民族统一战线最终形成。抗战前期，国共两党军队按照谈判约定协同作战相互配合较好，两党关系表现得也比较融洽。而基于阶级属性和政治理念的根本不同，蒋介石国民党反共灭共之心"至死不变"，联共既是抗日的需要，更是其解决中共的策略和手段，因此，在合作利用中始终存在限制中共发展，将其控制于国民党当局统治下的图谋。深谙蒋介石国民党心计的中共，始终坚持抗日民族统一战线政策，在合作中始终坚持独立自主原则，注重发展实力以争取和维护自身利益，进而争取抗战救国和民主政治目标的最终实现。这就决定了国共两党在合作中的戒备、分歧、摩擦和斗争无可避免。可以说，第二次国共合作是两党在中日民族矛盾成为中国社会主要矛盾的民族危亡之际，共赴国难的必然选择，亦是两党基于阶级利益与政治理念根本差异的政策策略博弈的客观体现。这些都为进入相持阶段后，南方局代表中共中央进行国共关系的联络、谈判工作，预设了理念、方向和内容。

一、国民党利用合作与力图控制的联共策略

蒋介石国民党"联共抗日",是迫于生死存亡的民族危机、全国抗日救亡浪潮和舆论的压力,也出于保护自身阶级利益,以及赢取舆论的支持,促使苏联出兵,削弱甚至消灭共产党等诸方面权衡的结果。这就决定了第二次国共合作中国民党政策的两面性,也就决定了两党关系始终充斥着矛盾、摩擦和斗争,蒋介石反共灭共之心始终如一。民族危机迫在眉睫,蒋介石国民党既须御侮抗日又不愿放弃灭共之固念,而与中共近十年的较量经历又使之深感短时间内解决共产党问题之不易。因此,蒋企图以合作抗日之名,既利用共产党力量抵抗日寇进攻,又将共产党控制于自己之领导下,限制其发展,削弱其力量,达到"溶化"甚至消灭共产党之目的。由此可见,"联共"既是蒋介石基于民族利益与阶级利益而不得不抗日的迫切需要,亦是其解决中共问题的一种策略和手段。

(一) 第二次国共合作正式形成

1937年7月7日,卢沟桥事变爆发,日本开始全面侵华战争。次日,中共中央即发出通电,呼吁国共两党亲密合作,团结全国同胞,建筑民族统一战线的坚固长城,抵抗日寇的侵略。[①] 同时,毛泽东、朱德等致电蒋介石及国军将领,表示"愿在委员长领导之下,为国效命"[②]、"与日寇决一死战"[③]。民族国家生死存亡之际,实际亦是国民党蒋介石集团利益保全与否之时,蒋介石终

[①]《中共中央为日军进攻卢沟桥通电》(1937年7月8日),《中共中央文件选集》第10册,中共中央党校出版社1985年版,第278页。
[②]《红军将领为日寇进攻华北致蒋委员长电》(1937年7月8日),《中共中央文件选集》第10册,中共中央党校出版社1985年版,第280页。
[③]《红军将领为日寇进攻华北致宋哲元等电》(1937年7月8日),《中共中央文件选集》第10册,中共中央党校出版社1985年版,第281页。

于深感对日战争已"无法避免"①，正如陈诚所指出的，"今日不是同日本战与和的问题，也不是和日本开战以后中国有没有胜算可操的问题，而是不和日本开战，中国还有没有存在的可能的问题。"②"卢沟桥事件发生，如果我们还不起而发动全面抗战……我们要苟安一时亦不可能，结果非至亡国灭种不止！所以我们要认定此次事变为国家民族生死存亡的最后关头，毅然决然要担负此次革命的战争！要以抗战来遏止日本残暴的侵略，进而打破他大陆政策的迷梦。"③7月13日，蒋介石在致宋哲元电中表示："已决心运用全力抗战，宁为玉碎，不为瓦全，以保持我国家与个人之人格。"④而要全力抗战，则必须先停止"剿共"的内战，蒋介石又不愿放弃"反共"的"信念"，始终企图"收编共军"，逼中共"就范"，"将军权、政权统一于中央"。中共为促使国共合作早日实现，在一些具体问题上作出必要的让步，但坚持原则问题丝毫不让步。因此，国共两党在"七七"事变前曲折反复的多轮谈判中始终未达成一致。

7月15日，中共中央派代表周恩来等到庐山将《中共中央为公布国共合作宣言》送交蒋介石。《宣言》提出发动全民族抗战、实行民主政治和改善人民生活等三项基本要求，重申中共为实现国共合作的四项保证，要求蒋同意红军改编为国民革命军、在3个师之上设统辖机关负责指挥，表示不能接受3个师直属行营的方案。17日，蒋介石在庐山谈话会上表示"如果战端一开，那就是地无分南北，年无分老幼，无论何人，皆有守土抗战之责任，皆应抱定牺牲一切之决心"。但同时他又声明："准备应战，而决不求战。""在和平根本绝望之前一秒钟，我们还是希望和平的，希望由和平的外交方法，求得'卢事'和平解决。"⑤并与中共代表周恩来等进行新一轮谈判，由于蒋仍在观望，坚持前见，谈判陷入僵局。23日，中共中央再次呼吁："立刻实现国共两党的

---

①蒋介石：《苏俄在中国》，秦孝仪主编：《"总统"蒋公思想言论总集》卷9，国民党中央党史委员会1984年印行，第68页。

②转引自孙宅巍著：《蒋介石的宠将陈诚》，河南人民出版社1990年版，第118页。

③蒋介石：《对日抗战与本党前途》(1938年4月1日)，秦孝仪主编：《"总统"蒋公思想言论总集》卷15，国民党中央党史委员会1984年印行，第188页。

④秦孝仪主编：《"总统"蒋公思想言论总集》卷37，国民党中央党史委员会1984年印行，第160页。

⑤《蒋介石年谱》，中共党史出版社1995年版，第249、250页。

亲密合作,以国共两党的合作为基础,团结一切抗日救国的党派,创立巩固的抗日民族统一战线。"①平、津的陷落,打破了蒋介石和国民党政府的和平幻想。7月31日,蒋介石发表《告抗战全军将士书》,表示"这几年来的忍耐,骂了不还口,打了不还手……实在为的要安定内部,完成统一,充实国力,到最后关头,来抗战雪耻。现在,和平既然绝望,只有抗战到底。那就必须不惜牺牲来和倭寇死拼。我们大家都是许身革命的黄帝子孙,只有齐心努力杀贼,有进无退,来驱逐万恶的倭寇,复兴我们的民族。"②8月1日,蒋授意张冲电邀毛泽东、周恩来、朱德速至南京共商国防问题。中共中央经慎重考虑,决定由周恩来、朱德、叶剑英前往南京参加国民党当局召开的军事会议。蒋在会上表示:平津沦陷,国家命运已到最后关头,根据庐山会议的决定,中央已承认中国共产党控制的陕甘宁边区,并将陕北红军改编为国民革命军第八路军。八一三事变爆发,蒋介石意识到中日之间的全面战争已难避免,8月14日,国民政府发表抗战声明书,宣称:"中国为日本无止境之侵略所逼迫,兹已不得不实行自卫,抵抗暴力。"③同时,蒋介石急于将红军推上华北战场,减轻华东战场的压力;加之周恩来等坚决拒绝国民党的不合理要求,如对其要求中共所拟合作宣言不提民主、取消对民族民权民生三条的解释、不提与国民党获得谅解共赴国难等,予以严词批驳,终于使谈判取得进展。中共代表根据中共中央指示,进一步向蒋提出了"发表我党宣言,同时发表谈话;发表边区组织;发表指挥部;发给平等待遇之经费;发给平等待遇之补充器物;红军充任战略的游击支队;在总的战略方针下,执行独立自主的游击战争,发挥红军之特长;为适应游击战原则,须依情况出兵与使用兵力;不分割使用(集中由韩城渡河前进);第一批出动红军使用区域,在平汉线以西、平绥线以南地区,并受阎百川节制"④等十项要求。经反复谈判协商,国方同意红军充任战

---

① 《中共中央为日本帝国主义进攻华北第二次宣言》(1937年7月23日),《中共中央文件选集》第10册,中共中央党校出版社1985年版,第295页。
② 《蒋介石年谱》,中共党史出版社1995年版,第252页。
③ 马齐彬主编:《国共两党关系史》,中共中央党校出版社1995年版,第643页。
④ 《中央关于同国民党谈判的十项条件给朱德、周恩来、叶剑英的指示》(1937年8月18日),中共中央党史资料征集委员会编:《第二次国共合作的形成》,中共党史资料出版社1989年版,第248—249页。

略游击支队,在侧面协助友军。双方开始商谈南方红军游击队改编问题。8月22日,国府军委会正式发布红军改编命令,并按中共要求,任命朱德、彭德怀为正副总指挥。8月25日,中共中央军事委员会宣布主力红军改编为国民革命军第八路军(9月11日改称第十八集团军)。10月12日,国府军委会宣布南方的红军和游击队改编为国民革命军陆军新编第四军(简称新四军)。中共军队改编为八路军、新四军,是国共合作实现全民族抗战的重要步骤,也是中共的一项战略决策。

9月8日,周恩来致电蒋介石,要求迅速发表《中共中央为公布国共合作宣言》。[①]9月22日,国民党中央通讯社发表《中国共产党为公布国共合作宣言》。中共中央在宣言中指出:"当此国难极端严重民族生命存亡绝续之时,我们为着挽救祖国的危亡,在和平统一团结御侮的基础上,已经与中国国民党获得了谅解,而共赴国难了。"[②]次日,蒋介石在庐山发表《对中国共产党宣言的谈话》,虽然"还表现着自大主义精神,缺乏自我批评,未免遗憾"[③],但指出了团结救国的深切意义,承认在外侮日深、国家益趋危殆的形势下,国共双方"皆已深切感觉存则俱存,亡则俱亡之意义。整个民族之利害,终超出于一切个人一切团体利害之上也。此次中国共产党发表之宣言,即为民族意识胜过一切之例证",表示在存亡危急之秋,政府则"更不应计较过去之一切,而当使全国国民彻底更始,力谋团结,以共保国家之生命与生存"[④]。蒋介石的谈话尽管有不尽人意的地方,但作为谈判中事先约定的公布国共合作程序的一部分,变相认可了中共在事实上的合法地位。至此,中共倡导和推动的以国共合作为基础的抗日民族统一战线正式形成。这是中共中央采取一系列正确方针政策和措施的结果,是全国人民强烈要求国共两党团结抗日的结果,也是国民党顺应历史潮流以民族大义为重而改变政策的结果。"这在中国革命史上开辟了一个新纪元。这将给予中国革命以广大的深刻的影响,将对于

---

① 中共中央文献研究室编:《周恩来年谱(1898—1949)》上册,中央文献出版社2007年版,第388页。
② 《周恩来选集》上卷,人民出版社1981年版,第76页。
③ 《文献和研究》1985年第4期,第20页。
④ 转引自《第二次国共合作的形成》,中共党史资料出版社1989年版,第31页。

打倒日本帝国主义发生决定的作用"。①

(二)联共与防共双管齐下

国共合作首先是军事上的合作抗日。根据国共两党达成的协议,国民党军队担负正面战场的对日作战任务;中共领导的八路军、新四军负责敌后战场的对日作战任务,从战略、战役上有效地配合正面战场抗击日寇。因此,抗战之初,国共两党在战略、战役方面能够积极配合,协同作战,相互依存,相辅为用,如在忻口战役、徐州会战、武汉保卫战等战役中,双方军队都配合得较好,抵御了日寇的侵略。此时期两党上层将领关系也不错,并且在此影响下一些地区两党军政人员间关系不错。如阎锡山就委托共产党员帮助他组建山西青年抗敌决死队等(后被称为山西新军),武士敏所部169师亦受命归朱德辖制和指挥,与八路军关系密切。另外,如山西总动员委员会主任兼保安司令续范亭、山东省第6区专员兼保安司令范筑先等,都和共产党人过从甚密。一直到1938年,进至河北敌后的八路军129师与国民党冀察绥平津党务指导专员办事处、军委会河北民军总指挥部及冀西民训处之间,仍能保持密切合作关系。他们当时在地方政权、农民合理负担、武装民众、红枪会、军事配合和除奸等许多实际问题上,都能相互协商与沟通。国民党特派员就明确肯定双方合作的意义重大;129师副师长徐向前和政委张浩也明确承认,八路军是国民革命军的一个组成部分,"八路军所到之处,即为中央政权所到之处",也即是国民党所到之处。他们甚至主张在蒋介石和战区司令长官命令和意图的原则下,建立以县为单位的可以配合行动的联合指挥机关。②

诚然,民族利益是国共两党合作的逻辑起点,合作抗日也成为抗战之初国共两党关系的基调和主旋律。不可否认的却是国民党蒋介石"联共抗日"

---

① 毛泽东:《国共合作成立后的迫切任务》(1937年9月29日),《毛泽东选集》第2卷,人民出版社1993年版,第364页。
② 《华北游击战士的宝贵经验——国民党冀察绥平津党务指导专员办事处、第八路军第一二九师、军委会河北民军总指挥部及冀西民训处联席会议》(1938年)。转引自杨奎松:《国民党的"联共"与"反共"》,社会科学文献出版社2008年版,第389—390页。

是"逼出来的",其"内战之心并没有死",其"反共思想是不变的"①。"联共"只不过是其以抗日之名达到既抵御日寇又削弱共产党力量并最终解决掉共产党,实现其一党专制、一统天下之目的的策略。因此,蒋介石对中共实行军事上既合作利用又严加防制以图控制的双管齐下策略,而且与军事上的合作相比,对中共的防范和限制始终起着主导作用。蒋介石深知只要解除了中共的武装,中共就丧失了存在的根据。为解决中共及其军队,必须统合军事与政治的力量,击败其武装部队,同时毁灭其政治组织。② 为此,在不得不联共抗日的形势下,国民党当局公布中共起草的国共合作宣言,蒋介石发表庐山谈话,一方面承认中共,另一方面,还是要求取消红军,取消苏区。他说中共是一个派,不承认中共是一个党,强调要集中在国民党领导之下,就是要取消中共的军队和政权③。所以,蒋介石从未公开承认"国共合作",他要中共不必说与国民党合作,只说与他合作,要中共拥护他做领袖,与他永久合作并为此拿出办法。④ 在《中共中央为公布国共合作宣言》发表前两党谈判讨论修改意见时,蒋介石始终否定两党之间是"合作"的关系,坚持要将文中的"两党合作"更改为"两党实现了谅解",并且坚持将中共起草的原稿中"已经取得了国民党的同意"改为"已经取得了政府的同意"。⑤ 在蒋介石国民党看来,两党的合作是中共"倡输诚受命之说",本党"决不断人自新之路"⑥而"开诚接纳","使集中于国民党领导"和"统一指挥"之下,"有效忠国家之机会","以贡献能力于国家"。⑦ 这反映了蒋介石的政治立场和真实心态。国民党五届三中全会宣言公开表明:"本党为国家计,为人民计,决不忍数年以来掷其血汗以从事剿匪工作之武装同志及一切同志,怀功亏一篑之痛,无论用何

---

① 周恩来:《论统一战线》(1945年4月30日),崔奇主编:《周恩来政论选》上册,中央文献出版社、人民日报出版社1998年版,第460、463页。
② 《"总统"蒋公思想言论总集》卷9,国民党中央党史委员会1984年印行,第186页。
③ 《论统一战线》,《周恩来政论选》上册,中央文献出版社、人民日报出版社1998年版,第463、461页。
④ 《中央关于同蒋介石谈判经过和我党对各方面策略方针向共产国际的报告》,《中共中央文件选集》第10册,中共中央党校出版社1985年版,第181页。
⑤ 康泽:《我在国共第二次合作谈判中的一段经历》,《武汉文史资料》2007年第7期。
⑥ 《中国国民党历次代表大会及中央全会资料》下册,光明日报出版社1985年版,第434页。
⑦ 《"总统"蒋公思想言论总集》卷38,国民党中央党史委员会1984年印行,第95—96页。

种方式,必以自力使赤祸根绝于中国,免贻将来无穷之戚,而永奠民族复兴之基,此当明白为天下告者也。"为此,全会通过"关于根绝赤祸之决议案",提出解决共产党问题的"最低限度之办法":彻底取消红军和苏维埃政府、根本停止赤化宣传和阶级斗争①。"根绝赤祸"就是要把共产党的活动消灭、根绝。② 蒋对中共的态度,就是他所说的"我对中国共产党问题所持的方针,是中国共产党武装必须解除,而后对他的党的问题才可作为政治问题,以政治方法来解决"③。

既然非真愿却又无奈与共产党合作抗日,那蒋介石国民党对共产党之政策的两面性也就实属自然。一面合作抗日,一面却极力防范和限制中共以图控制于其独裁统治之下,最终溶化、解决掉共产党。对中共的防范、疑惧和敌视心理和态度也就成为其时蒋介石及多数国民党人的一种普遍心态。还在国共合作谈判过程中,国民党将领就一再提醒蒋介石,对共产党不应不防,甚至要求恢复原来的"剿共"政策。陈诚在给蒋介石的电文中就认为:"今日赤匪之要求,为目前计,固不能不虚与委蛇,但考其要求之用意,仍非出自诚心,不过假借特区名义,名正言顺,整顿充实,一俟坐大,伺机反噬,亦即所谓'不战而屈我'阴谋,手段原自高人一等。"他要求"当以八九年来一贯之国策为重,而以苟求一时表面之安定为轻"。④ 在国民党人看来,中共是借"和平团结,共同御辱"的旗号以保护自己,并借机发展壮大。在中共宣言发表不久,戴笠即向蒋介石通报:"中共密电各地高级干部八点,其最要者为在国民党中央未实现民族统一战线与政治未达民主化以前,各地共产党员不得参加任何行政机关及各种委员会之组织;共产党在苏区及游击区应绝对保有领导地位。"⑤国民党人张允荣拟订的"今后关于华北共党之对策",提出应"在晋及晋东南建立华北军事根据地……此对日对共均有极大意义与作用";"在华北

---

① 《中国国民党历次代表大会及中央全会资料》下册,光明日报出版社1985年版,第430、435页。
② 《论统一战线》,《周恩来政论选》上册,中央文献出版社、人民日报出版社1998年版,第460页。
③ "总统"蒋公思想言论总集》卷9,国民党中央党史委员会1984年印行,第68页。
④ 陈诚总司令向蒋委员长陈述陕甘善后问题之意见电》(1937年2月15日),转引自刘会军等主编:《中国共产党九十年历程——共赴国难》,吉林人民出版社2011年版,第320页。
⑤ 转引自《国民党的"联共"与"反共"》,社会科学文献出版社2008年版,第390页。

受共军摧残而失败归来之将领,应设法优待,以励来者";"共党以暴力统制民众,对之恶感日深,正宜此时深入民间,加强组织,撤散其外围,纲[网]罗中间人才。对于民间武装,更应加强争取……即如现在之冀鲁交界处共党势力尚弱,正宜在此等处所推行此项政策"等建议,国府军委会即令军令部"就主管范团[围]参考核办"。[①] 时任西安行营主任蒋鼎文更是不止一次电告蒋介石:"朱、毛部队虽已大部开出,就职观察,一切绝对无诚意,不过借此扩张其势力。""查共党表面虽为归顺中央,一致抗日,然自始至终毫无诚意。庐山所决定者,并不确实履行。派往之政训副主任、高级参谋,则绝对拒绝派往。传达命令之参谋,亦婉拒不见。本行营派往陕北之视察组,亦来函拒绝,谓恐保护难周。一二九师则迟不开拔,种种要索则几同命令,若面与交涉,则又纯用狡猾敷衍之手段。职之观察,彼方绝无诚意。不过借此公开扩张其势力。"[②] 陈立夫更是对中共参加抗战的企图与步骤进行分析,得出中共"使我腹背受敌内外夹攻而致溃败"的结论。他认为:"共党之参加抗日,其步骤有三:以联合阵线之名,取得参战之一员,虽居我下亦甘之如饴;以国共合作之口号,期取得平等之地位,以自身取得法定公开之保障,为其他各党各派作护符;俟实力既充与我对峙作正式战,而以各党各派担任游击,使我腹背受敌,内外夹攻,而致溃败,其计至毒,其法至妙。"[③] 蒋介石则深感"共党乘机扩张势力,实为内部之殷患"[④],由此便想方设法"控制共党,勿使捣乱"[⑤],并强调"只要军队能掌握不动则其他皆可权变"[⑥]的策略思想。如坚持要向八路军各师派驻高级参谋便是蒋力图监督和控制中共军队之举措。而这些所谓的高级参谋,大都是国府军委会别动总队康泽手下的高级特工人员,是以监视八路军为首任的。国民党中央党部也没有忘记把握这一机会,根据八路军驻西安办事处

---

① 中国第二历史档案馆编:《中华民国史档案资料汇编》第五辑第二编政治(二),江苏古籍出版社1998年版,第7—8页。
② 转引自《国民党的"联共"与"反共"》,社会科学文献出版社2008年版,第390页。
③ 《陈立夫呈蒋委员长函》(1938年2月1日),转引自吴珍美著:《蒋介石的联共谋略》,东方出版社2006年版,第260页。
④ 蒋介石日记1938年General,斯坦福大学胡佛研究所藏蒋介石日记手稿影印件。
⑤ 蒋介石日记,美国斯坦福大学胡佛研究所藏蒋介石日记手稿影印件,1937年12月11日。
⑥ 蒋介石日记,美国斯坦福大学胡佛研究所藏蒋介石日记手稿影印件,1938年2月3日、2月4日。

主任林伯渠所获得情报,它曾明确通知各级党部,"收编"红军的目的主要是"不许其投靠苏俄",各地应借机"调查共产党个人与组织情形",并提出应"利用威吓利诱分化共产党内部"。① 中共中央原本就坚持"军队干部与原有系统,不能改变",侦知国民党方面的企图后,自然会极力阻拦。这种阻拦极大地刺激了国民党人,被派往第 18 集团军做政治部副主任却被拒之门外的李秉中即忿忿然曰:综观中共拒绝中央派员,扩张地盘,巧妙宣传以争取民众,"可断言(其)此次投诚毫无诚意,现正大规模作夺取政权之准备"。他强烈要求蒋介石和国民党中央除以"暂缓发饷"的方法压迫中共务必接受中央派员直接监督外,还应实行严格的新闻检查制度,严禁有为中共张目之宣传报道,国军更应加强补充,争取抗战结束,"亦能镇压反动"。② 蒋介石也因此断言:"共党违约势所必然"③,提出"对共防制计划",认为"此种无信义之徒,决不能(成业)也……不足为惧","共党与军阀,只要多给其权利,动之以正义则可矣。"④因此,抗战期间,蒋介石国民党一方面坚持对"特区"的"警戒"与"隔离",尤其防制其向西北打通国际路线。另一方面又与中共进行商谈,总以为抗战进行之中……共党始终有就范之可能。⑤

基于此,国共两党在关于陕甘宁边区问题及八路军、新四军的扩编等问题的谈判中,蒋介石国民党始终是敷衍搪塞,无意解决实质问题,根本就在于蒋介石始终要限制中共力量的发展,力图控制之而最终消灭之。1938 年上半年,周恩来等与蒋介石进行过多次谈判,仍然未果。关于边区问题,周恩来等于 2 月 10 日致电中共中央:"今日见蒋,对边区借口各县是国共两党县长并存制,有拖延意。"⑥此问题也就此被搁置。八路军和新四军在敌后抗日斗争中迅速发展壮大已是事实,这又正是超出蒋限制中共军队的意愿而成为其所

---

① 《林伯渠致毛、洛电》(1937 年 9 月 18 日),转引自《国民党的"联共"与"反共"》,社会科学文献出版社 2008 年版,第 391 页。
② 《国民党的"联共"与"反共"》,社会科学文献出版社 2008 年版,第 391 页。
③ 蒋介石日记,美国斯坦福大学胡佛研究所藏蒋介石日记手稿影印件,1937 年 10 月 5 日。
④ 蒋介石日记,美国斯坦福大学胡佛研究所藏蒋介石日记手稿影印件,1937 年 10 月 25 日。
⑤ 《"总统"蒋公思想言论总集》卷 9,国民党中央党史委员会 1984 年印行,第 189 页。
⑥ 周恩来等致中共中央的电报,1938 年 2 月 10 日。转引自金冲及主编:《周恩来传》,中央文献出版社 1998 年版,第 490 页。

忧惧的心腹大患,因此中共提出的关于八路军、新四军的扩编问题始终得不到蒋介石国民党的承认,这也成为在整个国共合作中中共与蒋介石国民党谈判斗争的主要问题。周恩来在1月5日电告中共中央:"前晚见蒋,要他发枪。他答:连坏枪也发出了。宋美龄氏答:(来了)新枪可发。"1月20日,周恩来、彭德怀等又电告中共中央书记处:"蒋对人、枪、钱都抓得紧,不愿我军扩大,不肯发枪加钱,加发了临时犒赏费5万元。"次日,他们又电告书记处:"补充师名义,(蒋)不肯,且不允增经费。"①之后,经周恩来等反复交涉,蒋勉强答应增加5万元米贴,补充少量衣服,允发善后费和少量轻机枪,但扩编问题仍未解决。鉴于边区和八路军、新四军扩编问题长期拖延不决,6月19日,周恩来经书记处同意后,向蒋递交了10条书面意见,其中除坚持持久抗战、扩大民主权利等之外,对边区和八路军、新四军问题提出了以下要求:请明令划定延安等23县为陕甘宁边区,组织边区政府,直属行政院,并请委任林祖涵(伯渠)为边区政府主席;请扩编第十八集团军为3军9师,所属游击部队按各战区所属游击部队同等待遇;请增编新四军为7个支队;请依同等待遇,按时补充第十八集团军、新四军以枪械、弹药、被服、粮秣及卫生、通讯、交通等器材。蒋介石对此仍是敷衍搪塞。7月26日,周恩来致电毛泽东、朱德、彭德怀:"日前与林(伯渠)同见蒋后又见何(应钦)","对扩大八路军事,他们借口二百师已满额,只允给其他名义,不愿给师的番号"。② 由此,问题实际上仍未解决。

事实证明,溶共、限共直至灭共才是蒋联共的最主要目的。早在抗战全面爆发前夕,蒋介石在庐山训练班就提出,要在抗日战争中削弱共产党力量的五分之二。③ 八一三事变后,蒋介石急于让中共军队出兵以减少国民党军的损失,"要求我们一次开出去,并只指定五台山东北边的小块地方(如涞源、蔚县)为我们的防区,企图在那个山屹崂里叫日本人把我们包围消灭。"④据

---

① 转引自《周恩来传》,中央文献出版社1998年版,第491页。
② 周恩来致毛泽东、朱德、彭德怀的电报,1938年7月26日。转引自《周恩来传》,中央文献出版社1998年版,第492页。
③ 王桧林主编:《中国现代史(1919—1949)》下册,北京师范大学出版社1988年版,第50—51页。
④ 周恩来:《论统一战线》,《周恩来政论选》上册,光明日报出版社1985年版,第463页。

担任同中共谈判的国民党代表康泽回忆:"蒋介石希望中共赶快出兵,想借日寇之手消灭红军。"① 同时,蒋还在军队序列番号上施展阴谋,在红军改编为八路军后仅半月时间,即于9月11日发布命令,令八路军改称国民革命军第十八集团军,属第2战区管辖。蒋将八路军改称第十八集团军,包藏了抗战结束后将其取消之祸心。在两党的数轮谈判中,蒋始终没有同意八路军扩编。为限制八路军发展,国民党在《共党问题处置办法》中规定:"第十八集团军既经改编为国军,其军令、军政,应统一于中央。""为统一指挥机关之名称,所有以前各路名称不属于战斗序列者,均经通令取消,第八路军名义亦经同时取消,不得再行沿用。"② 还极尽其能造谣诬蔑八路军"不听命令""游而不击""发展实力"等等,为其控制、取消八路军和发动反共高潮制造舆论。对此,中共进行针锋相对的坚决斗争,公开致电国民党蒋介石,反对和驳斥其对八路军的诬蔑。毛泽东指出:八路军"在蒋委员长与战区司令长官的领导之下,在朱彭总副司令及各部各级长官与共产党员的领导之下,协同各部友军,进行了英勇的抗战,执行了'基本的游击战,但不放松有利条件下的运动战'的正确的战略方针","为保卫祖国而牺牲奋斗的忠诚与不可战胜的事实,是明显地摆在全国全世界的面前,除了反动派、亲日派,与某些顽固分子之外,是无法否认的。"③ 毛泽东曾在与新华社记者的谈话中指出:国民党的企图就是"寻找借口,宣布八路军'叛变',取消八路军番号"④。周恩来则一针见血揭露蒋的阴谋:不许再叫八路军,只能叫十八集团军。这是什么意思呢? 八路军是平时的军队编制,就是说平常的时候也是有的,而十八集团军是抗战时期的军队编制,既然是战时编制,那么战后就可以取消了! 蒋介石订这一条就是他准备取消八路军的一个步骤。⑤ 因此,中共在坚持八路军名称问题上与蒋介石国民党的斗争,不单是一个番号问题之争,而是关系到中共军队和

---

① 转引自王聚英:《八路军抗战简史》,解放军出版社2005年版,第16页。
② 孟广涵主编:《抗战时期国共合作纪实》上卷,重庆出版社1992年版,第660—661页。
③ 毛泽东:《八路军军政杂志发刊词》(1939年1月2日),《毛泽东军事文集》第2卷,军事科学出版社、中央文献出版社1993年版,第443、444页。
④《毛泽东选集》第2卷,人民出版社1993年版,第772页。
⑤《论统一战线》,《周恩来政论选》上册,中央文献出版社、人民日报出版社1998年版,第467页。

中国革命的前途与命运的根本原则问题。

(三) 国共合并的"大党"谋略

国共两党为抵御共同的敌人实现了再度合作,而这种合作却没有共同纲领和固定合作形式。中共作为第二次国共合作的倡导者,对合作的组织形式,曾有过许多设想,提出过不少建议。从华北事变后中共提出抗日民族统一战线政策到国共两党为建立抗日统一战线而进行的秘密接触和公开谈判中,都多次涉及国共合作的组织形式问题。1937年3月下旬至4月初,周恩来在杭州与蒋介石谈判时,周向蒋重申了中共方面关于国共合作的原则立场,表示了同国民党合作的诚意,提出了11项书面要求和5项口头声明。蒋介石迫于当时抗战形势,原则上表示同意国共合作,却避而不谈合作中所要解决的具体问题,提出不必说与国民党合作,只是与他合作,与他永远合作,并要中共提出与他永久合作的办法。只要这个问题解决了,具体问题是小节,容易解决。这已包藏了将中共合并于国民党的计谋。周恩来明确表示,共同纲领是合作到底的最好办法。① 蒋便要周起草这个纲领。周恩来于4月4日返回延安,起草了共同纲领草案。但在6月的庐山谈判中,蒋根本不提共同纲领问题,却提出成立国民革命同盟会的主张,"由他指定国民党的干部若干人和中共方面推出同等数的干部共同组成,他为主席,有最后决定权;两党之一切对外行动及宣传,统由同盟会决定,然后执行,纲领问题亦由同盟会加以讨论;同盟会在进行顺利时,将来视情况允可,扩大为国共两党分子合组之党,并与第三国际发生关系,代替共产党的关系。"可见,蒋已明确表达他要将共产党合并到国民党的意图,取消共产党的独立性。中共基于民族危机和抗日大局,在一些重要问题上作出让步,"原则上同意组织国民革命同盟会,但要求先确定共同纲领,以便奠定同盟会及两党合作的政治基础;在承认共同纲领的基础上,可同意国共两党各推出同等数量的人组织最高会议,以蒋为主席,承认其依据纲领有最后决定权;同盟会将来发展之趋势及与第三国际

---

① 《中央关于同蒋介石谈判经过和我党对各方面策略方针向共产国际的报告》,《中共中央文件选集》第10册,中共中央党校出版社1985年版,第181页。

关系问题,为了不使它成为国共合作的障碍,中共可不加反对,但必须保持共产党的独立组织及政治宣传和讨论之自由。"①此提议仍未被国民党所采纳。直至第二次国共合作正式形成,两党关于合作组织形式问题仍未达成一致意见。

1937年11月底王明等人从莫斯科回国,带回共产国际关于"抗日高于一切"的指示,引起中共中央对统一战线工作的进一步重视。12月9日至12日,中共中央召开政治局会议专门讨论统一战线的方针问题。会议决定按照国共"共同负责,共同领导,互相帮助,互相发展"的方针进行工作,改变洛川会议对国民党强调防范的一些做法,试图争取与国民党尽快取得相互间的真正谅解与合作。在与蒋谈判问题上,会议明确主张在边区名称及长官人选方面作出让步,同时允许派联络参谋,且不拒绝国民党派团参观边区,区域要求也以保证边区安全及需要为主,不着眼于扩大,但行政制度坚持民选,经费力争每月5万,至少3万元,遣散及善后费要求30万元,新四军力争两个纵队,并应要求国民党同意共产党人公开办报。由于王明同共产国际及苏共领导人有着一种特殊的关系,一心指望取得苏联直接援助来抗击日军的蒋介石对于王明的回国自然格外重视,因此于12月上旬接连向延安发出邀请,请王明到武汉晤谈。王明、周恩来等中共代表于20日在武汉与蒋就国共合作的形式问题举行交涉,就成立两党关系委员会达成协议。26日,两党关系委员会正式成立,召开第一次会议。国方正式代表为陈立夫、刘健群、张冲及康泽,中共代表为周恩来、王明、博古、叶剑英。会议决定每五天会商两次,并同意了中共代表的要求,起草一个大家可以共同遵守的政治纲领,推定由周恩来和刘健群共同担任起草工作。表面看来,国共关系进入到了一个相当积极的新时期,但实际上远非如此。国民党代表并不真的想要和共产党共同商讨什么共同纲领,刘健群根本就没有参加纲领的起草工作。由周恩来起草的"中国人民抗日救国纲领"草案于30日提交给两党委员会讨论时,国民党代表却把议题转移到苏联出兵问题上,根本无意讨论共同纲领问题。中共代表清楚

---

① 杨圣清:《抗战初期国共两党的两次谈判》,《党史研究》1981年第2期,第18页。

地了解苏联不会出兵,当然无法满足国民党方面的要求,结果等到1938年1月再度举行两党委员会时,陈立夫等人再不见了心平气和的样子,康泽、刘健群当场就开始批评八路军不贯彻中央军令,游而不击,说中共应该学国民党广西派的样子,把军队交给中央,把延安的军校变为中央分校,使军政及教育、经理、人事与中央统一,主张中共重要的领导人应该离开军队到中央来服务,他们甚至提出八路军应当与中央军交换干部,并强调应当分散使用八路军。①而对共同纲领草案国民党中央始终未提出正式意见,从此再无下文。毋庸置疑,其时蒋介石所想的依然是要"化多党为一党",从组织上把共产党吸收到国民党内加以溶化,对国共合作的组织形式、共同纲领等问题实际上仍无意解决,因此,当周恩来在两党关系委员会会议上提出由他起草的共同纲领时,国民党代表一推再推,始终不表示正式意见,使之被无限期搁置,两党关系委员会也就形同虚设,无存在的实际意义。②

与此同时,国民党掀起了"一个领袖,一个主义,一个党"的反共宣传运动,鼓吹"国民党是一切党派中的骄子,它以外的党派,根本不能与它讲平等","今天国民党外的一切党派,都没有独立存在的理由。"③因此,"中国现在应当尊重国民党的唯一性,拥护国民党的领导权",实现"统一",而"统一的团结方式,是用以大并小的方法,溶化小的单位,合而为一"。并强调这个合并"实现以后,即不能在国民党内成立党团,在国民党外保存组织。"④很明显,国民党站在自大的立场上,充分吸取了大革命时期合作的经验教训,为从组织上取消共产党,在编造理由、大造舆论。《扫荡报》《武汉时报》《血路》《抗战与文化》等报刊,在1938年1、2月间连篇累牍地发表反共宣传文章。2月10日,《扫荡报》发表社论,公然声称中国有三种妨碍并破坏统一的因素,把陕甘宁边区说成是西北的新的封建割据区域,指责红军虽改易旗帜却不服

---

① 转引自杨奎松:《国民党走向皖南事变之经过》,《抗日战争研究》2002年第4期,第9、11页。
② 田克勤著:《国共关系论纲》,东北师范大学出版社1992年版,第221页。
③ 叶青:《关于党派政治》,《血路》(1938年1月22日),转引自沙健孙主编:《中国共产党与抗日战争》上册,中央文献出版社2005年版,第418页。
④ 转引自任弼时:《中国抗日战争的形势与中国共产党的工作和任务》(1938年5月17日),中央统战部、中央档案馆编:《中共中央抗日民族统一战线文件选编》下,档案出版社1986年版,第127页。

从中央,在国民党外存在其他党派影响了中国的政治统一,要求取消这三种势力。① 所有这一切都表明了国民党企图溶化取消各党派尤其是中国共产党的企图。2月10日,周恩来在武汉会见蒋介石。蒋假惺惺地表示:"对主义信仰,不欲限制各方,尤对孙中山所说三民主义与共产主义并不矛盾,任何人不能修改或反对;对各党派亦无意取消或不容其存在,唯愿溶(融)成一体;对一党政权之说亦不赞成,仍主张延请各方人才参加政府;《扫荡报》等言论,不能代表国民党和他个人。"蒋还特别举例说,像共产党就可加入国民党成为一个派别,取消共产党的组织。两党存在,总免不了冲突与竞争。你们共产党最讲策略,隐蔽在国民党内来发展不是好策略吗?将来在国民党内,最革命最能干的就会成为国民党的基础。当然,国民党也可以改变名称,各党统统取消加入进去成为一派,党内可以有派嘛。② 对于这种实质上的"溶共"主张,周恩来坚决抵制,说党不能取消,只有从联合中找出路。蒋对此未加反对,表示可以研究,要周恩来与陈立夫等进一步商谈。陈立夫则提出在两党外共组三民主义青年团,只允许中共党员加入三青团。3月29日至4月1日,国民党在武汉召开的临时全国代表大会宣布成立三民主义青年团。4月27日,中共中央致电中共代表团指出:"我们党对国民党一切口头上要做的好东西,如扩大国民党,成立三民主义青年团,都应该采取积极赞助的态度";"如果国民党不管我们的赞助,而仍然不能把自己所说的话实现起来,或把原来企图进步的东西变坏,如青年团变为特务机关,那人家决不会责备共产党的赞助不好,而只会骂国民党的顽固派混蛋。"③6月9日,周恩来见蒋介石时,根据中共中央的意见,提出应使三青团成为统一战线的组织,来统一全国的青年运动。蒋则表示国共两党可以共同训练,但坚持各党派不能在三青团内活动,并于次日发表告全国青年书,公布三青团的团章,规定凡加入者不得参加任何党派行动。由此可见,三青团的建立,只不过使国民党又多了一种

---

① 金冲及主编:《周恩来传》,中央文献出版社1998年版,第488页。
② 转引自《国民党走向皖南事变之经过》,《抗日战争研究》2002年第4期,第13页。
③ 《中央关于国民党临全大会后的策略问题致长江局》(1938年4月27日),《中共中央文件选集》第10册,中共中央党校出版社1985年版,第509页。

与共产党摩擦的手段。①

3月1日,中共中央在《对国民党临时全国代表大会的提议》中明确表示:"只许一党合法存在,同时不承认其他党派合法并存的办法,既为事实所不许,取消现成一切党派而合并为一党组织的办法,亦为事实所不能解决。一切问题的解决办法,应遵照中山先生的精神,建立包括各党派共同参加的某种形式的民族革命联盟。即由各党派、各团体拟定一统一战线纲领,作为各方宣传行动共同遵守的方针;由各方代表组成一由上而下的(即中央与地方)统一战线组织,以规划抗日救国的大计,和调整各党派、各团体间的关系;参加此联盟之各党派,仍保持其政治上和组织上的独立性。"并提出:"统一战线组织形成的方式,采取各党派、各团体选派代表组成各级组织的方式,或恢复民国十三年至十六年第一次国共合作的方式,或拟定其他的办法和方式,只要于团结抗战有利,敝党均愿与诸同志共同计划和执行。"②不过,中共的这些建议与蒋介石的想法显然相去甚远,中共强调在合作中保持自身的独立性,而蒋介石强调的是"溶成一体"。蒋介石国民党历来以正统自居,视中共的真诚合作与重大让步为"输诚"。蒋在国民党临全大会闭幕词中宣称"本党是创造民国领导革命的唯一大党"③,认为"在本党统治的政府之下,已不会有第二个党存在,更不会在三民主义以外更有第二个主义产生";"现在敌人压境,国家到了非常时期,本党以外别树党派的人,已经明白宣言,愿意抛弃已往的政策,服从本党政府,愿为三民主义而奋斗……本党从国家利益上着想,开诚接纳,俾能共同一致以对外……我们应该在法律范围以内,容许他们的自由,在本党三民主义指导之下,统一他们的行动,集中全国的力量,来为国效命!只要我们自身不懈不馁……亦必自然归于完全消灭!"④"共产党过去因为不察国情,企图消灭本党以致遭受许多事实的教训;他们察前思后,

---

① 《国民党走向皖南事变之经过》,《抗日战争研究》2002年第4期,第17页。
② 《中共中央对国民党临时全国代表大会的提议》(1938年3月1日),《中共中央文件选集》第10册,中共中央党校出版社1985年版,第491—492页。
③ 蒋介石:《临时全国代表大会闭幕讲词》(1938年4月1日),《"总统"蒋公思想言论总集》卷15,国民党中央党史委员会1984年刊行,第204页。
④ 蒋介石:《对日抗战与本党前途》(1938年4月1日),《"总统"蒋公思想言论总集》卷15,国民党中央党史委员会1984年刊行,第200页。

一定已经知道他以往为中国革命造成多少严重的错误,使中国革命力量无故受了多少的牺牲,他们当不是全没有理智的,现在中国的环境怎么样?国际形势怎么样?我想他们总能够度势识时,履行他对本党的宣言。"作为"当政的唯一大党","不仅共产党要尊重本党,服从领导,国内现存一切党派,都必然消融于三民主义之下"。①

国民党临时全国代表大会通过的《抗战建国纲领决议案》,虽然在坚持抗战和开放民主方面接受了中共和广大民众的一些合理要求,表现出一定的进步性。但其改进却是很有限的,并未包括中共和其他抗日党派关于实行民主、改善民生等许多重要主张,而且有不少内容不过是好听的诺言,根本不打算实行,甚至反其道而行之。为团结抗战,中共对国民党抗战的些许进步都坚持赞助和支持之态度,对此纲领中共亦"坚决赞助其实现",认为"当前的中心策略,不是要求国民党定出一个更完善的纲领,而是站在主动的积极地位,帮助国民党实施这个纲领,在实施中发展与提高它"。② 国民党抗战建国纲领与中共的抗日救国十大纲领相比,有着本质的区别,它集中反映了国民党既要抗日又要反民主的两面政策,是国民党坚持片面抗战路线的集中表现;而中共抗日救国十大纲领明确反映了中共的基本任务是抗日救国与争取民主政治的实现。由此也就决定了国共两党在合作抗战中始终各自遵循着不同的理论指针,始终未能形成一个共同纲领,关于合作组织形式的设想也难以达成一致。由此可见,中共始终主张国共合作应该有固定的有形的组织形式,坚持主张对等的合作,国民党的想法却始终相去甚远,"它始终不能以平等的态度对待共产党和其他抗日党派,没有正确地解决国共合作的共同纲领、组织形式等重大问题,因而成为抗日民族统一战线发展的严重障碍。"③实际也可以看出,国民党虽迫于形势不得不改变策略而与共产党合作抗日,但其溶共、限共以至最终消灭共产党的基本政策却是始终如一的。"他党可以

---

① 蒋介石:《临时全国代表大会闭幕讲词》(1938年4月1日),《"总统"蒋公思想言论总集》卷15,国民党中央党史委员会1984年刊行,第205页。
② 《中央关于国民党临全大会后的策略问题致长江局》,《中共中央文件选集》第10册,中共中央党校出版社1985年版,第508—509页。
③ 中共中央党史研究室著:《中国共产党历史》第1卷,中共党史出版社2002年版,第622页。

并存,就是共产党不能并存,如不取消共产党,我死也不会瞑目。"①这才是蒋介石的真实立场和心态。

二、中共坚持合作与实力发展并重政策

以国共合作为基础的抗日民族统一战线的维护、巩固和扩大,是争取抗日战争胜利的先决条件和根本保证,中共立足国家民族利益努力推动抗日民族统一战线的建立、巩固和发展,竭力维持国共合作抗战的大局。针对蒋介石国民党在军事方面限制中共军队以图将其控制甚至消灭于无形中的策略、组织上力图合并共产党的"溶共"计谋,中共强调坚持统一战线的独立自主原则,始终保持自己在政治上组织上的独立性,在敌后建立抗日民主政权和抗日根据地,大力发展人民武装力量和党组织力量,并全力争取团结一切可以团结的力量,以巩固和扩大抗日民族统一战线,争取抗日的胜利和民主政治的实现。

(一) 抗日救国的基本政策

正确的路线、方针、政策和策略,是建立、巩固和发展抗日民族统一战线,争取抗战胜利的基本前提和保证。全国抗战爆发后,中国共产党就号召全国人民总动员,实行全民族抗战,即表明了全面抗战路线的主张。为阐述中共全面抗战的方针政策,1937年7月23日,毛泽东发表《反对日本进攻的方针、办法和前途》一文,指出了对付日本进攻的两种方针和两套办法及相应的两个前途,即坚决抗战的方针与妥协退让的方针;在坚决抗战的方针下,必须实行全国军队和人民的总动员以及革新政治等一整套办法;在妥协退让的方针下,就会实行相反的一套办法,即不动员军队和人民群众,不给人民以民主自

---

① 南方局党史资料编辑小组:《南方局党史资料·统一战线工作》,重庆出版社1990年版,第175页。

由,不改良人民生活,保持官僚买办豪绅地主的专制政府,破坏抗日民族统一战线,等等。实行前一套办法,其前途就一定是驱逐日本帝国主义,使中华民族得到自由解放。实行后一套办法,就不可能坚持抗战,结果必定是日本帝国主义占领全中国、中国人民做牛马当奴隶的前途。并强调中国共产党人愿同国民党人和全国同胞一道为保卫国土流最后一滴血,反对一切游移、动摇、妥协、退让,实行坚决的抗战。①

为确定中共在抗战时期的路线、方针和政策,8月22日至25日,中共中央政治局在陕西洛川召开扩大会议。会议分析研究了抗战开始后的新形势,认为中国的政治形势从此开始了实行抗战的新阶段,在这一新阶段中,中国共产党"同国民党及其他抗日派别的区别和争论,已经不是应否抗战的问题,而是如何争取抗战胜利的问题",而"争取抗战胜利的中心关键,在使已发动的抗战发展为全面的全民族的抗战"。"这一阶段的最中心的任务是:动员一切力量争取抗战的胜利。过去阶段中,由于国民党的不愿意和民众的动员不够,因而没有完成争取民主的任务,这必须在今后争取抗战胜利的过程中去完成"②,从而确定了党在抗战中的基本任务是抗日和争取民主。会议因此通过了党在抗战中的政治主张或基本政策,即抗日救国十大纲领:打倒日本帝国主义;全国军事的总动员;全国人民的总动员;改革政治机构;抗日的外交政策;战时的财政经济政策;改良人民生活;抗日的教育政策;肃清汉奸卖国贼亲日派,巩固后方;抗日的民族团结。③ 这十大纲领无疑是中共全面抗战路线的具体体现,是夺取抗战最后胜利的根本指针和具体道路。为实现这一纲领,"共产党员及其所领导的民众和武装力量,应最积极地站在抗日的最前线,成为全国抗战的核心,用极大力量发展抗日的群众运动。不放松一刻工夫一个机会去宣传群众,组织群众,武装群众。只要真能组织千百万群众进

---

① 毛泽东:《反对日本进攻的方针、办法和前途》(1937年7月23日),《毛泽东选集》第2卷,人民出版社1991年版,第345—350页。
② 《中央关于目前形势与党的任务的决定》(1937年8月25日),《中共中央文件选集》第10册,中共中央党校出版社1985年版,第321页。
③ 《中国共产党抗日救国十大纲领》(1937年8月15日),《中共中央文件选集》第10册,中共中央党校出版社1985年版,第316—318页。

入民族统一战线,抗日战争的胜利是无疑义的。"①至此,党的全面抗战路线正式确定,为建立和发展抗日民族统一战线,争取抗日战争的胜利指明了方向。

会议确定了红军的战略方针和军事战略的转变。毛泽东根据中日战争中敌强我弱的形势和敌人用兵的战略方向(以夺取华北为主),指出全国抗战的战略总方针是持久战,而不是速决战。红军在国内革命战争中,已经发展为能够进行运动战的正规军,但在新的形势下,在兵力使用和作战原则方面,必须有所改变。由此确定了红军在抗战中的基本任务是:创造抗日根据地;牵制消灭敌人;配合友军作战(主要是战略配合);保存和扩大红军;争取党对民族革命战争的领导权。为此红军应执行的战略方针是:独立自主的山地游击战(并不是不要平原,它包括在有利条件下集中兵力消灭敌人兵团,以及向平原发展游击战争,但着重于山地)。根据红军担负的战略任务和必须执行的战略方针,会议明确红军必须实行军事战略的转变,即由国内革命战争的正规战转向抗日民族解放战争的游击战,从而担负起开辟敌后战场,配合正面战场,创建抗日根据地,争取抗战最后胜利的历史使命。毛泽东指出:"今日红军在决战问题上不起任何决定作用,而有一种自己的拿手好戏,在这种拿手戏中一定能起决定作用,这就是真正独立自主的山地游击战(不是运动战)。"②所谓独立自主,即在政治上坚持党对军队的绝对领导,也包含人民军队在作战中根据实际情况灵活行动与自主指挥。独立自主的山地游击战的战略方针,从根本上解决了创建根据地、发动群众与集中打仗的关系,集中兵力大兵团作战与分散兵力进行游击战的关系,保存和发展自己与消灭敌人的关系,是红军胜利完成创建敌后抗日根据地等战略任务,必须遵循的唯一正确方针。独立自主的山地游击战的战略方针,有利于动员和组织群众,开辟广阔的敌后战场,发展人民武装力量,造成宏大的人民游击战争,进行全民族的抗战,不断消耗敌人,进而实现持久战的战略总方针,争取抗战的最后胜利,因而也是红军贯彻执行全面抗战路线和持久战的战略总方针的唯一正确

---

①《中央关于目前形势与党的任务的决定》(1937年8月25日),《中共中央文件选集》第10册,中共中央党校出版社1985年版,第322页。
②《毛泽东军事文集》第2卷,军事科学出版社、中央文献出版社1993年版,第53页。

方针。抗日战争的实践证明,独立自主的游击战争,是中国共产党领导的人民军队坚持抗日民族统一战线,坚持持久抗战的唯一正确的方针。

会议强调了中共对抗日战争的领导责任和坚持中共在统一战线中的独立自主原则。毛泽东明确指出,统一战线中必须坚持独立自主。要巩固和扩大统一战线,同时要保持共产党在政治上、组织上的独立性,记取1927年大革命失败的教训,对国民党要保持警惕性,红军的活动主要由共产党决定。1937年11月2日,毛泽东在《上海太原失陷以后抗日战争的形势和任务》的报告,再次强调中共全面抗战的路线和统一战线中独立自主的原则,并把中共力争抗日战争领导权的问题提到突出的地位。

(二)军事合作与实力发展并重

为共御外侮,国共两党都相应调整政策,在相互妥协让步中实现合作抗日。为此中共接受红军改编,苏维埃改制,承认国民党当局的领导地位,并服从其领导;国民党也表面默认了中共的合法地位。根据两党达成的协议,国共军队分别在正面战场和敌后战场配合作战抵御日军的进攻。但蒋介石国民党在其根深蒂固的反共思想支配下,对中共军队玩起了合作利用与限制控制之策。与之应对,中共深知发展壮大自身力量,不仅仅是关系自己生死存亡的问题,更与争取抗战胜利甚至中国未来的前途命运息息相关。因此,中共始终强调坚持独立自主,注重扩大和发展自身实力。这从洛川会议制定的基本政策、军事战略方针以及处理国共关系问题的原则中可窥一斑。

人民军队是中共实现自己的政治路线和政策策略的基本依靠力量,军事力量的发展壮大自然成为抗战时期中共发展自己的首要任务。而发展军事力量首要的当然是要坚持党对军队的领导,进而积极努力开辟敌后抗日根据地,建立抗日民主政权,大力发展八路军、新四军和抗日游击队等人民武装力量。1937年8月25日,中共中央军委颁布的红军改编为国民革命军第八路军的命令最后强调:"各师改编为国民革命军后,必须加强党的领导,保持和发挥十年斗争的光荣传统,坚决执行党中央与军委会的命令,保证红军在改编后成为共产党的党军,为党的路线及政策而斗争,完成中国革命之伟大使命。"①在敌后开展独立自主的游击战,既服从于坚持持久战的总体战略方针,又充分发挥人民军队的优势,在政治上能保证党对军队的绝对领导。要坚持独立自主的山地游击战争,就必须建立巩固的根据地,作为保存、发展自己和消灭敌人的战略基地。要建立根据地,就必须要有军队、政权、党的组织和广大群众的支持,这是基本条件。地形条件一般是以山地为支点,逐步向平原发展。八路军、新四军根据中共中央和毛泽东的战略部署,分兵发动群众,开展独立自主的敌后游击战争,收复被国民党军队丢失的大片国土,整顿社会秩序,恢复和发展党的组织,建立抗日民主政权,创建了晋察冀抗日根据地、晋西北和大青山抗日根据地、晋冀豫抗日根据地、晋西南抗日根据地、山东抗日根据地、华中抗日根据地等十几个抗日根据地。

平型关战斗之后,毛泽东指示八路军"发挥进一步的独立自主原则,坚持华北游击战争,同日寇力争山西全省的大多数乡村,使之化为游击根据地,发动民众,收编溃军,扩大自己,自给自足,不靠别人,多打小胜仗,兴奋士气,用以影响全国,促成改造国民党,改造政府,改造军队,克服危机,实现全面抗战之新局面"②。并具体指示聂荣臻、贺龙、刘伯承和林彪带领部队分别进入晋东北、晋西北、晋东南和晋西南地区,建立抗日根据地,以造成对太原的包围和半包围形势。按照中共中央的指示,聂荣臻在平型关战斗后即率115师一部共2000余人,深入雁北、察南和冀西一带,发动群众建立政权,成立了晋察冀军区,创建了第一个敌后抗日根据地。刘伯承、邓小平率领的129师和115师344旅进入晋东南地区,与薄一波领导的山西青年抗敌决死队和杨秀峰领导的河北民军冀西游击队结合,成立了晋冀豫军区,建立了晋东南抗日根据地。贺龙、关向应率领120师进入晋西北地区,广泛发动群众,展开游击战争,于1938年3月收复宁武等7县,奠定了晋西北抗日根据地的基础。林彪率领115师343旅,进入吕梁地区,发动群众开创了晋西南抗日根据地。八路军在山西战略展开后,中共中央和毛泽东又提出八路军东进,发展冀鲁豫

---

①《毛泽东军事文集》第2卷,军事科学出版社、中央文献出版社1993年版,第35页。
②《关于华北红军的任务与扩军方法的指示》(1937年11月13日),《中共中央文件选集》第10册,中共中央党校出版社1985年版,第377页。

平原游击战争、建立平原根据地的战略计划。1938年3月,毛泽东在政治局会议上提出在绥远、鄂豫皖、湘鄂赣、山东等地建立抗日根据地的设想。4月21日,毛泽东、张闻天和刘少奇致电刘伯承、徐向前、邓小平等,指出:"根据抗战以来的经验,在目前全国坚持抗战与正在深入的群众工作两个条件之下,在河北、山东平原地区广大的发展抗日游击战争是可能的,而且坚持平原地区的游击战争,也是可能的。""党与八路军部队在河北、山东平原地区,应坚决采取尽量广大发展游击战争的方针,尽量发动最广大的群众走上公开的武装斗争。""根据上述的方针,应即在河北、山东平原划分若干游击军区,并在各区成立游击司令部,有计划地、有系统地去普遍发展游击战争,并广泛组织不脱离生产的自卫军。""在收复的地区应即建立政府,设法多少恢复当地的抗日秩序……组织民众抗日战争,镇压汉奸,保护民众利益,帮助部队筹拨给养等。"①照此部署,八路军总部命令各师主力分头向东挺进。4月下旬,徐向前率领129师主力和115师一部挺进冀南,协同地方党和先期到达的部队消灭了日伪和土匪,建立和发展了以南宫为中心的冀南平原根据地;7月,115师和129师各一部组成的津浦支队,进抵宁津、乐陵为中心的冀鲁边区,再建立冀鲁边平原根据地。早在1937年10月,原东北军53军一个团在共产党员吕正操率领下到达冀中地区,与地方抗日武装相结合,于次年4月,建立了38个县的政权,成立了冀中军区和行政公署,建立了冀中平原根据地。与此同时,刘伯承带领129师386旅进入豫北,宋时轮和邓华率领八路军第四纵队进入平西和冀东,李井泉率领120师一部进入大青山,分别在这些地区建立了根据地。②新四军也挺进大江南北,开赴苏南、皖南、皖中等地区,发动群众,开展游击战争,创建华中敌后抗日根据地。

1938年10月至11月,中共六届六中全会明确指出党的工作重点在战区和敌后农村,提出"广大地发展敌后游击战争,创立和巩固我之根据地,缩小敌之占领区,配合主力作战"的要求,并确定了"巩固华北、发展华中"的具体

---

①《关于平原游击战的指示》(1938年4月21日),《中共中央文件选集》第10册,中共中央党校出版社1985年版,第506页。
②冯文彬等主编:《中国共产党建设全书1921—1991》第1卷,山西人民出版社1991年版,第747页。

方针。会后,中共中央和中央军委发布命令:罗荣桓率领 115 师师部及 343 旅 686 团,迅速进入山东、淮北地区,以增强山东抗日骨干力量,巩固和发展山东根据地;贺龙、关向应率领 120 师主力进入冀中,执行巩固冀中根据地的任务;刘伯承、邓小平率 129 师 386 旅主力进入冀南,巩固和发展鲁西北根据地;同时,中共中央又成立了以刘少奇为首的中原局,加强华中地区工作。[①] 八路军、新四军挺进敌后,同地方党组织相配合,发动群众,建立起抗日游击队和群众抗日组织,创建了抗日根据地,逐渐形成一个敌后战场,稳定了华北、华中战局,牵制和消耗了日军,配合了正面战场的作战。

党的建设是保证党的基本路线基本政策得以贯彻执行的决定性力量。在抗日战争的艰苦环境中,中国共产党将党的建设与党的政治路线紧密结合,大力发展党组织和党员队伍,不断加强自身建设,为实现党在抗战时期的基本政策提供了根本保障。全国抗战爆发时,中国共产党的组织主要集中在红军和陕甘宁边区及其他一些小块根据地,在全国范围内,党的力量还是很弱小的。特别是在国民党统治区,大多数党组织被破坏殆尽,许多地区只剩下零散的党员。为适应急剧变化的形势和抗日斗争的需要,中共中央及时提出"建立全中国的强固的共产党"的战略任务。毛泽东明确指出:"指导伟大的革命,要有伟大的党,要有许多最好的干部。""我们党的组织要向全国发展,要自觉地造就成万数的干部,要有几百个最好的群众领袖……党依靠着这些人而联系党员和群众,依靠着这些人对于群众的坚强领导而达到打倒敌人之目的。"为此,中共中央多次发出指示,要求各地党组织根据形势的变化,结合当地实际情况,改变党的领导方式和工作方法,在巩固和扩大党的秘密组织的同时,用一切方法争取党的公开与半公开,发展党的组织。1938 年 3 月 15 日,中共中央作出《关于大量发展党员的决议》,指出:为了担负起扩大与巩固抗日民族统一战线以彻底战胜日本帝国主义的神圣任务,大量地、十百倍地发展党员,成为党目前迫切与严重的任务。决议要求各地党组织大胆地向着积极的工人、雇农、城市中与乡村中革命的青年学生、知识分子,以及

---

① 马齐彬主编:《国共两党关系史》,中共中央党校出版社 1995 年版,第 684 页。

坚决的、勇敢的下级官兵开门，把发展党的注意力放在吸收抗战中新的积极分子与扩大党的无产阶级基础之上。要特别注意在战区、在前线大量地吸收新党员，建立强大的党组织。在后方无党组织的地区，应有计划地、迅速地去重新建立与发展党的组织。为保证大量发展党员的同时巩固党的组织，中央要求各级党组织要给新党员以初步的马列主义与党的知识教育，使他们了解共产主义与其他党派的思想理论的基本区别。中央还要求把发展党员作为每个党员及各级党部的经常的重要工作之一，进行经常的检查与推动。

中共中央关于大量发展党员的决议下达后，各地党组织都把发展党员作为一项重要工作，使各级党组织和党员队伍获得了前所未有的大发展。如仅从南方局工作范围来看，全国抗战开始时，上海的党员1938年2月有300名，到1939年10月已发展到2300名；中共广东省委于1938年4月成立后，大力发展党的组织，到1938年10月，仅琼崖地区的党员就由抗战初期的600余名猛增到5000名，广州和香港等地的党员由1937年下半年的350多人发展到2500名；四川省在1937年10月仅有党员三四百名，到1938年11月已发展到3250多名。①

南方国统区的中共组织，在土地革命战争时期，除少数地方零星党员和少量红军及游击队中的党员保持组织联系坚持活动外，其他全数遭到破坏，损失殆尽。在实现第二国共合作后稍见宽松的政治环境中，加之国统区党组织有着广泛深厚的群众基础，党的组织得以恢复和重建，并迅速发展起来。1937年下半年，中共中央陆续派出干部到南方一些省份建立了省级地方组织。是年底，长江局成立后，又派出干部在另一些省份建立省级组织。至此，在河南、湖北、江苏、四川、湖南、广西、贵州、安徽、广东、云南、浙江、江西、福建等13个省建立了省级党的组织机构，从而在南方组建起党的组织系统较为完整的骨架。根据1938年3月中共中央《关于大量发展党员的决定》，长江局指导和督促各省党组织积极"大量地、十百倍地发展党员"，使南方国民党统治区党员数量得到空前大发展，到1938年9月党员已发展到6.7万余

---

①《中国共产党历史》第1卷，中共党史出版社2002年版，第642页。

人(不包括军队中的党员),占到全国党员总数(25万)的27%,占1938年3月以后全国发展党员数(15万)的近一半。① 并相应建立了省以下党的各级组织和大量基层党支部。由于国民党当局仍然不允许共产党组织公开合法的存在,因此,除少数人有公开合法身份外,国民党统治区的党组织和党员大都处于地下状态,他们和社会各阶层、各抗日民主团体,特别是工人、农民、青年、妇女等基本群众有着广泛的联系。在抗日救亡运动蓬勃开展的基础上,各地方党组织重点加强党的发展与建设,使党的组织在大多数地区得以立住脚。

在中共中央正确方针的指导下,党的组织和党的队伍得到迅速发展。到1938年底,中共党员已从全国抗战开始的4万多发展到50余万,党的组织已从狭小的圈子走了出来,成为具有广泛群众基础的大党。中国共产党领导的八路军、新四军及其他人民武装,在敌后广泛发展抗日游击战争,建立抗日民主根据地,逐步开辟了广大的敌后战场。从1937年9月到1938年10月,八路军、新四军同日、伪军作战1600余次,毙伤俘敌5.4万余人,八路军发展到15.6万余人,新四军发展到2.5万人,敌后抗日根据地(包括游击区)总人口达5000万以上。②

(三)巩固和扩大统一战线

要贯彻执行抗日救国的基本政策,争取抗日战争的胜利和民主政治的实现,就需要团结一切可以团结的力量,巩固和发展抗日民族统一战线。"十大纲领"关于"在国共两党合作的基础上,建立全国各党各派各界各军的抗日民族统一战线,领导抗日战争"③的主张,表明中共始终坚持基本政治理念,认为统一战线是群众性的,国共合作只是其"基础"而远非全部。所以中共中央书记处指示各地党组织:"此时最紧要的任务,是迅速地、切实地组织抗日统一战线,以扩大救亡运动。"由中共党员发动社会各界组织各自的救亡团体,要

---

① 金冲及主编:《周恩来传》,中央文献出版社1998年版,第517页。
② 《中国共产党历史》第1卷,中共党史出版社2002年版,第643页。
③ 《中国共产党抗日救国十大纲领》(1937年8月15日),《中共中央文件选集》第10册,中共中央党校出版社1985年版,第318页。

求国民党当局批准立案成立,并加入国民党的类似组织。① 这使中共领导或影响的抗敌救亡组织纷纷涌现。此外,中共的统战工作重在宣传,对群众救亡运动尤其如此;从此开始宣传重点始终定在坚持抗战和抗战必须发动群众、发扬民主这两点上。为了宣传,周恩来在1937年8月间同国民党中宣部长邵力子商定了在国统区办报事,拿到邵签署的中共南京办事处办报批文后,又立即组织潘梓年等人在宁筹备《新华日报》《群众》周刊。宣传作为统战工作的重点,决定了国统区的群众救亡运动重在文化教育界。如这时周恩来指示中共的左翼文化工作负责人夏衍,今后以进步文化人士的身份在国统区做统战工作。他还派遣张爱萍等在上海知识界和学生中做统战工作。遵照周恩来的指示,夏衍协助郭沫若筹办的《救亡日报》于8月24日在上海创刊。10月19日,毛泽东在陕北公学演讲,要求学习鲁迅精神,要求具有政治远见、斗争精神和牺牲精神,为民族解放而奋斗,②为开展对文化人的统战工作提出了政治标准。这些工作作为宣传动员群众以配合上层小统战的策略手段,为南方局后来的工作准备了基本的方式和内容。

从这时开始,中共在事实上正式将中间势力作为应该争取的民主力量,开展统一战线工作。对于国民党民主派、抗战派,中共高度重视,尽可能与之协商共事。7月下旬,周恩来同博古、林伯渠到上海,就《中共中央为公布国共合作宣言》征求宋庆龄的意见,得到了她的支持。8月在南京,周恩来与朱德探望国民党中执委会委员于右任,商谈筹办《新华日报》事并请他为之题写报头,于欣然同意。9月在山西,周恩来还同彭德怀专程到保定会见保定行营主任徐永昌、第二集团军总司令刘峙等,商谈八路军在河北的布防和作战问题。对于地方实力派,中共中央早就尽可能与他们联系以促成国内和平,抗战爆发后为促成统一战线的正式建立,更是抓紧这方面的联络。仅周恩来8月就与朱德、叶剑英在南京先后会晤了第2预备军司令长官刘湘、第3战区司令长官冯玉祥、军委会参谋副总长白崇禧、第3预备军司令长官龙云等,商

---

① 《中央关于组织抗日统一战线扩大救亡运动给各地党部的指示》(1937年7月15日),《中共中央文件选集》第10册,中共中央党校出版社1985年版,第288页。
② 毛泽东:《论鲁迅》(1937年10月19日),中共中央文献研究室编:《毛泽东文集》第2卷,人民出版社1993年版,第43—44页。

谈合作抗战,并与刘商定互派人员建立联络关系,后派了罗世文去刘处;9月到山西后,他与阎锡山、傅作义为商定八路军的活动地区、指挥关系、作战原则及平型关等地防御问题,更是频繁交谈,并按照毛泽东关于冀察晋绥4省军政人物的做法"完全脱离民众",使"整个华北战线酝酿着极大危机"的评估和坚持与阎合作,不参加任何倒阎阴谋,但原则问题决不让步的指示,在与阎商谈、会见晋军将领陈长捷等人时,反复说明运动战和游击战要旨,强调抗战"必须发动群众",提出设立战区动员委员会的建议,以使阎理解中共的抗战理论和实践,使八路军在山西站住脚,巩固统战,坚持抗战;他还同第22集团军总司令邓锡侯、第41军军长孙震等建立了联络关系。这些工作,为后来南方局深入开展国民党抗战派、地方实力派的统战工作,借以推动当局坚持联共抗战,作了前期联络准备。

对于中间党派,这时中共中央的认识并不怎么到位。7月9日,洛甫、毛泽东电示叶剑英及上海、太原、广西、西安的党组织负责人,向救国会及各方表示同意西安救国团体向中共提出的四项建议,请他们与国民党及各界协商,迅速组成统一战线。可见这时中共关心的是通过中间团体促成统一战线组织并将他们容纳于其中,对中间党派则无考虑。但周恩来却已将中间党派考虑进去。8月在南京,他已与第三党总书记黄琪翔就巩固和扩大抗日民族统一战线问题交换了意见,希望黄利用自身条件和机会起一些推动和促进作用;又与朱德、叶剑英造访黄家,与黄及国民党中央秘书长张群商谈合作抗日事。① 这些工作,也许有周恩来的"布冷子"的考虑,当时并无更多的战略要求,但正因此,其策略性就更为明显。

很明显,这时中共要求的统一战线包括全民族一切抗日力量,但以国民党为主,以知识分子为主体的中间力量则是其中的重要力量。

第二次国共合作实现后,中共以很大力量加强在国民党统治区的工作,以推动国民党实行全面抗战路线,扩大和巩固抗日民族统一战线。1937年12月,中共中央长江局在武汉成立,统一领导党在南中国的各项工作尤其是

---

① 汉秋:《一张历史照片中的仅存者》,1995年9月18日《光明日报》第7版。

统战工作。这时的统战工作以国民党为主要对象,重点内容是就国共合作的组织形式进行谈判。成立国共两党关系委员会、商定共同纲领,以组织形式保证统一战线的巩固,是长江局力争实现的统战工作目标。但由于蒋介石的目的在于通过抗战来溶化各党派,对共产党的主张一味敷衍拖延,虽然几经谈判,最终则不了了之,以至于在抗战中始终没有形成正式有形的抗日民族统一战线组织形式,而是以无形的、遇事协商的方式维持了统一战线的存在。党领导的武装力量和根据地坚持抗战而得到人民拥护,迅速发展,需要扩编及"合法化",才有利于敌后游击战争的深入发展。1938年1月,遵照毛泽东电示,周恩来、叶剑英等向蒋介石提出八路军扩编为3军9师或3师27团加四五个司令部、新四军增编为7个支队、边区辖23县的要求。蒋只答应向八路军提供武器和技术人才,陕甘宁边区只能划17个县。这样,在军队扩编、根据地"合法"等问题上的谈判陷入困境并因而长期延续下去,构成国共关系的再一个重点内容,也使谈判成为后来南方局在重庆对国民党当局开展统战工作的主要方式。武汉时期,国民党当局抗战比较积极,长江局因而对其积极支持。于1937年底至1938年5月派陶铸等人先后在汤池、武昌举办了4期合作人员训练班,既支援当局抗战,也培养了一批中共的救亡工作骨干;1月1日长江局提出应该同国民党开诚合作;3月间就徐州会战反复向第5战区司令长官李宗仁及白崇禧提出作战方针和设想,及时通报敌情,调动中共地方武装协助配合,有力促成了台儿庄战役的实施和成功;6月至10月间发表意见书,呼吁发扬保卫马德里的精神,保卫大武汉,提出"将敌军击败和消灭在一切进入武汉的门户之外"①的作战方针,建议抽调包括八路军在内的若干师组建新的国防师,并参加了当局组织的保卫武汉工作及动员委员会;还为武汉军官训练团讲授抗日游击战争的战略思想课;就华南军事问题提出建议。因此这一时期国共关系较好。但这种较好关系是以国民党对于抗战和维护"以党治国"的需要为前提的,当其需要如拉拢中共以促使苏联出兵打日本的企图得不到满足时,当其认为中共在统一战线中的发展有违其"以党治

---

① 陈绍禹、周恩来、秦邦宪:《我们对于保卫武汉与第三期抗战问题底意见》(1938年6月15日),《中共中央文件选集》第10册,中共中央党校出版社1985年版,第522、525、526页。

国"的利益时,这种关系就必然变坏,从而危及统一战线。这从一个侧面反映了国民党当局对待国共关系,远不像中共那样重在战略考虑,而是一种自我想象的策略目标的凑合,这当然决定了在南方局时期,国共在政策目标不一致基础上的长期斗争。

遵循中共的一贯工作思路,长江局对通过民众救亡运动形成群众性的统一战线特别关心,着力特别多,当时的成绩也最为有声有色。除广泛开展青年工作,动员青年到军队、战地、农村、敌占区去发动和组织群众,担负起救亡建国的责任外,长江局趁国府军委会改组,成立政治部及其第三厅之机,以周恩来担任政治部副部长,郭沫若任第三厅厅长主管宣传,从重庆等地调集或动员了阳翰笙、田汉、胡愈之等一批党内外文化人到三厅,以政府名义做文化界的统战工作,为武汉时期的群众救亡运动创造了条件。工作内容首先是利用一切时机如群众性的集会、一切手段包括集会上的讲演和给《新华日报》《群众》周刊撰文,宣传中共的抗日主张,要求文艺家团结起来到前线和人民中去完成时代的重任。再就是成立各种文化救亡组织,将文化界组织起来开展工作。如3月间成立了中华全国文艺界抗敌协会、中苏文化协会理事会等。特别是周恩来领导第三厅于4月间开展了抗战扩大宣传周活动,举行了十万人火炬游行及歌咏日等宣传活动,几十个演剧队和几百个口头宣传队深入大街小巷、工厂码头、郊区农村广泛宣传抗日,群众也踊跃参加活动,使武汉的抗敌宣传在规模和效果上都达到空前的程度。周恩来还领导三厅于7月间发起了献金运动,带动了50万群众在5天内献金93万元,有力支援了抗战。这种群众运动,不仅是推动国共合作的策略手段,而且作为大统战的必然部分,它直接构成为中共统战政策所必有的内容。这种政策和策略上的认识与行为,当然为南方局后来的统战工作包括国共关系处理,构成了经验基础。

抗战需要民主。这决定了中共在国统区统战工作的重点必然放在争取民主、以民主形式发动和组织抗战力量方面。因此,武汉时期长江局统战工作的再一个重要内容,是积极呼吁民主,促成国民党决定成立国民参政会,并"遴选"毛泽东、陈绍禹、秦邦宪、董必武、林伯渠、吴玉章、邓颖超7人,作为

"文化团体"中国共产党的代表,担任参政会的参政员。针对国民党当局的非民主观念和行为,为在抗战中发展民主,按照长江局的建议,在7月6日国民参政会首次会议开幕前,发表了中共7参政员对于参政会的意见,在实体法和程序法意义上,概略阐述了共产党关于民主的主张和追求,既肯定召开参政会是政治生活向着民主制度的一个进步,表示愿与各党派及无党派的参政员携手努力"以最积极、最热忱、最诚挚的态度去参加国民参政会的工作",又指出它还仅是非普选、非全权的咨询机关,强调必须改善政治机构,"促成人民全权代表机关在将来建立"①,吹响了党在抗战中通过统战工作争取和发展民主政治的号角。这当然为南方局针对国共关系的焦点所在,所做的重点工作,特别是其后期的主要工作,准备了基础。

要发展民主,就需要大力团结中间势力。长江局为此也做了许多工作。1938年初,周恩来指示中共江苏省委,特别是上海党组织,积极推动社会名流、开明绅士和民族资产阶级头面人物参加抗战。② 在武汉,周恩来多次与国民党抗战派、民主派人士于右任、黄琪翔、冯玉祥谈时局,介绍党的全面抗战主张,具体商量发动民众等问题,并通过专做统战工作的党员王炳南与屈武一道,同于右任保持了联系,还与远在香港的宋庆龄联系,于是有了当年夏天宋庆龄在港发起成立保卫中国同盟。但由于王明只注重联系国民党的错误思想的影响,长江局对于中间党派相对关心较少,主要限于同救国会的联系,如与国民党交涉,要求释放在其查封汉阳兵工厂抗敌工作团事件中被拘留的李公朴,使其很快获释。而对于其他中间党派,长江局则只限于在公开场合的交往。这种情况随着参政会的出现而开始改观,但力度仍不大。对于地方实力派,周恩来特别注意,在年初已向党中央建议派得力川籍干部赴川主持党的工作,开展争取地方实力派的工作。他与叶剑英、罗炳辉等先后会见了第77军(西北军旧部)副军长何基沣、滇军第184师师长张冲和新桂系首领李宗仁等,解释党的抗日民族统一战线的方针政策,赞扬他们坚持抗战,希望

---

① 参见毛泽东等:《我们对于国民参政会的意见》(1938年7月5日),《中共中央文件选集》第10册,中共中央党校出版社1985年版,第557—560页。
② 中共重庆市委党史研究室编:《中共中央南方局大事记》,重庆出版社2004年版,第7—8页。

他们与八路军协同作战,并安排何秘密去延安,应张之请派薛子正去张部工作,与李商定派钱俊瑞、胡绳等去第5战区成立抗敌工作委员会,还派张友渔(后刘贯一接替)、张爱萍分别做湘军首领程潜、新桂系首领之一的黄绍竑的统战工作,指导新桂系首领之一白崇禧的机要秘书谢和赓(秘密共产党员)在广西的统战工作。长江局管辖的党组织则与川军首领之一的邓锡侯,晋系的商震、张轸、刘汝明、刘茂恩,东北军将领于学忠,原属西北军的将领冯治安、张钫等建立了统战关系。这些工作为后来南方局更深入地开展这方面工作并取得重大成就,提供了基础。

综上可见,中共始终以抗日民族统一战线相号召,并始终坚持统一战线中的独立自主原则,全力领导党的武装力量和人民的敌后游击战争、根据地及其政权的发展,全力领导党的组织和党员队伍的发展和建设,全力加强党的自身建设,并广泛团结全国各党派各阶层力量,从而有力地发展和壮大了人民军队和党的力量,有效地扼制了国民党的限共、反共策略,巩固和发展了抗日民族统一战线,维持了全国团结抗战的局面,为实现党在抗战中的基本任务和基本政策奠定了坚实基础。

三、民族危机迫在眉睫时的较好合作

从第二次国共合作形成到1938年10月广州、武汉失守的抗战防御阶段,尽管两党关于国共合作的一些重大问题未能达成一致,国民党也"还不愿意发动全国人民参加抗战"[①],更没有放弃其"溶共、限共、反共"策略,严峻防范和限制共产党,[②]其"联共抗日"政策也不乏策略成分,但由于"日本侵略者的大举进攻和全国人民民族义愤的高涨,使得国民党政府政策的重点还放在

---

① 《中央关于目前形势与党的任务的决定》(1937年8月25日),《中共中央文件选集》第10册,中共中央党校出版社1985年版,第322页。
② 《"总统"蒋公思想言论总集》卷9,第180页。

反对日本侵略者身上","对日作战是比较努力的,同我党的关系也比较好,对于人民抗日运动虽有许多限制,但也允许有较多的自由"①。因此,国共两党面对迫在眉睫的民族危机,关系相对融洽地共御外侮,实现了较好合作并取得一定的合作成效。从日后国共关系的前因角度看,这主要表现在政治上。但即使如此,也需要辩证地看。而这样看去,则恰好显现了后来南方局时期双方在政策和策略上矛盾斗争的重要内容或舞台。

(一)中共为制定国共合作共同纲领而努力

为实现国共长期合作,巩固和发展统一战线,中共采取"在政治上提高国民党一步"的政策,以"推动国民党的进步"。② 为此,中共认为"抗日需要一个坚固的统一战线,这就需要一个共同纲领",但"今日的抗日统一战线,还没有一个为两党所共同承认和正式公布的政治纲领,去代替国民党的统制政策",而"共同纲领是这个统一战线的行动方针,同时也就是这个统一战线的约束,它像一条绳索,把各党各派各界各军一切加入统一战线的团体和个人都紧紧地约束起来。这才能说得上坚固的团结……才能适应抗日战争"③。早在第二次国共合作建立之前,国共两党就制定共同纲领的问题曾进行过协商,但终因国民党的拖延和推诿而未果。1937年9月,国共合作正式形成后,制定共同纲领便成为急务。12月,政治局会议决定由王明、周恩来、博古、叶剑英组成代表团到武汉,继续与国民党就统一战线的组织形式和共同纲领问题等进行谈判协商。中共代表团抵汉后,立即与国民党代表陈立夫先行接触,陈表示要"规定共同纲领,努力实现"。随后,在王明、周恩来等与蒋介石直接会谈中,达成成立两党关系委员会的协议,并由周恩来、刘健群起草共同纲领。月底,中共通过由周恩来起草的《中国人民抗日救国纲领》草案,并由周恩来提交给两党委员会,该草案包括抗战建国许多重要原则。1938年春,

---

① 毛泽东:《学习和时局》(1944年4月12日),《毛泽东选集》第3卷,人民出版社1991年版,第938、941页。
② 《中共中央文件选集》第10册,中共中央党校出版社1985年版,第589—590页。
③ 毛泽东:《国共合作成立后的迫切任务》,《毛泽东选集》第2卷,人民出版社1991年版,第338页。

两党委员会又协商起草了一份共同纲领草案,但是国民党中央对此始终未提出正式意见。3月,即国民党临时全国代表大会召开前夕,中共再次呼吁"发布以孙先生三民主义为基本原则的抗日民族统一战线的共同纲领"①。由于长江局的原因,无论国民党人是否看到了这个电报,它都体现了中共对两党合作、共同抗日的诚意,这是确定无疑的。3月29日至4月1日,国民党临全大会在武汉召开。大会通过《抗战建国纲领》,明显吸收和采纳了中共《抗日救国十大纲领》的许多原则项目,这是中共不懈努力的结果,也是两党加强政治合作的重要体现。

《抗日救国十大纲领》与《抗战建国纲领》基本条文是一致的,主要表现在以下几个方面。第一,关于抗日和外交。中共的纲领规定:"打倒日本帝国主义","驱逐日本帝国主义出中国";"在不丧失领土主权的范围内,与一切反对日本帝国主义的国家订立反侵略的同盟,及抗日的军事协会"。国民党的纲领规定:"联合一切反对日本帝国主义侵略之势力,制止日本侵略","否认及取消日本在中国领土内以武力造成之一切伪政治组织及其对内外之行为";"本独立自主之精神,联合世界上同情于我之国家及民族,为世界之和平与正义,共同奋斗"。第二,关于军事。中共纲领规定:"动员全国海陆空军实行全国抗战";"武装人民,发展抗日的游击战争,配合主力军作战","破坏敌人后方";改良"抗日军人的待遇","优待抗日军人的家属"。国民党纲领规定:"加紧军队之政治训练,使全国官兵明了抗战建国之意义,一致为国效命";"指导及援助各地武装人民,在各战区司令长官指挥下,与正式军队配合作战,以充分发挥保卫乡土抵御外侮之效能,并在敌人后方发动普遍的游击战,以破坏及牵制敌人之兵力";"抚慰伤亡官兵,安置残废,并优待抗战人员之家属"。第三,关于政治。中共纲领规定:"实行地方自治,铲除贪官污吏,建立廉洁政府"。国民党纲领规定:"加速完成地方自治条件","整饬纲纪","严惩贪官污吏,并没收其财产"。第四,关于经济。中共纲领规定:"经济政策是整顿与扩大国防生产,发展农村经济,保证战时农产品的自给","改良人

---

① 《中共中央致国民党临时全国代表大会电》(1938年3月25日),《中共中央文件选集》第10册,中共中央党校出版社1985年版,第488页。

民生活"。国民党纲领规定:"经济建设,以军事为中心,同时注意改善人民生活"。第五,关于民众运动。中共纲领规定:"全中国人民动员起来,武装起来,参加抗战";"全国人民除汉奸外,皆有抗日救国的言论、出版、集会、结社,及武装抗敌之自由"。国民党纲领规定:"发动全国民众……有钱者出钱,有力者出力,为争取民族生存之抗战而动员";"于不违反三民主义最高原则及法令范围内,对于言论、出版、集会、结社,当予以合法之充分保障"。第六,关于教育。中共纲领规定:"实行以抗日救国为目标的新制度新课程","提高人民民族觉悟的程度";"实行全国学生的武装训练"。国民党纲领规定:"改订教育制度及教材,推行战时教程,注重于国民道德之修养","加强民族之国家意识";训练青年和妇女,以适应抗战之需要。应该说,在条目上、内容的表面上,两党的政治主张看上去很相近,对两党基本政治理念不了解的人,是很不容易看出二者的差别的。因此,本着现在的"中心策略,不是要国民党定出一个更完善的纲领,而是站在主动的积极地位,帮助国民党实施这个纲领,在实施中发展与提高它"的战略考虑,中共肯定国民党纲领的基本精神和总方向同中共的十大纲领"基本上是一致的"[1],对它应该"取积极资助与拥护的态度"[2]。周恩来为说明中共改造国民党的成绩,在六届六中全会上还说,国民党临全大会是进步的,共同纲领草案对《抗战建国纲领》起了推动作用。他甚至风趣地说,我们的纲领已写进了国民党的党章,为政治密切合作提供保障。

但是,必须承认两党在基本政治纲领上存在根本分歧,埋下了国共合作再次分裂的根源。主要表现在:第一,关于抗战目标,中共要求"驱逐日本帝国主义出中国"即抗战到底,国民党仅要求他国帮忙"制止日本侵略"即抗战不到底,充其量恢复到卢沟桥事变前的状态,表现了严重的对敌妥协倾向;第二,关于抗战的领导权,中共主张在国共两党对等合作的基础上,建立全国各党各派各界各军的抗日民族统一战线,来领导抗日战争,国民党则要求大权

---

[1]《中央关于国民党临全大会后的策略问题致长江局》(1938年4月27日),《中共中央文件选集》第10册,中共中央党校出版社1985年版,第509、508页。
[2]《中央关于对国民党临全大会宣言与纲领立场的指示》(1938年4月18日),《中共中央文件选集》第10册,中共中央党校出版社1985年版,第496页。

独揽,强调由国民党和蒋介石领导全国的抗战大业;第三,关于政治改革方面,中共纲领提出改变国民党政府的独裁统治,建立统一战线的民主政府,国民党纲领则仅在坚持专制制度不变的前提下,调节管制方式而已;第四,关于民运方面,中共纲领要求废除一切束缚人民爱国运动的旧法令,开放党禁,实行民主,国民党纲领却对此避而不谈,并把人民群众的政治自由限制在战前法律法令范围内等。因此,中共指出:"国民党的一切进步的设施都包含有同我党争取领导权,孤立我党的一面在内"[1],中共的"中心策略"就是在帮助国民党实施纲领的过程中,对其积极的进步的方面,予以充分的肯定和发挥;对其缺点和错误,则予以适当的补充和批评。制定和颁布共同纲领,作为中共改造国民党的基本策略,肯定是落空了,但却因此预设了南方局以国共关系为圆心的统战工作的中心任务。

(二)国共合作和统战工作平台——军委会政治部第三厅

周恩来出任国民政府军事委员会政治部副部长,亦当是国共两党合作较为融洽的表现之一,虽然其中不乏国民党当局装点"改组政府机构"门面之策略因素。政治部这个机构,在大革命时期的北伐战争中创造过辉煌。但蒋介石背叛革命后,在对中央苏区第五次"围剿"时将其改为行营政训处,成为一个在军队中从事特务活动的机构,声名狼藉,早已为人唾弃。国共合作抗战后,蒋介石为收揽人心,决定恢复军委会政治部。

1938年初,国民党当局改组军委会,取消原军委会下属行营政训处和第六部,恢复政治部,任命陈诚为政治部部长,并邀周恩来、黄琪翔(第三党领导人)任政治部副部长。为此,陈诚还亲自登门敦请。与此同时,行政院院长孔祥熙也邀请周恩来到行政院任职,并由行政院副院长张群出面相邀。对于这个意外"收获",周恩来和中共代表团最初都婉言辞谢。1月中旬,蒋介石、陈诚会见中共代表团时,坚持请周恩来做政治部副部长,周恩来仍然推辞,表示做副部长可能引起两党摩擦,恐不妥。蒋介石明确表示:不要怕摩擦,可以避

---

[1]《中央关于国民党临全大会后的策略问题致长江局》,《中共中央文件选集》第10册,中共中央党校出版社1985年版,第509页。

免摩擦;政治工作方针是加强部队,发动民众;副部长职权可以明确规定,能负其责;编制人事还未定,可以商量;康泽(系当时国民党反共特务头子)可以共事,不致捣乱。中共代表团将此电报中共中央,认为应谢绝参加行政院;政治部属军事范围,为推动政治工作,改造部队,坚持抗战,扩大共产党的影响,可以担任此职。如果屡推不干,可能会使蒋、陈认为共产党无意相助,使反对国共合作者的意见得以加强。中共中央从团结抗日的大局出发,同意周恩来出任此职。

在周恩来出任政治部副部长的同时,蒋介石还邀请流亡日本10年、刚脱险归国参加抗战的郭沫若担任政治部主管文化宣传工作的第三厅厅长。这样,可以招揽大批文化界名人置于其股掌之上,达到既装点门面,又羁縻人才之目的。郭沫若在开始时不愿意任三厅厅长。周恩来耐心地做他的工作,指出国民党是寸权不让的,要一党专政,如果我们有一个政府机构,哪怕是很小的机构,也可以通过它来做许多全面抗战的事情。经过周恩来的说服动员,并得到陈诚关于第三厅的工作计划制定不受限制、人事相对自由、经费保证等三项承诺,郭沫若最终同意出任三厅厅长。4月1日,三厅成立。

在周恩来和郭沫若的领导下,三厅汇集了当时文学艺术和哲学社会科学界的一大批民族文化精英;三厅还设有一个中共特别支部,聚集了一些中共党员,包括郭沫若、阳翰笙、冯乃超、杜国庠、田汉、董维健6人,另外组成一个秘密小组,直属周恩来领导,这使得共产党员在三厅发挥了政治核心作用,使三厅实际上成为中共领导的在国统区开展进步文化运动的生力军和战斗堡垒。他们编写各种宣传品,出版通俗易懂、生动形象的宣传书刊,举办各种演讲会、座谈会,开展大规模的文艺演出等活动,揭露日军残暴行径,唤醒广大民众,激发人们爱国热情,增强战斗意志,为抗战尤其是当时的"保卫大武汉",做出了重要贡献。这些都为后来南方局在重庆通过第三厅和作为它的延续的文化工作委员会,开展抗战文化工作,争取和团结进步文化人,准备了一定的条件。

(三)国共合作、统一战线的活动舞台——国民参政会

抗战初期,蒋介石国民党抗日是比较努力的,其政策重点也放在反对日

本侵略者身上,因此针对中共和各小党派主张改革政治、成立民意机关、实行抗战民主的强烈要求,国民党决定设立国民参政会。

参政会作为抗战时期由国民党当局成立,包括国民党、共产党及其他抗日党派和无党派人士代表在内的最高咨询机关,其前身是被称为"民主在抗战期间开始发展的小小萌芽"的国防参议会。1937年8月,国民党在南京成立国防最高会议,下设国防参议会,作为战时咨询机关。其人员组成,均系各方面推荐,由国民党最高当局具名邀请。当时被邀做参议员的有共产党、青年党、国社党、第三党、救国会等各党派的领导人和社会名流共20余人,中共代表团的周恩来被聘列名其中,但因故从未出席。国防参议会的职权范围、组织条例、议事规则均极其简单,甚至没有发表过书面说明。会议通常由国防最高会议副主席汪精卫主持,每周召开一至二次。国防参议会从成立到1938年6月结束,共开会64次。所谓听取报告、咨询、建议等均少有结果。国防参议会的召开在当时情况下多少算一个好的开端,但影响很小。南京沦陷后不久,国防最高会议参议会随国民政府迁到武汉,还存在了一个较短的时期。

1938年3月1日,长江局自行代表中共中央,提出了"健全民意机关"[①]的主张。鉴于军事形势的危急和外交上的孤立,国民党决定接受共产党的主张,结束国防参议会,"组织国民参政机关,团结全国力量,集中全国之思虑与识见,以利国策之决定与推行"。在各界关于迅速成立民意机关,实行抗战民主的强烈舆论要求下,国民党临全大会决定成立非常时期国民参政会。为此,它通过决议案,规定参政会具有抗战时期政纲政策之初步决定权,预算决算之初审权,对行政院院长、副院长及各部部长行使同意权,其他有关国家大计之建议权、质询权等四大职权,只是所有职权均须送请国民党中央党部最后决定。但随后举行的国民党五届四中全会在修正通过前述决定时,上述职权均被删去或模糊简化。因此在国民政府公布的《国民参政会组织条例》中,参政会的宗旨是"集思广益,团结全国力量";其职权是"在抗战期间,政府之

[①]《中共中央对国民党临时全国代表大会的提议》(1938年3月1日),《中共中央文件选集》第10册,中共中央党校出版社1985年版,第492页。

施政方针,于实施前,应提交国民参政会议决议",在决议后应由国防最高会议通过,再交主管机关制定法律或颁布命令施行。这样,国民参政会这个代表"民意"的机构实际上只是国民党及其政府的咨询建议机构,不是权力机关。

国民参政会参政员的遴选,由国防最高委员会和国民党中执委会扮演重要的或决定性的角色。《国民参政会组织条例》规定参政员由国民党中央决定,国民政府公布,在各界地方代表,蒙古、西藏地方代表,海外华侨代表,"重要文化团体或经济团体"代表等方面人士中产生。这就是说,只按不同服务团体和年限及不同居留地区的人员分配参政员名额,而不是各党派以"党派代表"遴选参政员,从而巧妙地掩饰了国民党参政员在参政会中所占的垄断地位(占参政员总数的70%以上)及各党派参政员所占比例极小的不合理性。如此一来,在第一届参政员200人中,共产党7人、青年党6人、国社党5人,第三党(中华民族解放行动委员会,即后来的农工民主党)1人,以及党派性的团体救国会(中华全国各界救国联合会)6人,职教派(中华职业教育社)3人,乡村建设派1人,都是以"文化团体"代表人士名义(也有个别以地方代表名义)被聘请的;其余全是国民党人。于是,毛泽东、陈绍禹、秦邦宪、董必武、林伯渠、吴玉章、邓颖超7人作为"文化团体"中共的代表,被国民党指定担任参政员。国民党当局这样做的目的很清楚,即连咨询与被咨询权也要由国民党独掌,抹煞中共和小党派参政员所属党派的合法性和公开性。换句话说,中国共产党与各小党派作为政党的合法地位,是没有得到国民党当局承认的。这就决定了在南方局成立后,争取合法地位和民主政治成为中共和中间党派在参政会上与国民党当局进行斗争的焦点。

国民参政会第一届第一次会议于7月6日召开。开会前夕,中共7参政员联名发表文章《我们对于国民参政会的意见》,开宗明义声明他们7人是受中共中央之命受聘为参政员的,并非"文化团体"代表;认为参政会虽然在其产生的方法与职权的规定上,还不是尽如人意的全权的人民代表机关,但并不因此失掉它在进一步团结全国各种力量为抗战救国而努力和企图使全国政治生活走向民主化的初步开端的作用与意义;并表明共产党人除继续努力于促进普选的、全权的人民代表机关在将来能够建立外,将以最积极、最热忱、最诚挚的态度去参加国民参政会的工作。① 国民参政会的设立,为各主要抗日力量共同参与中国政治提供了一个稳定的场所。在抗战前期,参政会成为中共实施抗日民族统一战线方针政策、巩固国共团结的一个活动舞台、重要阵地;对推动全民抗战,起到了一定积极作用。

---

① 孟广涵主编:《国民参政会纪实》上卷,重庆出版社1985年版,第76页。

第三章　第二次国共合作政策策略冲突的表面化

　　1938年10月,广州、武汉相继失陷,抗日战争进入战略相持阶段。由于日本政府对国民党当局实行政治诱降为主、军事进攻为辅的方针,英、美对日本的侵略采取绥靖主义政策,加之对中共领导的人民武装力量日益发展壮大的担忧和畏惧,蒋介石国民党对内对外政策策略开始转变,其政策重点转向消极抗战、积极反共,当其图谋取消中共的溶共、限共策略手段遭到严厉拒绝而未得逞时,便加紧反共步伐,掀起反共高潮。中共中央及南方局坚持抗日民族统一战线政策,坚持统一战线的无产阶级立场和"又联合又斗争"的根本策略原则,采取"发展进步势力、争取中间势力、反对顽固势力"的策略方针(基本政策),对国民党当局以斗争求团结,对顽固派制造的反共摩擦本着有理有利有节的斗争策略予以坚决反击,并开始尽可能广泛地争取和团结中间势力,以维系国共合作和巩固抗日民族统一战线的团结抗战大局。

一、战略相持阶段国共两党的政策策略

　　在抗日战争战略相持阶段到来之时,中共召开了扩大的六届六中全会,制定了党在抗战新阶段的政策策略。国民党也随即召开了五届五中全会,制定了"溶共""防共""限共""反共"策略方针,将其政策重点转向消极抗日、

积极反共,国共两党关系因此发生重大转折。

(一)中共在抗战新阶段的政策策略

1938年9月29日至11月6日,中共在延安召开扩大的六届六中全会,研究和制定了党在抗战新阶段的政策策略。会议的中心议题是毛泽东作政治报告《论新阶段》,并作会议总结,着重论述了统一战线问题及战争和战略问题。毛泽东总结了1934年1月五中全会以来党的工作特别是抗战15个月以来的基本经验教训,科学分析了当前抗战形势,规划并提出相持阶段党的总任务是"坚持抗战,坚持持久战,巩固与扩大统一战线",并明确了各项具体战略任务以及相应的策略方针。

《论新阶段》科学分析国际国内形势及敌我双方情况,预见到游击战争将成为新阶段的敌后主要战争形式。为此,全会决定党的工作重点要放在战区和敌后,发展敌后的游击战争,创立和巩固敌后抗日根据地,缩小敌之占领区,配合正面战场作战。根据敌后游击战争发展的不同情况,中共确定了"巩固华北,发展华中"的战略方针。[①] 毛泽东在总结报告中强调指出:革命的中心任务和最高形式是武装夺取政权,是战争解决问题。在中国,主要的斗争形式是战争,而主要的组织形式是军队;离开了武装斗争,就没有无产阶级和共产党的地位,就不能完成任何革命任务。共产党员不争个人的兵权,但要争党的兵权,要争人民的兵权。现在是民族抗战,还要争民族的兵权。[②] 这些固然是因王明右倾路线所引发的党内理论争论,但从国共合作而言,这却明确了国共分别担任正面战场和敌后战场的战略规划,相应明确了中共独立抗日、放手发展武装力量等一系列战略任务即方针性政策,当然也就决定了南方局成立后国共矛盾斗争的焦点之所在。

《论新阶段》坚持中共的一贯思想,将"坚持抗战到底"作为全民族的第一任务。中共实现这个目的的思路,诚如毛泽东在抗战初起时的洛川中央政

---

① 参见毛泽东:《论新阶段》(1938年10月12—14日),《中共中央文件选集》第11册,中共中央党校出版社1991年版,第593—594页。
② 《战争和战略问题》,《毛泽东选集》第2卷,人民出版社1991年版,第541、543、544、546页。

治局扩大会上所说,是要在联合抗日的情况下,把民族革命与社会革命贯通起来。从新民主主义革命的总策略和当前国共关系考虑,《论新阶段》提出了"建立一个三民主义共和国"[①]的目标要求;将其前提条件规定为国共关系的改善,抗日民族统一战线的巩固与扩大,国家民主化的进步;规定民主化的具体表现是人民政治地位一律平等,官吏民选,政治制度是民主集中制,设立人民代表会议的国会与地方议会,18岁以上的公民不分阶级、男女、民族、信仰与文化程度,都有选举与被选举权,人民有言论、出版、集会、结社、信仰、居住、迁徙之自由。这种以三民主义为其表,以民主集中制、代议制、普选制等为其实的现代民主观念,表明中共希望建立的是更完全意义上的人民民主共和国,而其实现策略则是以抗战为契机,以统一战线去团结民众争取民主,既以民主推进抗战到胜利,又达到最终实现民主政治的目的。实现民主政治因而成为统一战线最重要的目的之一,与国民党当局的通过"训政"去实现"统一"的政策反差太大,决定了其后中共及其南方局在抗日战争中后期的政策策略上必然与国民党当局的政策和策略发生严重摩擦。这就需要中共在统一战线中坚持阶级立场。因此,毛泽东在六中全会上强调要坚持统一战线中的独立自主原则,本质上就是坚持统一战线中无产阶级领导权的问题。他指出:"用长期合作支持长期战争,就是使阶级斗争服从于今天抗日的民族斗争,这是统一战线的根本原则。在此原则下,保存党派和阶级的独立性,保存统一战线中的独立自主;这才有利于合作,也才有所谓合作。否则就是将合作变成了混一,必然牺牲统一战线。"会议由此批判了党内在统一战线问题上的关门主义和投降主义的偏向,着重批判了"一切经过统一战线""一切服从统一战线"的错误主张。毛泽东在总结中指出,国民党是当权的党,它统制民众运动,限制共产党的发展,剥夺各党派的平等权利,不愿制定共同的政治纲领,不许有统一战线的组织形式。在这种情况下,"一切经过统一战线",就是一切经过蒋介石、阎锡山,成为单方面的服从,自己束缚自己的手脚。正确的

---

① 毛泽东:《论新阶段》,《中共中央文件选集》第11册,中共中央党校出版社1991年版,第601、605、633页。

方针应该是"既统一,又独立"。① 为此毛泽东提出对国民党采取"先斩后奏""先奏后斩""不斩不奏""斩而不奏"的灵活策略手段。为保证国共两党长期合作,《论新阶段》仍坚持认为必须解决两党合作的组织形式问题。毛泽东指出:"现在的办法,没有成文,不要固定,遇事协商,解决两党有关之问题",但"这种形式太不密切,许多问题不能恰当的及时的得到解决",延缓大政方针之推行、不利于"下级摩擦问题之调整",说到底"于长期合作是不利的"。② 因此,应当"找到一种最适合于长期合作的统一的共同的组织形式"。对此,中共中央的主张是:"中国共产党认为国共两党合作的最好的组织形式是共产党员加入国民党和三民主义青年团,并将加入国民党与青年团的共产党员的名单交给国民党领导机关,并且不在国民党及青年团中进行征收共产党员的活动。第二种形式则是由两党组织各级的共同委员会来进行两党合作的事宜。"③这表明,中共中央仍然坚持之前已经提出却被国民党拒绝了的合作形式,因为已经没有其他形式可用了;还表明,中共的确是真诚希望通过有形合作,使合作政策坚持下去,却并未想在策略上对国民党使绊子。

(二)国民党从政治"溶共"转向"限共"

抗战进入战略相持阶段后,日本政府开始改变侵华策略,将对国民党当局军事进攻为主、政治诱降为辅的方针,改为政治诱降为主、军事进攻为辅,以便稳固对国民党当局的战线;同时如侵华日军华北方面军司令部所称"剿匪的重心必须指向共产党"④那样,集中兵力进攻抗日民主根据地,以达到既灭共又招降国民党当局的深化侵略目的。1938 年 11 月 3 日,日本近卫内阁发表第二次对华声明,在坚持"善邻友好、防共、共同防卫和经济合作"三原则

---

① 毛泽东:《统一战线中的独立自主问题》(1938 年 11 月 5 日),《毛泽东选集》第 2 卷,人民出版社 1991 年版,第 538、539、540 页。
② 《论新阶段》,《中共中央文件选集》第 11 册,中共中央党校出版社 1991 年版,第 629—630 页。
③ 《中共扩大的六中全会政治决议案》(1938 年 11 月 6 日),《中共中央文件选集》第 10 册,中共中央党校出版社 1985 年版,第 700 页。
④ 袁旭等编:《第二次中日战争纪事(1931.9—1945.9)》,档案出版社 1988 年版,第 178 页。

的前提下，改变 1 月 16 日第一次近卫声明关于"今后不以国民政府为对手"①的方针，要求"国民政府抛弃以前的一贯政策，更换人事组织"，分担"建设东亚新秩序的责任"，②从而开始进行政治诱降。12 月 22 日，日本又发表第三次近卫声明，依据"近卫三原则"，坚持并深化了对蒋介石国民党当局诱降的条件："放弃抗日"、承认伪满洲国，签订"防共协定"，日华经济"提携"。③ 29 日，已逃到越南河内的汪精卫发表"艳电"，响应近卫声明，公开投敌叛国。这就对蒋介石既构成了强烈的政治诱惑，又树立了叛国榜样和争权对手。因此，蒋介石虽未响应日伪的诱降，并通过国府发言人否认日方派人在重庆作和平谈判的传言，但妥协"议和"的心思却已难以掩藏。早在 1937 年 10 月底以后的 3 个月时间里，德国驻华大使陶德曼就已在中日间"调停"。1938 年 1 月 1 日，外交部长王宠惠电令驻日大使与德驻日大使联络谈话并勿拒绝日方求见。次日，蒋介石向陶德曼表示对日方"议和"六条件当"从容考虑"。3 月 27 日，外交部亚洲司司长高宗武及第一科科长董道宁向蒋介石报告了在香港与日方代表会谈了解的日方对华政策"真意"，蒋在此后再派二人赴港与日方继续协商。直到 1939 年 9 月 28 日，王宠惠还对外声称："中国自开战以来，从未拒绝和平。"④此后不久，张群、魏道明等政府官员纷纷到香港作"和平试探"。另外，南京沦陷后，蒋介石还委托《大公报》老板兼主笔张季鸾在香港与日方进行谋和活动⑤。可见蒋介石并未顾及抗日战争与以前国内军阀混战的本质区别，而是按其一贯的行为方式，早已在暗中"议和"，只是日方条件苛刻，才无功而退。但正因此，妥协投降的阴影始终笼罩在中国人民的头上，在相持阶段它更是随汪精卫投敌而来的"和平"叫嚣而日益浓厚。所以中国共产党要适时提出并始终坚持抗战三大政治口号，其第一条就是"坚持抗

---

① 《不以国民政府为对手的政府声明》(1938 年 1 月 16 日)，复旦大学历史系编译：《日本帝国主义对外侵略史料选编(1931—1945)》，上海人民出版社 1983 年版，第 261 页。
② 《政府声明——虽国民政府，亦不拒绝》(1938 年 11 月 1 日)，《日本帝国主义对外侵略史料选编(1931—1945)》，上海人民出版社 1983 年版，第 279 页。
③ 《第三次近卫声明》(1938 年 12 月 22 日)，《日本帝国主义对外侵略史料选编(1931—1945)》，上海人民出版社 1983 年版，第 289 页。
④ 《第二次中日战争纪事(1931.9—1945.9)》，档案出版社 1988 年版，第 212 页。
⑤ 王芸生、曹谷冰：《1926 至 1949 年的大公报(续二)》，全国政协文史委编：《文史资料选辑》第 27 辑，中国文史出版社 1986 年版，第 202 页。

战,反对投降"。

相持阶段的战线稳固和日本诱降,正好为蒋介石反共提供了时间、精力乃至"政治资本"等绝好机遇。必须明确,蒋从未承认过"国共合作",他想的是"溶共",彻底断绝中国共产主义运动的根源,而不是建立"统一战线"去抗日,更谈不上实现民主政治。如他在1937年9月23日的"庐山谈话",就是按国民党一贯的口径,说政府"开诚接纳"共产党,"使有效忠国家之机会";11月5日,他向陶德曼表示对于日本开出的条件"当然可以讨论并且觅取友好的谅解",但"假如我同意那些要求,中国政府会被舆论浪潮冲倒的。中国会发生革命","那么唯一的结果就是共产党将会在中国占优势",并就此要挟说"日本人不可能与中国议和,因为共产党是从来不投降的";在听高宗武、董道宁报告时,他又说:"我们决不是绝对反对和平,但不能在反共以后再进行和平。只要能够停战,必然进行反共。"①这些讨价还价的砝码所反映的蒋的心理只能是坚持反共政策。

从蒋介石的前述表白和抗战的形势看,这时尚不能公开反共,只能策略地采取最简便易行的办法,借国共合作之机搞"一个大党",从政治上"溶共"。在防御阶段已有这类意思表露的基础上,1938年12月6日,蒋介石在桂林向周恩来正式提出了"一个大党"的主张,以国民党多数人不赞成共产党跨党、共产党已改信三民主义为由,要求中共与国民党合并成一个组织,并要求就此约毛泽东面谈。② 周恩来明确表示:"中共相信三民主义,不仅因为这是抗战的出路,而且因为这是达到社会主义的必由之路,国民党员则不都如此想,所以国共终究是两个党;跨党,我们不强求,如认为时机未到,可采用他法;加入国民党,退出共产党,这是不可能和做不到的;少数人退出共产党而加入国民党,不仅失节失信仰,而且于国家有害无益。"③蒋则表示:如果考虑合并事不可能,就不必约毛泽东到西安会谈。12日,蒋介石又在重庆对王

---

① 《第二次中日战争纪事(1931.9—1945.9)》,档案出版社1988年版,第127、148页。
② 《周恩来致中共中央书记处电》(1938年12月6日),转引自《周恩来传(1898—1949)》,人民出版社、中央文献出版社1989年版,第434页。
③ 中共中央文献研究室编:《周恩来年谱(1898—1949)》,人民出版社、中央文献出版社1989年版,第427页。

明、博古、董必武、吴玉章、林伯渠等中共参政员表示:"我的责任是将共产党合并国民党成一个组织,国民党名义可以取消,我过去打你们也是为保存共产党革命分子合于国民党。此事乃我的生死问题,此目的如达不到,我死了心也不安,抗战胜利了也没有什么意义,所以我的这个意见,至死也不变的。"他站在以"溶共"手段坚决反共的立场,表示欢迎共产党员退出共产党,加入国民党;也欢迎共产党取消名义将整个加入国民党;断然声称其他(合作)方式均无用,所以跨党办法是绝对办不到的。蒋以绝不允许中共以党员"跨党"或两党联合委员会之类对等方式与国民党合作,否定了中共的平等地位,目的在于不给中共以发展机会,将其逼入死路而迫其就范。所以对于中共六届六中全会关于为了国共合作而不在国民党中发展党员的决定,蒋介石蛮横地表示:共产党不在国民党内发展也不行,因为民众也是国民党的,如果共产党在民众中发展,冲突也是不可免。[①] 周恩来于12月下旬到重庆后,蒋介石又多次找他谈"一个大党"问题,还说汪精卫如果留在重庆,反共从者将较多,意在既透过于汪并趁机解决"一个大党"的"溶共"问题,又淡化因汪叛逃而在中共心目中留下的对国民党的恶劣印象。1939年1月20日,蒋介石再次在渝约周恩来谈"统一两党"事,声称这个根本问题不解决,不仅敌人造谣,即下级也常不安定,影响上级;汪精卫出走更是两党团结的好机会,即暂不赞成统一也要有新办法;并希望在国民党五届五中全会期间得到中共中央的明确表示。至于"新办法",他却说"未想得"[②],这就是说要坚持"溶共"的旧办法。1月25日,中共中央致电蒋,严厉表示"两党为反对共同敌人与实现共同纲领而进行抗战建国之合作为一事,所谓两党合并,则纯为另一事。前者为现代中国之必然,后者则为根本原则所不许。共产党诚意地愿与国民党共同为实现民族独立、民权自由、民生幸福之三民主义新中华民国而奋斗,但共产党绝

[①]《陈绍禹等关于一个大党问题与蒋介石谈判情况向中央的报告》(1938年12月13日),《中共中央文件选集》第11册,中共中央党校出版社1991年版,第5、6页。

[②]《周恩来关于与蒋介石谈判情况及意见向中央的报告》(1939年1月21日),《中共中央文件选集》第11册,中共中央党校出版社1991年版,第6、7页。

不能放弃马克思主义之信仰,绝不能将共产党的组织合并于其他任何政党"①,打断了蒋所谓"一个大党"的念头,使其企图借国共合作之机以"一个大党"之名吞并共产党的计谋未能得逞。既然"溶共"不成,"剿共"又不能,就只好加紧"限共"。

1月21日至30日,国民党在重庆召开五届五中全会,中心议题之一是国共关系,主要研究"如何与共产党作积极之斗争"。针对中共关于建立两党合作的共同组织形式之建议,蒋介石声称"绝不愿见领导革命之本党发生二种党籍之事实,更不忍中国实行三民主义完成革命建国一贯之志业,因信仰不笃与意志不坚,致生顿挫"②。又说:"我们对中共不好像十五、十六年(1926、1927年)那样,而应采取不打它,但也不迁就它,现在对它要严正—管束—教训—保育—现在要溶共—不是容共,它如能取消共产主义我们就容纳它。"蒋介石还强调:"对中共是要斗争的,不好怕它。"③"共产党是讲斗争的,你见他就怕,他格外要得寸进尺,正中着了他的希望。假如你拿出了有进无退的革命办法,来对付他,他便赶快缩回了去。"④"我们是一个执政的大政党,是中国一切民众的褓姆,负有作三军之师的责任,教之治之,使他走入正途。""我做不到的事是不想的,我融化共产党是一定做得到的。"⑤因此,会议确定了"溶共""防共""限共""反共"方针。全会还作出决议,为"统一党政军之指挥",将国防最高会议改组为国防最高委员会,代行国民党中央政治委员会的职权,由蒋介石任委员长,并规定"国防最高委员会委员长,对于党政军一切事务,得不依平时程序,以命令为便宜之措施"。⑥全会相应通过了《国民抗敌公约》,规定全国城乡以保甲为单位宣誓"服从最高领袖蒋委员长之领

---

①《中共中央为国共关系问题致蒋介石电》(1939年1月25日),《中共中央文件选集》第11册,中共中央党校出版社1991年版,第17页。
②《第五届中央执行委员会第五次全体会议宣言》(1939年1月29日),《中国国民党历次代表大会及中央全会资料》下册,光明日报出版社1985年版,第547页。
③《蒋介石年谱》,中共党史出版社1995年版,第273页。
④转引自《国民党的"联共"与"反共"》,社会科学文献出版社2008年版,第409页。
⑤转引自张秀章编著:《蒋介石日记揭秘》下册,团结出版社2007年版,第583页。
⑥《国防最高委员会组织大纲》(1939年1月28日),《中国国民党历次代表大会及中央全会资料》下册,光明日报出版社1985年版,第564页。

导",如有违反,则"依法治罪"。① 这使蒋成为事实上的独裁者。这种状况,只会有利于反共,有利于从思想到行动上与日本侵略者的沟通,相应地将使民主和抗战遭受损失。可见,五中全会成为国民党当局消极抗战、积极反共,坚持独裁、反对民主的标志。诚如周恩来给中共中央的报告所认为的,自国民党五中全会以来,国共关系走的是向下发展的道路,国民党中一部分人的反共思想和行动在发展,这种逆流可使反共超过抗战而走向妥协,这是目前的主要危机。②

五中全会秘密通过的《整理党务》决议,将防共、反共作为今后的中心任务,要求加紧发展组织,努力扩张势力,以与共产党相对抗。为贯彻执行"溶共""防共""限共""反共"的反动方针,会后数月间,国民党颁发了《防制异党活动办法》《共党问题处置办法》《处理异党实施方案》等一系列反共文件,全面部署"政治防共""军事限共"的具体措施和办法,并设立了特别委员会专事反共工作,造成摩擦的全面升级。在《防制异党活动办法》中提出"抗战只有一个领导,军令政令必须统一"的口号,为"防制异党活动",采取"以组织对付组织"的办法,向其党员和干部"授以各种政治常识及防制异党活动之训练与指导";对共产党的组织与活动,"应采取严格防制政策,不可放弃职守,纵因此而发生摩擦,设非出于本党之过分与不是,亦应无所避忌";对共产党活动最烈之区域,"应实行联保连坐法,使人民不敢与异党分子接近而受其利用",并在保甲组织中普遍建立"通讯网",以监视和限制民众的活动;对共产党开辟的敌后战场,要"加派有力部队或忠实精干之游击干部,前往冀、鲁,俾加强本党在华北之武力,以限制共党之发展";对未经国民党批准建立的人民抗日武装,"当地驻军得随时派兵解散,不得有误"。③《共党问题处置办法》强调国民党"领导国民革命,居国内唯一执政政党之地位,对任何政治集团,均当负督导监察之责"。因此,要求中共"服从中央,遵守法令",绝对否认中共"陕甘宁边区"之组织,要彻底取消中共一切"特殊化"之行为与组织;

---

① 转引自邱钱牧主编:《中国政党史》,山西人民出版社1991年版,第787页。
② 《周恩来年谱(1898—1949)》(修订本),中央文献出版社1998年版,第451页。
③ 《防制异党活动办法》(1939年4月),《抗战时期国共合作纪实》上卷,重庆出版社1992年版,第644、645、646页。

规定"八路军与新四军之军政军令,必须统一于中央","只有驻地,并无防区……不得要求划给区域","派遣游击部队,事先须请示中央,规定其位置与动向","否则即以违抗军令处置";极力限制八路军新四军的编制、兵额和活动区域,规定"由军委会派员点编,经点编后,不得再以任何名义组织游击队或其他武力,其后非因作战伤亡,不得擅自补充或扩编"并"只准在指定区域内执行任务,非得军委会命令不得越出范围",还规定"在八路军与新四军之驻在区,军事委员会得指定中央与之互派联络员,监视其整个活动","共党不得以其军队或其他名义,随地设立后方办事处,以为秘密工作与通讯之掩护,嗣后所有各地办事处,非经呈准中央者,一律封闭。在各地不得有任何公开或秘密之组织,如个别共产党员在各地公私机关团体服务者必须开列名单,呈报中央,否则一经发现,即以战时非常活动论罪。""共党不得单独设立机关报与杂志,及印刷前述种种反宣传品之书店,违则即行封闭,至于共党言论,在可能范围内准其发表于本党外围刊物。"对共产党出版的报章杂志,"一律禁止发行",严禁"共产主义思想之传播",甚至连"统一战线""新阶段""民主政治"等词语,也"即应取缔"。"对付共产党员之态度,可分为两种,上层注重'理性之折服',以'严正'对之,中下层当予以事实上之'打击',以'严厉'对之"。为增强反共效率,国民党中央要求各级官员定期会商研讨反共措施,交流反共经验,具体规定"中央党政军高级长官每月会商一次,研讨对共党问题之处置,地方党政军每月或一旬开联席会议一次,战地则由党政军委员会分会协同当地最高军事机关,随时协商或规定例会"。①

很明显,这些限共反共规定根本在于遏制、削弱中共实力,达到最终取消中共的军队、政权乃至思想,"统一"于国民党党统和法统之下,实现其独裁专制统治。而鉴于国共团结御侮的大环境,以及民族观念、民众舆论等方面的影响,蒋介石国民党又不得不有所顾忌而不敢公开彻底破裂国共合作关系,认为对中共还"不宜全般破裂",应采取"局部斗争"。② 因此,蒋介石国民党

---

① 《共党问题处置办法》(1939 年 6 月),《抗战时期国共合作纪实》上卷,重庆出版社 1992 年版,第 648、649、651、652、655 页。
② 《国民党的"联共"与"反共"》,社会科学文献出版社 2008 年版,第 419 页。

在发动军事摩擦时总要挂上其他招牌,在具体的策略手段上主要以中央政府名义,以国家统一和集中力量进行抗战为口号,同时要求"尽量运用民众力量,党政机关避免直接出面,尤须避免党派斗争之痕迹",对所采取的限共反共措施,"保持绝对机密性",①在制定《防制异党活动办法》等反共规定时,要求各地具体准备方案时要切实保守秘密,明确指出:"本党应付异党之对策与办法,在此团结御侮时期关系极为重要,应以绝对保守秘密为原则,倘不慎而泄漏,入于异党分子手中,则不仅易滋误会,甚且发生摩擦。为防患未然计,嗣后各地方党政机关关于应付异党之对策与办法,必须层层负责,尽量避免书面传递之方法。各机关拟具对策时,应亦根据地方事实环境立言,不可辄用中央口气,或翻印中央所颁布之原则。至必须保存之文件,亦应指定忠实可靠人员严密保管,以免泄漏。"②可见,蒋介石国民党既要反共,又想不被中共或其他人抓住把柄;因为目前阶段尚不想与中共彻底破裂,还只是削弱、压制中共的发展;在全民族团结抗战的大势下,蒋介石也不敢公然对抗民众要求团结抗战的强烈舆论,以致背负民族罪人之骂名。于是,他举着联共抗日的旗帜,干着限共反共、破坏团结抗战的逆举,打着既限制削弱中共实力又不背负破坏团结抗战罪名,还不彻底破裂国共关系的如意算盘,从而使他在制造反共摩擦时总给人一种遮遮掩掩、羞羞答答、欲"反"还"罢"的感觉。③这正表明蒋介石国民党仇共灭共之心是根深蒂固的,反共是根本政策目标;只是在民族矛盾和阶级矛盾消长的不同阶段,不能公开举起反共旗帜,只好以"统一"政策为名,借限共策略手段,行反共之实。

这一系列反共限共政策策略的出台,自然促使国民党内"反共声浪,甚嚣尘上",反共摩擦急剧升温,此起彼伏。思想理论上的反共宣传甚为嚣张。除大肆攻击八路军和新四军"游而不击""不听指挥",污蔑陕甘宁边区为"武装

---

① 《共党问题处置办法》(1939年6月),《抗战时期国共合作纪实》上卷,重庆出版社1992年版,第655页。
② 《防制异党活动办法》(1939年4月),《抗战时期国共合作纪实》上卷,重庆出版社1992年版,第644页。
③ 参见同书琴:《从抗战时期国民党处理中共问题的政策思路看国共摩擦》,《中共党史研究》2011年第10期,第104页。

割据""向外扩张"等外,还限制进步刊物出版,并通过不同形式鼓吹"一个党、一个领袖、一个主义",宣传反对共产主义和取消共产党等反共理论。陈诚为配合反共高潮在韶关发表演说,诬称"八路军游而不击,延安无一伤兵"①。蒋介石授意张君劢致毛泽东公开信,在"民族""统一""团结""抗战"等美好词句掩盖下,指责中共"亦以拥护国民政府号于国中,而今则特区之内,俨然自成一天地,自立官制、自立税制、自立学校";要求中共"以八路军之训练任命与指挥,完全托之蒋先生之手","取消特区之制","将马克思主义暂搁一边"。②另外,据国民党中统局的情报报道,与共产党有旧隙的青年党在其机关报发表"对于共产党问题之意见",要求国民党"对共产党之一切分子只有一个字:'杀'! 对于共产党之一切言论出版集会结社……只有四个字'严厉禁止'"。③ 1939年3月,国民党当局在全国开展以"国家至上民族至上""军事第一胜利第一""意志集中力量集中"为中心口号的国民精神总动员运动,虽有"动员全国国民之精神以充实抗战之国力"之形式,实则是在"纷歧错杂之思想必须纠正"之名义下的反共舆论和思想攻击,实际上是"一个党、一个领袖、一个主义"的变相提法。在政治上则出现了许多反共摩擦,如国民党在西安办的《抗战与文化》谩骂中共及其领导人;封闭在西安翻印的《新华日报》并波及代印的报馆;勒令《新华日报》不得在桂林翻印并禁止各地代售;在西安拘捕八路军副官及抗日大学教职员;武装包围三原附近的八路军伤病兵;在贵阳拘捕中共党员;国民党军鲁大昌部欲强行开入八路军留守防地庆阳;各地留难回省的中共六届六中全会代表,徐特立、曾山在贵阳甚至被没收所携带的文件书籍,等等。

在军事上,国民党顽固派制造了一系列反共摩擦事件。1939年4月,山东省主席沈鸿烈指使秦启荣部在博山等地袭击八路军山东纵队第三游击支队,残杀指战员200余人。6月11日,国民党军河北省保安司令张荫梧率部

---

① 《第二次中日战争纪事(1931.9—1945.9)》,档案出版社1988年版,第226页。
② 《张君劢致毛泽东先生一封公开信》(1938年12月10日),方庆秋主编:《中国社会民主党》,中国档案出版社1988年版,第84—85页。
③ 《中统局关于青年党"对于共产党问题之意见"的情报》,方庆秋主编:《中国青年党》,中国档案出版社1988年版,第205页。

袭击冀中深县八路军后方机关,屠杀指战员400余人,造成"河北冲突"。12日,国民党军杨森部制造了平江惨案,残杀新四军平江留守通讯处负责人涂正坤、八路军少校副官罗梓铭等6人。8月11日,第9战区通令邵阳八路军驻湘办事处"立即停止办公"(次年2月停止活动,9月结束全部工作)。9月,国民党军湖北省保安司令程汝怀部在鄂东围攻新四军后方机关,残杀中共党员和群众200余人。11月间,国民党军和特务又围攻河南确山竹沟镇新四军留守处,杀害伤病员及家属、群众200多人。在重庆,国民党中宣部则借侵华日军从5月开始的"五三""五四"战略大轰炸使重庆报业的出版发行发生困难之机,下令各报停止单独出版,改为共办联合版。南方局从抗战大局出发,在得到当局以一月为限的答复后,同意《新华日报》暂时停刊,参加联合版。可是在长达三个多月的时间里,国民党当局却不许《新华日报》恢复单独出版,对于中共的政治宣传和政治影响构成大的打击。这些反共摩擦事件逐步发展成延续至次年初的第一次反共高潮。

蒋介石国民党不断制造反共摩擦,实际上反映了其不得不联共抗日却又惧怕中共力量的发展壮大,力图借抗日削弱中共力量进而最终解决中共问题却又未能奏效,明知不可为而又不得不为的一种极度焦虑与矛盾的心态。1939年1月6日,蒋介石在日记中写道:"目前急患不在敌寇,而在共党到处发展……应定切实对策,消弭殷患";"共党之猖狂日甚,彼或以此为其时已到乎。"①若任其"实力坐大,危险愈甚"②,"共党三年来由三万扩大到五十万,再一两年定不止一百万,那时还有国民党活路?"③从国民党关于"第八路军在华北陕北之自由行动应如何处置"的文件中亦可窥其对中共领导的人民武装力量发展壮大的恐惧,文件指出:"目前共党势力,虽以华北陕北为根据,然其活动范围,则普及各地,而尤以华中游击区为甚。故对第八路军在华北陕北自由活动之处置问题,实即对整个中国共产党活动之处置问题。如处置得当,则共党自由活动之范围,或仅及于华北陕北,其他区域则无发展余地;如

---

① 蒋介石日记,1939年1月6日,美国斯坦福大学胡佛研究中心藏影印件。
② 转引自《从抗战时期国民党处理中共问题的政策思路看国共摩擦》,《中共党史研究》2011年第10期,第103页。
③ 转引自《国民党的"联共"与"反共"》,社会科学文献出版社2008年版,第419页。

处置不当,则第八路军将利用沦陷地方中央统治力量鞭长莫及之情势,扩大其自由行动之范围。结果,中国抗战形成国民党失地、日本与共产党分地之局面,日本与共党相反相成,本党统治之土地,将一失而不易复得。"①因此,加紧制造反共摩擦是其既联共又反共的政策策略不可或缺的组成部分。

五届五中全会表明国民党的对内对外政策,开始向着退步的、消极的、反动的方面转化。②此次会议标志着抗战转入相持阶段后,国民党政策的重点转向消极抗日,积极反共,国共两党关系因此发生重大转折,"从这一年开始,两党的摩擦纠纷,在各地不断发生,乃至有些地区发生武装冲突"③。正如周恩来所言,这是"一个帽子","有了这个帽子,底下就有了三次反共高潮"。④国民党政策的转变无疑是其对中共的敌视、疑惧与灭之而后快之心态的自然反应,如果说五中全会之前国民党防共、限共反共只是在部分范围内,以零敲碎打、不系统的方式进行,五中全会后则是在全国范围内,以全面、系统的方式进行,并已成为国民党在制定战略方针中一项不可忽视的重要内容。⑤

(三) 中共的战略思考与南方局的成立

南方局的成立,是中共中央根据中日战局和国内政局形势的发展变化及党主要任务、基本政策的相应调整,而作出的战略思考、筹划和决策。因此,南方局的成立不是一蹴而就,是经历了从机构酝酿、应急动议和最终决策的一个历史过程,蕴含着中共领袖,尤其是毛泽东、周恩来等对战时国内外形势发展的把控及政策策略应用的政治智慧。

1938年6月初,武汉保卫战开始。由于中日国力、军力的极大悬殊,从6月中旬至7月中旬的近一个月时间内,拱卫武汉的战略要地安庆、马当等相继陷落,日军推进到九江、湖口后,兵分两路与中国军队对峙,形成南北夹击

---

① 《中国近代史资料丛刊·抗日战争》第3卷《政治》(下),第840—841页。
② 参见《中国国民党历次代表大会及中央全会资料》下册,光明日报出版社1985年版,第526页。
③ 《张治中回忆录》,中国文史出版社1993年版,第675页。
④ 《周恩来选集》上卷,人民出版社1980年版,第199—200页。
⑤ 黄琨:《国民党五届五中全会与国共关系变化之分析》,《党史研究与教学》2002年第6期,第61页。

态势。武汉失守的可能性进一步加剧。基于抗战形势的考虑,7月19日,中共中央长江局委员、东南分局书记项英致电长江局并中央,建议当武汉不守时,在长江以南设南方局,辖赣皖浙苏区、浙江、湖南、福建、广东等省,并建议长江局与东南分局合并为南方局。① 这是设立南方局的最早提议。在一定程度上,该提议有扩大东南分局管辖范围②作为南方局的辖区,以东南分局为主体成立南方局,用以取代因武汉失守、战局剧变而失去依据、前途未卜的长江局,实行以新四军及其武装斗争为中心的战略。中共中央对此提议要求长江局讨论和制定方案,再由中央决定③。根据中央精神,长江局经过讨论的方案为:将长江局的原辖区一分为三,即东南分局改为东南局,在长江以北地区设中原局,在长江以南设南方局。领导机构、工作人员则一分为二。按照这个设想,东南局继承东南分局;长江局由南方局继承,继续做国统区的统战等工作。这意味着,中共中央的战略设想,将由南方局、东南局、中原局分别落实。

9月24日、28日晚,长江南北两面要塞富池口、田家镇等先后被日军攻占,武汉门户洞开,战局陡然紧张。国民党当局各机关开始了第二轮大转移,其党政机关按照既定计划迁渝,但其军委会却移驻到湖南。面对这种复杂局面,中共召开9月政治局会议和扩大的六届六中全会,集中讨论、分析和判断现阶段战局和政局形势,制订党在新形势下的战略方针和基本政策。毛泽东作《论新阶段》政治报告,认为"如何在现有基础上增加新的力量,渡过战争难关,停止敌之进攻,准备我之反攻"成为中国在新阶段要解决的关键问题,相应地中共在新阶段的根本战略任务是发展和依靠人民的"大"统战力量,以此推动以国民党为主体的"小"统战对象的"进步"即实现民主,使其有利于"大"统战力量的发展,增加新力量,以实现最后胜利。④ 也就是说,面对战略相持阶段,毛泽东关于中共的基本战略指导思想依旧,围绕统一战线、武装斗

---

① 转引自黄启钧:《抗日战争时期中共中央南方局是何时成立的?》,《党史研究》1986年第3期。
② 1938年5月,东南分局的下属组织有:粤赣边特委、湘赣边特委、湘南特委、湘鄂赣特委、皖浙赣特(省)委、闽赣特委、闽东特委、浙江省委、赣南特委、赣东北特委、赣西南特委、南昌市委、赣北工委、赣东工委等。
③ 转引自魏峡:《关于南方局几个问题的辨析》,《中共党史研究》1990年第5期。
④ 参见毛泽东:《论新阶段》,《中共中央文件选集》第11册,中共中央党校出版社1991年版,第563、595、594、606、565、646、641页。

争、党的建设这三个基本点来展开,要求既通过统一战线努力发展党影响的群众力量和维护国共团结抗战的局面,又通过统一战线和武装斗争进一步积极发展中共的力量,以达到既驱逐日寇,又极大提升中共实力、地位的战略目的。根据上述结论,中共中央政治局会议于9月22日决定设立中原局、东南局和南方局。南方局的撤退方向或设立地点,需随蒋介石的行止来决定,而蒋和国民党中央当局已经并终将全部落地在重庆,故南方局只能设在重庆,才有利于开展统战工作。但蒋介石及其军委会并未马上撤往重庆;相应地,中共中央对南方局入川时间问题也未最终决定。

这时,对于武汉必然失守、长江局必须赶紧分解和撤退的紧急局势,却需要立即作出应急性的决定。9月25日、26日,中共中央临时决定,在组织架构上按照中原局、东南分局、南方局、重庆党报委员会和中央代表团五个方向布置。其中,南方局由周恩来、博古、叶剑英、黄文杰领导,周恩来负责南方局和代表团。在疏散和转移方向问题上,明确"南方局暂与中央代表团、办事处一起入湘,党报委员会即与重庆通讯处一起";"武汉人员仍以一部分到中原,一部分入湘,小部分留汉随周、叶行动";"周、项即去汉,博随周行"。①根据中央决定,周恩来10月1日自延安赶回武汉,组织在汉中共机关及人员分批撤往长沙、重庆;派黄文杰去广东指导省委撤退。但博古因先后留在延安参加六中全会和到重庆出席国民参政会,并未按书记处电示与周恩来一起回武汉。这样,尚在撤退之前,南方局的组成人员就有一半不在武汉,当然不能按照议事规则开会讨论决定问题、正常行使职权了。因此,在撤离武汉之前,南方局未开会对成员进行分工、组建工作机构,而是由周恩来按照中央应急安排的决定和当时情况自行决断行事。按照中共的集体领导、分工负责的组织规则,必须开会分工、设立工作机构才算新机构成立了。从这个角度看,在撤离武汉之前,南方局并未成立,而是依靠长江局系统来运作了撤退事宜。

武汉失守后,日汪进一步加紧勾结。时局使蒋介石国民党政府投降危险陡然增大,中共深感抗战和党处在空前的危机之中。加强对国民党当局的统

---

① 参见《中共中央南方局大事记》,重庆出版社2004年版,第11页。

战工作,使蒋不投降,就进一步凸现出其重要性,设一中央局于重庆的需求激增。与此同时,在日本与汉奸拉拢、战线不再大变的"和平"背景下,国民党的反共活动也陡然升级。在重庆设中央局,加强统战工作,遏制反共趋势,也显得刻不容缓。12月26日前后,周恩来在书记处电示的催促下,离开桂林,赶到重庆①,立即开始以反妥协投降为主要内容的统战工作。1939年1月5日,书记处会议决定,将华南及西南各省合并成立一中央局,建议改名为西南局,由周恩来、博古、凯丰等13人组成,以周恩来为书记。对此,周恩来等人于7日复电,认为在华南及西南各省成立的中央局"以南方局名称为好",又鉴于13位委员不常在一地,建议以周恩来、博古、凯丰、吴克坚、叶剑英、董必武为常委。13日,书记处复电同意上述方案。16日,南方局致电书记处,报告南方局已遵照中央指示开过会,进行了组织分工:周恩来负责统战工作委员会,博古负责组织部,凯丰负责宣传部及党报工作,叶剑英负责联络工作,吴克坚负责新华日报馆,邓颖超负责妇女工作委员会;因青年工作缺人,请求中央派蒋南翔来;南方局设于重庆,桂林设办事处联络湘、赣、粤、桂和香港……②原长江局的8名委员,除王明、项英、林伯渠外,5人留在南方局并担任常委。在机构设置、人员配备上,南方局基本上沿袭了原长江局,但取消了军事部(即没有了这方面职能),增加了统战工作委员会,其下设军政组进行对国民党的统战工作,设以董必武兼任组长的社会组进行社会统战工作。至此,中共中央南方局在重庆正式成立。

中国共产党作为政党的合法地位,在抗战中并未得到国民党当局的承认。这与一般人想当然的理解是完全不同的。事实上,在国民党当局眼中,共产党只是一个"文化团体"而不是政党,只是当前需要特别在意,因为它有武装。当时在国统区能够公开活动的只有周恩来、董必武等少数人员,其名义是中共代表、国民参政员等;能够公开存在的机构只有八路军办事处和《新华日报》这样极少数组织;其他组织和人员,则仍然处于"非法"状态,统统不

---

①周恩来抵渝时间,据袁超俊关于周恩来领导设立八路军贵阳交通站的时间推知当在12月26日之后、29日以前(参见《见证红岩——回忆南方局》上册,重庆出版社2004年版,第43—44页)。

②参见《中共中央南方局大事记》,重庆出版社2004年版,第18、20页。

能公开,否则一旦被国民党当局发现,必然被破坏和逮捕入狱。党的这种"在野"乃至"非法"地位若不解决,国共就不可能有平等的合作,统一战线的巩固和发展,抗战的胜利,都将因此而被严重制约。中共解决问题的办法只能是一方面壮大党的力量,一方面争取民主政治的发展。而这两方面都需要通过统一战线工作去实现。这就决定了统战工作必然成为南方局的中心工作。南方局常委的分工,二分之一的常委抓统战,三分之一的常委抓与统战密切相关的宣传工作,正凸显了这个中心工作。

二、中共应对国民党消极抗日积极反共的政策策略

在日本的加紧诱降下,国民党亲日派汪精卫集团公开投敌叛国,国民党蒋介石集团对抗战的消极和妥协投降倾向成为时局最大的危险。中共坚持抗战团结进步,坚决反对投降分裂倒退。南方局遵照中共中央的指示和统一部署,针对汪精卫集团投敌叛国事件,在国统区发起了一轮又一轮反对妥协投降的反汪运动,反对国民党当局妥协投降倾向;并以国民参政会为阵地,以宪政运动为契机,参与并引导中间势力发起的宪政运动,尽力团结他们向中共的民主思想和实践靠拢。

(一) 坚持抗战团结进步方针

针对国民党日益加剧的反共摩擦行径和妥协投降危险,中共始终坚持抗日民族统一战线政策,坚持抗战团结进步,坚决反对妥协投降,反击反共摩擦。同时,为国家民族利益,为维持抗战大局,在反击国民党顽固派的反共摩擦中,又必须把握适度分寸不致破裂抗日民族统一战线。毛泽东指出,由于国共合作是对立阶级的政党的合作,所以斗争是严重的不可避免的,具体表现是国民党顽固分子的摩擦和共产党的反摩擦。统一战线中统一是基本的原则,要贯彻到一切地方一切工作中,任何时候任何地方不能忘记统一;同时

不能不辅助之以斗争的原则,因为斗争正是为了统一,没有斗争不能巩固与发展统一战线。①为此,中共将统一战线的统一性与独立性、民族斗争与阶级斗争有机结合,提出"一方面,阶级的政治经济要求在一定的历史时期内以不破裂合作为条件;又一方面,一切阶级斗争的要求都应以民族斗争的需要(为着抗日)为出发点"②的指导原则。1939年1月5日,毛泽东在中共中央书记处会议上就汪精卫叛国投敌事件等问题发言时指出:"蒋介石最近在军事上、外交上及反汪行动上都表现是进步的,但在进步中又要限制我们。蒋的政策是联共又反共,所以最近反映出来各地摩擦增加。我党对目前事件的方针是拥蒋反汪。"③会议根据毛泽东的提议致电国民党五届五中全会,希望推动国民党向好的方面发展。28日,毛泽东又指出:"统一战线里是一定有摩擦的。这个统一战线的名词里已经包含着摩擦的意思。因为讲统一,起码是两个以上才有可能,如果只有一个,'孤掌难鸣',就不会有摩擦,但一有两个,两个手掌就拍得响了,摩擦就难免的。统一战线有一万年,摩擦也有一万年,有统一战线就有摩擦存在。因为有不同,所以有摩擦,不过我们是尽一切力量使摩擦减少。""抗日民族统一战线,我们说会发展的,但是有困难。国民党是在进步,但在这进步的河流中有一股逆流。""这股逆流是退步,统一战线的阵营里有进步也有退步","因这退步,所以有摩擦,不仅有而且比前更厉害些。这退步的力量又可分为两派,一派是主张亲日反蒋反共,以汪精卫为头子的,现在已经走了一些,但还有党羽存在;另一派是顽固分子,主张所谓抗日拥蒋反共,这种人边区周围很多。他们说:现在,先反共后抗日;敌人来时,先抗日后反共。在前方,听说还有所谓抗日与反共两条并进的"。"有人硬要摩擦一下……对无理的摩擦我们是决不容忍姑息的,我们要抱定'人不犯我,我不犯人;人若犯我,我必犯人'的原则。""他要摩擦,我们就反摩擦。""现在摩擦增加了,我们是一定坚持抗日民族统一战线的","要亲爱,要团结,但要站起来,

---

①中共中央文献研究室编:《毛泽东思想形成与发展大事记》,中央文献出版社2011年版,第197页。

②毛泽东:《统一战线中的独立自主问题》(1938年11月5日),《毛泽东选集》第2卷,人民出版社1991年版,第539页。

③《毛泽东思想形成与发展大事记》,中央文献出版社2011年版,第202页。

否则就会有'亡党之痛'。亲爱团结是统一战线的原则,然而更要反摩擦这一条,没有这一条就不行,只有坚持这一条原则,才能巩固与扩大抗日民族统一战线。"①

面对蒋介石国民党当局对抗战的动摇、消极和妥协投降危险,中共坚持抗日民族统一战线政策,竭力维持团结抗战大局,多次致电蒋介石国民党强调国共两党团结合作之重要性。1月24日,中共中央致电蒋介石国民党,指出"抗战正向新阶段发展,日寇乃于军事进攻外,加重其分化中国内部之阴谋……唯有全国更进一步的精诚团结,巩固与扩大抗日民族统一战线,拥护蒋委员长,坚持抗战到底","救国之道,端在于此"。强调"抗战高于一切,团结必能胜敌,国共两党之长期团结,乃与团结全国,团结抗日各党派,实现民族解放之伟大事业,丝毫不可分离。抗战虽为一艰难过程,团结则为无坚不摧无敌不克之利器"。②25日,又就国共关系问题致电蒋介石,指出:"巩固与扩大国共两党长期之合作,为全国爱国同胞和世界先进人士所切望,为全民族抗战建国所必需",是巩固抗战建国胜利之基础,"民族前途,实利赖之。"③竭力重申国共合作之重要,力促国民党维护国共团结抗战之大局。同时,中共告诫全党:"国民党目前的进步,同时包含着防共限共工作的强化,这种进步中的恶劣现象,一时尚不会降低",对此"应以冷静而严正之态度对之",而为维护团结合作抗战大局,"在国民党五中全会结束以前,八路军暂不作大的移动,以观统战形势之发展。"④但中共所作的所有努力和让步,却无法改变蒋介石根深蒂固的反共思想和既定政策,蒋介石在国民党五届五中全会明确提出"要与共产党作积极之斗争",在会议确定的反共方针指导下,制造了一连串反共摩擦事件。诚如毛泽东所指出的:"半年以来,华北、华中、南方、西北,

---

①毛泽东:《关于目前战争局面和政治形势》(1939年1月28日),《毛泽东文集》第2卷,人民出版社1996年版,第150—152页。
②《中国共产党中央委员会致国民党蒋总裁暨五中全会电》(1939年1月24日),《中共中央文件选集》第11册,中共中央党校出版社1991年版,第14、15页。
③《中共中央为国共关系问题致蒋介石电》,《中共中央文件选集》第11册,中共中央党校出版社1991年版,第18页。
④《中央关于我党对国民党防共限共对策的指示》(1939年1月23日),《中共中央文件选集》第11册,中共中央党校出版社1991年版,第12、13页。

反共活动特别厉害。在华北:八路军从日本手里收复失地,国民党从共产党手里'收复失地'。在西北:共产党没有超越边区寸土,国民党则用武力侵入边区许多地方(镇宁、宁县、旬邑、靖边、瓦窑堡)。原因在于共产党是投降的最大障碍物,不反共则不能投降。时局变到反共与投降最为严重的时候了。"①所以,周恩来在给延安的电报中指出:"目前事实如杀人捕人封报攻击边区甚至武装冲突,摩擦日益加甚,此必须迅速解决,以增互信,救急办法,提议由两党中央组织共同视察团或委员会,前往各地就地解决纠纷,至少可弄清事实,向两中央报告,以便寻找进一步具体合作办法。"②

2月28日,中共中央书记处讨论国民党五中全会后的形势及党的方针时,毛泽东敏锐地警觉到国民党内妥协摩擦的危险倾向在发展,特别是蒋介石本人的态度在发生变化。他指出:"国民党的政策是一贯的,在五中全会是再一次表现。""国民党的妥协倾向与摩擦倾向也是错综复杂的……今后我党方针还是不要太尖锐,要坚韧。""我们要阻止妥协摩擦危险倾向的发展,主要方针是争取国民党的大多数,争取中央军,发展八路军游击队。""只要我们有力量造成抗战的局面,就能逼迫蒋介石不得不继续抗战。"③6月7日,中共中央发出《关于反对投降危险的指示》,指出:"目前最大的危险就是国民党投降的可能,新的慕尼黑的可能。国民党的反共运动就是准备投降的一个组成部分:对共产党的压迫,对八路军、新四军的攻击与摩擦,对边区的挑衅,对抗日民族统一战线与国共合作的破坏等,都是准备投降的步骤。"号召全党做好一切准备,"给一切投降阴谋和叛变行为以适时的、坚决的反抗。"同时告诫全党:"党的基本任务,仍然是巩固国共合作,继续抗日。为此目的,党应当更亲密地与一切爱国进步分子及国民党党员群众联系,向他们说明投降是主要危险,反共即准备投降。""动员群众和巩固国共合作,就是反对投降与反共的最

---

①毛泽东:《反投降提纲》(1939年6月10日),《中共中央文件选集》第11册,中共中央党校出版社1991年版,第86页。

②《周恩来关于与蒋介石谈判情况及意见向中央的报告》(1939年1月21日),《中共中央文件选集》第11册,中共中央党校出版社1991年版,第7页。

③转引自中共中央文献研究室编:《毛泽东传(1893—1949)》,中央文献出版社2004年版,第552、553页。

好方法。""党不应给民族统一战线的破裂造成借口,这种统一战线无论如何是需要巩固和扩大的。"①6月10日,毛泽东在延安党的高级干部会议上作反对投降问题的报告,指出:"抗战是一定要坚持下去的,抗日民族统一战线与国共合作是一定要使之巩固发展的。""只要真正的组织千百万人民进入抗日民族统一战线,抗日战争的胜利是无疑的。""党的基本任务是巩固扩大抗日民族统一战线,坚持国共合作与三民主义,不能有任何动摇。"目前"国民党投降的可能已经成为最大的危险,而其反共活动则是准备投降的步骤",因此,"克服投降可能,争取多数抗日,拥护并帮助并监督并批评国民党与蒋,使之能够从反汪斗争中从今后发展中克服投降倾向"成为中心任务;"全党努力从思想上组织上准备自己,并准备舆论,准备群众,随时可以对付事变——各种意料之外的袭击,各种大小事变。"但"积极帮助蒋与督促蒋向好的一边走,仍然是我们的方针"。做到"统一不忘斗争,斗争不忘统一,二者不可偏废,但以统一为主。'磨而不裂'"。② 6月25日,周恩来在《八路军军政杂志》发表纪念"七七"两周年题词:"坚持抗战到底,反对中途妥协! 坚持统一战线,反对挑起内讧! 发动全面战争,反对包办压制!"7月7日,中共中央发表《为抗战两周年纪念对时局宣言》,正式提出三大政治口号:"坚持抗战到底——反对中途妥协! 巩固国内团结——反对内部分裂! 力求全国进步——反对向后倒退!"

面对国民党步步进逼,倒行逆施,中共若为拉住蒋介石共同抗日而只是让步,抗战大局就会遭到严重破坏。为维护和发展抗日民族统一战线,必须对国民党的反共摩擦进行必要而适度的反击。为此,毛泽东逐步总结出统一战线政策的根本指导原则,也即总策略是又联合又斗争,以斗争求团结。对于国民党尚能抗日和不敢完全破裂的一面,采取联合的政策,争取他们能够较久地留在抗日阵营里;对于其动摇妥协投降和积极反共反人民的一面,采取坚决斗争的政策,以斗争求团结。毛泽东认为,大革命后期"一切联合否认

---

① 《中央关于反对投降危险的指示》(1939年6月7日),《中共中央文件选集》第11册,中共中央党校出版社1991年版,第72页。
② 《反投降提纲》,《中共中央文件选集》第11册,中共中央党校出版社1991年版,第87、93、75、107、97、98页。

斗争"和土地革命后期"一切斗争否认联合"的两个极端,都使党和革命遭到极大损失;在抗日统一战线时期中,"斗争是团结的手段,团结是斗争的目的,以斗争求团结则团结存,以退让求团结则团结亡"①。7月12日,毛泽东在陕甘宁边区县、区长联席会议讲话阐释斗争策略对于联合政策的重要性:"现在有些顽固分子,他们讲摩擦。他们说要把我们的边区摩掉。""因为顽固分子他死顽固,他摩擦来,你一定要摩擦去。你如果不摩去,他会愈摩愈凶起来。你摩了去,好比在他的头上打了一下,使他的头不敢再钻进来。他就想一想,还是不摩吧,讲亲爱。这个时候我们也同他讲亲爱,请他喝茶,大家讲和平。所以摩擦是对付顽固分子,结果还是讲亲爱。但是有一个原则,我们不要先打人,人家打来了,我也打过去。摩擦的最后目的是讲和,摩擦是讲和的最好办法。但是不是摩擦下去,像从前十年内战一样呢?那我们也不赞成那样搞的。"②9月16日,毛泽东在《和中央社、扫荡报、新民报三记者的谈话》中又明确表示共产党对待摩擦的态度:"根本反对抗日党派之间那种互相对消力量的摩擦。但是,任何方面的横逆如果一定要来,如果欺人太甚,如果实行压迫,那末,共产党就必须用严正的态度对待之。这态度就是:人不犯我,我不犯人;人若犯我,我必犯人。但我们是站在严格的自卫立场上的,任何共产党员不许超过自卫原则。"③这就向国民党及其他党派公布了又联合又斗争策略的自卫原则。10月,毛泽东将当前投降危险与反共倾向联系起来认识,又指出,抗日统一战线中的投降危险、分裂危险和倒退危险仍然是当前时局中的最大危险,目前的反共现象和倒退现象仍然是大地主大资产阶级准备投降的步骤。我们的任务,仍然是协同全国一切爱国分子,动员群众,切实执行我党《七七宣言》中"坚持抗战、反对投降","坚持团结、反对分裂","坚持进步、反对倒退"三大政治口号,以准备反攻力量。并用全力从思想上、政治上、组织上巩固我们的党,巩固党所领导的军队和政权,以准备对付可能的危害中国

---

① 毛泽东:《目前抗日统一战线中的策略问题》(1940年3月11日),《毛泽东选集》第2卷,人民出版社1991年版,第745页。
② 转引自《毛泽东传(1893—1949)》,中央文献出版社2004年版,第564页。
③ 毛泽东:《和中央社、扫荡报、新民报三记者的谈话》(1939年9月16日),《毛泽东选集》第2卷,人民出版社1991年版,第590页。

革命的突然事变,使党和革命在可能的突然事变中不致遭受意外的损失。①总之,国民党五中全会后的大半年,面对国民党反共摩擦愈演愈烈和难以预料前景的投降趋势,毛泽东和中共中央应当是高度紧张的,不断地观察和预测时局,因而不断地调整和完善中共的国共关系政策及策略,将政策逐步从抗日民主,演变成为抗日、团结、进步(民主),相应地愈益明确了以不破裂为限度的斗争策略。

(二)遏制国民党对日妥协的斗争

要坚持团结抗战,就必须反对国民党当局的妥协投降倾向。南方局贯彻执行中共中央对国民党当局的统战政策和策略,在以前为抗战而拥护蒋介石、帮助国民党的政策基础上,着重突出为避免投降危险而采取督促、批评、反摩擦的策略,为维护国共合作、坚持抗战,而加大了对国民党当局的斗争力度。从一个侧面反映了中共坚持团结抗战政策的决心。在1939年1月5日中共中央发出"拥蒋反汪"的指示前后,南方局遵照中央方针,在大后方发起一轮又一轮反对妥协投降、扩大反汪运动;组织在重庆的中共参政员发表文章强调持久抗战、拥护抗战建国国策,在参政会一届二次、三次会议上提出《拥护蒋委员长和国民政府,加紧民族团结,坚持持久战,争取最后胜利案》《拥护蒋委员长严斥近卫声明并以此作为今后抗战国策之唯一标准案》,力求以拥护蒋的每一点进步来遏制其对敌妥协的可能性。1月2日,周恩来发表谈话,强烈谴责汪精卫"媾和运动"罪行,强调维护"内部团结"和"抗战力量"。《新华日报》《群众》周刊也分别发表社论,批判亡国论。南方局有关成员频频出席群众集会,如周恩来、邓颖超应邀到重庆联立高级中学、南开中学,发表讲演、进行座谈,讲解抗战形势,宣传反对不利于抗战的事、坚持统一战线和持久战。② 在南方局的领导下,国统区各城市各阶层人民和各种群众团体纷纷举行"讨汪"活动,反对妥协投降。1月,在中共川康特委的领导和

---

① 毛泽东:《目前形势和党的任务》(1939年10月10日),《毛泽东选集》第2卷,人民出版社1991年版,第616、617页。
② 《周恩来年谱(1898—1949)》(修订本),中央文献出版社1998年版,第439页。

推动下,成都工人抗敌宣传团、四川省妇女抗敌后援会、成都青年抗敌协会等通电讨汪,发动群众集会,举行火炬示威游行;中华全国文艺界抗敌协会在重庆召开临时会员大会,发起全国文化界拥护抗战国策,并联合全国出版界、报馆、通讯社、文化团体,召开讨汪肃奸大会,同时致函文协分会及各地文化界人士发起同样的讨汪活动。2月15日,重庆举行了万余妇女参加的讨汪大会和游行示威,会后又发动了67个妇女团体参加的反汪签名运动。5月7日,成都各界再次举行有万人参加的反汪大会及火炬游行。全川各县继成、渝之后,也纷纷举行了有相当规模和声势的讨汪活动。①

4月6日,《新华日报》发表《卖国贼不容逍遥法外》之社论,着重指出,除汪精卫等一批公开的民族叛逆应受惩处外,为其奔走之喽啰也应受到制裁。期望"国民党政府立即明令缉汪归案法办,对附汪逆之周佛海、褚民谊、陈公博、陶希圣、李圣五、高宗武等亦应一体通缉,对于隐藏抗战阵营中之附汪分子亦应严加检举"。②4月7日,《新华日报》发表该报记者吴克坚的《汪精卫已经充当日寇侵略中国的先锋队了》的文章,全面深刻地揭露汪伪卖国贼的累累罪行,指出如不立即拿办汪精卫及附汪逆一伙,国共合作必遭破坏,抗战便有夭折的危险。③对国民党党内涌动的投降暗流形成巨大的舆论压力。5月,南方局经中共中央批准,向国民党中宣部提出了国共共同进行反汪运动的意见。中共中央明确指示南方局"利用反汪运动机会广泛的进行反对一切投降派的运动,并着重指明反共与投降问题的密切联系,证明反共是投降派的阴谋,是亲日恐日分子准备投降的一种步骤","在反对汪派汉奸斗争中,我们应更亲密的加强与一切主战爱国的进步分子及国民党群众的联系,与他们一起动员群众共同进行反对一切投降派及反共分子的斗争,以达到巩固国共合作和巩固及扩大抗日民族统一战线的目的。""在政治上须尽量揭露和孤立一切同情汪派汉奸主张的分子,在实际上采取必要办法防止他们倒蒋反共的

---

①四川省地方志编纂委员会编:《四川省志·大事纪述》中册,四川科学技术出版社1999年版,第222页。

②南方局党史资料征集小组编:《南方局党史资料·大事记》,重庆出版社1986年版,第54页。

③转引自黄淑君、杨淑珍等:《抗日民族统一战线的号角——战斗在国统区的〈新华日报〉》,重庆出版社1995年版,第41页。

一切阴谋。"并决定"通令全党进行大规模的反一切妥协投降的群众运动"。①
6月,鉴于汪精卫叛逆集团在东京会见了日本首相及陆、海、外、藏四大臣,加紧对蒋介石国民党的和平诱降,企图破坏国共合作和抗战大局,中共中央连续发出《关于反对投降危险的指示》《反投降提纲》等指示,号召全党"用全力来进行反对投降分子反共分子的斗争,应当在思想上组织上准备自己,并准备舆论准备群众,来给一切投降阴谋和叛变行为以适时的坚决的反抗"。在南方局及所属各省中共组织的领导和组织发动下,各地进一步掀起打击汪派汉奸的群众运动。《新华日报》在这段时间先后发表了《反汪派斗争的关键》《彻底肃清汪派叛逆》等10余篇社论;7月7日至12日,出版发行了《"七七"抗战二周年纪念特刊》共14版,全文发表了《中国共产党中央委员会为纪念抗战两周年对时局宣言》《八路军全体将士通电》,并陆续发表了中共中央和南方局领导人毛泽东、周恩来、洛甫、王稼祥、刘少奇、博古、凯丰、董必武、吴玉章、叶剑英、邓颖超等撰写的纪念文章,使各界群众及时了解到国内外形势,认清抗战所面临的危急局势。通过"讨汪",南方局不仅对遏制当局一些人的投降意图,维护统一战线与国共合作发挥了重大作用,也对宣传和教育群众,巩固群众性大统战的基础,鼓舞人民的抗敌斗志,取得了重要成绩,同时为中共下一阶段动员群众进行全面的"讨汪"运动奠定了基础。

9、10月份,为反对汪精卫召开伪国民党六大,与日本签订卖国密约,准备登基伪政权的高潮,全国各地"讨汪"运动继续高涨。9月1日,《新华日报》针对汪逆召开的伪国代大会,发表《汪逆丑剧》的短评。5日,发表《斥汪逆伪国民党全代大会》的社论。6日,特别刊载毛泽东对该报驻延安记者的谈话——《中共领袖毛泽东论目前国际形势与中国抗战》的政论文章。毛泽东坚定地指出:"中国万万不可打妥协、倒退的主意,而应采取坚定正确的政治立场,即是坚持抗战的立场,反对任何的妥协运动。不论是公开的汪精卫和暗藏的汪精卫,都应该给予打击……"②9日,全文发表毛泽东等中共7参政

---

① 《中央关于与国民党共同进行反汪运动给南方局的指示》(1939年5月28日),《中共中央文件选集》第11册,中共中央党校出版社1991年版,第68—69页。
② 《抗日民族统一战线的号角——战斗在国统区的〈新华日报〉》,重庆出版社1995年版,第43页。

员提出的《我们对于过去参政会工作和目前对时局的意见》,指出中国政治方面第一项任务就是"动员全国力量反对妥协投降,扩大反汪运动,肃清抗战营垒中的暗藏汪系余孽及一切妥协投降分子"。国民参政会一届四次会议召开前的9月2日,《新华日报》记者专访参政员张澜,谈及反汪问题,张强调:一是要展开反对妥协投降的谬论,要和受了汪逆影响的分子,作思想上的斗争;二是要同汪逆作政治上的斗争,要用国内的政治改进,来粉碎汪逆造谣离间的政治欺骗。参政会一届四次会议上,董必武联合22名参政员提出了《拥护抗战到底反对妥协投降声讨汪逆肃清汪派活动以巩固团结争取最后胜利案》,痛斥"眼光短浅和不明大义分子""以为汪虽然反蒋,但仍可视为反共同志",以致"自三次国民参政会大会以来,政治很少进步,到处发生摩擦,恰恰为日寇分裂我内部团结的阴谋张目",要求对这些人的投降活动"随时加以国法之制裁",以反对中途投降,坚持抗战到底。① 中共参政员还在会内外散发小册子,继续揭露国民党当局制造平江惨案,其用意当然是要求坚持抗战,也争取各方面对中共的同情和支持。

1939年12月至1940年3月,国民党顽固派掀起第一次反共高潮之际,汪精卫集团也趁机加紧卖国步伐。12月30日,汪逆集团与日本在华特务组织"梅机关"签订卖国密约《日支新关系调整纲要》。1940年1月22日《新华日报》以《高逆宗武陶希圣自供,汪派卖国密约》为题,向国统区和全国军民通报汪精卫的罪行。3月30日,汪精卫汉奸集团在南京成立伪"国民政府"。汪派汉奸的投降卖国行径更加激起全国人民的怒火,"讨汪"运动再次掀起高潮。1月28日,中共中央发出《克服投降危险,力争时局好转》的指示,要求全国各地党组织极力扩大反对汪精卫卖国协定的宣传。2月1日,中共中央指出:"由于以汪精卫为首领的亲日派大资产阶级与国内投降倒退势力相呼应,目前投降倒退势力不但还没有受到根本的打击,且有更加猖獗的可能",因此"力争时局好转,克服逆转危险,必须强调抗战团结进步三者不可缺一"。在此基础之上必须坚决执行的第一大任务是"要普遍扩大反汪反汉奸的宣

---

① 重庆市政协文史资料研究委员会等编:《国民参政会纪实》续编,重庆出版社1987年版,第25、495、124、125页。

传,坚决揭穿一切投降分裂的阴谋,从思想上政治上打击投降派与反共派。坚决明确与具体地证明反共是投降派准备投降的反革命步骤"。①南方局贯彻执行中共中央指示,领导和推动各地中共组织开展讨汪、反妥协投降运动。为反对日汪密约,打击汪伪政权的登台,1月下旬《新华日报》连续发表《全国同胞起来! 反对汪派卖国密约!》《汪逆卖国密约的教训》《在"抗战第一"旗帜下前进》等三篇讨汪、反妥协投降的社论;2、3月间,又先后发表《反对汪逆伪"中央政权"》《粉碎汪逆伪组织》《揭穿寇奸底双簧戏》《怎样地估计汪逆底傀儡政权》等多篇社论;3月31日起,又连续发表《汪逆傀儡登场以后》等社论,集中揭露汪逆傀儡组织成立的阴谋作用,引起国统区群众的热烈响应。此外,《新华日报》还刊登潘梓年、许涤新、石西民、吴敏等中共人员的声讨文章,并且特别登载蒋介石、陈诚、孙科、王庞惠、白崇禧、孔祥熙、于右任、张群等国民党上层人物的演讲词、报告,以及各抗日党派知名人士的文章,国共两军将士、解放区各界人民和国统区各界人士的声讨通电,有效地打击和遏制了汪精卫集团的卖国行径和国民党内的妥协投降暗流。自反对日汪密约以来的两三个月,各界乃至华侨纷纷发表讨汪通电,各城市纷纷召开锄奸大会,掀起了新一轮反汪伪、反妥协投降热潮,对国民党当局日益加重的投降倾向形成舆论制约。

在坚决反妥协投降反摩擦斗争的同时,还必须有效保存、积蓄和发展党的力量。国民党五届五中全会后逐步掀起的反共高潮,还表现在对国统区中共党组织的严重破坏和对共产党员、进步人士的迫害屠杀等不断恶化的形势。这迫使中共逐渐改变了在国统区的工作策略。自1939年5月下旬起,中共中央和毛泽东逐步总结提出了"荫蔽精干,长期埋伏,积蓄力量,等待时机"的敌占区和国统区党的工作方针。特别是在1940年3月发生国民党特务谋划实施却嫁祸中共的成都"抢米事件"发生后,中共中央反复电示南方局,为巩固党的组织,必须改变党的组织形式和工作方法。同时指示各级党组织"应时刻提高革命警惕性,时刻戒备反共投降分子的破坏阴谋,须立即根

---

① 《中央关于目前时局与党的任务的决定》(1940年2月1日),《中共中央文件选集》第11册,中共中央党校出版社1991年版,第278页。

据保存干部、积蓄力量的原则,缩小机关,调动和隐蔽干部,以避免损失"。①从6月起,南方局连续召开常委会议,先后召集所属省委、特委负责人到重庆,部署贯彻中共中央指示,开始了大规模、长时期的疏散转移党员干部、隐蔽撤退党组织工作。周恩来强调:过去实行的是暴露政策,国民党就是要我们暴露,所以我们的搞法正符合国民党的愿望。现在,我们要把党的工作转到地下去,要到工厂、学校、农村等基层单位去。要加强党的领导,千万不要因为建立了统一战线就忘掉了国民党的反动性,要尽量避免组织被破坏。②这当然反映国民党当局限共策略取得了贯彻反共政策的良好效果,也标志着从长江局延续到南方局的"救亡作风"彻底终结,相应表明与国民党反共政策、限共策略针锋相对的中共抗日统一战线政策和又联合又斗争总策略开始真正全面指导抗战中后期的国共关系。

(三) 中共及其南方局与宪政运动

从抗日战争这个历史时期看,宪政运动是国民参政会的衍生物。在参政会一届四次会议召开前夕,中共7参政员于1939年9月8日发出对于过去参政会工作和目前时局的意见,重申了党对参政会的主张,同时就"政府对参政会之决议,绝大多数尚不能确切与有效地见诸实施,以致减少了参政会工作应有之成效,同时也就不能满足全国同胞对参政会之急切希望"表示"惋惜",婉转地表达了对国民党使参政会成为咨询机构而非民意、全权机关的不满,要求实行战时民主,保障言论集会结社及武装抗敌之权利,"明令保障各抗日党派之合法权利,认真取消各种所谓的防制异党活动办法","广泛地容纳各党派人才"参加政府工作。③ 提出这个意见书的大背景在于国民党在其五中全会之后,不仅对于中共,而且对于中间党派也尽可能予以打压。1940

---

① 《中央关于成都事件经过及戒备国民党阴谋破坏的指示》(1940年4月1日),《中共中央文件选集》第11册,中共中央党校出版社1991年版,第370页。
② 中共湖南省委党史研究室编:《中共中央南方局的党建工作》,中共党史出版社2009年版,第133—134页。
③ 毛泽东等:《我们对于过去参政会工作和目前时局的意见》(1939年9月8日),《国民参政会纪实》上卷,重庆出版社1985年版,第508、511、514页。

年12月,国民党当局对参政会进行改组,对靠近中共的中间党派如救国会、第三党和无党派人士极力打压,取消了张申府、章伯钧、杜重远、章乃器等人的参政员资格。这种各党派没有合法地位、难于自保、更谈不上实现民主的状况,必然促使中间党派向中共的政治主张靠拢。因此非中共参政员张澜等人对于中共的意见书极为关注,认为"重要问题声明都说了",表现了对于中共的政治领导开始信服。

有了这种思想前提,再加之南方局在会前的联系协商,必然促成四次会议上中共和中间党派联合要求民主的热潮出现。在会上,陈绍禹(王明)领衔提出的《请政府明令保障各抗日党派合法地位案》,受到非中共参政员的普遍关注,以至"许多中立的、过去不表态的人都积极表示同意"[1]。非中共参政员还分别联名提出了有关宪政的一系列提案,包括青年党参政员左舜生、国社党参政员张君劢、第三党参政员章伯钧领衔提出的《请结束党治立施宪政以安定人心发扬民力而利抗战案》和《改革政治以应付非常局面案》、江恒源领衔提出的《为决定立国大计解除根本纠纷谨提具五项意见建议政府请求采纳施行案》、张申府领衔提出的《建议集中人才办法案》、救国会参政员王造时领衔提出的《为加紧精诚团结以增强抗战力量而保证最后胜利案》。同时,鉴于刚刚收场的汪伪国民党六全大会提出废除"一党专政"对于其他党派所具有的极大欺骗性,极其不利于国民党统治,国民党参政员孔庚率先领衔提出了《请政府遵照中国国民党第五次全国代表大会决议案定期召集国民大会制定宪法开始宪政案》。会议在激烈辩论这7个提案后,通过了《召集国民大会实行宪政决议案》,提出治本、治标办法各二条:请政府明令定期召集国民大会,制定宪法,实行宪政;组织国民参政会宪政期成会,协助政府,促成宪政;请政府明令宣布人民在法律上其政治地位一律平等;为抗战需要,政府行政机构应加充实并改进,借以集中全国各方面人才。这项决议案使宪政要求具有了合法性,其目标指向当然是要结束国民党当局的"训政",第一次宪政运动由此开始。中共参政员在其中的引导作用、以斗争策略求民主政治的政

---

[1]《陈绍禹等致中共中央电》(1939年9月12日),《董必武年谱》,中央文献出版社2007年版,第150页。

策导向,都是毫无疑义的。

参政会一届四次会议之后,宪政运动在全国开展起来。如在边区和各抗日民主根据地,从11月起,就纷纷筹备成立了延安各界宪政促进会等组织,广泛开展了要求国民党实施宪政的活动。在大后方更是立即掀起了宪政运动热潮,重庆一时成为运动的中心。褚辅成、江恒源、莫德惠、张澜、章伯钧、胡石青、沈钧儒、李璜、左舜生、张君劢、张申府、王造时等13名参政员于10月1日假重庆市银行公会,邀请各界人士举行宪政座谈会,议决为了促进宪政实施,要经常举行座谈会并组织一民众团体协助宪政实施。到次年3月,座谈会共举行了8次,就推进宪政、宪政与抗战建国的关系等问题进行了广泛讨论。再如10月14日,中国青年记者学会总会召开宪政问题座谈会,褚辅成等30余人到会,对宪政、抗建纲领之意义、宪政运动中记者之任务等,进行热烈讨论。同时,其他各地各界的宪政座谈会、促进会也纷纷响应,如重庆的妇女宪政座谈会、青年宪政座谈会等,频繁召开各种会议,要求实行宪政;广西宪政促进会在张志让、胡愈之等人努力运作下,广泛吸引左中右各派人士参加,提出早日结束训政实行宪政、承认各党派合法地位、保障人民言论结社等自由、反对特务统治等要求,在很大程度上与延安桴鼓相应。在此背景下,国民党于11月中旬召开五届六中全会,决定于次年11月12日召集国大。

南方局在中共中央领导下,将对于中间势力的统战工作寓于宪政运动之中,积极参加了宪政运动。如吴玉章、董必武、潘梓年应邀参加了宪政座谈会,董必武更是作为宪政促进会的筹备委员和常务委员,参与了领导工作,将座谈会、促进会引导到对于国大组织法和选举法草案的深入讨论之中,因而深入宣传了中共的民主政治主张。吴克坚、徐冰、潘梓年则出席了记者学会宪政座谈会,董必武还参加了宪政期成会的工作。

对于宪政运动,中共中央于10月2日、12月1日,两次发出专门的指示,认为参政会关于宪政的决议案虽"比较空洞仍不失为进步的决议"[①],提出中

[①]《中央关于第四届参政会的指示》(1939年10月2日),《中共中央文件选集》第12册,中共中央党校出版社1991年版,第179页。

共的宪政运动"根本主张是要真正实现新式代议制的民主共和国"。为此,指示具体主张以立刻实现人民言论、集会、结社、出版、信仰自由之民主权利作为召集国大的先决条件;废弃或彻底修改抗战前的国大选举法以反对政府圈定代表办法、改选按旧选举法选出的国大代表,保证各党各派各界各军各民众团体直接选举代表;国大应是全权的民意的机关,它拥有制宪、选举与改组政府、决定政府各种基本政策的任务,它应有常设机关以监督政府实施宪法和政策并定期召集国大决定一切全国性重大问题;彻底修改抗战前颁布的宪法草案,使新宪法成为实现民主政治的根本法而不是国民党训政的装饰品。宪政运动指示估计国民党不会允许全部实现上述根本主张,因而认为宪政运动目前还是宣传时期,在策略上要求各地党组织积极参加并领导宪政运动,将其变为"实现民主政治的有力的群众运动",在广泛宣传中共主张以迫使国民党进步的同时与各党派讨论临时折中办法;要求在广泛统一战线的基础上成立国民宪政促进会等群众团体,以宣传、座谈等形式推进宪政运动;提出了引证孙中山北上宣言及号召国民会议的演讲、指出北洋军阀因反对宪政而灭亡的事实以宣传没有宪政就有亡国危险的宣传要点。[①] 可见宪政运动指示所主张的就是中共一贯的民主主张,其新颖之处在于明确提出了"新代议制",以其要求实现一般民主政体和中共及各抗战党派参政的民主国体;所提的内容,则要求从前提条件、代表选举、国大的性质任务直到宪草,将国民党政府的宪政理论和实践全部推倒重来;所提的实现方法,基本的仍是中共从大革命时期就采用的上下层统战同时运作、以国民党的旗帜相号召的宣传为主的方法。当然,它在实现方式上也有了新内容,就是以中共发展实力为后盾,将宣传与同国民党当局谈判斗争、同中间势力合作相结合,同步进行。按照这个思路,中共中央一是提出了更强硬的谈判要求,迫蒋让步;二是联系宪政问题采取进一步联络中产阶级的统战工作新姿态;三是于次年二三月间提出了在抗日民主根据地组织统一战线性质的阶级联合政权(中共党员、非党左派、

[①]《中央关于推进宪政运动的第二次指示》(1939年12月1日),《中共中央文件选集》第12册,中共中央党校出版社1991年版,第200—202页。

中间派各占三分之一)的"三三制"原则①,树立民主榜样,推动宪政运动。总之,宪政运动指示全面体现了从陈独秀到毛泽东、周恩来两代中国共产党人对在中国实现民主的一贯主张、基本方法,也凸显了实现目标的手段的发展,进一步明确了中共通过统一战线实现民主政治的重大历史任务。这些正是作为国民党当局反共限共政策和策略的对立面而出现和发展的。

其实还在参政会一届四次会议举行之时,鉴于蒋介石在会上关于促成宪政与实施训政"是相需相成"的,国民党中央也在其党内指示中声称要在宪政实施后,继续进行训政未完成的工作,②即决心坚持一党专政的表态,南方局就已开始积极宣传、引导宪政运动了。9月16日,为声援、指导中间党派参政员在四次会议上的争民主斗争,《新华日报》发表社论《实行民主政治是必要的》,依据中共七参政员意见书,强调为动员人民参加抗战就必须要民主政治,批评"有些人"认为抗战时期民主不必要的错误观点;阐明中共在抗战中所主张的民主政治,既不是资产阶级民主,也不是社会主义民主,而是"我们解放战争中所必需的民主政治"即加强战时政府、保证各抗日党派合法存在和容纳各党派人才、提高战时行政机构效能、保证人民各项自由权利等,号召"集中全国各党各派的力量,将政治认真地推向民主"。③ 21、22日,四次会议刚结束,《新华日报》又连续发表社论《建立宪政规模》《召集国民大会与实施宪政的先决条件》,认为四次会议最有意义的是实行宪政的决议,表示拥护这一决议,"更希望政府要切实地执行这一决议";认为宪政就是要将全民公意用立法手续确定下来,要求当局实行"还政于民"的诺言,提出国大和行宪的先决条件是:各党派各阶层人民的政治地位一律平等,政府应在法律上保障人民的言论、出版、集会、结社自由,行政机关办事人员应以才德为标准而不应受党派、思想、信仰、职业、地域、性别的限制,公开研究讨论人民需要怎样的国大与宪法。这就为中间党派指出了要通过宪政运动争取参政的努力方向。10月10日,《新华日报》发表吴玉章的文章,要求立即实施参政会的宪

---

①《毛泽东年谱(1893—1949)》中卷,人民出版社、中央文献出版社1993年版,第164、172、175、193页。
②《抗战中的中国政治》,上海人民出版社1961年版,第200页。
③1939年9月16日重庆《新华日报》。

政决议,结束党治,实行宪政,定期召开民选的国民代表会等。这些都起到了为已经掀起的宪政运动鼓劲加油、指引方向的作用。

南方局对于宪政运动的推动,不仅在于公开宣传引导,还在于从统战角度,与中间党派民主协商,为他们指明实现民主的具体方法。这一工作往往与前述反摩擦、协调在参政会的立场同步进行。在这些工作的基础上,南方局于1940年11月向中间党派明确提出了开联席会议,商定小党派活动方针,结束党治,实行民主的主张。这表明南方局为促成民主政治,已经在开始有意识地组织中间党派了。

由于中间党派的参政热情,也由于南方局对中间党派在反摩擦、参政会、宪政问题上反复开展统战工作,1939年11月23日,国社党、青年党、第三党、职教社、乡建派、救国会有关人员和无党派人士张澜等人在重庆青年会餐厅聚会,成立了"统一建国同志会"。同志会的"信约"要求颁布宪法,成立宪政政府;要求各党派平等地公开存在;反对以政权或武力推行党务;要求吏治清明;主张现役军人、在学青年不宜参与政党活动;主张尊重思想学术之自由;同时又表示要拥蒋"并力促其领袖地位法律化",反对"一切民族社会内之斗争及破坏行为";还表示要以抗日要求一致而非出于武力去实现统一,反对一切内战,要求为决定与推行国是国策而"各单位应有一联系之统一组织"。①这表明统一建国同志会确如其联络促成者梁漱溟所说,是站在国共两党之间的"第三者立场"②。这个立场固然仍无拥共之意,仍然站在国共之间的中间偏右立场,却已无一年前公开的反共主张;同时它明确表示反内战,则明显是受南方局影响的结果,表明"偏右"已在发生微妙的变化。由此可见,南方局推动宪政运动、反对反共内战的统战工作,已开始收到成效。

中共中央基于对蒋介石用实行宪政的允诺拉拢各小党派及中间分子以孤立中共的担心,也基于对参政会仅是国民党当局"请客"场所的认识,指示南方局加紧运动中间党派、中间分子"要求实施宪政与民主政治","决不能

---

① 《统一建国同志会信约》,转引自《百年潮》2004年第10期,第74页。
② 李渊庭、阎秉华编:《梁漱溟先生年谱》,广西师范大学出版社2003年版,第160页。

以口头的允诺为满足而必须认真的实行"，特别是主张召集有全权的国民大会。① 因此，南方局在宪政运动中，着力于推进国大的召开及其具体问题的解决。按照中共中央关于中共的国大代表至少应占全数的四分之一②的要求和相关指示，博古、凯丰、董必武于1940年2月起草了"宪政问题意见书"，向国民党说明实行宪政的目的即为结束训政和结束一党专政，因而要修改国大选举法、宪草，重选国大代表，给以言论自由，以便动员人民参加宪政运动和国大代表竞选，否则所谓实行宪政是自欺欺人之谈；③还向4月间召开的参政会一届五次会议提出了给全民和各党派以言论等民主自由权利，国大代表名额，中共应占三分之一，至少为四分之一，国民党占三分之一，其他各党派及无党派代表占三分之一，彻底修改国大选举法和组织法及五五宪草等项要求。这就提出了中共在宪政运动中的基本追求，对中间党派无疑具有示范引导作用。正因此，它成为以后国共谈判直至政治协商会议中，中共提出谈判的主要问题之一和具体的数量指标。在五次会议上，这些内容虽未以中共参政员提案的形式反映出来，但由于南方局在宪政运动中对实行民主政治的引导推动与中间党派的要求具有一致性，非国共两党参政员光升等所提《请政府从速建立民治及法治信条以为施行宪政进备案》、张申府等所提《请政府在实施宪政之前切实执行训政时期约法抗战建国纲领及本会第四次大会决议之人民政治地位与集中各方人才两条治标办法案》，在一定程度上仍反映了南方局在引导与推动宪政运动中所做的努力。

1940年9月，国民党当局宣布因交通不便，召开国大有困难，国大之召集日另行决定。宪政运动至此戛然而止。但由于南方局将"大""小"统战相结合的努力工作，中共的民主思想已开始在国统区落地生根，突出表现在党对宪政运动的方向、程序性指导，已开始为中间党派所接受，这就为统一战线在

---

① 《中央关于争取小党派及中间分子的指示》(1940年4月1日)，《中共中央文件选集》第12册，中共中央党校出版社1991年版，第344页；《毛泽东年谱(1893—1949)》中卷，人民出版社、中央文献出版社1993年版，第209页。

② 《中共中央就国民大会问题给南方局的指示》(1939年12月1日)，《中共中央南方局大事记》，第64页。

③ 《中央关于起草"宪政问题意见书"给博古等人的指示》(1940年2月24日)，《中共中央南方局大事记》第75页。

中间势力中的发展,民主宪政运动的再起,准备了条件;由此也在国共关系上,开始形成中共以小党派制约国民党的策略方式。

三、国共摩擦与反摩擦中的谈判斗争

蒋介石国民党在其五中全会后加紧制造反共摩擦,掀起反共高潮,企图削弱中共力量特别是军队。对此,南方局贯彻执行中共中央的政策策略,始终坚持抗日民族统一战线政策,竭力维持团结抗日大局,遵循毛泽东提出的"人不犯我,我不犯人;人若犯我,我必犯人。"的自卫原则和有理有利有节的斗争策略,以谈判为主要形式,对国民党当局以斗争求团结,与之进行了长期艰苦而激烈的反摩擦斗争。

(一)南方局对国民党当局以斗争求团结

1939年9月,第二次世界大战欧洲战场战事爆发。次年9月,在《反共产国际协定》基础上签订了《德意日三国同盟条约》,法西斯轴心国统治欧亚的利益取得完全一致,反共反苏反民主成为法西斯势力猖獗一时的最显著特征;把世界推向战争深渊,也进一步威胁到英美等西方国家的利益。与这种形势相吻合,从1939年12月27日起至次年2月14日,国府西南运输公司董事长宋子良、香港大学教授张治平同日军参谋本部中佐铃木卓尔、中国派遣军司令部大佐今井武夫在香港五次会谈。以此为基础,从1940年2月下旬起,日本实施所谓"桐工作"计划,对重庆国民党政府进一步展开诱降。3月7日至6月30日,宋子良、重庆行营参谋处副处长陈超霖中将、最高国防会议主任秘书章友三、侍从室副主任张汉年少将、张治平在与铃木卓尔、今井武夫、日军参谋本部第八课课长臼井茂树大佐在香港、澳门三次秘密会谈中,于3月10日向日本提出核心为反共防共的8条"和平意见",向日方明确表示希望"和平"和反共、反冯玉祥的计划。只是由于7月16日日本内阁易人,双方在所谓"满洲"问题及日军部分驻兵问题上未获一致意见,加之美英也开始拉蒋介石,答应给中国贷款,谈判才暂时搁浅。这造成了两大阵营都拉蒋入伙的态势,使蒋有了待价而沽、妥协反共的政治资本,更由于相持阶段战线的相对稳定和国民党五届五中全会以来的既定反共方针,蒋介石因而连续发起了自1939年12月至1940年3月的第一次反共高潮和以10月中旬为起点的第二次反共高潮,使抗日战争和统一战线陷入危局之中。

针对国民党顽固派加剧制造的反共摩擦,中共及其南方局采取"人不犯我,我不犯人;人若犯我,我必犯人"的自卫原则和有理有利有节的斗争策略予以坚决反击。"我们对摩擦如逆来顺受,则将来摩擦逆流必更大,顽固气焰必更高,故我应以冷静而严正之态度对之。"①1939年1月27日,中共中央电示南方局,对于民主、国民党反共等政治上的"原则问题,不仅不能再作让步,而且必须积极说明共产党八路军新四军及陕甘宁边区等抗战对于中华民族全部解放事业的意义和作用,以击退顽固分子的造谣侮蔑"②。8月1日,中共中央在延安召开追悼平江惨案死难烈士大会。毛泽东在会上指出:在平江这个抗日的后方,新四军平江通讯处的负责同志涂正坤、罗梓铭等被反动派杀死,"这件事非同小可,我们一定要反对,我们一定要抗议!""现在国内流行一种秘密办法,叫做什么《限制异党活动办法》,其内容全部是反动的,是帮助日本帝国主义的,是不利于抗战,不利于团结,不利于进步的。""这种办法就是破坏团结的种种罪恶行为的根源。我们今天开这个大会,就是为了继续抗战,继续团结,继续进步。为了这个,就要取消《限制异党活动办法》,就要制裁那些投降派、反动派,就要保护一切革命的同志、抗日的同志、抗日的人民。"③12月,中共中央指出,国民党"已发展到军事限共为主,政治限共为辅了。在这个军事限共政策下,国民党发布了《处置共党问题的新办法》,发布

---

① 《中央关于我党对国民党防共限共对策的指示》(1939年1月23日),《中共中央文件选集》第11册,中共中央党校出版社1991年版,第12页。
② 《中央关于第三届参政会提案问题给南方局的指示》(1939年1月27日),《中共中央文件选集》第12册,中共中央党校出版社1991年版,第21—22页。
③ 毛泽东:《必须制裁反动派》(1939年8月1日),《毛泽东选集》第2卷,人民出版社1991年版,第577、578页。

了《剿办冒称抗日军的命令》,并用中央军直接对付八路军与新四军"。因此,"八路军新四军必须极力发展与巩固自己的力量";"凡遇军事进攻,准备在有理又有利的条件下坚决反抗之,极大地发挥自己的顽强性,决不轻言退让。"①遵循中共中央的指示,南方局以在八路军、新四军及边区问题上与国民党当局谈判为主要形式,开始了长期的反摩擦斗争。对于严重摩擦的诱因——国民党颁布《防制异党活动办法》,周恩来于7月间致信蒋介石,提出抗议。对于河北摩擦,早在2月初,周恩来就准确预见到蒋介石将一切问题均扣在解决河北地区国民党军队和八路军的冲突上,请朱德等早提具体意见,以便交涉。4月10日,博古、董必武与李济深会谈,提出冀察战区总司令兼河北省主席鹿钟麟应辞职,由朱德或彭德怀兼任省主席;八路军应照3军5师及直属队编制给饷;国府给游击队发饷;与我军摩擦之部队应调开等四项要求。5月底,周恩来对于国民党中央下令武力占领镇原提出抗议,表示已无可让,只能自卫。6月中旬,周恩来、叶剑英就河北冲突与蒋介石谈判,对蒋所称中共军队要服从政府命令以解决各地纠纷、八路军不停止进攻就不能谈判具体问题的要挟,周恩来指出并非八路军进攻,而是八路军被人所攻,促使蒋同意派人调查解决问题。对于平江惨案,7月间,周恩来、叶剑英五次致电白崇禧(军训部部长)、陈诚、徐永昌(军令部部长)、何应钦(军政部部长)等人,提出严正抗议,认为其"纯为阴谋惨杀",要求严惩肇事者、抚恤死难者,指出制造惨案者的"目的必在造成国共裂痕,以便其破坏抗战,走入不得不对日妥协之途";②8月间,周恩来为平江被害烈士撰写挽联悼念:"长夜辄深思,团结精诚,仍是当今急务;同胞须猛醒,猜疑摩擦,皆蒙日寇阴谋。"③南方局在重庆八办举行追悼大会,面对重庆卫戍总司令部、重庆警备司令部代表等各界人士一百多人,叶剑英痛斥平江惨案"系在日寇政治别动队托派汪派汉奸破坏团结活动的影响下所进行的事件"④,《新华日报》则发表董必武起草的

---

① 《中央对时局指示》(1939年12月23日),《中共中央文件选集》第11册,中共中央党校出版社1991年版,第232、233页。
② 《中共中央南方局大事记》,重庆出版社2004年版,第25、42页。
③ 转引自王晓飞:《周恩来撰写的对联》,《百年潮》2003年第12期,第71页。
④ 《中共中央南方局大事记》,重庆出版社2004年版,第50页。

谴责反共分子的启示,将汪伪与反共相联系,意在遏制摩擦,维护统一战线。

1940年3月,"抢米事件"发生后,叶剑英、潘梓年即向当局强烈抗议,南方局派潘赴蓉交涉,并以中共成都市委名义发表告同胞书,揭露事件是"奸人、匪徒"破坏团结抗战、压迫中共和进步分子、准备分裂投降的阴谋暴行,迫使当局恢复了《新华日报》成都营业分销处的营业。6月间,周恩来向蒋介石明确指出:中共诚意抗战、拥蒋反汪,而国民党却在抗战中实行"反共""溶共""剿共",这只能帮助敌伪;所谓中共要举行暴动推翻国民党,完全是造谣;中共的发展主要是在敌占区与敌、汪争群众。① 他还致信蒋,提出新的解决危局、团结抗战方案,要求国民党当局保障各党派合法存在,释放在狱的共产党员,停止查禁书报杂志。进入10月,南方局的政治进攻态势进一步发展,南方局工作人员以反投降反内战为中心口号,在重庆各方面人士间分头奔走,宣传讲解,动员他们反内战以挽救危局。《新华日报》也从11月1日起以反对倭寇诱降和内战危机作为宣传重心。在军事上,《新华日报》就八路军击毙日军中将阿部规秀、新四军牵制2万以上敌军兵力等战绩和游击战的威力,展开了广泛的宣传。尤其是在3月上旬召开的军委会军以上参谋长会议上,针对蒋介石宣称八路军"游而不击""袭击友军""破坏抗战,制造摩擦"的不实之词及其要严整军纪军令的威胁,叶剑英发言一个半小时,引证大量事实,阐述了中共的团结抗战方针、反摩擦原则及其贯彻情况,有力地驳斥了蒋的诽谤诬蔑。与反驳相配合,南方局还着重要求惩办汉奸。《新华日报》曾以叶挺对记者谈话的形式,在宣传新四军战绩的同时,指出"汉奸正拼命施展其挑拨离间,企图在政治上分裂国共团结",要求当局"更有效的配合",②将汉奸罪与分裂行为挂钩,希望以此制止国民党当局搞摩擦。南方局还按照中共中央电示,对于当局包围、强迫调动以图消灭新四军的反共行为,严正指出,若国民党一定要打新四军,必将激起新四军的坚决自卫和八路军相救,结果将是鹬蚌相争、渔翁得利,使亲痛仇快,有利于日寇侵略,对此结果国民党应

---

① 《周恩来年谱(1898—1949)》(修订本),中央文献出版社1998年版,第466页。
② 1939年10月7日重庆《新华日报》。

负责任。①力图晓之以理、动之以情,争取更多的人心,遏制反共高潮的到来。

同时,从抗战的大局出发,南方局在反摩擦中始终严格把握斗争只是手段、团结才是目的这一基本点。6月初,周恩来在与蒋介石谈话后,认为蒋尚未对破裂下最后决心,但投降的危险日益严重;又鉴于战局于中国不利,"本年内重庆危殆",乃于9月1日向中共中央建议采取"击敌和友"为主的政策②,并在南方局坚持强调抗战第一③的基本观点。循此观点,南方局在9月间决定向国民党提出战地党政委员会应分工去做,否则周恩来将辞职的要求,仍然希望实现国共有组织的分工合作,以推进抗战;一贯注重与国民党军的统战关系,越是反共走向高潮越是强调要将同中央军的交朋友工作做得更好④;在国共谈判中,尽量从团结抗战大局出发,顾及国民党的利益,作出必要的让步。如在新四军发展方针问题上,周恩来代表南方局向中共中央先后提出过三个方案:1939年8月在中共中央政治局会议上提出"向北发展,向东作战,巩固现在阵地";1940年8月在政治局会议上提出"坚持江南,发展江北";11月1日提出"放弃江南,以便集中兵力到江北,布置良好阵势"。⑤ 对于江南问题,这三种提法逐步构成了由微妙到剧烈的变化,与毛泽东对中国革命的战略思考和对国民党的谈判策略,都有很大不同,促使中共中央按照最后一个方案确定了皖南新四军北移。正是中共这种坚持抗战第一的爱国情怀,南方局在事实上考虑照顾国民党的防共心态,作出必要让步,以避免摩擦加剧,以有利于团结国民党当局抗战的谈判策略,在很大程度上维系了第二次国共合作。

---

①中共中央文献研究室编:《毛泽东年谱(1893—1949)》中卷,人民出版社、中央文献出版社1993年版,第223页。
②《周恩来年谱(1898—1949)》(修订本),中央文献出版社1998年版,第466、475页。
③参见《中共中央南方局大事记》,重庆出版社2004年版,第111页;《周恩来年谱(1898—1949)》(修订本),中央文献出版社1998年版,第480页。
④参见《中共中央南方局大事记》,重庆出版社2004年版,第111页。
⑤《周恩来年谱(1898—1949)》(修订本),中央文献出版社1998年版,第456、471页;周恩来:《关于目前形势的分析和对策》(1940年11月1日),中共中央文献研究室、中国人民解放军军事科学院编:《周恩来军事文选》第2卷,人民出版社1997年版,第278页。

(二) 国共缓和军事摩擦的谈判

针对国民党顽固派在五届五中全会后不断加剧的反共摩擦态势,中共坚决公开地表示,"既然他们要打,我们没有办法","来而不往非礼也",不仅在军事上作坚决抵抗,而且要准备更高的条件谈判。国民党既定策略是借助政治和军事两手来来限制中共力量发展,以"解决中共问题"。1939 年 9 月,蒋介石一面电令晋、冀两省军政当局进一步采取措施限制共产党的发展,一面寻求与中共代表商谈解决两党军事冲突的办法。11 月至次年 1 月,中共代表叶剑英、博古在重庆先后与国民党代表何应钦、张冲、贺耀祖就八路军问题、边区问题以及各地的军事摩擦进行多次谈判。11 月中旬何应钦、贺耀祖接连与叶剑英进行谈判,23 日、25 日,张冲受命约博古等就 359 旅回陕事进行谈判。正当双方开始就军事问题进行谈判之际,国民党在华北、西北制造的军事摩擦加剧,谈判几乎陷于中断。通过军事上的较量,蒋介石开始意识到国民党在西北的军事力量还不足以给共产党以致命的打击,因此不得不重新考虑在西北暂时采取缓和策略。1940 年初两党谈判再度提上日程,1 月 4 日,叶剑英以中共代表、八路军参谋长身份与国府军委会参谋总长何应钦会谈,何要求中共取消"违令扩充"的部队及"非法"设立的军区,叶则要对方承认中共关于扩军、边区及其辖区和敌后解放区等要求。何则说:"所谓边区,委座从未承认"。5 日和 9 日,张冲、何应钦同叶剑英进一步商谈,但在边区和扩军问题上双方分歧较大,谈判未能取得进展。1 月 10 日,中共中央电示南方局:边区要 23 县,少一县不行;王旅不能撤,要求增调两旅;八路军有在 23 县境内动员民众实行三民主义与抗战建国纲领之全权,陕甘两省当局有加以妨碍者须惩处之;撤销鹿钟麟、石友三在河北省的职务,委任朱德为冀察总司令兼河北主席,贺龙为察哈尔主席;八路军扩至 3 军 9 师 22 万人;新四军扩编为 3 个师 5 万人。并指示南方局"用严正态度提出,不达目的不止"。①次日,中共中央再度电示南方局:目前可先解决边区与扩军两问题,其他待机

---

① 《中央关于边区等问题与国民党谈判的方针给南方局的指示》(1940 年 1 月 10 日),《中共中央文件选集》第 11 册,中共中央党校出版社 1991 年版,第 245、246、247 页。

提出。边区坚持23县,名称为"陕甘宁边区",主席由林伯渠担任,扩军问题照10日电,必须3军9师22万人,每月440万饷不得短少。① 遵照中共中央指示,博古等与何应钦、张冲于17至19日继续谈判,何应钦最后表示只能做到:边区名称改为陕北行政区;暂时隶属行政院;县数15县;十八集团军扩编3军8师;359旅至少要有一部分过河,以给中央面子。显然,国共双方所提方案都不能被对方接受,且态度强硬,互不让步。1月25日,中共中央致电南方局:"中央前电所提边区扩军等各条件都是最低限度的,正当的,合理的,不能再让步。在彼方军事限共到处发展情况下,稍一让步,即可造成彼方向我进攻的机会。故如彼方能承认我方所提各点,则可照此解决。否则,我们须考虑增加扩军数与经费数,并以晋察冀鲁四省及豫东、皖北、苏北全部划为我军防地,方于抗日有利。边区问题在目前形势下,不仅23县不能少,而且须考虑增加至28县方能巩固后方。否则,敌在华北、西北之军事摩擦将无止境,抗日阵地将大受破坏也。"② 可见国共新一轮谈判从一开始就是针锋相对的,并从此将承认与扩编固定为谈判的主要内容,从而也就决定了今后国共交往的主要形式之一是谈判斗争。

国共双方就边区和扩军问题多次谈判,却始终僵持无果。其间,蒋介石国民党不断制造反共摩擦事件,并急剧演化成第一次反共高潮。中共立足国家民族利益,从维护团结抗战的大局出发,坚持抗战团结进步的方针和"人不犯我,我不犯人;人若犯我,我必犯人"的原则,坚持有理有利有节的斗争策略,坚决击退了国民党顽固派第一次反共高潮,同时提出国共谈判解决军事摩擦。而此时的蒋介石也深感今后"如以武力制裁,颇多困难,应取慎重态度"③,因而暂时放弃"武力制裁"手段,向中共表示愿意商谈。为此,中共派刚从苏联回延不久的周恩来赴重庆与国民党进行谈判。6月初,周恩来与蒋

---

① 《中央关于边区与扩军问题同国民党的谈判条件给南方局的指示》(1940年1月11日),《中共中央文件选集》第11册,中共中央党校出版社1991年版,第248、249页;中共中央书记处致南方局电,1940年1月11日。

② 《中央关于与国民党谈判条件不能让步问题给南方局的指示》(1940年1月25日),《中共中央文件选集》第11册,中共中央党校出版社1991年版,第260页。

③ 关中:《战时国共商谈》,转引自叶永烈著:《毛泽东与蒋介石》,安徽教育出版社2009年版,第218页。

介石会晤谈判,周表示中共诚意抗战,拥蒋反汪,而国民党却在抗战中反共、"溶共""剿共",这只能帮助敌人;所谓中共要暴动,推翻国民党,完全是造谣;中共的发展主要是在敌占区与敌、汪争群众;现在是中共要合作抗日,而有人却要分裂统战,准备投降。蒋则表示:我对抗战和团结都是有决心的,国共间的一切问题都是可以解决的,但军事上必须服从命令。周恩来针锋相对指出:军事上一方面有服从的问题,但也不能拿命令来胁迫。谈话后周恩来在向中共中央的报告中估计:蒋介石对破裂尚未下最大决心,但投降的危险日益严重。随后周恩来、叶剑英与国民党代表何应钦、白崇禧主要就党的合法、边区的承认、军队的扩编和作战地区的划分等问题多次谈判,并递交中共关于解决目前危局,加强团结抗战的提案。提案要求国民党政府保障各党派的合法存在;释放一切在狱共产党员;停止查禁各地的书报杂志,给《新华日报》的出版发行以法律保障,允许登载中共的文件及领导人的言论文章;援助人民武装抗日,发动普遍的游击战争;承认陕甘宁边区 23 县,隶属行政院,以林祖涵为边区政府主席;准八路军扩编为 3 军 9 师,新四军增编为 7 个支队(后改为 3 个师);军械粮饷及医药卫生、交通器材供给应与国民党军同等待遇,并划分国共军队的作战区域。① 国民党方面只承认陕甘宁边区辖属 15 县(后让步为 18 县),且只同意边区成为陕北行政区,其行政机关为陕北行政区公署,暂时隶属行政院,但归陕西省政府指导;关于扩编,只准八路军编 3 个军 6 个师另加 5 个补充团,新四军编为 2 个师,所有纵队支队、其他一切游击队限期收束,编军之后不得再委其他一切名义或自由成立部队;关于划分作战区域,国民党则借口为避免两军摩擦、利于团结对敌,要求中共军队限期全部开赴到河北省,并不得在原驻各地设立留守处办事处通讯处及其他一切类似机关,其他各战区及任何地方一律不得再有第十八集团军及新四军名义之部队。② 很明显,蒋之企图是将八路军和新四军赶到其指定的狭长地带,便于日、伪军夹击,达到消灭中共军队之目的。周恩来表示原则上同意划界,但须

---

① 《周恩来年谱(1898—1949)》(修订本),中央文献出版社 1998 年版,第 466、468 页。
② 中共南方局致中共中央电,1940 年 7 月 3 日。转引自毛磊等主编:《国共两党谈判通史》,兰州大学出版社 1996 年版,第 179—180 页。

实现各党派在全国的合法权、人民在全部敌占区的游击权、八路军新四军有正规军的足够战区（华北五省）、八路军新四军有足够的补给、中共有冀察两省的行政领导和其他游击区的行政权、八路军新四军有发展保证（扩充补给）等六个条件。① 对周恩来提出的这六个条件，何应钦、白崇禧或是避而不谈，或是含糊其辞，只强调中共军队必须服从军令，一律开到旧黄河以北地区作战，致使谈判毫无进展。

7月16日，国民党拟定了《关于陕甘宁边区及第十八集团军、新四军作战境地编制问题的提示案》（简称"国民政府提示案"或"中央提示案"），经国民党中常会通过后，于20日发出，规定改陕甘宁边区为"陕北行政区"，辖18县；宁冀察、鲁北、晋北为八路军、新四军作战地境，限一月内开赴该地，原驻地不得设留守处、办事处、通讯处等；八路军编制为3军6师5个补充团，新四军编制为2师，其他一切纵队、支队、游击队皆限期收束并不得新成立。21日，国方将该案交给周恩来，并告之这是"最后决定"，从而使形势陡然紧张起来，其后的谈判也就围绕"中央提示案"来进行。为团结抗战大局计，27日，周恩来携带此"提示案"回到延安向中共中央汇报，以寻求两党继续谈判和解决问题的办法。8月16日，中共中央召开政治局会议，讨论目前政治形势特别是国共关系问题。周恩来在会上指出：目前总的趋势，东方存在中日妥协的可能，但也须估计到实际问题。我们党的政策是防止国民党投降，争取好转。现在国内形势不会立即转好或立即转坏，是拖的局面。他主张同国民党谈判时在小问题上让点步，而在大的问题上求得有利的解决，以和缓反苏反共的危险。提出要解决的悬案之一是边区问题，按现在地区不变，名义上可以让点步，改为陕北行政区；二是扩军问题，要求准八路军成立3军9师、新四军成立3个师；关于划分作战区域，可以同意，但河北、察哈尔两省政府主席要由中共保荐，要保证八路军、新四军的作战权，对八路军、新四军要与国军同等待遇，并允许补充。② 会议同意周恩来提出的稍作让步的意见。25日，周恩来返重庆，28日与蒋介石、白崇禧等继续谈判。虽然周恩来表示愿

---

① 《周恩来传》（上），中央文献出版社2008年版，第579页。
② 《周恩来年谱（1898—1949）》（修订本），中央文献出版社1998年版，第473页。

意让步,而蒋、白等人则寸步不让,表示"提示案"已是"最后决定",坚持新四军北调是解决一切问题的前提,且进而提出将新四军留下的游击队交当地战区司令官指挥的主张,意在吞并这些游击队。周恩来以中共 50 万军队要抗战、开到黄河以北无法生活为由,对国民党提案予以抵制。9 月初,周恩来代表中共中央将拟订的"复案"交张冲转国民党中央,却被国民党搁置起来,何应钦反叫周恩来再提具体方案。周恩来更加强烈认识到"国共谈判,仍是拖延",只好"决以五十万军队要抗战,无法生计与之针锋相对作斗争",故中共中央不能不再提新方案,以便敷衍。经中共中央同意,周恩来再向国民党提出调整作战区域及游击部队的三项办法,即扩大第二战区至山东全省及绥远一部;按照十八集团军、新四军及各地游击队全数发饷;各游击队留在各战区划定作战界限,分头击敌。事实上,这三项新办法只不过是把 8 月复案中关于军事划界问题的解决办法重新强调而已,以此坚决地拒绝国民党的提示案。尽管中共作出一定让步,蒋介石仍坚持"提示案",声称"如果八路军、新四军不能开至黄河北岸,则一切问题都不能解决"。[①] 事实证明,蒋介石国民党当局对谈判根本无诚意,也根本无意解决中共边区与扩军等问题,只是以谈判拖延时间,等待国际形势明朗,以便决定反共政策的进一步发展走向。

(三)国共关于"新四军北移问题"的谈判

国民党在"中央提示案"之后,为肃清黄河以南的八路军和新四军,进一步加剧了华中的军事摩擦。国民党江苏省主席兼苏鲁战区副司令韩德勤的部队,秉承蒋介石旨意,与新四军发生多次军事冲突,于 9 月发动黄桥战役,制造"苏北事件",结果被被迫自卫应战的新四军击败。如此结局,蒋介石当然不会甘心。正如周恩来指出的:蒋介石原本是想从苏北下手,后打皖南,"企图北面一压,南面一打,我们就只有'喝水了'!"可苏北战争蒋介石失败了,"但他是要复仇的。在苏北战争结束后,王懋功就到顾祝同那里去,布置

---

① 《周恩来致中央书记处电》(1940 年 8 月 28 日),转引自:《国民党的"联共"与"反共"》,社会科学文献出版社 2008 年版,第 419 页。

皖南事变。"①

10月19日,蒋介石授意何应钦、白崇禧以国府军委会正副参谋总长名义,致电八路军正副总司令朱德、彭德怀和新四军军长叶挺(由于19日在电文韵目中代日是"皓",故此电被称为"皓电"),诬蔑八路军、新四军"不守战区范围自由行动、不遵编制数量自由扩充、不服从中央命令破坏行政系统、不打敌人专事并吞友军"等,并以最后通牒的形式强令八路军、新四军各部队,"限于电到一个月内,全部开到中央提示案第三问题所规定之作战地境内,并对本问题所示其他各项规定,切实遵行,静候中央颁发对于执行提示案其他各问题之命令"。② 同时,蒋介石令汤恩伯率10万人向皖北,李品仙率5万人向皖东,顾祝同、韩德勤向长江南北之新四军进犯。

为维持团结抗日大局,中共竭力作出让步。周恩来根据对当时形势的分析,向中共中央提出了对付国民党阴谋的重要策略和意见。10月24日,他电告毛泽东:"根据各种迹象证明,反共高潮是在着着上升","何白十九日电是表示了国方决心。"我们对"皓电"的原则和办法绝不能同意,但不能置之不理。并就新四军的行动问题提出两个方案:一是皖南新四军主力北移,让出江南,到江北坚持斗争;二是皖南新四军一部分转苏南渡江,一部分就地打游击,但江北的部队不论怎样都要作应战的准备。③ 25日,毛泽东两次急电周恩来,指出:尽管蒋介石现在仍是动摇的,全面反共的决心也不容易下,"但我们应估计到最困难最危险最黑暗的可能性,并把这种情况当作一切布置的出发点,而不是把乐观情况作出发点。""总之,我们要准备对付一切情况,任何一种情况我们都要有办法。"④考虑到可能出现最危险最黑暗的局面,在具体策略上,毛泽东曾设想过两种方案:一是政治上进攻,军事上防御。"即对反共军只在我之根据地附近加以反击,我军不打入彼后方,待蒋投降面目为全

---

① 《周恩来选集》上卷,人民出版社1980年版,第201页。
② 《何、白致朱、彭、叶之皓电》(1940年10月19日),《皖南事变文电选编(国民党部分)》,安徽省档案馆1985年印行,第20页。
③ 童小鹏著:《在周恩来身边四十年》上册,华文出版社2006版,第163页。
④ 毛泽东致周恩来并发彭德怀、刘少奇、项英电,1940年10月25日。转引自《毛泽东传(1893—1949)》,中央文献出版社2004年版,第606页。

国了解时再向彼后方反攻。"二是政治上进攻,军事上也是进攻。即"我军不待日蒋联合夹击到来,即从50万人中抽调至少10万至15万精兵,分数路突入彼后方,而留其余部队(多数)仍在原地抗日"。① 毛泽东认为选择方案时必须慎重,"鲁莽不得,错误不得。此时错一着,将遗尔后无穷之患。"② 11月1日,周恩来致电中共中央,同意毛泽东的全部分析,断言:"破裂的危机已至","反共局部战争会开始。"并就应对策略向中央提出建议:"用朱、彭、叶、项名义通电答复何、白,并呈蒋,要求解决悬案(边区、扩军、补给、冀察党案等),表示在充分保障(扩军经饷)下,可北调,特别要保证在移动中不许友军袭击。此通电准备公开,实际上只是放弃江南,以便集中兵力到江北布置良好阵势,到必要时再借口停止,应付事变,使我能居主动,不论分合和战都利,此为上。""还有一个是一切照旧,准备打了再说。但还必须估计有可能一发而不可收,并也须先行电复何白,说明苦衷,不能移动,以便向外宣传。"③ 同日,在另一份电报中向中央汇报了反共高潮中的各方意见:"大家一致望我们拿出办法来,并望我们让步,以缓和破裂。"还转达了冯玉祥的建议:"无论如何不与蒋分裂,要软硬两用,表面让步,实际自干。"④ 2日,毛泽东致电周恩来:"中央几次会议都觉此次反共与上次不同,如处理不慎,则影响前途甚大。""今日会议讨论你1日建议,仍主表面和缓,实际抵抗。"⑤ 3日,毛泽东又致电周恩来,说明中共中央的政策是"一面极力争取好转避免内战,一面准备应付投降应付内战,而把重点放在应付投降应付内战方面,方不吃亏,方不上蒋的当。立即准备对付黑暗局面,这是全党的中心任务。有了这一着,就不会重蹈陈

---

① 《毛泽东、王稼祥关于反对反共投降的策略问题致彭德怀》(1940年11月3日),中国人民解放军政治学院党史教研室:《中共党史参考资料》第16册,第484页。
② 《毛泽东关于国内形势和应付投降力争时局好转致周恩来》(1940年11月3日),《中共党史参考资料》第16册,第483页。
③ 《周恩来关于德意日三国协定后形势的分析和对何白〈皓电〉对策的建议》(1940年11月1日),《中共党史参考资料》第16册,第479页。
④ 《周恩来关于反共高潮中各方意见的汇报》(1940年11月1日),《中共党史参考资料》第16册,第480页。
⑤ 《毛泽东关于蒋介石反共形势的分析及我之部署致周恩来》(1940年11月2日),《中共党史参考资料》第16册,第482页。

独秀的覆辙了。"①30日,毛泽东就蒋介石反共政策的实质及中共的方针问题致电周恩来、叶剑英,指出:"此次蒋、何、白串通一气,用'皓电'、调兵、停饷、制造空气、威胁办事处等等手段,全为吓我让步,并无其他法宝。""蒋现在的特点是内外不稳固(内外危机交迫),其中心战略是攻势防御","本质上蒋与过去一样,依然未变,仍是又抗日又反共的两面政策,而其对日则是绝对防御(毫无攻势),对我则是攻势防御。""在此情况下,我之方针是表面缓和,实际抵抗,有软有硬,针锋相对。缓和所以争取群众,抵抗所以保卫自己,软所以给他以面子,硬所以给他以恐怖。"②由此可见,周恩来、毛泽东都对国民党反共的严重性高度重视,但因主要从策略角度考虑问题,认识还是不足的;但已有了后来解决皖南事变的大致预案,虽然主要还是出于又联合又斗争总策略而来的应对,却正说明了毛泽东对国共关系策略的正确性。

中共中央在考虑了周恩来汇报的情况和所提建议后,决定"采取缓和态度,以期延缓反共战争爆发时间。对皖南方面,决定让步,答应北移。"③并于11月9日以朱、彭、叶、项名义复电何应钦、白崇禧(即"佳电"),据实驳斥"皓电"对中共的攻击与无理要求,揭露亲日派"以投降代独立,以分裂代团结,以黑暗代光明"的罪恶用心,指出国共关系正处于"千钧一发之时";但为顾全大局,答应江南正规部队"遵令北移","对于江北部队,则暂时拟请免调。"④这个合情合理的立场,在政治上赢得了广大中间力量,包括不赞成国共分裂的国民党人士的同情。"使国民党不好回答。借此下场呢?不甘心;不下场呢?又怕将来不好下场。"⑤

中共"佳电"以让步求团结的缓和态度,使蒋介石国民党认为中共的忍让是"不敢破裂,可以逼迫让步,并各个击破。如不在此时压服共产党,将来就

---

① 《毛泽东关于国内形势和应付投降力争时局好转致周恩来》,《中共党史参考资料》第16册,第483页。
② 《中共中央南方局大事记》,重庆出版社2004年版,第127页。
③ 中央档案馆编:《皖南事变(资料选辑)》,中共中央党校出版社1982年版,第78页。
④ 《毛泽东传(1893—1949)》,中央文献出版社2004年版,第609页。
⑤ 《毛泽东致董必武》(1940年11月29日),转引自王功安、毛磊主编:《国共两党关系史》,第462页。

无办法了"①。11月14日,国民党军令部拟定了"黄河以南剿灭共匪作战计划",规定第3、5两个战区的国民党军队主力,应避免与日军作战,集中力量,分期迫使中共军队撤至黄河以北。限顾祝同的第3战区于次年1月底前,"肃清"江南新四军,然后"肃清"苏北新四军;第5战区李宗仁所部,限于2月底前"肃清"黄河以南的八路军和新四军。12月3日,何应钦向军令部长徐永昌指示"解决"新四军的作战部署。4日,徐永昌据此指示,拟订"解决"皖南新四军的作战方案,由蒋介石批示"照办"后,更加紧了围歼皖南新四军的步伐。8日,何应钦、白崇禧向朱、彭、叶、项再发"齐电",指责八路军、新四军"见敌则避,见友则攻"。声称"军令法纪之尊严必须坚决维持",要求八路军、新四军"迅即遵令,将黄河以南之部队,悉数调赴河北"。10日,蒋又密令顾祝同:"对江南匪部,应按照前定计划,妥为部署并准备,如发现江北匪伪竟敢进攻兴化,或至限期(本年12月31日)该军仍不遵命北渡,应立即将其解决,勿再宽容。"②国民党顽固派根据反共政策,为践行限共乃至军事"剿共"策略而来的武力围攻江南新四军的战略部署,由此成形。

为让世人进一步了解国民党顽固派制造反共摩擦的阴谋,周恩来和叶剑英不辞辛劳,四处奔走,通过各种渠道对社会各界进行大量的解释工作,阐明中共关于团结抗战的基本立场,揭露国民党顽固派制造摩擦、破坏国共合作的真实情况,以争取他们的同情。从"皓电"发出至皖南事变发生前,周恩来先后与国民党元老派、抗战派和同蒋有矛盾的地方实力派以及各党派人士如冯玉祥、覃振、于右任、孙科、黄炎培、沈钧儒、章伯钧、邹韬奋、张申府、梁漱溟、张君劢、左舜生等进行广泛接触,晤谈时局,说明实际情况,希望通过他们向蒋介石施加影响。周恩来还同各国外交人员和记者进行广泛的接触。当时美国作家斯特朗从苏联回国,途经重庆,周恩来在曾家岩50号同她长谈了几个晚上,向她详细地介绍八路军和新四军的历史和现状,国民党两年来制造反共摩擦事件的真相,并揭露国民党顽固派正在酝酿投降和内战的阴谋,

---

① 《中央一九四一年三月政治情报》(1941年3月22日),《中共中央文件选集》第11册,中共中央党校出版社1991年版,第624页。
② 陈雪:《国共谈判中的周恩来》,中共中央党校出版社2001年版,第215、216页。

预言即将发生更大的反共事件和战争。谈话结束时,周恩来对斯特朗嘱咐道:"这些材料暂时不要发表,等我捎信给你,同意你这样做时再发表。"① 同时,周恩来布置南方局的人员除组织口头解释外,还编印传单、小册子(内容包括半年来国共双方来往文电和国民党反共文件等)秘密运到八路军驻桂林办事处和西安办事处,向社会各界广为散发。还要外事组王炳南及其夫人王安娜(德国人)不断地通过外国朋友把材料带到香港,在国外宣传。南洋等地一些城市的街头出现了披露蒋介石反共活动的小册子,使得国民党大为恼火。周恩来和南方局及时开展的广泛的宣传解释工作,对于皖南事变发生后社会舆论的向背有着重大的影响。

同时,周恩来和叶剑英继续与国民党代表刘斐、张冲进行了多次谈判,严正表示中国共产党的让步是有限度的;要求国民党停止在陕北、皖北和苏北的军事行动;警告国民党如不停止进攻就应负国共破裂的责任;要求推迟新四军北移的限期,解决补给条件,保证道路安全。谈判中,周恩来要求直接与蒋介石交涉新四军北移路线问题,希望蒋介石制止国民党军队步步进逼,解除其对新四军造成的半包围形势。蒋介石总是推托不见。25日,蒋介石终于约见周恩来。这一天正好是蒋在西安事变中获释四周年纪念日。蒋对周说:"连日来琐事甚多,情绪不好,本不想见,但因为今天是四年前共患难的日子,故以见面谈话为好"。"现在是有利时机,胜利已有希望,我难道愿意内战吗?愿意弄坍台吗?现在八路军、新四军还不都是我的部下?我为什么要自相残杀?就是民国十六年,我们何尝不觉得痛心?内战时,一面在打,一面也很难过。"紧随而来的是蒋的威胁:你们"如果非留在江北免调不可,大家都是要革命的,冲突绝难避免,我敢断言你们必失败"。"只要你们说出一条北上的路,我可担保绝对不妨碍你们通过。只要你们肯开过河北,我担保至一月底,绝不进兵。"至于"政治问题,都好解决"。② 蒋介石企图在发动进攻之前给中共大灌迷魂汤以稳住中共,周恩来当然识破了蒋的骗局,致电中共中央,指出蒋的承诺"靠不住",这次"系吓、压之余,又加上哄之一着了",而事实上

---

① 童小鹏:《在周恩来身边四十年》上册,华文出版社2006年版,第164页。
②《皖南事变(资料选辑)》,中共中央党校出版社1982年版,第121—122页。

国民党"'局部剿共'仍在加紧布置中"。① 30 日,周恩来再次向刘斐、张冲声明:只是皖南新四军移动,其他我军不动;国民党必须停止在陕北、皖北和苏北的军事行动。

第二次国共合作双方,在抗日战争相持阶段前期都经历了政策的不变和策略的变换,即中共从主要讲联合到提出了又联合又斗争,国民党当局则从溶共变化为"限共"乃至准备"剿共",以致走到皖南事变破裂合作的危险边缘。尽管中共为挽救危局作了种种努力,但国民党顽固派仍一意孤行,皖变终究发生,国共合作及其双方政策和策略,因此都面临严重考验。

---

① 《周恩来年谱(1898—1949)》(修订本),中央文献出版社 1998 年版,第 491 页。

第四章　皖南事变及其后国共合作的策略调整

皖南事变作为第二次国共合作中深刻影响国共关系的重大事件,促使国共两党在继续抗日等基本政策不变的前提下,对策略作了重大调整。皖南事变导致的国共关系极度恶化,没有改变中日民族矛盾是主要矛盾的根本形势,因此从皖变到豫湘桂战役之前,国共两党尽可能调整策略以协调双方的矛盾冲突,保持了合作抗日的基本态势。南方局在中共中央领导下,采取坚持原则又灵活机动的策略,协助中央解决国共冲突,广泛争取中间党派的同情和支持,推动了国统区的民主政治进程,维持了国共合作,维护了抗日民族统一战线。

一、国民党从对共策略之争到确定政治解决策略

(一)皖南事变:国民党对共政策策略的强硬表现

皖南事变,表面上的起因在于后世有的研究者所称的国共两党军事"划界谈判"的破裂,其实包括划界谈判在内的国共全部摩擦,都是双方利益所系的各自政策和策略对立运作的结果。国民党要限共以达反共而成抗战建国即以三民主义统一中国的目的,中共则希望在与国民党合作中实现自身发展

而推进抗日民主。这种政策和策略的根本矛盾,决定了所谓"划界"实为灭共与自保的生死之争,是不可能谈成的。所以,谈了数月,实际都由蒋介石的"如果八路军、新四军不能开至黄河北岸,则一切问题都不能解决"[①]的限共策略主导进行。中共不就范。于是,蒋介石在1940年12月7日批准何应钦、白崇禧上月拟呈的《剿灭黄河以南匪军作战计划》。于是,1941年1月6日至14日,在安徽泾县茂林地区,预伏的国民党军7个师8万余人包围袭击奉命北移途中的皖南新四军军部及直属部队9000余人,将其大部消灭,扣押军长叶挺,制造了震惊中外的皖南事变。

对于事变的"善后",国民党内部发生了意见分歧,大致有三派意见。一派以白崇禧为代表,力主乘中日形成僵持局面,马上开始实施军事剿共计划,不怕与共产党关系破裂。这是要破裂国共关系,全面公开反共。一派以贺衷寒、张治中为代表,反对采取军事办法,主张通过谈判化解双方的对立,具体问题具体解决。这是秉持既有的限共策略,坚持政治解决。第三派以胡秋原为代表,其理由是:"(一)敌人大军尚压国境,一旦武力冲突,将与日寇以可乘之机。(二)本党军力虽优于共党,但尚不能一举而击溃之,一旦旷日持久,可生他变。(三)共党问题为一政治问题,不能全恃军事解决。过去总裁在剿共时期曾有三分军事、七分政治之名言,今日本党政治虽有进步,但现有之政治,如无军事掩护,尚不足以对付共党。(四)共党以其宣传策略在社会上、在民间仍博得一部之信望。(五)海内外民众唯恐内争,一旦武力对共,必引起人民之恐慌。(六)苏俄与共虽非一体,但苏俄愿见共党势力强大,则不成问题。我国今日虽不倚赖苏俄,但苏俄友谊仍为必要。一旦武力对共,苏俄有停止对我供给,及与敌人妥协可能。(七)英美虽不愿中国共党势大,但亦不望中国此时内战,一旦武力对共之事发生,足影响国际对我之观感。"所以主张:"制裁共党最良时期为对日大反攻之时","争取时间,充分准备"并在"接近共党之区,建立碉堡,防止共党的扩张,且为他日缩小包围圈与推进据点,逼共军与日军冲突,或可收一石二鸟之功"。到对日反攻之时,"以排山倒海

---

① 《周恩来致中央书记处电》(1940年8月28日),转引自王奎松《国民党的"联共"与"反共"》,社会科学文献出版社2008年版,第419页。

之力追击日寇,乘时将共军加以扫荡,最为适当。"①这就说和平"限共"已无可能,但目前形势又不允许武力"剿共",只好取先行军事"防共"、待将来反攻时由日军变相配合国军灭共,而现时还得取"七分政治"策略。这种主张与蒋介石一贯的策略最相近,故他倾向于这一派的意见,认为"对中共以消灭其组织为主,而对其动武力次之"。②

所以对于皖变"善后"的态度,蒋介石给后世留下的表态,既要表白"善心",又要在根本上绝不"仁慈":"此虽违反我意,但事既如此,则应撤销番号,将叶挺交军法会审,彻底解决,以力威信,而振纪纲。""若无最后制裁决心,则以后中共看破我心理,彼更可借外力要挟,而俄国之已允拨武器者,其亦必以此作为容共之要求。以后我之国权全操之于人矣,故乘俄械将运到未到之时,以表示我对中共制裁之决心,决不因俄国有大炮二百门、飞机二百五十架等大量武器接济之故而有所迁就"③。其表述虽然曲折,但实质内涵还是可以看出的:无论大到维护纪纲即国民党的"法统",还是小到苏联军援的获取,都得以不容共为原则;解决中共的办法说到底还得是"法统",即政治解决。因此,不"容共"当然就是反共;而反共的办法即策略在当前还不能完全是皖变那样的"剿共",还得是国民党五届五中全会就已明确的限共、防共策略,当然也有所不同,即更强调"法统"的统一,更强调在"合法性"上做文章,限制乃至削弱中共实力。这就明确了皖变后"政治解决中共问题"策略的实质内涵。

依据上述策略指导,1月17日,国民党当局以军委会发言人的名义,宣布新四军"违反军纪,不遵调遣,且袭击前方抗战各部队,实行叛变",故撤销新四军番号,将新四军军长叶挺交军法审判。④

---

① 《胡秋原呈对共方针及政策》(1941年1月7日),(台北)"国史馆"藏蒋中正档案,特交档案(政治防共)第50647号。转引自王奎松《国民党的"联共"与"反共"》,社会科学文献出版社2008年版,第462页。
② 《困勉记》,1941年1月12日,(台北)"国史馆"藏蒋中正档案。
③ 《困勉记》,1941年1月16、17日,(台北)"国史馆"藏蒋中正档案。
④ 《国民政府军事委员会发言人谈话》(1941年1月17日),1941年1月18日《中央日报》。

(二)第二次反共高潮因不得人心而退潮

皖南事变后,中共中央的激烈反应和对国民党当局的的公开抵制,南方局在国统区的揭露批判及广泛争取支持,以及由此引发的国民党内意见纷争和国内外舆论强烈批评,让本以为自己的处置一定能够"发生有效而良好的反响"的蒋介石,感受到了巨大压力。① 1月29日,美国大使詹森向蒋介石表示:"我一向认为共产党问题不应导致大规模的相互残杀的斗争。"2月8日,美国总统私人代表会见蒋介石,面呈总统亲笔信,信中表示希望国共双方消泯歧见,更密切地合作,以有利于对日本作战的共同目标。

自皖南事变发生,周恩来等南方局领导人就组织宣传攻势,严厉批评国民党的内战行径。虽然在国民党严格的新闻检查制度控制下,此种宣传对一般民众影响有限,但却在国民党内和国际舆论方面引起了极大反响。发动"剿灭"黄河以南中共军队的计划,主要是国民党内军事领导人鼓动和坚持的结果,国民党内多数高层干部直至事变发生都被蒙在鼓中。因此,包括事变期间一直紧张地在蒋介石与周恩来之间担任联络的张冲,当着周恩来的面也唉声叹气,表示"没有脸见人"。宋庆龄等更联名上书蒋介石和国民党中央,痛切陈词。冯玉祥也转告中共代表,表示同情,并断言此定为何应钦之阴谋。孙科得知消息后,虽对人表示他对此不能有所作为,但也深表忧虑与愤慨。在1月16日讨论处置新四军问题的国民党党政各机关专门会议上,文职官员与军事领导人明显地发生意见分歧。直至在准备发布取消新四军命令的当天下午,王世杰还赶赴蒋介石的寓所,恳切说明如此处置,不仅有促成大规模内战之危险,而且对有关援助国之观感及沦陷区人心均不免会发生重大的负面影响。② 这反映了军事"剿共"策略及其实施,即使在国民党内也是不得人心的。

为争取社会及国际舆论,国民党中宣部明令重庆各报务必发表文章社论痛责新四军不听命令,擅自行动。一些报纸为生存计,或措辞含混,或公开遵

---

① [日]古屋奎二著:《蒋"总统"秘录》第12册,(台北)中央日报社1977年版,第115页。
② 《王世杰日记(手稿本)》第3册,1941年1月16日,第5—11页。

命批评,私下里再向中共表示歉然。国内各小党派更是对国民党的这种做法表示反感。据周恩来报告说,基于对国民党的严重不满,章伯钧、左舜生等拟发起成立民主联合会,以团结各党各派无党无派和国民党左派,与中共合作共同进行民主和反内战运动。第三党亦因当局压力日渐左倾,提出了以联苏联共为中心,与中共更密切合作的建议。①

最让国民党当局感到不安的,是国际舆论。在华苏、英、美等国外交人员的倾向性不用说了,仅是封锁事变消息一事,就在重庆的外国记者中间引起了极大不满,纷纷向负责国际新闻宣传的董显光提出质问。苏联《真理报》公开发表消息,声称皖南事变并非偶然,担心其他中共军队亦将被国民党解决。美国记者斯诺和与罗斯福关系密切的前海军陆战队少校卡尔逊,也先后在美国报纸发表言论,抨击国民党制造皖南事变,扬言中国将会爆发严重内战。英国援华总会这时也致电蒋介石,要求给新四军以正当待遇。甚至事变后不久,美国政府也公开表示对国共冲突严重关切。这时来华考察的美国总统特使居里甚至告诉蒋介石,蒋所希望的美国援款及其他财政帮助,在国共纠纷未解决之前事实上难以有任何进展。驻美大使胡适也报告说:"新四军事件,美国人士颇多疑虑……其左倾者则公然批评我政府。"②事实上,事变后的海外华人舆论几乎一致在批评国民党。只一个半月左右,仅有据可查的发给国民党中央及其海外党部和各有关华人团体的批评电就在数十通以上,其间充满惋惜激愤之词。

据蒋介石日记,从1月17日军委会发言人宣布新四军为"叛逆"并取消其番号之后,苏联驻华军事总顾问、驻华大使,就频频造访,对国民党的做法提出种种批评,弄得蒋不胜其烦。而苏联外交人民委员更以拒绝出席国民政府驻苏大使宴会的方式,显示了苏方的强烈不满。③

本着1月17日军委会发言人宣布处置决定之前就已定下的策略,蒋介石以就事论事、维护"法统"、息事宁人的姿态出现,要求"以指斥新四军为

---

① 《周恩来年谱(1898—1949)》,人民出版社、中央文献出版社1989年版,第489页。
② 中共中央文献研究室:《周恩来传》(上),中央文献出版社2008年版,第491页。
③ 《困勉记》,1941年1月20—25日,台北"国史馆"藏蒋中止档案。

限","应不涉及共产党或第十八集团军"①。18日,即《中央日报》发表撤销新四军番号令的当天,周恩来不顾国民党的新闻封锁,通过南方局领导的《新华日报》刊出"千古奇冤,江南一叶,同室操戈,相煎何急"的抗议题词。这一针锋相对的大胆举动,对国民党中一些人刺激颇大,他们强烈要求立即查封新华日报。白崇禧专门为此事打电话给刘为章,要其转呈蒋,坚决要求封闭《新华日报》和八路军办事处。商震亦专门上书蒋介石,要求给《新华日报》停刊5至7天的严厉处分。宪兵队还抓去了新华日报营业部主任。蒋介石当然没有批复白崇禧和商震的呈文,而是下令特别机关一律不准以武力进入新华日报社,并且充当和事佬,声称:"对于共党,在军事方面须严,政治方面不妨从宽。"②因此,《新华日报》营业部主任第二天被放出,《新华日报》照出不误。根据蒋的意见,国民党中宣部23日秘密指示各宣传单位,皖南事变之说明要严守范围,即此仅为军事问题,不是政治问题;是内政问题,不是外交问题;是局部问题,不是全国性问题。25日,蒋介石还亲自出面,对苏联大使潘友新说:"这绝非政治或党派问题。"八路军如能遵照政府令如期北调至冀察地区,则中央仍将以国民革命军之一部待之,一视同仁。27日,蒋介石更进一步发表谈话,公开声称此次对新四军"纯然是为了整饬军纪,除此之外并无其他丝毫政治或任何党派的性质夹在其中"。③他在国民党中央纪念周的演说中,也把皖南事变说成是军令军纪问题,不牵涉党派与政治问题。这不仅是为了平息事态、推卸责任,也不仅是表示收兵,而是根本秉持既定策略,对既得"剿共"成果,在法理上予以巩固。

1月24日,日军突然发起豫南战役,分数路将汤恩伯等部包围在平汉铁路以东,并发起激烈的进攻。此后,日军又连续发动了中条山之战,上高战役和第二、第三次长沙之战。日本海军先后攻克了惠州、潮州、温州、宁波等要地口岸,企图禁绝一切援助从东南沿海进入我国。日本的进攻当然表明中日民族矛盾仍是主要矛盾,国共合作抗日才是正道,因此而对蒋介石倒行逆施

---

① 《王世杰日记(手稿本)》第3册,1941年1月17日,第11页。
② 《困勉记》,1941年1月20日,台北"国史馆"藏蒋中正档案。
③ 《王世杰日记(手稿本)》第3册,1941年1月27日,第14页。

发动皖变所产生的政治压力是可想而知的。

在上述背景下,国民参政会第二届第一次会议3月1日开幕,中共参政员拒绝出席。3月6日,蒋介石在参政会发表演说:"决不忍再见所谓剿共的军事,更不忍以后再有此种剿共之不祥名词留于中国历史之中",保证决不再有剿共的军事行动,并恳切希望中共能本着"兄弟阋于墙,外御其侮"的精神,与国人"精诚团结,共赴国难"。① 这表明国民党当局发动皖南事变,试图以"法统"加军事打压的手段迫使中共就范的策略,因为破坏抗日、不得人心而没有取得预想成果,被迫无果而终。第二次反共高潮就此退潮。

3月14日,蒋介石请周恩来面谈,再也不提共产党的军队北移问题了,而是说:"只要听命令,一切都好说,军队多点,饷要多点,好说。"至于不得压迫《新华日报》,以及释放前此扣留的进入边区的中共有关人员和发放通行护照等事,蒋介石都满口答应下来。至此,皖南事变引起的国共两党对抗的局面在形式上已经结束。

二、共产党从准备破裂到以政治攻势维系合作

皖南事变对中共产生巨大挑战。如何看待国民党发动事变的目的,如何采取正确的政策策略,共产党经历了从准备破裂到以政治进攻来维系合作的过程。南方局根据对国民党当局的深入了解和分析,为中共中央提供解决问题的政策策略依据,并代表中共中央直接参与谈判,以缓和皖南事变所导致的国共关系危机。

(一)中共应对皖南事变的斗争策略

共产党得悉事变发生后,1月12日由中共中央电告南方局领导周恩来,

---

① 蒋介石:《政府对中共参政员不出席参政会问题的态度》(1941年3月6日),《国民参政会第二届第一次大会记录》,国民参政会秘书处1941年10月编印。

要其向国民党提出严正交涉,即日撤围,以证明国民党并非有意破裂。周恩来召开南方局紧急会议,研究事变发生后的局势和斗争方针,以及将采取的种种措施。在中央指导下,南方局一面向国民党当局严重抗议,一面冲破封锁揭露事变真相,通过《新华日报》揭露国民党袭击新四军的阴谋,通过公开合法的活动,谴责国民党顽固派的罪恶行径。南方局各部门的工作人员,遵照紧急会议的决定,一面广泛向国民党内主张团结抗战的人士以及社会各方面揭露国民党顽固派的反共罪行,一面积极准备各种应变措施。

同时,被事变激怒的中国共产党人开始了军事上积极应对的准备。1月12日,刘少奇、陈毅致电中共中央,提议"请朱、陈、罗准备包围沈鸿烈,我们准备包围韩德勤,以与国民党交换(停止围攻皖南新四军)"①。13日,毛泽东等人复电刘少奇:"同意胡、陈十二日电,苏北准备包围韩德勤,山东准备包围沈鸿烈,限电到十天内准备完毕,待命攻击","我全国政治上、军事上立即准备大举反攻","以答复蒋介石对我皖南一万人之聚歼计划","如皖南部队被蒋介石消灭,我应坚决彻底干净全部消灭韩德勤、沈鸿烈,彻底解决华中问题。"②同日,周恩来、叶剑英找到刘为章,陈述皖南事变情况。14日,周恩来再次通过张冲向蒋介石抗议。

1月14日,毛泽东得到消息:"上官云相十三日未时解决我七千余人,另有千余人已命坚决解决。"他即同朱德和王稼祥发出指示:"中央决定在政治上军事上迅即准备作全面大反攻,救援新四军,粉碎反共高潮。""我华北各部须遵前令,提前准备机动部队,准备对付最严重事变。"③15日,周恩来再找张冲催问停火令事。

1月15日,怒不可遏的毛泽东复电周恩来、叶剑英说:"蒋介石一切仁义道德都是鬼话,千万不要置信。""中间派孙、冯等调和和退让论是有害的,只

---

① 《刘少奇、陈毅关于在苏、鲁发动军事攻势向毛泽东等的建议》(1941年1月12日),《皖南事变(资料选辑)》,中共中央党校出版社1982年版,第136—137页。

② 《毛泽东、朱德、王稼祥关于在苏、鲁发动军事攻势以答复皖南事变的指示》(1941年1月13日),《皖南事变(资料选辑)》,中共中央党校出版社1982年版,第139—140页。

③ 《毛泽东、朱德、王稼祥关于政治上军事上准备反攻的指示》(1941年1月14日),《皖南事变(资料选辑)》,中共中央党校出版社1982年版,第146页。

有猛烈坚决的全面反攻,方能打退蒋介石的挑衅与进攻,必须不怕决裂,猛烈反击之,我们'佳电'的温和态度须立即终结。"①刘少奇、周恩来似乎更快地冷静下来。15日,刘少奇电告毛泽东等人说:"先叶、项被俘,皖南新四军已全部歼灭。中央决定在政治上、军事上准备作全面的大反攻,这里的同志于义愤之余,亦有立即举反攻之主张,然根据各方面情况,平心静气一想,我们却有下列意见,望中央细心考虑:一、全国局面,国民党未投降,仍继续抗战,对共产党仍不敢分裂,且怕影响对苏联的关系,在皖南消灭我军,蒋亦曾下令制止,即证明蒋生怕乱子闹大。在此时,我党亦不宜借皖南事件与国民党分裂。何应钦下令只说严防我军报复,未说即此在全国乘机进攻我军。二、目前华中我占领地区很大,兵力不够,仍不能巩固。皖东北敌伪猖獗,已全部成游击区,原来巩固地区均已丧失,淮海地区亦不能支持,盐阜区土匪亦蜂起,黄桥已被敌占,海安亦有被敌占领可能。我们部队尚需修整补充。故以华中来看,能在半年、一年之内不发生大的战斗,肃清土匪,巩固现有地区,对我为有利。"他因此建议:"在全国主要的实行政治上全面大反攻,但在军事上除个别地区外,以暂时不实行反攻为妥。"因为"目前能在军事上向国民党实行反攻者,大概有下列几着:1.打韩德勤、沈鸿烈。2.华中主力集中,经雪枫地区过新黄河出击。3.陕北部队向西兰大道出击。4.华北部队向河南或向绥远出击。5.全国各地党部实行武装起义。除此以外就只有个别小军事反攻之可能了。二、上述各着,均无胜利把握,亦无人利可图,且系进攻性质,对人民、对部队、对统战朋友均无充分理由。在目前向国民党实行这种反攻和破裂,不独将引起中间分子的非议,即自己部队亦难长期在精神上维系不发生动摇,如果再遇挫折,则对我更有极大不利,那时,反共高潮更难压制,国民党更可借此向我大举进攻,故实行全面军事反攻,对我不利,且有极大危险。"刘少奇认为,政治上反攻则较易行。如向国民党抗议并发宣言,提出释放叶、项和所有被俘人员及全国所有被捕党员,不得杀害一人,赔偿所有损失及抚恤死伤,枪决上官云相等肇事凶手等要求。且宣布在皖南事件未彻底解决前,

---

① 《毛泽东关于政治上、军事上准备全面反攻致周恩来、叶剑英电》(1941年1月15日),《皖南事变(资料选辑)》,中共中央党校出版社1982年版,第147页。

华中我军决不再考虑北移之命令,国民党再向我华中进攻,即认为正式与我党破裂等。① 15日,周恩来、叶剑英征询苏联驻华大使意见,其认为:"必须千方百计保持合作……必须继续进行业已开始的对国民党的政治进攻。"② 周恩来不反对报复作战,但他基于曹甸战役的教训,认为不宜打韩、沈,而应打李品仙和李仙洲。他在16日电中说明:"打韩、沈,在政治上为报复,在军事上为攻坚,易于持久,消耗弹药,为敌增援,且可引起胡宗南在西北报复的借口。""如准备打李品仙或李仙洲,则政治上为自卫,军事上为以逸待劳,易于求得速决的运动战,且可获得补充,使韩、沈更孤单,使顽固派军队更胆寒,更可教训蒋、白。"因为"我们一出手,以能打得响、打得快,而仍争取抗战继续为有利。如拖和延长,消耗大,陷于被动,而造成不得不扩大局面,是不利的"。③

上述刘、周的观点,与毛泽东上年就已经提出的对国民党政治进攻、军事守势的主张,与他制定的中共的抗日民族统一战线政策和策略,与他一贯的不打无把握之仗、战则必胜的军事思想,都是一致的。加之二人的分析,使毛泽东的注意力很快从皖变本身转到了极端复杂的中国政治全局,自1月16日起他对于军事反攻的态度迅速改变,指出"中日民族间的矛盾依然是基本的"④。对于合作中的摩擦,毛泽东认为"是必须给以坚决抵抗的","但必须严格站在自卫立场上,不能过此限度","这种自卫的防御的反摩擦斗争之目的,在于巩固国共合作。"⑤ 因此他要求中共"在军事上立即转为守势"。他对皖变基于全局作了总体估计:"只要此次高潮下降,'剿共'停顿,将来再发动高潮,再举行'剿共'就困难了。"⑥ 这就需要在政治上把蒋打到防御地位。基于这种策略考虑,皖南事变之后,中共主要进行政治斗争与宣传斗争,并未直接将斗争矛头指向蒋介石。

---

① 《刘少奇关于主要应从政治上进行反攻问题向毛泽东等的建议》(1941年1月15日),《皖南事变(资料选辑)》,中共中央党校出版社1982年版,第148—150页。
② A. M. 列多夫斯基:《斯大林与中国》,新华出版社2001年版,第291、292页。
③ 《周恩来关于军事行动策略的建议致毛泽东电》(1941年1月16日),转引自《近代史研究》第2003年第3期28页。
④ 《毛泽东选集》第2卷,人民出版社1991年版,第781页。
⑤ 《毛泽东文集》第2卷,人民出版社1993年版,第275页。
⑥ 《毛泽东年谱》中卷,人民出版社、中央文献出版社1993年版,第270页。

然而,1月17日蒋介石取消新四军番号的举措,使毛泽东坚信蒋介石国民党发动皖南事变是准备大破裂的信号。在18日的政治局会议上,毛泽东明确讲"国民党准备与共产党大决裂",何应钦、白崇禧齐皓电是对全国准备破裂的具体步骤,朱、彭佳电仍不能转变其态度,"就证明了其决心反共"。"国民党干出这件大事,定有帝国主义的指使,这或者是英美,或者是德意(意)","现在国民党准备大举进攻华中部队,一网打尽大捕共党,捕杀各办事处,因此我办事处必须实行自卫式的撤退"。在这种情况下,"资产阶级中间派让我让步,顾全大局,实际上是有利于国民党而不利于我们"。① 这主要从政治着眼,但当然包括了对国民党军事进攻的防备。书记处据此密电周恩来等南方局领导人,"国民党宣布新四军为叛军,审判叶挺,证明国民党有准备破裂之决心。而重庆谈判中证明蒋纯以鬼话欺骗你们。在重庆环境日险,作用日小,因此应立即设法借故离渝返延。渝办干部设法分批回延,仅留三数人敷衍门面"即可。②

1月18日,中共中央向全党发布了关于皖南事变的指示,说明了皖南事变的真相和反对国民党进攻的方针。20日,周恩来报告毛泽东,白崇禧已下令对华中以4个师"扫荡",另以138师和173师扫荡淮南路以东。如八路军南下增援,仍以新四军看待,唯战术上应避开其主力,专门消耗其弹药,以游击战对游击战。战斗后对上级报告,则说八路军打政府军。周恩来分析,蒋的策略是要分区"剿共",各个击破。③ 毛泽东这时已开始考虑利用皖南事变将造成的国民党当局的被动,采取对蒋介石强硬的政治策略了。在当天的政治局会议上,他已提出要"从根本上考虑"国共关系问题。"自蒋十七日宣布新四军为叛逆后,我们是否能承认国民党为上司?! 实际上蒋已准备得罪我们,得罪苏联,已准备全部破裂的开始……要挽救时局,实现好转,必须取消

---

① 《毛泽东关于国民党取消新四军番号后形势与对策的报告》(1941年1月18日),转引自《近代史研究》2003年第3期,第28页。
② 《中央书记处关于设法借故离渝返延给周恩来、董必武、叶剑英的电报》(1941年1月18日),《中共中央南方局大事记》第142页。
③ 《周恩来、董必武、叶剑英关于蒋计划分区剿共各个击破给毛泽东的电报》(1941年1月20日),转引自《近代史研究》2003年第3期,第29页。

十七日国民党的谈话,不取消这种文件,我们决不能与蒋及军事委员会有公文来往。自蒋十七日发表公开破裂文件后,表示蒋首先破裂,因此一切同情与理由都在我们方面,皖南失败的代价是值得的。"①这就是不承认国民党"法统"的作为,以对它的抵制发起政治进攻。

基于政治上进攻的考虑,1月20日,中共中央军委发布重建新四军军部的命令。同日,毛泽东以中共中央军委发言人身份发表谈话,提出国民党解决皖南事变的十二条办法:一、悬崖勒马,停止挑衅;二、取消1月17日反动命令,并宣布自己是完全错了;三、严惩皖南事变的祸首何应钦、顾祝同、上官云相三人;四、恢复叶挺自由,继续充当新四军军长;五、交还新四军部队人枪;六、抚恤皖南新四军全部伤亡将士;七、撤退华中的"剿共"军;八、平毁西北的封锁线;九、释放一切被捕的爱国政治犯;十、废除一党专政,实行民主政治;十一、实行三民主义,服从"总理遗嘱";十二、逮捕各亲日派首领,交付国法审判。②这两个文件等于是否定了国民党当局行为的合法性,由此开始了中共对国民党的政治进攻。南方局收到这两个文件后,立即组织力量翻印,向各有关方面和人士广为散发,对国民党特别是中间势力的震动和导向可想而知。

中共中央的上述条件,明显地是政治反攻的一种手段,并不真的期待国民党会接受它。而且作为政策策略,中共中央一再致电各地领导人,在蒋介石未提及八路军及中共中央时,不要提整个国民党和中央军,八路军人员及中共人员也不公开出面。在蒋介石还没有公开宣布全面破裂之前,不公开提出反蒋口号,关于皖南事变祸首,只提何应钦、顾祝同、上官云相,不提在皖南事变中没有获得实际好处的桂系李宗仁、白崇禧。毛泽东不止一次地解释说:所以采取这种策略,根本上是因为以此"可以对付两种情势中之任何一种:如蒋业已准备全面破裂,我们便是以破裂对付破裂;如蒋并未准备全面破

---

①《毛泽东在中央政治局会议上的发言》(1941年1月20日),转引自《近代史研究》2003年第3期,第29页。
②《周恩来年谱(1898—1949)》(修订本),中央文献出版社1998年版,第489页。

裂,我们便是以尖锐对立求得暂时缓和"。① 这就是说,中共政策未变,仍是坚持国共合作,但更强调以斗争求团结的策略了。诚如2月14日毛泽东向周恩来交底的那样:我们目的不在蒋承认十二条或十二条之一部分,他是不会承认的,而在于以攻势打退攻势。对于一个强力进攻者把他打到防御地位,使他不能再进攻了,国共暂时缓和的可能性就有了。② 这样,也就好理解毛泽东在皖变前途仍不清楚时的激愤话语了。如他在为中共中央起草的并经1月29日政治局会议通过的《关于目前时局的决定》中说:"对于以蒋介石为首的反动了的大地主大资产阶级,我们过去一面斗争一面联合的两面政策,现在已经不适用了,对于他们,我们现在已不得不放弃联合政策,采取单一的斗争政策。"这话明说要改变政策。但要注意他在结论中又说:今后"我们努力的方向,是动员全国人民,孤立与克服大地主大资产阶级及其首领蒋介石的反动,使一切主张抗日与民主各阶层的人民代表去代替反动了的大地主大资产阶级,组织抗日民主的国防政府,执行抗日救国的革命政策"。③ 这就是说,抗日民主的政策依旧未变,当然对国民党的联合政策也就没有变,要反对的是蒋介石的反动。如何反对? 强调斗争,而又联合又斗争,目的在于以斗争求团结,即又联合又斗争本身不是政策,而是策略。毛泽东此处虽将政策与策略作了混一表述,但若不断章取义地曲解,其意思是很清楚的:国共合作政策,突出和加强又联合又斗争策略的斗争一面,因为对方要反动即反共,只好突出以斗争求团结。

南方局领导的《新华日报》作为一支特殊力量,在突破国民党舆论封锁的过程中,发挥了特殊作用。1941年2月国民党中央特种会报对《新华日报》作出"只准印、不准卖"的规定。2月4日至16日《新华日报》被国民党军警宪特拘捕殴打的报丁报童就有35人次,被无理没收的报纸达数千份。④《新

---

①《中共中央军委关于皖南事变后八路军新四军紧急工作的指示》(1941年1月20日)、《毛泽东致彭德怀、胡服并周恩来电》(1941年1月25日)、《中共中央关于目前时局的决定》(1941年1月29日),《皖南事变(资料选辑)》,中共中央党校出版社1982年版,第185、191、198—199页。
②《毛泽东文集》第2卷,人民出版社1993年版,第330页。
③《中共中央关于目前时局的决定》(1941年1月29日),《皖南事变(资料选辑)》,中共中央党校出版社1982年版,第198、199页。
④《中共中央南方局大事记》,重庆出版社2004年版,第150页。

华日报》的遭遇从侧面反映了该报纸在突破舆论封锁、公布皖南事变真相的斗争中的突出作用。《新华日报》同国民党当局的控制与迫害展开了不屈的抗争。为打开舆论宣传新局面，《新华日报》从 5 月 25 日到 7 月 20 日出版了 8 期增刊，周恩来亲自主笔撰写了 8 篇文章：《论目前战局》《论时局中的暗流》《为国民党中央社污蔑十八集团军发表声明》《论敌寇两面政策》《"七七"四年》和《团结起来打敌人》等。文章不乏针锋相对的论辩，更充满了透彻的辨析和坦荡的陈诉，显示了共产党的宏远视野和诚挚情怀，体现了长期团结抗战的热烈期望。《新华日报》以民族大义为重，从国共两党团结抗战的愿望出发，在宣传团结抗战的时代主题过程中，采取了灵活务实的一系列非同寻常的舆论措施，如在言论中承认蒋介石为"最高领导"，报道蒋介石等人的抗日言论等。本着以国共合作为主导的抗日民族统一战线不破裂的底线原则，尽最大努力，争取国民党"留在抗日统一战线里面"，避免"无止境地每日每时地斗下去"。①《新华日报》实行的这种"烘托式宣传"也正是中共中央坚持原则和运用灵活的政策策略的具体体现。

（二）中共在参政会发起政治攻势

面对即将召开的参政会二届一次会议，采取何种态度，对国共两党关系影响甚大。毛泽东复电周恩来称："估计是一致的，反共不会变，高潮可能下降，剿共可能停顿。""但对蒋让步则危险（如你所说），目前是迫蒋对我让步时期，非我对蒋让步时期，熬过目前一关，就好办了。"因"蒋从来没有如现在这样受内外责难之甚，我亦从来没有如现在这样获得如此广大的群众（国内外）。"②基于此种策略考虑，周恩来在与各小党派协商后，明确提出应将"十二条"提到参政会上要求讨论，希望"以期恢复国共团结，重整抗日阵容，坚持对敌抗战"的目标指向，扩大政治攻势，造成国民党更大的被动，逼其让步。③

---

① 《毛泽东选集》第 2 卷，人民出版社 1991 年版，第 749 页。
② 《毛泽东关于在国共关系僵局中对国民党的策略致周恩来电》（1941 年 2 月 14 日），《皖南事变（资料选辑）》，中共中央党校出版社 1982 年版，第 207—208 页。
③ 《中央书记处致恩来同志电》（1941 年 2 月 14 日），《皖南事变（资料选辑）》，中共中央党校出版社 1982 年版，第 212 页。

2月19日,周恩来将中共七参政员致参政会公函送王世杰,声明在中共中央所提"十二条"未得政府裁夺之前,中共参政员碍难出席本届参政会。王接函后当即托张冲转告周恩来:"如此做法,只能促成破裂,决不能威吓中央,盼其将来电撤回。"张冲从当晚开始,反复通过电话和信函形式,要求周恩来暂行收回公函,以便他从中奔走,请蒋约周谈话。他的理由是:"十二条"虽已提出1个月,举国皆知,但均为对外宣传,尚非正式公文,他也从未转交给蒋,"今向参政会提出,势必付诸讨论,而其中有取消一·一七命令,取消一党专政,蒋是吃软不吃硬的,结果必致翻脸。"对此,周严词拒绝,指出"翻脸已半翻脸了,现在所能做的,不过是讨伐令,全国清党,逮捕办事处人员,封闭《新华日报》等等,我们已经准备着了。至于见蒋,必不能得结果,仍是撤过黄河那一套"。在请示延安后,周再告张冲,致参政会公函不能撤回,如国民党同意商谈,但认为不宜在参政会讨论,自可在会外谈判。只是在没有取得满意结果之前,我们不能出席参政会。① 双方为此反复交涉,张向周"苦苦哀求",说明:"十二条中,取消命令,取消一党专政,今天实做不到。"他甚至表示不惜"为了国家"愿跪下恳求中共撤回公函。他还告诉周说,蒋介石这时也再三提到中共出席问题,表示同意选周恩来为主席团成员。但周坚持斗争策略,张的交涉未得结果。各小党派更是积极介入,乃至提议组织特种委员会,以蒋为主席,周为副主席,在参政会内外共同讨论解决国共关系问题。蒋对此满口应允。中共中央本着斗争策略,明确指示周恩来:"张冲所提条件不能接受。七参政员公函不能撤回。""如彼方有诚意解决问题,则应:(甲)参政会延期两个月开会;(乙)在两个月内解决十二条及一切悬案;(丙)派机送恩来回延开会,以便讨论彼方意见。"②

蒋介石开始以硬对硬,威胁说:如中共参政员"决定不出席,唯有根本决裂"。这使各小党派倍感紧张。眼看3月1日参政会开幕在即,27、28两日各小党派代表接连与周恩来、董必武等商谈至半夜,力劝中共设法出席,并强调

---

① 《周恩来年谱(1898—1949)》(修订本),中央文献出版社1989年版,第493页。
② 《周恩来关于同张冲谈拒绝出席参政会问题给毛泽东的报告》(1941年2月26日)、《中共中央不出席参政会问题给周恩来的指示》(1941年2月26日),《皖南事变(资料选辑)》,中共中央党校出版社1982年版,第219—220页。

说蒋已同意成立各方面委员会以讨论各项有争议之问题。① 一些人甚至跑到曾家岩办事处,恳求中共代表出席大会。②

鉴于撤回"十二条"绝无可能,而对中共友好之各小党派态度恳切至极,为表示"仁至义尽",中共中央决定提出临时办法12条:(一)立即停止全国向我军进攻;(二)立即停止全国的政治压迫,承认中共及各党派之合法地位,释放西安、重庆、贵阳及各地之被捕人员;(三)启封各地被封书店,解除扣寄各地抗战书报之禁令;(四)立即停止对《新华日报》之一切压迫;(五)承认陕甘宁边区之合法地位;(六)承认敌后之抗日民主政权;(七)华北、华中及西北防地均维持现状;(八)于十八集团军之外,再成立一个集团军,共应辖6个军;(九)释放所有被捕干部,拨款抚恤死难家属;(十)发还皖南所有被俘人枪;(十一)成立各党派联合委员会,每党派出席代表1人,国民党代表为主席,中共代表副之;(十二)中共代表加入国民参政会主席团。这12条没有再要求取消蒋令、取消一党专政以及惩办何应钦等。这在中共,已是照顾蒋的面子的极大让步了。中共中央指示周恩来:可以周或董个人名义向张冲提出,"在以上各点见之明令及事实后,我党可以出席参政会"。③

周恩来接到临时办法12条已是3月1日凌晨,随即与董必武往见并告知张冲,说明必须使参政会延期两周才有商量解决这些问题的可能。蒋介石得知后则坚持要董与邓颖超先出席当天的参政会,参加选举主席团。周又向黄炎培、江问渔、梁漱溟等说明必须延期之理由,但黄等表示无法做到。随后张、黄、沈钧儒、左舜生及梁等人又先后奉蒋之命到曾家岩请董、邓出席,均被拒绝。参政会开幕式因此被迫拖延1小时,主席团只得延期1天选举,以致蒋到会讲话"无精打彩",国民党参政员则因事先打过招呼而一反常态地"鸦雀无声","任各小党派代表提议"。会后,张冲及各小党派负责人又纷纷再劝中共参政员出席。但对临时办法"十二条",张表示扩编军队为两集团军6

---

① 《周恩来、董必武关于各小党派提议组织各党派委员会问题给中共中央的报告》(1941年2月27日),《皖南事变(资料选辑)》,中共中央党校出版社1982年版,第220—222页。
② 《黄炎培日记》第49册(1941年2月27、28日),中国社会科学院近代史研究所藏。
③ 《中共中央关于提出临时解决办法十二条问题给周恩来的指示》(1941年2月28日),《皖南事变(资料选辑)》,中共中央党校出版社1982年版,第222、223页。

个军难以做到,维持防地问题基本精神仍须遵守"中央提示案",敌后政权须照新县制设置和组织。① 这等于拒绝了中共的实质要求,若就此打住,出席参政会,即是中共斗争策略的失败。所以中共中央当天再电周恩来等,明确指示:"临时办法无结果无明确保证,绝对不能出席,必须坚持我们的原则立场。"毛泽东并具体解释说:经过反复讨论,书记处一致认为,蒋正发动一切压力迫我屈服,我若出席,则过去有理有利的政治攻势完全崩溃,立场全失,对我一切条件他可完全置之不理,一切文章不能做了,因此决不能无条件出席,因为蒋是决不会给以明令保证的。"只要熬过目前一关,就有好转可能,在半年内能解决善后条件,我仍准备出席九月间的二次参政会。"②中共参政员到底没有出席二届一次参政会,蒋介石也没有实行"根本决裂"。

围绕参政会的斗争,《新华日报》发挥了重要作用。3月7日,《新华日报》根据南方局的指示,拟发表《中共参政员未出席本届参政会真相》,被国民党新闻检查当局扣押后,坚持发表了文章标题。10日《新华日报》冲破严密封锁,以增刊的形式发表了关于中共参政员不出席本次参政会的全部文献,还刊登《最近军事政治压迫事件》,列出了国民党几十起反共反人民的事件。通过揭露顽固派反共阴谋,配合了策略斗争。

蒋介石在会议召开之初秘密召集国民党参政员,向他们解释说:国共最终总要分家的,对此用不着担心,单从军事上,三个月就可以消灭共产党,问题是目前还不是时候,目前政治上还只能是防御。③反共政策和限共防共的"政治解决"策略的实质呼之欲出。所以在公开场合,蒋就换了一种说法。如他在3月6日的参政会上,一边公开批评中共所提两个"十二条"都是"信口雌黄,颠倒黑白",声称军事早已国家化,中共不应将八路军、新四军视为"一党所私有的军队",一边重申剿灭新四军并非"剿共",并且借中共的话,恳切

---

① 《周恩来关于与张冲谈判情况给中共中央的报告》(1941年3月1日)、《周恩来关于出席参政会问题给中共中央的报告》(1941年3月1日),《皖南事变(资料选辑)》,中共中央党校出版社1982年版,第224、225页。
② 《中共中央关于不出席参政会问题给周恩来、董必武、邓颖超的指示》(1941年3月1日)、《毛泽东关于坚决不出席参政会问题致周恩来电》(1941年3月2日),《皖南事变(资料选辑)》,中共中央党校出版社1982年版,第226、228 229页。
③ 孟广涵主编:《国民参政会纪实》下卷,重庆出版社1985年版,第834页。

希望中共能本着"兄弟阋于墙,外御其侮"的精神,与国人"精诚团结,共赴国难"。① 本着策略指导,对中共进行政治反攻的意图,清晰可见。

对于蒋之演说与参政会通过之涉及中共军队及政权问题的提案,毛泽东称之为"阿Q主义,骂我一顿,他有面子,却借此收兵,选举(董)必武为常驻参政会员及近日西安放人,似是这种收兵的表现"。第二次反共高潮至此彻底退潮。

蒋介石在参政会上的讲演和毛泽东随后的指示,再清楚不过地表明国共两党这时都在设法缓和。而尤为引人注目的是,毛泽东前此所说的以半年为期"解决善后条件",中心要求已由两个"十二条",减少到同意扩编军队、维持现有防地、保证《新华日报》正常发行和不得在进出边区的交通线上随意捕人这4点。由于避开了蒋介石极为敏感的皖南事变善后及17日令等问题,双方之间的交涉明显地变得容易了许多。14日,蒋介石在与周恩来的谈话中,也不再提起中共军队北移问题了,明确讲:"只要听命令,一切都好说,军队多点,饷要多点,好说。"至于不得压迫《新华日报》,以及释放前此扣留的进入边区的中共有关人员和发放通行护照等事,蒋都满口答应下来,虽然蒋介石口惠而实不至,国民党当局自1940年下半年起已不再给中共军队发饷,同时照旧打压中共组织和人员,以后直到抗日战争结束始终如此。毛泽东对其承诺仍满怀希望,因而要周恩来向蒋"表示我党愿意同国民党继续团结抗日,唯望国民党改变对内政策,并对八路军发饷,合理解决新四军问题"。②

11月参政会二届二次会议召开之际,中共方面进一步将条件降低到只要"放叶发饷"做到一件即可参加。③ 虽然国民党一件未做,中共还是派董必武和邓颖超出席了会议。

---

① 蒋介石:《政府对中共参政员不出席参政会问题的态度》(1941年3月6日),《国民参政会纪实》(下卷),第887页。
② 《周恩来关于同蒋介石谈判问题给中共中央的报告》(1941年3月15日)、《中共中央关于同蒋介石谈判问题给周恩来的指示》(1941年3月15日)、《毛泽东关于国共继续团结抗日问题致周恩来电》(1941年4月26日),《皖南事变(资料选辑)》,中共中央党校出版社1982年版,第235、236、237页。
③ 《中央书记处关于放叶发饷必作一件方能出席参政会致周恩来、董必武电》(1941年11月11日),转引自《近代史研究》第2003年第3期,第48页。

但这只是一种现实和策略需要的妥协,而不是国共分歧的消弭。仅从前述蒋介石在参政会密示国民党参政员国共一定要分裂,和国民党军委会办公厅3月18日发布的改"某党"为"奸党"令等事实看,国民党已经正式把中共视同"汉奸",形势许可时必欲"剿灭"。同样,从前述毛泽东对蒋介石的判断和中共中央所作出的有关决定看,中共方面对与国民党真诚合作,也不再抱有任何幻想。

于是,就国共关系而言,皖南事变始于国民党反共、"统一"的政策需要,结果却适得其反,国民党连限共策略也运作不灵了,中共却由此走向放手发展。因而皖变成为国共势力消长的分水岭。

(三)南方局全力争取中间势力孤立顽固势力

在应对皖南事变和之后的工作中,南方局领导人和工作人员坚持斗争,体现出坚强的意志、大无畏的献身精神和科学的政策策略。蒋介石通令发布后,国共关系恶化到极点。周恩来召集南方局工作人员会议,指出时局的发展有两种可能,一是国共合作完全破裂,二是国民党还不敢全面反共。周恩来号召大家保持共产党员的革命气节,并表示将和同志们一道斗争到底。中共中央十分担心周恩来和南方局其他成员的安全,曾连续两次致电南方局和周恩来,要求他和叶剑英、董必武、邓颖超及办事处、报馆重要干部在最短时间内离开重庆,并将非党干部迅速撤向南洋国外,销毁重要文件、电稿及密码,对留在办事处的人员进行革命气节教育,做最坏准备。根据中央指示,周恩来周密布置,及时向南方局所属各级组织及相关人员传达中央指示,要求坚决贯彻执行,同时秘密行动将南方局直接领导下的党与非党干部及所联系的同情分子隐蔽、转移和撤退。

鉴于时局的紧张复杂,周恩来请求中央批准他坚持留在重庆工作,表示将与其他留下的同志一道,坚决执行中央的指示,个个都做了最坏的打算、最充分的准备,由于周恩来的周密安排,南方局安全转移、撤退、隐蔽了一大批党与非党的干部,保存了革命的骨干,同时也保存了红岩这个中共在南方国统区的指挥中心,有利于团结各方面的力量坚持抗战到底,有利于在蒋管区各方面工作的继续深入进行。

周恩来和南方局对皖南事变真相的及时揭露,使越来越多的人认识到这次冲突的责任完全在蒋介石国民党,进而更多的人同情中共,对国民党大为失望,痛感有加强团结的必要。皖南事变的结果完全突破了国民党发动事变的预期,将一场对中共极为不利的反共导火线及时熄灭,并完全扭转了时局的发展方向,开始陷国民党当局于日益加深的孤立之中,使抗日民族统一战线在对立斗争中继续得以维持。

南方局在对国民党的斗争中努力化解消极后果,同时不断扩大皖南事变的积极因素,争取中间党派的支持和支持中间党派的联合,广泛争取国际舆论的同情,巩固和发展了抗日民族统一战线,使皖南事变带来了国共关系的调整,导致抗日民族统一战线内部力量的分化和重组。中共中央及南方局在事变发生后的统战工作重点因此不再放在国民党方面,而转向对中间势力的争取,通过引进第三方力量来协助调整国共关系,增加和国民党合作与斗争的砝码。这是导致后来重大政策发展的策略大转变。

皖南事变前后国民党加强对共产党员、进步分子及各小党派的压力,使中间党派深感威胁,迫切希望增强中间派组织的团结。南方局领导人周恩来、董必武、叶剑英、邓颖超等对争取中间党派的工作十分重视,做了大量艰苦细致的工作,给予他们积极支持和帮助。在中共统一战线政策的影响和推动下,各中间党派积极地进行了联合的组织工作。统一建国同志会在重庆发起,正是南方局的统战工作和中间党派自身要求综合作用的结果。

皖南事变前夕,中间党派领导人曾秘密聚会,讨论时局及应对办法,筹划建立第三者性质的政治同盟。皖南事变后,中间党派的联合要求更加强烈,联合步伐大大加快,彼此之间以及与南方局之间进行了更为积极的策划。中间党派期望与共产党建立更密切的合作关系,得到了南方局的赞同与大力协助。周恩来向中共中央书记处汇报说,各小党派想在国共外成立一民主联盟,拟请共产党参与领导,我们力促其成,希望不要偏向国民党,真正地保持中间态度。南方局抓住皖南事变的契机,展示出加强统战工作的战略意图:当前,向中间党派加强宣传解释工作,争取支持,从而化皖南事变的不利因素为有利因素;长远,力促中间党派走向联合和做到中立,从而加强中国政治舞台上的制衡力量,巩固和促进统一战线。因此,南方局大大加强了对中间党派的统战工作,从以前的对国民党当局统战为主、对中间党派统战为辅,转向以对中间党派统战为主。南方局的统战重心转移,有力有效地争取了中间党派的真正中立并在以后进一步左转,开始形成促成中国民主政治最终实现所必须依靠的民主力量,为促进国共合作注入了新的制衡力量,有利于维护和发展抗日民族统一战线。

由于南方局的促成,中国民主政团同盟在重庆秘密成立。延安《解放日报》对此作了报道,并发表社论,表示热烈支持民主政团同盟的活动。南方局则在实际工作中对民盟给予积极有效的支持和帮助。正是由于以周恩来为代表的南方局的不懈努力,有效争取了中间势力开始发生重大转向,从以前的多持中右立场开始转向真正的中间立场;并显示出中共的力量和意志,形成对中间党派一定程度的向心力,既为以后中共为中心的民主运动的发展提供了条件,也为中间党派的发展创造了条件。

皖南事变具有深刻国际背景,因此南方局广泛争取国际舆论的同情。事变发生后,周恩来等南方局领导人及外事组人员分别访问外国驻华使节、新闻机构及在重庆的外国友好人士、记者,向他们说明皖南事变真相、问题的实质、将带来的严重后果,以及中共对此所持的态度,并将编印的有关材料送给他们。同时,还动员南方局、八路军办事处、新华日报馆人员及王安娜等设法通过外国朋友、海外关系,把编印的资料或带或寄往国外。周恩来还安排王炳南、王安娜、龚澎等去访问所认识的外国记者和外交官,告以国民党袭击新四军事件。周恩来则先后会见了苏联驻华大使潘友新、武官崔可夫,英国驻华大使卡尔和美国总统代表居里。周恩来还与《时代》周刊著名记者白修德进行长谈,向他披露事变的真相。正是南方局的努力,使英美两国都明确反对中国内战,希望妥善解决皖南事变,苏联政府通过外长缺席国民政府驻苏大使的宴会的外交方式表达对国民党当局制造皖南事变的反对态度。

皖南事变之前,南方局的对外交往基本限于民间,对于官方,由于英美并未看重中共而只有少许礼仪性的、无实质内涵的交往。皖南事变期间,南方局为争取国际舆论同情所积极展开的外事工作,将中共的外事工作极大地向前推进了一步,使英美等国开始认识到中共在中国抗战中的重要地位与作用,从而为以后真正意义上中共外交工作的开创,为中共借助国际因素解决国内问题,开辟了最初的道路,积累了初步的经验。

三、国共政治力量渐趋平衡对抗战格局的维系

从皖南事变发生,到国民参政会二届一次会议,国共两党围绕"善后"问题的政策策略调整,一方面避免了大规模的冲突和破裂的发生,另一方面实际上使"善后"问题没有解决。随后苏德战争和太平洋战争的爆发使国共两党再度调整各自的政策策略,以弥合皖南事变发生后双方的裂痕和分歧。南方局在重启国共谈判、应对国际国内的突发事件、商讨解决国共关系的具体问题方面发挥重要作用,并代表中共中央深入开展国民党当局及各派系的统战工作和中间势力的统战工作。

(一)从林彪赴重庆谈判开始的攻守互换

太平洋战争爆发不久,在苏联治病的林彪回国,一到新疆就专门经过新疆督办盛世才向蒋介石报到。蒋介石对林彪回国表现出很大的兴趣,当即通令在西安、兰州党政军在严密监视下一律不得留难,并应极力加以影响。1942年1月5日,林彪飞抵兰州,受到当地国民党军政负责人朱绍良等的热情款待。16日林彪抵达西安,更是备受重视,不仅党政军各方分别宴请和谈话,而且蒋介石的嫡系将领胡宗南还专程从前方赶往西安,与林彪晤谈。林彪一回国就大谈国共合作,乃至共同建国的必要性。在1月31日的谈话中,林彪断言:"只要求得抗战胜利,不再内战,而采取各国新机器与技师,建立非帝非社之三民主义国家,则不出数十年,不但能由半殖民地而一跃为独立国,且可以成为世界上头等强国。"他说,两党的分歧,主要为两点,即如何实行三

民主义和如何在公平的基础上实行军令政令之统一。共产党并非怀疑三民主义,并愿意在公平的基础上实行统一军令政令。胡宗南频频示之以同情,称之为"新言论",甚至当场表示愿意重新调整与陕甘宁边区的关系,可以考虑为八路军补充作战武器,让其干部到战区医院治疗,进而还专门派军医处长到第十八集团军驻西安办事处,为共产党的干部看病,并亲自押车为林彪送来大批军事书籍,以示其诚意。

此前,莫斯科的态度显然多少影响了中共中央对国民党的政策。1941年12月中,季米特洛夫致电斯大林,对国共关系提出主张:"我们认为,毛泽东必须直接和蒋介石联系,以消除国共之间存在的误会,加强中国人民的团结,使中国的武装力量能够统一起来,组织起反对日本军队的具有决定性的进攻行为。共产党应当表现出最大程度上的理智和果敢。"①

林彪回国后,国共双方固然仍未恢复前此各种联系,但不仅军事摩擦明显减少,就是过去政治上的进攻,也完全停止下来了。即使是1942年6月间国民党召集军事会议讨论对八路军新四军的布防和行动问题,在接到周恩来17日的相关密报,得知胡宗南部正在做军事准备,蒋西北"剿共"决心已定的消息后,毛泽东也于当天就复电要周"即找刘为章作和缓运动"。

7月初,中共中央发表纪念抗战5周年的七七宣言,宣布说:"我们愿尽自己的能力来与国民党当局商讨解决过去国共两党间的争论问题,来与国民党及各抗日党派商讨争取抗战胜利及建设战后新中国的一切相关问题。"②促使中共中央有必要采取缓和两党关系的主要原因,根本上还是国际形势。太平洋战争爆发后,美英与苏联结成了反法西斯联盟,预示着战后的政治格局也必定会是一种妥协的局面。因此,毛泽东相信,只要美英苏三国结为联盟,国共关系就不可能继续紧张下去,特别是美国参战,战争很可能很快会结束,现在就必须考虑到战后不得不继续与国民党合作的情况。这就是说,必须估计到日本战败从中国撤退时,新四军及黄河以南部队都须集中到华北区,其

---

① 《季米特洛夫致斯大林、莫洛托夫电》(1941年12月13日)。转引自《国民党的"联共"与"反共"》,社会科学文献出版社2008年版,第462页。
② 《中国共产党中央委员会为纪念抗战胜利五周年宣言》(1942年7月7日),1942年7月7日《解放日报》。

或整个八路军、新四军须集中到东三省去,方能取得国共继续合作的条件。①不难看出,苏联和美英之间关系的改变,最直接推动了中共中央策略及具体政策的调整,即开始考虑战后实行国民党的"中央提示案"的必要性和可行性问题了。这样一来,一度成为国共间障碍的国民党的划界方案,又渐渐成为可供讨论的基础了。

7月5日晚,董必武遵照中央电示,与国民党代表王世杰谈话约两个小时,表示希望政治解决国共纠纷之意,并强调仍将坚持1937年9月22日宣言拥护蒋、服从三民主义的承诺。② 11日,国民党高层讨论后,再派张治中与周恩来及董必武晤谈。周、董主要表达了以下几点意向:(一)抗战胜利中共有坚定信心。(二)在取得胜利前必遭受空前困难。(三)克服困难办法主要是国共合作,障碍两党团结的军事政治问题总可谈得解决办法。这是因为:(1)中共军队在委员长领导下抗日,其历史不同,有其自身的特点,想把它一下子变成另一种特殊势力,绝难做到,在真正民主共和制下,共产党并无永远保持他特殊军队之意;(2)政权问题,共产党人虽有局部的和临时的政权,但为抗日需要,共产党人至今尚无与中央政权对立的全国性政权系统,这与内战时期另有中央政权是不同的。(四)请联络参谋速归延安。(五)请中央指派人员和共产党代表经常接洽。(六)请中央了解中共中央"七七"宣言所表明的政治态度。同时,周恩来、董必武都先后提出请国民党释放叶挺和廖承志的问题,并要求见蒋。对于请国民党派回联络参谋事,王世杰、张治中都满口答应,至于中共中央要求见蒋事也同意转达,只是他们一再强调军事政治统一问题,称此为解决两党关系之症结。故而王世杰和张治中一面要求周恩来、董必武考虑具体办法,一面则明确提出进一步商谈是否仍应以何、白皓电即"中央提示案"为基础的问题,要求周恩来等郑重考虑。而在商得结果之前,他们一致认为不好转达释放叶挺等事。7月21日,蒋介石亲自接见周恩来,对派回联络参谋事及指定代表与共产党谈判事也都一口答应,并当即指定张治中、刘为章与共产党人谈判,指定卜士奇任日常联络,原来的联络参谋

---

① 毛泽东致董必武电,1942年7月2日。
② 《王世杰日记(手稿本)》第3册,1942年7月5日,第325—326页。

继续去延安工作。蒋介石的态度表明,他期待共产党的态度能够有一个较大的转变,从而能够通过政治的方法,而不必通过军事的方法,使共产党真正回到国民党的体制当中来。特别是新疆盛世才这时突然开始改变过去倚赖苏联的态度,转而归顺国民党中央政府,蒋介石更加渴望将共产党问题也一并加以解决。为此,蒋介石8月14日再度约见周恩来,告诉他:"目前战争正殷,敌人不会自撤,中国须自身弄好,则敌人不足惧,国内问题应还好解决。"为此,他明确提出,准备一周后去西安约毛泽东一唔,要周电告延安方面答复意见。①毛泽东认为,由于英美不愿中国内战,美国表示援华军火不用于反共,丘吉尔七七致蒋贺电中有抗战五年坚持统一战线的话,国民党态度正在好转。国民党内部过去有一部分人倾向武力解决,但始终未下决心,后因国内外情事变化及中国共产党坚持合作政策,他们已有改取政治解决的表示。据此,中国共产党此时也可以向国民党表示在战后或反攻阶段具备了北上条件时,中国共产党领导的黄河以南部队可以开赴黄河以北。因此,毛泽东对蒋介石的约谈十分重视,当即复电周恩来:"毛现患感冒不能启程,拟派林彪同志赴西安见蒋,请征蒋同意。"②当周恩来去电兰州,向正在兰州视察的蒋介石告知此事后的第二天,毛泽东再度致电周恩来称:"依目前局势我似应见蒋,我感冒已十日,过几天要动也可以,唯既已电兰请示,已不好变更,或俟蒋复电后再说。"③

8月22日,中共中央政治局会议决定先派林彪去西安见蒋,看情况再定毛泽东是否见蒋。周恩来这时尤其不摸蒋的底细,一再劝说毛泽东不必表示见蒋愿望。然而毛泽东却鉴于苏美英日益接近,世界大势为之一变,影响到中国政治前途,国共两党势必要作长期合作的打算,因而确信自己有见蒋的必要。周恩来不得不于9月5日再电毛泽东,强调"见蒋时机尚未成熟",并阐述其理由说:(一)蒋介石这时虽趋于政治解决,但他之所谓政治,是要我们

---

① 《周恩来关于蒋欲约毛在陕晤谈事致毛泽东电》(1942年8月14日),《中共中央南方局大事记》,第219页。
② 《中共中央书记处致周恩来的电报》(1942年8月17日),《周恩来传》(上),第605页。
③ 《毛泽东致周恩来同志电》(1942年8月29日),转引自胡大牛《中共中央南方局统战史论》第183页。

屈服,决非民主合作;(二)蒋介石对我党我军的观念,仍非合并即大部消灭;(三)蒋介石对人的观念仍包藏祸心,不可不防;(四)国民党对于国际局势的看法与中国共产党相反,他们认为英美苏此时正需要中国拖住日本,这正好便利于他们解决西北及国内问题;(五)对于中共中央主张缓和两党关系的"七七"宣言,蒋介石实际上以为是由于苏联让步,而中共不得不屈服;(六)在这种情况下毛泽东出来见蒋,蒋正好可利用此一机会打击地方势力和民主势力,而陷我于孤立。他特别以自己屡次要求回延,蒋置之不理一事提醒毛说:一旦蒋"借口留毛长期驻渝,不让回延(此着不能不防),""于我损失太大"。① 然而毛泽东仍旧坚持认为:"目前不在直接利益我方所得之大小,而在乘此国际局势有利机会及蒋约见机会,我去见蒋,将国共根本关系加以改善,这种改善如果做到,即是极大利益,哪怕具体问题一个也不解决,也是值得的。"② 虽然依照政治局的决定,毛泽东同意暂不见蒋,但他坚持:(一)林彪见蒋时,关于我见蒋问题应说我极愿见他,目下身体不大好,俟身体稍好即可出来会见,唯可不确定时间;(二)何应钦、朱家骅及CC系都将在国共谈判时起破坏作用,地方势力及某些小党派亦不愿国共好转,故应告蒋对上两部分人须极力警戒,不听他们挑拨的话。他相信:国内关系总是随着国际关系为转移,自苏德起,英美苏好转,直到今天,国共间都没有大的冲突,特别是英美苏订立具体的同盟条约和滇缅路断后,蒋已下亲苏、和共决心,我们估计这个好转的总方向是定了,目前任务是促成谈判,促成解决具体问题。故在此接近国共解决悬案相当恢复和好时机,对于国民党压迫各事,应极力忍耐,不提抗议,避免一切枝节问题,以求悬案之解决与和好之恢复。③ 9月初,共产党方面得到国民党正式通知,林彪可于日内赴西安见蒋。林彪14日在国民党联络参谋周励武陪同下乘车出发,17日到达西安。而蒋已不及等待,于日前

---

① 《周恩来关于蒋毛会谈问题致毛泽东电》(1942年9月5日),《中共中央南方局大事记》,第220页。
② 《毛泽东关于见蒋为改善国共根本关系致周恩来电》(1942年9月3日),《中共中央南方局大事记》,第219页。
③ 《毛泽东关于暂不见蒋问题致周恩来电》(1942年9月11日),《中共中央南方局大事记》,第220页。

离开西安返回重庆,但留话要林彪转往重庆面谈。据此,毛泽东指示林彪在西安与国民党各方接谈后即应转赴重庆。林彪在西安停留近一个月,先后与李宗仁、胡宗南、范汉杰、谷正鼎等洽谈,并同蒋介石指定与共产党接谈的国民党代表张治中见了面。张治中特别对1940年划界谈判中国民党方面的意图进行了解释。他声称何白皓电他是起草人之一,当时国民党并无驱逐共产党军队于华北绝境之意,且当时华北敌情也并不严重。至于边区摩擦,张治中断言蒋介石向来都没有以武力压迫陕北之意,或许个别人有此主张也难说,但不是蒋。张表示欢迎中共中央"七七"宣言中表现的合作诚意,强调国共关系应当在根本问题上求得接近,否则枝节问题仍是谈不通的。对于林彪谈到的战后共产党军队愿意北移一说,张当场表示,战后中共军队另划地区是适合时代潮流的,但也决不可形成国中有国的现象。

10月7日林彪到达重庆,进而于13日在周恩来陪同下面见蒋介石。林彪主要围绕如何抗战建国与团结统一以及两党争论问题谈了约一个小时。他特别转告毛泽东的意见,希望国共两党今后"应彼此接近,彼此相同,彼此打成一片",称"此三句口号已成为中共普遍成熟之思想,见之于中共七七宣言,且已成为政治上全党所一致遵从之行动,谁也不能动摇。因此,就中共言,不仅现在决不采取违反此种思想之畸形政策,即到将来亦必如此;不仅现在要拥护委座,即到将来亦必拥护"。林彪最后批评国民党"一部分人总是希望挑起内战",强调"中国社会之特点,决不容国内再发生战争,否则,必为全国社会之所反对"。蒋介石对林彪的话,初则频频点头,而至听到林彪批评国民党有人主张内战时,则一再看手表,明显是不愿再听下去了,谈话遂就此而止。① 林彪此行明显地起到了缓和两党关系的作用。到重庆后,他先后会见了几乎所有国民党在重庆的军政要员,如何应钦、白崇禧、孔祥熙、孙科、冯玉祥、陈诚、张治中、刘为章、康泽、贺衷寒等,及众多黄埔学生。据林彪的看法,多数人"对国共关系态度,较党棍公平得多"。毛泽东对这种情况显然相当满

---

① 周恩来关于林彪见蒋经过的报告,1942年10月27日;《蒋委员长召见第一一五师师长林彪谈话记录》(1942年10月13日),秦孝仪主编:《中华民国重要史料初编》第5编(4),中国国民党中央委员会党史委员会1981年印行,第236—242页。

意,因而仍对亲去与蒋谈判深感兴趣,要求林彪"到第二次见蒋提出征询他关于会面的时间地点等"。① 周恩来仍旧坚持表示不同意见。周指出:"蒋及国民党负责诸人(连何应钦、康泽在内)均倾向于政治解决中共问题,以代替全面军事破裂,可是,第一,他们并不急于解决,因为他们认为时间愈长愈好,时间愈长则我们困难愈多;第二,他们所认识的政治解决,乃是我们听命(服从调遣、统一编制、奉行法令等)于他们的领导下,决非民主的合作和平等的协商;第三,他们政治解决的中心,仍以军事为主,而以能否服从调遣、变更防地为前提,将一切其他问题归之于不听调遣,便无法改善关系;第四,他们不先提要求……要看我们能做什么让步"。周恩来估计,与蒋介石进一步谈判只能出现以下结果:(一)如不解决具体问题,则目前可在表面上缓和,而实际上绝不放松压迫;(二)如愿解决问题,必须我先让步(必须是军事上而且是防地上让步),我将没有具体收获;(三)如我们只作口头让步(如表示愿听调遣,但实际困难一时尚难移动),他们亦照样口惠而实不至;(四)如我们能做某些让步(如广东东江游击队改编、湖北撤退等),他们亦可实行某些让步,但不会实现我们全部要求;(五)如林向蒋始终不提全部要求,口头上表示愿听调遣,申明困难,请求接济,蒋高兴时或可答应给点药品之类;(六)如林向蒋提全部要求,而不提愿听从调遣事,蒋必默默无语,且使关系弄僵,不利于目前形势之缓和。鉴于此,周恩来提议:目前应重在缓和两党关系,重开谈判之门,而不应急于解决问题。在步骤上应先谋缓和,只谈大的原则,不及具体,于见蒋时亦可表示愿听调遣,但说明困难,请求停打并准予接济;于见张(治中)时除要求停打外,说明愿听调遣但有困难,某些防地或可移动,唯必须解决许多困难。② 考虑到蒋与林彪的谈话中没有再提约毛谈的话,周恩来的意见亦不无道理,毛泽东于10月28日复电周恩来称:"同意所提方针,重在缓和关系,重开谈判之门,一切不宜在目前提的问题均不提。林在二次见蒋后

---

① 《毛泽东关于向蒋征询时间地点等致恩来转林彪电》(1942年10月25日),《中共中央南方局大事记》,第224页。

② 《周恩来关于蒋介石国民党对内形势的认识致毛泽东电》(1942年10月26日),《中共中央南方局大事记》,第224页。

即回延。"①至此,毛泽东最终接受了周恩来的意见,同意周对蒋介石国民党的估计,决定暂时不去见蒋了。可见南方局将蒋介石的反共历史和现实局势、国共关系与整个统战工作全面联系来分析毛泽东到重庆谈判的问题,从策略上考虑更为周详。

按照南方局在皖南事变以前就已经形成的维持国共合作、维护和发展党的利益的总体目标和思路,在周恩来的辅助下,林彪的重庆谈判也取得了积极成果。

1942年,共产党的敌后各个根据地进入极端苦难时期,再加上美国介入等因素,预示着战后中国政治情势微妙,因此中共中央急于尽快稳定国共两党关系,希望能够找到一个长期相安无事的解决办法。

11月12日至27日,国民党五届十次中央全会召开,通过特种委员会关于《今后对共产党政策之研究结果案》,公开表示:"对共产党仍本宽大政策,只要今后不违反法令,不扰乱社会秩序,不组织军队割据地方,不妨碍抗战,不破坏统一,并能履行二十六年九月二十二日共赴国难之宣言,服从政府命令,忠实的实现三民主义,自可与全国军民一视同仁。"②按照这些一贯"政策",国民党就实现了"统一",中共也就失了根据地、丢了军队的领导权,也就无以立党而归于消灭,可见这仍是国民党一贯的反共、"统一"政策的策略表现。

国民党的"政策"引起了中共中央的高度重视。中共中央明确认为:"十中全会的这一决议,对已从一九三九年到现在四个年头的国共不良关系,做了一个总结,是对我们今年七七宣言的回答,开辟了今后国共两党继续合作及具体地谈判与解决过去存在着的两党争论问题的途径","它是严厉的,但趋势表示时局好转的开始的","至于今后不允许我们再组织军队,我们可以这样做。关于国民党允许给我们公民应得的权利和自由,我们应表示欢迎,

---

①《毛泽东关于同意所谈判方针给周恩来的电报》(1942年10月28日),《中共中央南方局大事记》,第224页。
②《中国国民党历次全国代表大会及中央全会资料》下册,光明日报出版社1985年版,第793—794页。

要求实现。"①

据此,毛泽东首先向仍在延安的郑延卓透露了中共中央关于具体解决两党关系的主要意见,即边区区域维持现状,人员加以委任,军队则请编 4 军 12 师,此外,"停捉停打停封,发饷发弹发药";而整编完成时,待条件许可,中共军队可以遵照命令渡过黄河;战后宪法实施,共产党合法存在,得有保障,不致被消灭时,中共党军亦可取消。他进而称赞蒋是全面人才,说国民党大有希望。② 随后,毛泽东还亲自致函蒋介石,说明情况称:"前承宠召,适染微恙,故派林彪同志晋谒,嗣后如有垂询,请乞随时示知,自当趋辕聆教。郑委员延卓兄来延宣布中央德意,惠及灾黎,军民同感,此间近情已具告郑兄,托其转陈,已被采择。"③共产党的积极反响,同样颇为国民党方面所重视。12 月 16 日,蒋介石再度召见周恩来和林彪,说明:统一团结问题,国民党是诚意的,不是政治手段,希望能真团结,大家在政令下工作。为此,各政治团体要集中起来,所有问题应求解决,并要整个解决,很快地解决,越快越好,不要拖拖沓沓地零碎地解决。蒋声称:只要他活一天,就决不会让中共吃亏。他也称赞中共是爱国的、有思想的,是国家的人才,强调国家是爱惜人才的。但蒋介石在谈话中对于共产党方面所提军队数目,乃至其组成、地区及干部使用等,明显有不同意见,对于如何解决边区与国民党当局关系问题,表示还没有具体办法,对取消新四军问题则绝不让步。当林彪谈话中提到新四军时,蒋介石更断然予以制止,称:"你们既然拥护政府、委员长,而又提新四军,在报纸上、文章中皆是新四军,承认新四军等于不承认政府,今后切勿再提新四军。"④周恩来这时致电中共中央,主张"主动的找张治中谈下列问题":(一)中共要求合法化,也欢迎国民党至边区和敌后组党办报;(二)军队扩编一定数目,实行统

---

① 《中共中央关于国民党十次全会问题的指示》(1942 年 11 月 29 日),转引自《抗战前后国共谈判实录》(修订本),第 191 页。
② 《毛泽东致周恩来、林彪电》(1943 年 1 月 1 日),转引自《国民党的"联共"与"反共"》,第 472 页。
③ 《毛泽东致蒋介石委员长函》(1942 年 12 月 1 日),《郑延卓报告》,台北"国史馆"藏蒋中正档案,特交档案第 50577 号。
④ 《林彪关于与蒋介石谈话经过给中共中央的报告》(1942 年 12 月 16 日),转引自《国民党的"联共"与"反共"》,第 473 页。

一军制;(三)边区改行政区,人员不动,实行中央法令,华北各省政府改组,并划行政区;(四)作战区域战后重新划分,目前可依情况作适当调整。18日中共中央复电说明:(一)在允许合法化条件下,可同意国民党到边区及敌后办党;(二)军队要求编4军12师,新四军在内;(三)边区可改为行政区,人员和地境均不动;(四)黄河以南部队确定战后移至黄河以北,但目前只能做准备工作,不能实行移动,此乃完全为事实所限制,绝对无法移动,唯东江部队在适当情况下,目前可加以调整。

12月24日,周恩来与林彪正式向国民党代表张治中口头提出了中共方面的谈判方案。二人同时表明:如果国民党方面认为这些条件可谈,即请委员长指示林师长留此继续谈,如认为相差太远,则请委员长指示他的具体方针交林师长待回延安商量。周恩来和林彪所提条件内容如下:"一、党的问题:在抗战建国纲领下取得合法地位,并实行三民主义,中央亦可在中共地区办党办报;二、军队问题:希望编四军十二师,请按中央军队待遇;三、陕北边区:照原地区改为行政区,其他各地区另行改组,实行中央法令;四、作战区域:原则上接受中央开往黄河以北之规定,但现在只能作准备布置,战事完毕后保证立即实施,如战时情况可能(如总反攻时),亦可商承移动。"①

其实,国共之间此时的分歧与以前并无二致,国民党五届十中全会的决议并未丝毫改变其必欲于事实上取消共产党之军队、政权的目的。在国民党军令部研究后经何应钦呈报蒋介石的书面意见中,不难看出双方条件差距之大。对于共产党要求合法化问题,该意见书明确表示反对,声称:"如准其取得合法地位,则而后不但对其公开分子之活动难于防制,即对其潜伏分子之防制,彼亦可于受到清查时立即公开,以取得法律上之保障,且其党既取得合法地位,则不便绝对禁止其于前后各方(尤其是学校)设立机关,吸收党员,结果将使防制工作完全失效。"对于共产党要求编4军12师问题,该意见书也持反对立场,认为"我如允予考虑,即使将来不再作更多之要求,而名义饷款给予之后,彼在军政上是否即肯收束,在军令上是否即肯听命,殊无把握",如

---

① 《林彪、周恩来与张部长谈话后所提要求四项》(1942年12月26日),《中华民国重要史料初编》第5编(4),国民党中央委员会党史委员会1981年印行,第248页。

此"无异多予以几个擅自扩军之工具,一经彼等在沦陷区内加以配置,则此十二师所分布之地方,将变成十二军区,彼等既有正式国军名义,即可发号施令,并征丁征粮,所有地方合法政府均难以拒绝,且番号既多,扩充更易,其而后实力将更见扩张。"对于共产党要求承认边区现状问题,该意见书同样表示反对,因据说共产党在陕甘宁所占地区已达29区县之多。至于共产党所说战后开赴黄河以北问题,意见书则以该命令"乃系一作战命令,并非分割疆土"为由不予赞同,断言:"战后军队即须复员,再开赴黄河以北有何用处,且此项命令久未遵行,已失时效,应即取消,借使将来分散制裁,更易收效。"基于上述主张,该意见书明确认为:"一、判断林、周此次所提四项要求,系根据本党宽大政策而来,其目的在对于党政军各方面取得合法地位,不能认为有悔过诚意;二、本党宽大政策之真正作用,应为瓦解中共,绝非培养中共,故林、周所提四项,不能作为商谈基础"。"如须商谈,则应以下列原则为基础:(一)中共不应有军队,其军队须由各战区长官各就驻地在于战区内者,切实点验,编遣整训,并指挥其作战;不得再自立系统及保留变相武装;(二)中共不应在各地方擅立非法政府,其各地非法政治组织一律取消,由各该省府派员接管,恢复原有行政系统及区划;(三)以上两项办到后,始可予中共以合法地位。"该意见书认为:目前情况已与1940年制定"中央提示案"时有较大不同,"当时因国际环境关系,对中共重在羁縻,现则中共绝对不能造反,我如能解决即解决之,如其时机未以,则不妨使其停止于非法地位","以期动摇其内部,增加其苦闷,俾便将来解决。"①张治中等认为党和政府两项应该可以考虑,军队不能编太多,驻地必须限期开动。然而多数人干脆认为,共产党所提四项条件与中央希望相距较远,与"中央提示案"精神也相距太远,没有讨论余地。一些人更主张提出整个解决方案,要求共产党交出军队。对此蒋介石没有表示意见,只要求张治中开小组会进一步研究答复意见。小组会最后决定,仍以"中央提示案"为基础,军队移动问题必须解决,且正式谈判仍由何、

---

① 《参谋总长何应钦呈蒋委员长就林彪周恩来所提要求四项排列并附具研究意见列表签呈鉴核》(1942年12月31日),《中华民国重要史料初编》第5编(4),国民党中央委员会党史委员会1981年印行,第243—246页。

白出面主持。1943年1月9日,张治中将这一决定告诉周恩来、林彪后,周当场解释说,四项要求与"中央提示案"精神并无不合者,所以距离亦仅军队数量与移动时间而已,但张治中表示不能接受。①

国民党方面坚持要照"中央提示案"解决问题,并且必欲限期移动军队,显然出乎共产党人的意料。毛泽东反复考虑后,于16日复电周恩来表示不解,称:"彼方提出以前年提示案为谈判基础,及何、白为主持,除面子问题外,是否还有借以拖延之目的?"毛泽东表示:"我向陈宏谟、向郑延卓几次表示,部队目前绝对无法移动,不是不愿移,而是无地方无路走。于学忠于两年前派一个团至开封以南接弹药经费,经两年之久不能回去,最后勉强回去,受敌截击,所余无几。去年敌对封锁沟墙加密加严,只容少数人员秘密通过,少奇抓延所述经验千真万确。一一五师师部去秋因鲁南顿不住,曾决定移至苏北,后因扫荡稍缓勉强未动,仍时有覆灭之忧。苏北现亦大不如前,陈毅、饶漱石、曾山等人已于十二日避至皖东。因此种种,李先念部队决难移动,我若向彼松口,表示可与于学忠对调,一则事实上办不到,徒然引起彼方幻想;二则于学忠系中央的人,我方如此提法,是否会引起彼方不满,认为我方有意为难,讨价还价?似宜一口咬定铁一般的事实,暂时不动,将来必动为有理有利。"②对此,周恩来也表示说:"我们答以何、白皓电精神为谈判基础,并非估计他们条件可接近,目前可解决,而是为了更站在有理的地位,不使谈判弄僵,一方面套出他们的具体条件,使林抓住此条件返延,另方面证明不是我们弄僵,而是他们故意为难。"③周恩来显然想以这样一种方式来结束此次谈判了。对此中共中央在2月初给周恩来的复电中,仍旧表示希望能够以自己的让步来使谈判取得进展。甚至愿意在军队数目上减少一两个师来进一步表示诚意。可是这种让步绝不是这时的国民党人所能够接受的。据报,国民党特别会报年内工作计划,仍以"肃清"中共黄河以南部队,"肃清"大后方隐藏

---

① 周恩来、林彪关于与张治中进一步谈判给中共中央的报告,1943年1月10日。
② 《毛泽东关于目前解决问题时机未到给周恩来、林彪的指示》(1943年1月16日),转引自《国民党的"联共"与"反共"》,第476页。
③ 《周恩来关于目前谈判条件不会接近的估计给毛泽东的电报》(1943年1月21日),转引自《国民党的"联共"与"反共"》,第476页。

分子,加强自首运动为主。显而易见,国民党高层中赞成采取强硬态度者仍占大多数,而随着何应钦出访印度,国民党方面再无主动接触之表示。其特种委员会并通过决定,强调在目前情况下不宜解决问题,一切留待以后再说。故3月何应钦虽然回到重庆,也在28日接见了周恩来和林彪,却丝毫没有解决问题的愿望。就连周恩来试探着提出是否要以"中央提示案"作为讨论基础时,何也不置可否。蒋介石则在何应钦这次谈话的情形的签报上批示:"必须其对中央军政军令,有服从事实之表现,方可与之具体谈话,照现在情形无从谈起,如其不来谈,则可不必再复。"①蒋介石和国民党不想通过谈判解决问题,很大程度上是注意到自1941年以来,中共在敌后处境异常困难。国民党在陕甘宁边区的摩擦中占据着优势地位。再加上日本停止进攻,蒋判断日本有进攻苏联的计划,美国援助越来越大,国民党的军力反而大大增强,因此包括蒋介石在内,都自觉不自觉地幻想着寻找机会,一劳永逸地解决共产党问题。

(二)反对第三次反共高潮

1943年5月22日,共产国际宣布解散。这一消息使国民党人受到极大鼓舞,掀起第三次反共高潮。消息传来,蒋介石立即提出,应争取使共产党"将军权、政权统一于中央"。据此,张治中与周恩来、林彪谈话,委婉劝说中共交出军队。国民党宣传情报部门受命鼓动其主持下的各种社会团体群起致电毛泽东,要求中共解散组织、放弃政权和武装,统一到国民政府军令、政令之下。6月下旬,胡宗南也有乘机夺取囊形地带的意图并确定了进攻时间。对此,蒋介石批示:"切实准备,但须俟有命令方可开始进攻。"②

中共中央及时获得情报,胡宗南已赶赴洛川召开军事会议,密令各参战部队准备于7月9日发起作战,攻占囊形地带。于是,朱德于4日直接致电胡宗南提出警告,延安开大会,中共发通电,公开抗议国民党准备袭击边区。

---

① 《三十二年三月二十八日何总长与周恩来、林彪谈话纪要》(1943年3月28日),《中华民国重要史料初编》第5编(4),国民党中央委员会党史委员会1981年印行,第248—251、247页。
② 公安部档案馆编:《在蒋介石身边八年——侍从室高级幕僚唐纵日记》,群众出版社1991年版,第366页。

据事后毛泽东告诉八路军总部称:"不但七日外国记者纷纷质问张道藩,而且引起英、美、苏各大使开会,根据朱致蒋、胡电,警告蒋介石不得发动内战,停止援助,更因延安紧急动员,使蒋害怕而不得不改变计划,十日令胡宗南停止行动,十一日蒋、胡均复电致朱,无进攻意,十二日胡下令开始撤退一个师及两个军部(第一军及九十军),内战危机似可克服。"①

南方局在周恩来回延安后由董必武主持工作。在胡宗南策划包围陕甘宁边区、战事有可能数日内爆发的极度紧张形势之下,毛泽东急电董必武,请即将此种消息向国内外传播,发动制止内战运动,特别通知英美有关人员;同时找张治中、刘斐交涉制止,越快越好。随后毛泽东又致电董必武,要求速将中共揭露国民党当局反共和准备进攻边区的各种材料秘密印发各报馆、各外交使馆、各中间党派、文化界人士,并设法寄往成都、桂林、昆明各界及地方实力派,还强调此种宣传品散发愈普遍愈对我有利,要求南方局用全部精力组织此事,并机密进行。

董必武收到中共中央指示后,立即领导南方局从四个方面开展工作:一是利用各种交往关系,利用一切场合,揭露国民党顽固派正利用欧战紧急之机,掀起第三次反共高潮,反复声明中共的严正立场和反对内战、坚持抗战的一贯态度;二是通过《新华日报》《群众》周刊以及中共在国民党统治区的一些秘密刊物,发表大量的文章和资料,批判国民党的封建法西斯理论,揭露法西斯特务统治,揭露顽固派的反共、反人民、反民主、反抗战建国的行为;三是将中共中央、八路军、各抗日根据地民众抗议国民党顽固派发动大规模内战的文电,和南方局收集整理的国民党顽固派在国统区破坏抗日民主力量的材料,编印成中英文小册子或单页传单,向国内外散发;四是领导和动员文艺界,利用文艺手段揭露国民党顽固派的倒行逆施,宣传坚持抗战和民主,宣传共产党的主张和人民大众的希望。通过南方局在国民党统治区的积极活动,国内外纷纷对国民党顽固派内战、独裁的行径表示严重不满。董必武以参政员的身份,向社会各界揭露国民党当局加强法西斯统治、企图消灭共产党的

---

① 《毛泽东关于蒋胡内战阴谋破产致彭德怀电》(1943年7月13日),转引自《国民党的"联共"与"反共"》,第478页。

真相,宣传中国共产党团结抗战的主张,积极争取中间人士的同情和支持。

蒋介石对于进攻边区之所以紧急刹车,是因为他这时的基本方针仍旧是要政治解决共产党问题;赞同胡宗南秘密部署,仅着眼于胡所计划的收复囊形地带,即夺取长期控制在中共手中、直接威胁到西安的关中地区。蒋并不想因为个别区域的争夺,激成重大冲突。还在共产国际宣布解散的第三天,蒋就召集亲信"力陈两点:(一)对中国共产党问题,我应尽力向政治解决之途为最大之努力;在宣传上尤不可造成政府准备以武力解决之印象。(二)对苏联应强烈表示友善,以促其对华政策之继续演变"。①

对于中共中央如此大张旗鼓地宣传国民党准备进攻延安,蒋十分恼怒,在日记中写道:"共匪猖獗之目的,在引起内乱,破坏抗战局势,减低政府威信与丧失国家在国际上之地位。""我如被激怒,而向匪进攻",一旦"迁延不决,则匪势更张,国际舆论对我更劣;如我速战速胜,则匪不过迁移地区,不能根本消除其匪党,而我国内战争既起,复不能根本解决,则国家威信仍由损失,无论胜与不胜,而一经用兵追剿,则彼目的达矣!"既然认定此时"剿共"无效,他只好改变策略,决定"对匪决策仍取守势,围而不剿,必须用侧面而非正面方法以制之,万不宜用公开或正面的方式以求解决也。"他随后进一步总结:"处置共匪只有待时,时间未到,只有十分隐忍……不可小不忍以乱大谋。"②蒋因此明确指示,对中共应侧重揭发其"少数人之罪恶"而启迪多数人之觉悟;"对外发言,不必说决不致有内战,根本无所谓内战"。③

蒋这时的大谋,就是要取得美国政府的高度信任。因为这不仅是国民党及其政府继续抗战的一项重要条件,而且也是蒋提高自身以及中国的国际地位,向美英等国讨价还价的一个重要筹码。当他得知美国外交官对共产党人的宣传极为不安时,竟向美国人作出保证,声明对共产党虽必须"加以制裁","但决不加以武力讨伐"。④ 与此同时,他利用国民党十一中全会,一面公开批评共产党"破坏抗战,危害国家",一面坚持既定策略,再度表示:"此为一

---

① 《王世杰日记(手稿本)》第4册,1943年5月24日,第78页。
② 蒋"总统"秘录》第13册,台北"中央日报社"1977年版,第59、60页。
③ 《在蒋介石身边八年——侍从室高级幕僚唐纵日记》,群众出版社1991年版,第369页。
④ 《"总统"蒋公思想言论总集》卷37,国民党中央委员会党史委员会1984年印行,第268页。

个政治问题,应用政治方法解决。"①

南方局和董必武还利用 1943 年 9 月参政会三届二次会议的时机,与国民党顽固派进行了一场针锋相对的斗争。皖南事变后一年多时间,中共七参政员没有出席参政会。参政会秘书长王世杰往访董必武谈出席参政会问题,声明决无利用会议反共之事,董必武因此报到出席。在参政会中,何应钦利用做军事报告的机会,大肆污蔑中共和八路军不顾大局,袭击友军,破坏抗战。董必武当即按照议事规则,口头询问何应钦,为何对十八集团军艰苦卓绝地在敌后坚持作战一字不提;为何只谈摩擦现象,不谈摩擦原因。董必武进而列举中共和八路军、新四军在敌后抗战所取得的巨大功绩,以铁的事实粉碎了何应钦的污蔑。由于国民党参政员破坏议事规则,捣乱会场,董必武当即退席,并致信参政会主席团声明,是日会场有人想利用参政会来宣布反共,参政会为国内团结之一标志,如果被人利用来破坏团结,则决不参加。

随后董必武致电毛泽东和周恩来,报告参政会上的斗争情况,反映国民党也认为我们宣传大成功,是我们的胜利;国民党在会场上相互责备党部,王世杰更表示对相关国民党参政员的不满。董必武在参政会上的正义斗争,彻底打乱了国民党在参政会上的反共部署,使国民党参政员非常被动。董必武在参政会上的斗争震动了重庆,进一步提高了共产党的威望,有力地帮助国统区人民认识国民党当局独裁专制的本质,提高了人们的觉悟程度,对大后方民主运动的恢复起了推动作用,分化了国民党内部不同意见之间的关系,坚定地维护了抗日民族统一战线。

反对国民党的第三次反共高潮,还表现在围绕蒋介石公开发表的《中国之命运》,中共中央公开进行批驳宣传。蒋的小册子是四五月间面世的,中共中央最初并未作公开批驳的准备。随着共产国际的解散,国民党发动政治军事攻势,组织各地参议会、新闻、文化、妇女团体致电延安,要求解散共产党,国民党中央也发表相关社论,形成对中共的政治进攻。毛泽东才开始把蒋的《中国之命运》的发表同国民党发动的反共高潮联系起来,指示秘书陈伯达撰

---

① 《中国国民党历次全国代表大会及中央全会资料》下册,光明日报出版社 1985 年版,第 840—841 页。

写署名文章,进行政治反攻。

7月21日,毛泽东电告董必武:"我为彻底揭穿其阴谋并回答其自皖变以来的宣传攻势计,除已发之通电及《解放》社论外,并于本日公布陈伯达驳斥蒋著《中国之命运》一书,以便在中国人民面前从思想上理论上揭露蒋之封建的买办的中国法西斯体系,并巩固我党自己和影响美英各国、各小党派、各地方乃至文化界各方面。"因此毛泽东要求董收到此文的广播后,要设法秘密印译成中、英文小册子,在中外人士中散布,同时搜集各方面的反响。至8月11日毛泽东仍在组织批判《中国之命运》的各种文章,"拟于八、九月发动反中国法西斯主义的运动,通电全国,主张取消各种特务组织、严禁传播法西斯主义思想,以揭穿蒋记国民党实质,并教育自己。"①

(三)国民党坚持"政治解决"策略

对于中共在政治上反击第三次反共高潮的凌厉攻势,蒋介石心情复杂,其8月1日日记称:"本周心平气和,第横逆与诬陷之来,节能克己强忍,思虑亦较能深入,应益勉之。"6日,蒋介石得知董必武当着美国人的面批判自己,当即大怒,日记称:"共匪与美国陆军代表以及美国军事评论家福温等对于诬蔑异甚,殊非人所能忍受。"而后,蒋得到宋子文自美国来电,美国陆军参谋长马歇尔急电劝告国民党,称不应在此战争期间对中共动武。23日,蒋介石思前想后,仍不得不暗自劝告自己:"对于共匪解决之决心与计划,不敢出以孟浪。"②8月25日,蒋介石还是按捺不住,暗自拟定了一个直接捣毁中共中央所在地延安地区的行动方案,其理由是:"中共问题不能不有解决之方案,如果始终要用十军以上兵力防制陕北,则不如肃清陕北,可抽兵力在后方各地,分别肃清。"至于行动时间,蒋其实并未考虑周全,只是认为必须在苏德战争未了之前。而具体的行动办法,蒋亦无一定之法,再三讲要"宣传重于军事",要"力争不战而胜,或少战而胜",自己一加压力,对方就会分化瓦解。说到底,蒋因"中共对余《中国之命运》第七章,最近乃露骨攻讦"气恼至极,断言

---

① 《毛泽东文集》第3卷,人民出版社1996年版,第49、50、64页。
② 《省克记》卷23,1943年8月1、6、23日,(台北)"国史馆"藏蒋中正档案。

"对于政治之解决,完全绝望,乃不得不准备军事"。有"冒大险、赌存亡"之心,实际上仍旧下不了决心。①蒋介石对付共产党问题上的苦恼,在给时在美国的宋子文的电报中也有直率的袒露。电报称:"关于中共最近悖乱挑战、倒行逆施日甚一日之态度,实为从来任何时期所未有,令人百思莫解。以共党今日之势力,决不足以对抗中央也。"他认为中共如此"嚣张",怕是"仍受原有第三国际某国之主使",其用意一在使中国抗战加速崩溃,则以后中国完全为其所操纵;二是此四强协商未成之前,必使中国发生内乱,借此以延宕协商时期之理由,而达成其防制中美合作之阴谋;三在利用美国强制中国政府对中共勿用武力制裁,同时借助美国之同情而大事宣传,蛊惑民众。"此种国际阴谋实为中梦想所不及也。"蒋介石要宋向美国当局口头密告,中共"目前各种叛逆与污蔑行踪,已暴露无遗。中央如不加以制裁,则国家纪律与民族精神完全丧失,中央对军民之威信甚难保全,以后再不能行使职权,如此抗战亦等于失败。故不得不用纪律处治以明功罪"。"但我中央对中共本无武力制裁之意,始终一以容忍感化为怀","唯美国在华之军事长官,今日对此事之态度更使共党鸱张无忌,而使我政府对中共之处理更增困难,不唯不能阻止共党内乱,适足以奖励我国之内乱也,此又不能不密告美国当局使之特别注意"。②蒋介石所称美国在华之军事长官助长中共气焰事,实指美国所派中印缅战区司令长官史迪威。当年9月6日国民党五届十一中全会开幕之际,史迪威忽然向蒋递送"备忘录",主张调动第十八集团军及胡宗南、傅作义、邓宝珊所部,向山西出击。蒋认为,史迪威此举,受共党主使无疑,"故其语含威胁之意,且名为备忘录,乃欲于将来制裁中共时证明曲在我也。"对此,蒋愤恨不已,暗中痛骂:"诚最卑劣糊涂之小人哉!"③中共中央为反击国民党的政治进攻、军事威胁,这时前所未有地加强了对蒋介石和国民党当局的批判火力,指名道姓,痛加斥责,决不顾及其权威与颜面。这使蒋怀疑中共要向他夺权,所以他无论如何都难以忍受。

---

①秦孝仪主编:《"总统"蒋公大事长编初稿》卷5(上),(台北)"中央文物供应社"1978年版,第361—364页。
②《蒋中正致宋部长电》(1943年9月8日),台北"国史馆"藏蒋中正档案,特交档案第50790号。
③《困勉记》卷80,1943年9月6日,台北"国史馆"藏蒋中正档案。

因此,国民党十一中全会开幕前后,蒋几乎每日都在盘算如何就中共问题表态及决策。9月1日,蒋指示军令部张徐永昌"准备进攻延安边区中共"的军事方案。① 9月3日,蒋告诉陈布雷和王世杰称:"应由为军委会或政治部正式宣布共匪之罪状,使中外人士皆能明了其奸谋,如此则共匪自绝于国家,不能再借抗战名义以眩惑世人矣。"5日,胡宗南到重庆,蒋告胡称:"中共在美国宣传已使罗斯福及其左右迷误难醒,此为最大之困难。然吾人对共匪已取得主动地位,无论其运用外力如何胁制,我决不为所动。唯准备实力与实施时机,应特加注重!""中央对'共区'与'共军'亦应以明白隔离,不再承认其为中国军队,更不承认其为作战团体。"8日,蒋下定决心,"对中共不用武力讨伐"。其解释是"对共用兵无异割鸡用牛刀,若果持久不能解决,徒长其气焰,而与敌寇以复活之机"。中共如今"腐化专制,骄侈偷安",内部"离心离德",已"无扰窜之勇气",只消封锁即可使之自溃自灭。② 9日,蒋召集文武官员商谈十一中全会关于共产党问题的决议草案。据王世杰日记:"该草案内容,系一方面暴露共党种种罪行,一面表示取消第十八集团军番号并以方法防范共党之叛乱。蒋先生询王亮畴、戴季陶诸人意见时,均称甚善。龙云似不甚赞同,但不作明白表示。余人无表示。当蒋先生询及予之意见时,予则力称:(一)此一文告之发布,必然造成一种很普遍的印象,即内战亦将即发动之印象;(二)国际局势正在激剧变化之中,英、美、苏之关系乃至中英、美、苏之关系再二三个月内均将明朗化,我党与政府如于此时造成一种上述印象,于我及盟邦均不利;(三)共党今日行动显有苏联背景,去年蒋先生对于新疆事变不公开宣布共党罪行,或苏联操纵挑拨之事实,一面容忍,一面为一切必要之政治措施,遂使新疆局势转危为安,今日仍宜采取此种慎重态度。"会上,刘斐反驳王世杰的主张,孔祥熙、陈诚则大体赞同王的意见,最后,蒋决定删去草案中取消共军番号及封锁共党一段。当晚,蒋介石在日记中写道:"隔绝匪区与取消第十八集团军名号二点,在今日国际环境与战争局势而徇之,尚非其时,故决定暂不加以制裁,唯宣布其罪恶全部以明功罪与是非而

---

① 《徐永昌日记(手稿本)》第7册,1943年9月1日,第157页。
② 《"总统"蒋公大事长编初稿》卷5(上),台北"中央文物供应社"1978年版,第369、370页。

已。"11日,蒋邀约国民党高层官员谈话,明确表态:"中共猖狂之目的,在引起内战,以破坏我抗战局势,减低我政府威信,丧失我国家在国际上之地位也。故彼策略在激怒我,使我不能容忍,用兵向彼进攻。"而"一经用兵,无论胜与不胜,则彼之目的达成,故应采取守势,围而不剿,用侧面与非正式方法以制之为宜"。①蒋介石自然要设法打消国民党人中立即"剿共"的思想。在9月13日国民党五届十一中全会闭幕会议上,秘书长吴铁城作了共产党"不法行为"的报告,但决定不予公布,而会议关于共产党问题的决议案毫无刺激性。蒋介石并且重申"中共问题是一个纯粹的政治问题,因此应该以政治方法来解决"的观点,强调"这是这次大会在努力解决这一问题时所应遵循的原则"。②

五届十一中全会的决议和蒋介石的谈话,显示出国民党的态度发生明显变化。国民党公开的反共社论及要求中共解散的各地通电于是销声匿迹了。而且国民党多数参政员对何应钦在军事报告中指责八路军袭击国军、非法种植罂粟生产鸦片,以及国民党参政员攻击董必武致退席以示抗议,表示不满。

王世杰明白告诉蒋应该"采取勇敢果决之决定,约束本党同志,并采取适当办法,以使局势之缓和"。如:"一、严令国军一面须对共党严加防范,一面务须绝对避免挑起战事,否则均以违抗命令论罪。二、告知共党(或面告董必武),共党应立即停止反政府之宣传,中央亦将停止对共党之攻击,俟此点实行,一二个月后再行磋商解决办法。"③蒋介石显然接受了王世杰等人的建议,不仅如此,蒋介石还在国民党参政员谈话会中唱高调,批评了一党制不可变的观点,声称非有竞争不能保持党的革命性,"本党以外如无他党存在,则久而久之,本党必腐化,以至崩溃,其影响将不堪设想。"④

10月2日,蒋介石请王世杰向董必武询问改善目前两党关系的方法,当晚,王即向董转达。董当即提出两点:"(一)停止相互攻击;(二)放松对陕甘

---

① 《困勉记》卷80,1943年9月9、11日,台北"国史馆"藏蒋中正档案。
② 《王世杰日记(手稿本)》第4册,1943年9月13日,第150页。
③ 《王世杰日记(手稿本)》第4册,1943年9月22日,第158、159页。
④ 《王世杰日记(手稿本)》第4册,1943年10月4日,第169页。

宁边区的包围和封锁。"①中共中央立即对此作出积极的反响,在发表最后一篇公开批评国民党十一中全会决议的文章后,10月6日,各报刊一夜之间全面停止刊登批判蒋介石和国民党的稿件。用毛泽东的话说,就是要"风平浪静以示缓和",毛泽东并要董必武告诉国民党,中国共产党不相信国民党政治解决具有诚意,"但延安欢迎政治解决,不愿破裂"②。

11月12日,蒋介石于宪政实施筹备会开幕时找董必武谈话,邀请周恩来来重庆,以便商讨解决两党关系的具体办法,并且说:"请他出来什么都好谈些。"③周恩来刚回延安参加整风运动,毛泽东回复说:"周三年在渝无事可做,在国民党未真想合理解决问题以前不拟出来,各事可由董谈判,如至真能合理解决问题时,周可以出来。"④蒋介石说一些缓和的话,不过是为了去开罗与美英首脑会谈前,对中共做一些和解的姿态而已。在开罗会议上,讨论对日作战问题,与会各方联名发表《开罗宣言》。这在百余年的弱国而言,无异天降殊荣,却全然不考虑(准确说是考虑了却装着不知道)这不过是美英战略的需要和惩罚日本的必然而已。因此,蒋介石国民党自我感觉开罗行颇为成功,已使中国跻身于美英两大列强之中,不仅给中国赢得了荣誉,而且也预示着蒋及其政府已经得到了美英等大国的强有力支持,于是在国内起劲宣传。12月22日前共产国际总书记季米特洛夫从莫斯科致电中共中央,再度强调改善国共关系的必要。这些因素对于促使毛泽东进一步考虑缓和与国民党的关系,是不无作用的。

(四)国民党对林伯渠赴重庆谈判的应对

1944年1月,国民党联络参谋郭仲容正式向毛泽东提出,希望派林伯渠、朱德及周恩来赴渝谈判边区和军事问题,并再度提出实行何白皓电。毛泽东

---

①《王世杰日记(手稿本)》第4册,1943年10月2日,第166、167页。
②《毛泽东关于欢迎政治解决问题致董必武电》(1943年10月5日),《中共中央南方局大事记》第254页。
③《王世杰日记(手稿本)》第4册,1943年11月12日,第190页。
④《毛泽东关于在国民党未想真正合理解决问题前周恩来不拟出来致董必武电》(1943年11月13日),《中共中央南方局大事记》,第257页。

答应,林、周或可先后赴渝,并可以何白皓电为基础。中共中央随即决定先派林伯渠于3月12日前往重庆,并于2月17日正式通知郭仲容。在国民党主动采取了实际的缓和步骤之后,共产党也开始同意与国民党在某种程度上重开谈判。毛泽东认为:"观察今年大势,国共有协调之必要与可能,而协调之时机,当在下半年或明年上半年,但今年上半年我们应做些工作,除延安报纸力避刺激国民党,并通令各根据地采取谨慎步骤,力避由我启衅外,拟先派林伯渠于春夏之交赴渝一行,恩来则准备于下半年赴渝。"毛泽东所说的大势,指的就是年内国际局势的可能发展趋势。因此中共中央又开始着手与蒋再开谈判了。对于林伯渠的到来和即将开始的谈判,国民党方面高度重视。军统局率先提出报告,断言:"延安拟先派林祖涵来渝试探中央态度,如情势缓和,则同中央谈判,凡中央所不能接受之条件,均全部提出,意在拖延时间,若无结果,即借中央有意为难,使数十万红军无法参战并鼓动盟邦认识代为宣传。"①仅从"拖延时间"四字就可见军统明知中共急切想解决皖变以来国共对立于中共发展的不利影响问题,却信口雌黄,敷衍其长官。但这种不想解决问题的心理,在国民党内普遍存在。

3月2日国民党中央党政军联席会报第五十八次会议讨论修改《林伯渠来渝后我方应付对策》及《中共问题政治解决方案》,提交中央宣传部部长梁寒操、行政院秘书长张厉生、社会部部长陈立夫、侍从室二室主任陈布雷、国防部参谋次长刘斐等审查。由国民党中央秘书处草拟的《应付对策》除强调"林氏此来不必希冀有何良好结果"外,中心在于要求中统、军统两局密切监视林在西安和重庆的种种活动,要求中宣部、新闻检查局加强对舆论的控制与不露痕迹的反宣传,并要求各方推举出与林过去有私谊的党内人士,通过密切接触,"于无形中以大义相劝其来归",该对策经联席会报秘书处修改后,突出强调"奸伪一切决策,操之在毛泽东";"奸伪在现状下一切动荡不宁,故借机国共间关系之缓和",唯"奸伪野心在逐步夺取政权,欲放弃既拥有之武装及侵占割据之地盘,真正服从军令、政令,势不可能"。除继续主张监视和

---

① 《蒋"总统"事略稿本》,1944年3月7日,台北"国史馆"藏蒋中正档案。

策反之外，还特别强调要派精通外语及有政治修养的官员，随林出入，控制其与外人接近。①《政治解决方案》规定中共须将"军权政权交回中央之接管"，同时"应以衷诚之态度向国内外宣告服从中央，并保证永无歧贰"，修改后的文件则增加了陕甘宁边区改为陕北行政区后，可以确定绥德等18县范围，十八集团军可扩编为两军六师一独立旅，但不准另设支队及其他名目部队的内容。②

对于国民党中央的上述意见，蒋介石在3月10日批示，共产党此次派员来渝交涉，目的不外"要求取得正式名义，承认其合法地位，企图以后之出路与发展"。"如交涉不成，彼乃借口政府无诚意收容，以表示其直在彼而曲在我也"。故此次交涉方针应把握"（一）政治放宽，军事从严；（二）政治可划定区域，军事不能指定专区；（三）其正规军数量必须加以限制，但可酌增之人数最多不得超过一倍，而以服从命令、遵守纪律以及经理、参谋通讯人员必须由中央派遣为最低条件；（四）游击队数量可以放宽，但必须依照编制与成案，不得任意扩充以示相当限制"。③

据此，蒋于3月15日专门在联席会议上就林伯渠来渝等问题加以训示，要求"对林祖涵来渝后谈话次序与日程，皆应事先排定，妥为准备应付。至谈话要点，我方应首先提出之最重要者为军政、军令之统一，中共方面必须遵守。彼如承认此点，则我方更应具体举出中共过去与目前种种破坏军政、军令统一之行动事实，指明其错误之所在，要求其以后切实改正，以试探期态度究竟如何。我方与之谈话，应始终坚持此项原则，而各负责人每次与林祖涵谈话情形与谈话内容，可逐日予以公开发表"。与此相配合，蒋介石尤其强调对国际之宣传，要求国际宣传处注意三点："（一）说明中共之国际性，使欧美人士明了其阴险可怕，实不同于欧美各国之共产党；（二）指出中共系百分之百的实行共产主义，其所为奉行三民主义者，纯系挂羊头卖狗肉之伪装；（三）切实说明中共军队完全为乌合之众，实不堪一击，其到处招兵买马，添购枪

---

①《林伯渠来渝我方应付对策（草案）》，《民国档案》1994年第2期。
②《中共问题政治解决方案（草案）》，《民国档案》1994年第2期。
③《蒋"总统"事略稿本》，1944年3月10日，台北"国史馆"藏蒋中正档案。

炮,无非欲借数量之扩充,以补质量之低劣,以造成外籍记者知其如何可恶,而无足重视之心理。"①

蒋介石一面研究如何应付林伯渠来渝的问题,一面却又马上考虑提前"剿匪"的可能性了。他在日记中写道:"关于剿匪行动,必须郑重出之,第一次须待平汉路夏季会战,敌寇被我击退以后开始清剿。此为第一时机。其次为宜昌克复驱除武汉敌寇以后,此为第二时机。若在滇缅打通或美军在我沿海登陆,中美运输直接联系以后,则为最妥当、最良好之时机。"②这就是蒋介石交好美国、要求林伯渠到重庆谈判时的真实内心所在,即以谈判为幌子,拖延时间到有利"剿匪"的时候,以军事力量根本解决掉中共。因此,请林到渝谈判,纯属军事"剿共"策略的政治配合策略而已。

4月16日蒋介石亲自改定了中央党政军联席会报秘书处拟定的《中共问题政治解决办法草案》,并交国民党谈判代表张治中、王世杰参照办理。办法坚持"国家军令、政令必须统一",包括军令、纪律、人事、编制和军需以及军队教育等,都应照国民党当局法规和训令实施。另同意十八集团军可编为2军6师。陕甘宁边区应改为陕北行政区,行政机构改称陕北行政公署,所辖区域包含绥德、米脂、吴堡、葭县、清涧、延长、延川、延安、保安、安定、安塞、甘泉、鄜县及定边、靖边之各一部(定边县城不在内),甘省之合水、环县及庆阳之一部(县城不在内),以上共18县。如中共对此均能确实遵办,政府可准予中国共产党之合法地位。③ 这与中共条件差距甚远,它表面上是在与中共讨价还价,实质上是国民党当局坚持反共政策,以政治"正统"压力配合军事行动的策略运作;由此可知不存在双方迅速达成妥协的可能,甚至根本就不能达成协议。

---

①蒋总裁训词《关于外籍记者赴延安及林祖涵来之准备注意事项》(1944年3月15日),《民国档案》1994年第2期。
②《蒋"总统"事略稿本》,1944年3月15、22日,台北"国史馆"藏蒋中正档案。
③《蒋委员长批示参谋总长何应钦〈关于中共问题政治解决办法草案〉希照改正办法办理》(1944年4月16日),《中华民国重要史料初编》第5编(4),(台北)中国国民党中央委员会党史委员会1981年印行,第255—256、257—259页。

(五) 政策落实与策略配合——南方局扩大团结中间势力

南方局不仅在以国共合作为主体的抗日民族统一战线中,遵照中央指示,参与国共谈判,同时也代表中共中央对国民党左派、民主人士以及地方实力派开展统战工作。这从策略上对国民党当局形成民主政治的压力,对维系国共合作局面发挥了重要作用。

国民党是一个成分复杂的政党,党内派系林立,纷争不断,除了顽固派、中间派,还有相当一部分坚决主张团结抗战和民主进步的人士。南方局采取分别对待的办法,积极团结国民党内主张抗战、民主的人士,帮助和推动他们坚持进步立场、组织起来,以更大的力量推动抗战民主,分化和孤立顽固派。国民党民主派中最重要的是大革命前后就与中共联系密切、有着诸多共同目标追求的国民党左派及曾参加中共的跨党人士,如宋庆龄、何香凝、柳亚子、彭泽民、谭平山、朱蕴山等。周恩来对宋庆龄来重庆后的处境非常关心,特派邓颖超前往探望,支持宋庆龄在重庆的革命活动,推进国际社会了解和帮助中共。周恩来还资助何香凝5万元,帮助她疏散到安全地方继续抗战。南方局还与冯玉祥、李济深、蔡廷锴、陈铭枢、蒋光鼐等人密切联系,进一步帮助和推动他们逐步组织起来,为坚持抗日民主而斗争。南方局军事组的边章五、王梓木等,利用与西北军的老关系,与西北军的宋哲元、张自忠、冯治安等将领经常交往。

南方局为了推动国民党、民主党派进一步组织起来,周恩来和董必武等于1943年初分别会见谭平山、王昆仑等人,帮助他们发起组织民主同志座谈会,酝酿组织一个经常性的机构,参加者以国民党上层人士为主,也可以邀请教育界、工商界上层人士,但是国民党顽固派和特务不能参加。民主同志座谈会关注世界和中国的前途,关注中国向何处去等迫切问题。参加座谈会的前后有100多人。原来对共产党疑心很重、对进步力量采取疏远态度的人,慢慢改变了态度,政治认识上有明显进步。南方局的徐冰、王炳南、许涤新、张友渔等与参加座谈会的朋友经常交往,也从自己的角度传达南方局领导的意见和观点。随着民主同志座谈会的发展,建立国民党民主派组织的条件已经成熟,三民主义同志联合会因此成立。

从斗争需要出发,周恩来还提出在重庆建立一个中共的外围组织,配合工作。1941年春在周恩来、董必武的帮助推动和直接领导下,经过王昆仑、王炳南、许宝驹、屈武等人的筹划,中国民主革命同盟成立,成员大多为国民党知名的左派人物,很多人与国民党上层要员有非同寻常的密切关系,而这些国民党上层要员,都不同程度地与蒋介石存在矛盾。民主革命同盟在国民党内部秘密工作,还配合南方局,在协助国民党民主派组织起来的工作中,在各中间派和团体的活动中,在农户、教育、知识各界人士中,做了大量卓有成效的工作。同盟的一切活动都是在南方局的直接指导下进行的,周恩来参加核心成员会议的次数很多,王炳南一般每次都参加会谈。周恩来等南方局领导人,每次都把中共中央的实质性方针、政策、计划向核心成员交底,各成员各自回到自己的党派组织和工作岗位,以自己的影响力,结合实际配合共产党的工作。中国民主革命同盟的建立及其革命活动,是南方局在统一战线工作中重大创造的结果,对于坚持抗战、团结进步,发展壮大进步力量,团结争取中间力量,孤立反共顽固派,发挥了重要作用。

南方局还团结争取地方实力派坚持抗战反对独裁,以抵制蒋介石对他们采取的既拉拢又处心积虑吞并的策略。南方局对西南实力派做了大量团结争取工作,使其在对反共顽固派的斗争中发挥重要作用。对于曾任四川省主席的刘文辉、第23军军长潘文华、第28军军长邓锡侯等,南方局通过各种方式进行争取,使他们最终投入到中共领导的革命阵营中来。对云南省政府主席龙云和桂系的李宗仁、白崇禧、黄旭初等,南方局也做了大量工作。南方局这种统一战线工作,团结了地方实力派坚持抗战,使他们在国共摩擦中保持中立,并在一定条件下和一定程度上参加了反对蒋介石独裁的斗争。

中国民主政团同盟是在南方局的积极支持下,在统一建国同志会的基础上建立起来的,成为青年党、国社党、第三党、职教社、乡建会、救国会以及社会贤达的联盟组织。周恩来曾应邀出面调整民主同盟内部的工作,从中化解矛盾,调和各党派之间的关系。南方局还大力支持《光明报》的出版发行和宣传工作,支持民主同盟共同争取民主的斗争。南方局领导人与民主同盟领导人共同分析形势,商量协同应对国民党的斗争策略。南方局还帮助同盟修改宣言和纲领,使双方的合作初步具备了共度时艰、荣辱与共的性质。由此,南方局在给中央的报告中说:"中间党派可以说是完全被我争取过来依靠我们这方面了。"①民主同盟成立以后,广泛吸收成员,配合南方局反击国民党对中共的诬蔑,抨击国民党一党专政的独裁统治。民主同盟的成立及其活动,使中国抗战时期的政治舞台上,出现了一个介于国共两党之间包括主要抗战中间党派的政治联盟,严重冲击了国民党党外无党的一党专政。南方局在与民主同盟的合作中,扶持帮助其发展壮大,善意批评其动摇性,尽力争取其成为共同推进团结抗战、民主进步的同盟军,其合作成为共产党领导的多党合作政治格局的开端。

民族工商界人士在重庆成为战时首都后,大量云集于此。为贯彻中共中央争取中间势力的方针,南方局将民族工商界作为中间势力的重要方面,积极与他们沟通联系,鼓励他们发展生产、支援抗战,支持和援助他们反对官僚资本、争取经济民主;向他们宣传中共的经济和政治主张以争取其理解和支持,团结他们追求政治民主,使他们成为抗日民族统一战线的重要力量。皖南事变前夕,南方局宣传部内正式设立经济组,开展包括团结民族工商界的经济方面的统战工作。南方局观察到官僚资本和民族资本之间的尖锐矛盾,决定鼓动中小资产阶级反对四大家族的官僚资本。南方局还对国内最具广泛性的实业界团体西南实业协会予以足够的重视,将其视为加强与工商界联系、了解国统区经济动态、争取民族工商界人士的重要渠道。南方局还通过《新华日报》从舆论上加强对民族工商界的支持,为保护民族资本生存制造良好的舆论环境。正是由于南方局对工商界的统战工作,到抗战中后期,民族资产阶级已经在很大程度上接受了中共的主张,为维持抗日民族统一战线准备了重要条件,为实现中共领导下的人民民主准备了重要条件。

领导进步文化界人士在统一战线旗帜下斗争和发展,是南方局维护抗日民族统一战线的重要工作。南方局采取各种策略,充分利用文化合法机构,

---

① 《南方局统委关于争取中间分子之经过及其经验报告》(1942年7月),《中共中央南方局大事记》,第218页。

推动抗战进步文化的普及和提高,实现群众性文化的"大统战"与上层文化界的"小统战"有机结合。南方局依靠共产党员和进步人士利用合法文化机构,抵制国民党对思想界、文化界和艺术界的控制,逐渐扩大中国共产党在国统区文化界的影响。南方局还极力保护危困中的进步知识分子,通过帮助其撤退表达对国民党的抗议;通过经济资助帮助处境艰难的知识分子。南方局以进步戏剧演出作为突破口,对国民党顽固派进行政治进攻,宣传抗战民主;并鼓励学者在不利的处境下埋头学术研究和著作,指导他们运用马克思主义分析中国社会的发展规律和现实问题。南方局对文化界的统战工作范围广泛、层次深入,把进步文化界人士最大限度地团结在共产党的周围,牢牢地掌握了国统区文化的主动权,开拓了抗战进步文化繁荣发展的崭新局面。

南方局在国统区开展的统战工作,既是对中共中央关于团结中间势力、争取民主政治政策的落实,又因此而在策略上构成对国民党当局反共政策、限共策略的抵制,从而为推进抗日民族统一战线、维持国共合作抗日的局面发挥了重要作用。

第五章 "一党专政"与联合政府的对立

自1944年初开始,中共领导的解放区已度过最艰难阶段,开始走向抗日战争的局部反攻。到下半年,局部反攻已成普遍态势,很快进入到自1945年初开始的战略进攻阶段。而在同期的国民党统治区和正面战场,则发生大溃败战局,到了民不聊生地步。在这样反差强烈的形势下,在民主力量日益发展的基础上,中共适时提出了成立民主联合政府的主张并经过南方局在国统区予以贯彻,中间力量拥护并因此进一步靠拢中共,推动了第二次宪政运动转到民主运动方向,迅速发展。这也推动了国共谈判向着召开党派会议、改组政府、成立联合政府并为此而抵制国民党拟召开的国大的方向变化发展。这实际上形成了中共团结中间力量走向人民民主的新战略。但蒋介石的独裁内战政策,以及美国的扶蒋反共政策,决定了时局的云谲波诡、谈判的一波三折、民主的可望而不可即。中国面临两种前途的选择。

一、抗日战争后期的新形势与构建联合政府主张的实践基础

随着反法西斯战争的胜利推进,民主成为潮流。中共顺应形势,从1944年上半年国共谈判起,开始以争取民主政治的实现为重心,既满足应对国民党当局的"政治解决"的策略需求,又推动中共与中间势力的民主诉求得以实

现,从而为联合政府主张的提出,作了必要的酝酿和基础力量组织准备。

(一) 新形势对民主政治的要求

第二次世界大战在1943年中期至1944年中期,发生了根本性的变化。自1943年2月苏军取得斯大林格勒战役的胜利,实现反法西斯力量由战略防御到战略反攻的转折起,5月,美英盟军迫使德意军队在北非战场投降;7月,盟军在意大利登陆,墨索里尼倒台,法西斯政府投降,意大利反戈一击,于10月间对德宣战;1944年春,苏军越过边界,进攻东欧的法西斯仆从国,揭开战略进攻的序幕;6月,美军在太平洋战场开始进攻马里亚纳群岛,并于8月将其全部控制,使日本本土防御大门洞开,处于天天挨打、只待投降的绝境了;6月6日,盟军在诺曼底登陆,开辟欧洲第二战场,对法西斯德国的战略进攻全面展开;下半年,欧洲各国人民相继起义,打击德国法西斯,解放自己的国土。消灭法西斯的进程,同时也就是民主推进的进程,建立民主政权一时成为世界潮流,决定了中国不能例外。这期间,5月17日,希腊共产党等各党派的民族解放阵线在英国人调解下,与希腊流亡政府召开贝鲁特会议,决定改组流亡政府、解散"民解"、组成团结政府。这种英国人为维护既得利益而扶持旧势力的"民主",预示了战后民主与反民主的斗争将是更加微妙的和激烈的,同时也以类似情况为中国人解决国内民主走向问题提供了一个可资借鉴的联合政府模式——就看在其中如何把握和斗争了。

而同期的中国国统区,则是另一番景象。1943年8月,国府主席林森逝世,蒋介石因而完成了集党政军大权于一身的过程。这时,他身兼国民党总裁、国防最高委员会委员长、国民政府主席兼行政院长等要职,在事实上形成了个人专制独裁统治。在私有制经济条件下,专制独裁必然带来专权者家族、连带的显贵达官暴富,因此造成的巨大窟窿,则只能由国家去填补而使经济凋敝,由广大平民去填补而使之沦为贫民。自抗战以来,国统区的层层盘剥、物价飞涨、经济凋敝、民不聊生,在抗战中后期日益加剧。如据1944年9月的国民党官方数字,产业工人的购买力已经降到战前的43.2%(次年2月再降至20%),工矿企业纷纷停工歇业;在丧失大片国土的同时,当局却将田赋从上年的 6200 万石增加到 8000 万石（次年加至 1 亿石），加之地租上涨（当年四川已平均增至收获量的 80%）、灾荒频仍（当年四川灾民即达 2000 万），农民已经挣扎在死亡线上；城市平民生活日益艰难，工薪人员多靠典当为生，大学教授卖书、作家举家自杀乃至青年学生自杀以摆脱经济窘困者不乏其人，仅在重庆，1944 年饿死街头而无人收尸者就达日平均 15 人以上，女青年坠入妓院火坑者为 1/13。国民党当局因而进一步丧失民心，抗战以来最大规模的民变在国统区不断出现。军事形势同样黑暗。1943 年 4 月，国民党军数量虽已高达 530 余万人，但有两个现象却不容忽视，一是一批民族败类打着"曲线救国"旗号，自 1942 年起竞相投敌，到 1943 年"在敌后竟出现国民党杂牌军高级将领率部投敌的高潮，供日人驱使的伪满、蒙和汪精卫政权伪军接近百万人，协助日军对八路军、新四军进行'扫荡'，帮助侵略者奴役自己的同胞"，还方便了日军抽兵增援太平洋战场；二是由于军政管理和商人相互勾结囤积居奇、军官克扣军粮，士兵体质普遍羸弱，逃亡严重，师不足额，战斗力显著下降，"抗战开始时，我国的一个国防师可抵挡住日军常设师团的一个联队，而这时一个军始可对付一个联队了"。①

在这样的背景下，从 1944 年 4 月 18 日至 12 月 10 日，为打通大陆交通线，挽救其入侵南洋的孤军，日军发动了所谓一号作战（即豫湘桂战役）。数十万国民党军对于最多时的 10 万日军，从一触即溃，到见敌即退，再到开城投降，一直发展到丢失广西后的望风而逃，最终损失兵员五六十万，丧失国土 20 多万平方公里，使 6000 万人民陷于日寇铁蹄之下。国民党战场这种与世界反法西斯战争胜利发展相反的发展趋势，是当局消极抗战、腐败无能的结果，使中国抗战面临危局；也使盟国对蒋介石甚为不满，矛盾加深，以致蒋介石指责中缅印战区中美联军司令、中国战区最高司令的参谋长史迪威袒共，要求美国撤换史迪威，还抱怨美国压迫已超过限度。② 这种战场危局产生于不民主的腐败环境，就只能靠形成民主政治环境来解困。因此，宪政运动重新兴起并走向高潮，国民党顽固派的"一党专政"面临空前危机，成为势所

---

① 参见姜克夫编著：《民国军事史》第 3 卷，重庆出版社 2009 年版，第 469 页。
② 《董必武致中共中央电》（1944 年 10 月 12 日），《中共中央南方局大事记》，第 189 页。

必然。

与世界反法西斯战场的进程和形势走向一致,到1943年下半,中共领导的解放区已经度过1941年以来的艰难时期,处在全面恢复发展和局部反攻之中了。仅从战场形势看,在1943年普遍取得反"扫荡"、反"清乡"作战胜利的基础上,自1944年春季起,八路军、新四军都已经开始了集中适当兵力,与游击战相结合,进行拔除日伪军据点、攻占乡镇乃至少量县城、不断扩大解放区(扩大了10余万平方公里)的攻势作战阶段;至1945年春,进一步发展到攻取县城,为战略大进攻的到来做了坚实的准备。正如周恩来在1944年9月所概括指出的,当时解放区已有9000万人口、50多万军队、230多万民兵、几百万自卫军,国际国内地位空前提高,中共的力量已"从重要的因素走向决定的因素"。①中共与国民党力量对比的这种全面消长,使中共中央和毛泽东敏锐地意识到就统一战线而言,现在重心有逐渐转移的趋势,现在要解决中国问题,必须估计到我们,断言"情况已经在开始改变"的"新阶段"到来了②,今年是统一战线八年以来的新时期,"新中国正被全世界人民认识着"③。这表明,中共中央决心在统一战线、国共关系、民主政治问题上要有所作为,争取在全国层面上推进政治走向抗战初期就已经定下的民主目标了。

(二)战略策略转变的前哨战:林伯渠赴重庆谈判

毛泽东对于战略上、政策和策略上的大事,历来强调凡事预则立。早在1943年1月25日,他就已经指出:由于战后形势不利于独裁,"同时人民心理厌恶内战,故我们应争取在抗战后与国民党建立和平局面,在民主、民生上做文章。"④他预计在1944年下半年至1945年上半年,"国共有协调之必要与可能"⑤。这即是说,毛泽东希望在实力发展的基础上,与国民党当局实现政策

---

① 《周恩来年谱(1898—1949)》修订本,中央文献出版社1998年版,第596页。
② 《毛泽东年谱(1893—1949)》中卷,人民出版社、中央文献出版社1993年版,第546—547、535—536页。
③ 《周恩来年谱(1898—1949)》修订本,中央文献出版社1998年版,第598、596页。
④ 毛泽东:《争取在抗战胜利后与国民党建立和平局面》(1943年1月25日),《毛泽东文集》第3卷,第1页。
⑤ 《毛泽东年谱(1893—1949)》中卷,人民出版社、中央文献出版社1993年版,第493—494页。

的协调,争取中共的合法地位,创造国共平等的条件,以便形成在战后和平环境中两党的民主政治合作,然后再做进一步的文章,实现中共在抗战前就已提出的民主政治的战略设想和政策主张。这起始于林伯渠赴重庆谈判。因而对此,在上一章从国民党角度分析的基础上,有必要从中共角度再作分析。

1943年底,王世杰、邵力子在重庆一再向董必武表示,蒋介石和国民党中央都希望用政治解决方式把"两党关系弄好"。在毛泽东看来,这无疑是实现上述战略设想的机会。于是,自1944年1月16日起,毛泽东多次同国民党驻延安的联络参谋郭仲容谈话,表示中共愿派代表(2月中旬确定为林伯渠)到渝见蒋介石并举行谈判;无需谈判的是中共始终不变的拥蒋抗战与拥蒋建国两项方针;谈判可以何、白"皓电"为基础,反攻时胡宗南部与边区部队可按比例开赴前方。① 这是明白告诉蒋,在政治上尽可放心,中共拥蒋政策不变,没有想与他争权,所以包括谈判,也是对以前谈判的延续;但在策略上,中共却已不再如以前那样居于弱势地位了,而是软中带硬地警告蒋,既然国民党当局要打压甚至缩编中共军队,那就一切按缩编比例行事,国民党军得到前线去顶着日军,所以缩编不行,只能扩编,即尽量承认现有的中共军队。可见毛泽东希望这次谈成。

为此,毛泽东在3月5日的政治局会议上分析形势,提出了中共的谈判方针。他认为:我们的方针是使国民党既不能投降又不能打内战,我们是不愿打内战的;去年下半年给国民党的政治攻势,逼出了国民党十一中全会声明对共产党问题要政治解决;现在我们还是处在困难的地位,例如经济困难、党内整风和反特斗争没有弄好,我们要有一年的和平环境才能完成上述工作;所以我们的七大也要强调避免内战,集中力量抗战,强调战后和平。② 中共的策略因此是顺应形势,发展自己,在政治上突破国民党的"法统",争取下一步发展的和平环境。所以,周恩来在3月12日延安各界纪念孙中山逝世19周年大会上发表《关于宪政与团结问题》的演说,提出实施宪政,必须首先

---

① 《中共中央南方局大事记》,第261页;《毛泽东年谱(1893—1949)》中卷,人民出版社、中央文献出版社1993年版,第493、496页。

② 《毛泽东年谱(1893—1949)》中卷,人民出版社、中央文献出版社1993年版,第498—500页。

实行保障人民的民主自由、开放党禁、实行地方自治三个最重要的先决条件；说明国民党如真愿用政治方式合理解决国共关系，就应承认中共在全国的合法地位，承认陕甘宁边区及各抗日根据地的政权为其地方政府并撤销对其封锁和包围，承认八路军、新四军和一切敌后武装为所管辖接济的部队，恢复新四军番号。① 这就说明了中共的谈判方针，提出了林伯渠赴重庆谈判的基本条件。

为保证谈判顺利，谈出结果，需要创造和平环境。自1月18日起草书记处指示电起，毛泽东反复强调"为保持国共间之平静，争取抗战最后胜利"，"我军谨守防地，不得发生由我启衅之任何事件"。所以对于2月间阎锡山部第61军向东进犯八路军太岳军区事，他严令滕代远、邓小平等人顾全大局、力避冲突，与晋军交涉撤回，乃至"我军应计出一块地方，坚持不打政策，至少六个月内不得发生冲突"；对于浙东新四军反击国民党军的进攻，他也指令张云逸、饶漱石"取自卫立场"②。

在中共中央确定派林伯渠赴渝谈判后，国民党仔细商讨了对策，根本是遵循蒋介石决定的方针：此次谈判首要的是军事方面，"军政、军令与纪律三者必须坚持之统一，其要求严格遵守，而不容有丝毫违反"；政治方面可酌予放宽一步，但必须贯彻国民党政府所颁行之一切法令规章。这个策略一仍其旧，仍是过去对付地方实力派的办法，旨在从军事上做文章，以法统压迫中共就范、削弱其军力，进而在中共地位非法、军力极弱且服法，也只能服法的条件下，削夺其政权，使"政治问题"与中共都彻底解决，达到"溶共"所要达到的反共灭共、维持国民党一党专政的政策目的。这种政策和策略，同中共的谈判方针完全相反，必然为中共所不服，就很可能导致内战。

按照中共中央的方针，南方局从一开始就积极配合乃至直接参与了谈判。3月21日，在国民党中央秘书长吴铁城召集的各党派关系会议上，董必武重申中共拥护三民主义、拥护抗战到底的方针不变；同时指出何应钦所说

---

①《周恩来年谱（1898—1949）》修订本，中央文献出版社1998年版，第585—586页。
②《毛泽东年谱（1893—1949）》中卷，人民出版社、中央文献出版社1993年版，第492、495—496页。

边区周围已撤4个师实为换防,又来了4个师等情事。① 这是通过揭露国民党当局封锁边区而不利抗战、团结的行为,争取和平的谈判环境,并争取人心。5月2日,林伯渠、王若飞到达西安,同国民党代表张治中、王世杰举行了5次会谈。林提议以周恩来3月12日演说的基本精神为商谈依据,王、张不赞成,而是倾向于按照前年林彪赴渝谈判的提案来解决,但又不愿作正面肯定的表示。在初步交换意见后,商定根据双方所提出的或同意的记录拟成4项17条,由双方代表各报自己中央,再根据两党中央之意见到重庆继续谈判。17日,林、王同张、王飞往重庆继续谈判。

5月16日,毛泽东电告林伯渠:"林(彪)案已被何应钦否决,年来情况亦大有变更,故须另提新案",包括全国政治者3条、两党悬案者17条,皆请政府实行。其内容是:实行民主政治与保障人民的言论、出版、集会、结社及人身之自由;开放党禁,承认中共及各爱国党派的合法地位,释放爱国政治犯;实行名副其实的人民地方自治;根据抗战需要、战绩及军队实数,中共军队应编为16军47师,每师1万人,目前至少给予5军16师的番号;承认陕甘宁边区及各抗日根据地民选抗日政府为合法的地方自治政府,并承认其为抗日所需要的各项设施;中共军队防地维持现状,战后另行商定;对于八路军新四军,"自一九四□年以来,政府即无颗弹、片药、文钱、粒米之接济,此种状况请予改变";对同盟国援华武器、弹药、药品、金钱,按正当比例分配给八路军及新四军应得之一份;撤消对边区及各抗日根据地的军事、经济封锁;停止对于华中新四军及广东游击队的军事进攻;通令取消"奸党""奸军"等诬蔑与侮辱中共的称号;停止特务人员对中共的造谣破坏活动;释放各地被捕人员;禁止报刊上对中共造谣污蔑的言论;制止西安特务机关准备以伪造人证物证向外国记者团告状,妨碍团结、有辱国体行为;国共互相允许在对方区域办党办报;停止对重庆《新华日报》的无理检查与破坏发行;发还三原扣留之英美援助八路军药品101箱;恢复重庆、西安两处电台;允许西、渝两办事处人员往

---

① 《中共中央南方局大事记》,重庆出版社2004年版,第261、265页。

来渝延、西延间的自由及在该两地居住与购买生活物品之自由。① 这20条前所未有地提出要国民党当局取消党禁、承认中共等抗战党派的合法地位、正当分配援华物资,坚持要求停止对中共的封锁和军事进攻、禁止对中共造谣诬蔑,揭露国民党当局自1940年下半年起对中共军队再无接济的事实,显示了全面解决问题的进攻性试探;虽然也强调编军数量且大幅提高了要求,但重点明显在前3条,可见对国方未抱多大幻想,而是旨在揭露国民党当局、号召全民民主的全面政治进攻的策略体现。

5月19日,林伯渠、董必武会见蒋介石,提出取消对陕甘宁边区的封锁和释放叶挺等要求,蒋答可以研究;但对于党派合法问题却不作正面回答。22日,林伯渠将20条要求交付张治中、王世杰。张、王认为所提太多,如此写法无异暴露政府之罪状,"足以使人生气",不肯接受,希望修改。② 于是,中共中央于31日将20条改为12条,只写全国民主政治和改编军队(提高为16军47师)、停止进攻、停止封锁内容,其余皆改为口头条件,作为备忘录提出,并加进了以前屡次申明故20条未写的拥蒋及执行四项诺言。对此,中共中央电告林伯渠说:若彼方再不接收与解决,则"我方委曲求全之诚意可大白于天下"。6月5日,林伯渠将12条及备忘录面交张治中、王世杰,同时接收他们提交的《中央对中共问题政治解决提示案》。国民党提案对编军数目只承认4军10师,对中共的合法地位仍不予承认,至于各党派之地位,人民之集会、结社、人身自由以及释放政治犯等更是只字不提。因为张、王以中共所提"出入太大,不能转呈"为由,不接收12条,林与他们开始了长达数日的口头和信函争辩。直到15日,张、王才告诉林,已将12条意见转报国民党政府,但坚持解决办法只能按国民党政府提示案办理,不能变更。③ 这种蛮横态度,使谈判陷入僵局。之后两个月,南方局的董必武再次参与谈判,与国方代表不时就双方提案的交接、谈判地点之类碰头磋商,但已无济于事了。

---

① 毛泽东:《向国民党提出的二十条谈判意见》(1944年5月15日),《毛泽东文集》第3卷,人民出版社1996年版,第130、132—134页。

②《中共中央南方局大事记》,重庆出版社2004年版,第268页;《毛泽东年谱(1893—1949)》中卷,人民出版社、中央文献出版社1993年版,第515页。

③《毛泽东年谱(1893—1949)》中卷,人民出版社、中央文献出版社1993年版,第516、518页。

这次谈判清楚表明，国民党对于问题的根本实质的认识是清楚的，因此要在军事实力上限制中共，但其策略则是以不变应万变——以"法统"打压对手，充其量只有商人讲价似的数量微调。这当然不是解决问题的办法，不能取得谈判成效，也就不好向国人交代，特别是不好向要求国共团结抗战的外国人交代。这就逼得国民党当局利用他人不知道内容的谈判秘密性来玩小把戏，由国民党中央宣传部长梁寒操出面，在7月26日的记者招待会上说国共谈判已解决了一些问题、双方的观点事实上并无严重分歧、根本解决问题的障碍在中共方面，企图以此达到世人皆知国民党尽心尽力于团结抗战且谈判已有一定成效，但中共作梗使问题无法根本解决的宣传效果。中共在谈判中的策略固然也是坚持既定政策不变，但却顺应和利用民主潮流，瞄准新的形势发展，灵活运用，逐步将不可能有结果的合法化、编军之争引向必定涉及中间力量乃至全民的民主政治之争，以求根本解决。因此对于梁的言论，中共绝不容忍。8月12日，《解放日报》发表了南方局起草、以周恩来名义发表的谈话稿，指出：经过三个月的谈判，"任何一个具体的即使是最微小的问题，都没有得到解决"；"双方在解决问题的原则上，有着很大的距离"；根本解决问题的障碍，在于"国民党统治人士及其政府始终固执其一党统治与拖延实行三民主义的方针，而不愿立即实行真正的民主，以加强抗战力量，以保证战后和平"；要避免内战、战胜日寇，"国共两党必须团结"，从速解决国共之间存在的问题，这根本在于"只有国民党统治人士立即放弃一党独裁统治，立即放弃削弱与消灭异己的方针，立即实行民主政治，并从民主途径中，公平合理的解决国共关系，才能得到效果"。① 至此，联合政府的主张已经呼之欲出了。南方局将周的谈话在重庆有关人士中广为散发，为他们接受联合政府主张做好了情感和认识上的准备。所以，从民主政治的角度看，林伯渠赴重庆谈判，准确说应当是提出联合政府主张的前哨战。

---

① 《毛泽东年谱(1893—1949)》中卷，人民出版社、中央文献出版社1993年版，第534页；《周恩来年谱(1898—1949)》修订本，中央文献出版社1998年版，第592—593页。

(三)南方局对林伯渠谈判的配合

因为林伯渠赴重庆谈判是中共的大事,谈判中所提主张更与南方局一贯着力的民主追求相通,所以南方局自始密切配合,努力为之提供转向争取民主政治的基础。

基于马列主义的民主理念和中共的抗日民主主张,中共中央对蒋介石在1943年9月间参政会三届二次会议上所作召开国大、宣布宪法的允诺,从一开始就持怀疑、抵制的态度。毛泽东指示南方局"告小党派不要过于乐观,要静观国民党事实表现。蒋及国民党每遇一次危机即来一次宪政欺骗,毫无诚意,不要上当"。所以南方局对于从这次参政会开始的第二次宪政运动,持消极态度,长达数月都仅限于在很小范围内与中间党派作数量很少的意见交换。但自1944年初起,情况开始变化。1月18日,国民参政会秘书长邵力子电请周恩来赴渝出席宪政实施协进会第二次全体会议。这显示了第二次宪政运动已不仅是中间势力的期望所系,而且已在变成国民党当局手中的一张牌,中共若不认真对待,结果或许会适得其反。在这种情况下,特别是当毛泽东在1月11日的书记处会议上作出除非国民党下决心跟我们破裂,否则我们不应与它破裂①的决断后,他的民主策略一手,以宪政运动为契机,就开始日益突出地发挥作用了。虽然赴渝开会事,以周恩来电复邵力子请假②作罢,但南方局已经率先行动。董必武于1月3日、30日,分别出席了重庆各党派人士举行的宪政问题座谈会、宪政实施协进会第二次全体会议,并讲话指出:"民主是讨论宪政的先决条件,民主更是今天动员人民参加抗战、加强团结的先决条件。没有民主,没有言论、出版、集会、结社的自由,就不能实现人民总动员,也不能认真的由人民研究宪草,宪草也就不可能实现。"③表现了南方局力图与即将开始的林伯渠重庆谈判相配合,突破国民党的宪政框架,将宪政运动引向中共追求的民主政治方向。2月24日,书记处会议正式决定中共参

---

① 《毛泽东年谱(1893—1949)》中卷,人民出版社、中央文献出版社1993年版,第471、491页。
② 《周恩来年谱(1898—1949)》修订本,中央文献出版社1998年版,第583页。
③ 《中共中央南方局大事记》,重庆出版社2004年版,第260—261页。

加宪政运动。毛泽东于3月1日就宪政问题,起草了政治局给各地的指示,要求抓住机会,"逐渐冲破国民党的限制,使民主运动推进一步";通过"我党参加此种宪政运动,以期吸引一切可能的民主分子于自己周围,达到战胜日寇与建立民主国家之目的";为此,各地都应仿效党在重庆、延安的行动,就宪政问题向党内干部说明政策,防止过左过右的偏向,"于适当时机举行有多数党外人士参加的座谈会,借以团结这些党外人士于真正民主主义的目标之下……力求巩固与非党人士的民主合作"①。周恩来在3月5日的政治局会议上回顾历史,认为国民党现又提出宪政运动,是为了取得民主的政治资本来掩护党治,对付我们,束缚我们;我们的态度是坚持新民主主义原则,参加宪政运动,表示我们要从政治上解决问题,另方面也影响中间党派;在大后方,要利用旧民主,要强调国会制度,强调分权,主张民权自由、开放党禁和人民自治。② 中共中央关于通过宪政运动配合林伯渠谈判,实现民主政治目标的战略意图和策略布局由此形成。在这之后,中共全党上下尤其是南方局,积极投入了宪政运动。南方局的努力程度,仅从董必武在重庆的活动就可见一斑。从时间上看,董必武3月21日到嘉陵新村6号出席宪政协进会小组会议,4月4日在孙科寓所出席宪政协进会小组会议,16日出席宪政协进会的宪草座谈会,5月14日又出席沈钧儒、黄炎培主持的宪政座谈会,不到两个月,四次参加从国民党到中间党派等不同方面的宪政活动,频度之高,超过以往。从内容上看,3月21日讨论政治结社自由问题,4月4日讨论知识分子及相应的言论出版自由问题,4月16日讨论宪草问题,皆为宪政人士关心之所在,同时又是中共民主理论和实践始终关注的问题。通过这些活动,董尽力将人们的思路往中共主张上面引导,如在3月21日讨论中,孙科主张国民党应将军队与党分开,董与参会的吴铁城、张君劢、左舜生、莫德惠、黄炎培、邵力子、雷震等人一致赞同,并表示中共早有此主张。从影响上看,与会者数量是最简明的标准,最初仅为数人小会,逐渐扩大到十数人、数十人,最后达

---

① 毛泽东:《关于宪政问题》(1944年3月1日),《毛泽东文集》第3卷,人民出版社1996年版,第90页。
② 《周恩来年谱(1898—1949)》修订本,中央文献出版社1998年版,第585页。

到三百多人的大会,①呈渐进且迅速扩大的影响趋势。正是通过类似活动,中共引导宪政运动从少数宪政人士范围,迅速转向群众性的争取民主权利的民主运动,从策略上配合了林伯渠的谈判,为联合政府主张的提出准备了群众心理和思想条件。

与宪政运动的转向密切相连的,是争取中间势力。4月15日,在书记处讨论国共关系和林伯渠到重庆谈判问题时,毛泽东就提出了对中间派主要是宣传民主,争取他们的同盟②的策略主张。南方局本来就长期以中间势力为争取对象,现在承担了具体任务在肩,更以全力进行这一工作。按照一贯的策略方法,首先是宣传中共主张和成绩,争取同情。5月25日,林伯渠、董必武、王若飞向中共中央报告说:已在中间党派、文化界、外国朋友和宋庆龄参加的座谈会上以及会见的一切人士当中,宣传我党抗战建国的成绩,拥护团结抗战的诚意,支持全国争取民主的运动,各方人士都对我们表示友好。同时他们还了解中间人士的现实要求,与谈形势发展变化。如在5月2日董必武出席黄炎培、王云五、莫德惠的招待餐会时,黄毫不顾忌有吴铁城、邵力子、张厉生、褚辅成等国民党人在场,放言"国民党政府摧残工商业,以致从沦陷区载巨金来重庆者多愿回去",虽然董作为中共党员决不能全盘接受这种言论,但他没有予以指正,这当然是策略所在看主流所使然。因此孙科更放胆说:"中华民国不能听任它亡于一人之手。"4日,董必武又应邀出席孔祥熙的宴会,虽有蒋经国、董显光等国民党要人在场,照样倾听黄炎培、张君劢等中间人士叙谈商民怨苦、物价狂涨、前途危机四伏等问题。这种悉心倾听中间势力诉求的举动,既鼓励了他们斗争,又搜集了政治情报。在此基础上,南方局着重于启发他们对时局的准确认识,使其具备接受中共政治主张的思想基础。如从1月16日董必武、徐冰设宴招待左舜生、邓初民、翦伯赞、张申府、张志让等人起,到1月29日董必武出席黄炎培招待民主人士的宴会,再到6月12日林伯渠、董必武、王若飞、张晓梅、鲁明与廖梦醒、张申府、刘清扬等人

---

① 《中共中央南方局大事记》,重庆出版社2004年版,第265、266、268页。
② 《毛泽东年谱(1893—1949)》中卷,人民出版社、中央文献出版社1993年版,第508页;《周恩来年谱(1898—1949)》修订本,中央文献出版社1998年版,第586页。

在曾家岩50号聚会讨论,与中间派人士数度交谈,内容始终不离交换对坚持团结抗战的看法,对国际形势及国内政治、军事、经济等情况分析的认识。再以此为进一步的基础,缩小范围到民盟,披露当前谈判的事实并揭露国民党的谈判意图,争取他们的支持。如5月23日,林伯渠、董必武、王若飞及翦伯赞应邀出席在章伯钧寓所举行的宴会,同左舜生、张君劢、章伯钧、沈钧儒谈目前战局及国共谈判等问题。① 再如毛泽东7月2日电示林伯渠、董必武:"请董将双方提案原文在便谈时交各小党派朋友阅看,但不发表。"② 而林、董4日向毛泽东的报告是:在目前时局下,谈判决无解决希望,蒋介石要谈判,不敢公开和我破裂,是在故作姿态欺骗舆论,即令谈判破裂,好把责任尽量推在我方。因此我们对谈判应不抱幻想,而把主要精力用在向各方宣传和推进大后方争取民主运动及调查研究上。我们已将双方条件的主要内容及蒋无诚意谈判的事实告知了关心这一问题的中外人士。可见在谈判问题上,南方局代表中共中央,始终在与民盟秘密联系、沟通、协商,以求得其理解、支持和帮助。正因此,民盟的基本立场已经站到了中共一边,反而担心中共不能坚持立场。如林伯渠、董必武、王若飞于5月25日向中共中央报告说:中间党派希望我党对蒋采取坚决斗争的态度。这意味着在国共关系乃至宪政运动问题上,中共已经可以同民盟携手合作了。因此有了董必武4月22日致电周恩来提出的建议:利用国际上对国民党的压力以及国民党内部动摇的机会,组织用民主政团同盟几个人的名义发表文章,阐明希望建立什么样的中国,并动员一些大学教授著文批评国民党当局只要独裁不要民主、统治人们思想的举动。这当然是为了支持当前的谈判,但对于毛泽东提出联合政府主张的推动作用当是更大。

中国时局的重大转折,起因在于国际形势的根本好转。因此为促成国共谈判、实现宪政运动转向,中共中央及南方局还十分重视争取国际力量的推动。谈判尚在酝酿时的2月中旬,董必武就对英国记者斯坦因等人发表谈话,表示欢迎国民党政府发言人最近所作关于"国共问题寻求政治解决"的保

---

① 《中共中央南方局大事记》,重庆出版社2004年版,第269、267、261—262、272页。
② 《毛泽东年谱(1893—1949)》中卷,人民出版社、中央文献出版社1993年版,第524—525页。

证;对其所称目前国共关系业已改善的话,表示尚未见有这种趋向;预告将于4月开始的谈判的内容是要求国民党政府承认中共的军队、解除对边区的包围、承认各边区政府和中共之合法地位。① 这是将国共矛盾及问题症结昭告天下,争取外国舆论支持。当谈判陷入僵局时,中共中央注意到将于6月20日到访重庆的美国副总统华莱士及随行的美国国务院战时情报局太平洋分局局长拉铁摩尔,希望向其借力推动谈判。毛泽东于3日电示林伯渠、董必武、王若飞:"会见华莱士及拉铁摩尔时可以新12条及口头提议八条均告知他们。"② 30日又再次要求说:我方十二条及国府"提示案"可经美国友人密交华莱士,并在中间人士中传观。南方局遵令而行并且扩大了范围。林伯渠在20日宴请了英国专员华迟、英国驻华使馆秘书晏献金、参事华灵杰等。到30日之前,又将国共双方提案的要点密告美国使馆和史迪威司令部。这引来美英官方民间对国共谈判的关注,很快就形成了对国民党当局的压力,如英国援华委员会于7月6日致电重庆八办,表示向陕甘宁边区的军队和人民致敬,切盼中国联合起来,建设团结的、民主的中国。在后来为联合政府问题进行谈判时,这种压力以美国官方形式出现,也使国民党当局不能不有所忌惮。

此外,基于与上述行为一样的目的,南方局还积极筹备了中外记者访问延安。2月中旬,董必武对斯坦因等发表谈话时,表示欢迎外国记者前往边区考察。③ 26日,他即致电毛泽东、周恩来,建议为迎接外国记者做准备工作。毛泽东感到这是宣传中共、争取民主的极好时机,于3月5日向政治局提出:"最近外国记者要到延安来,我们要准备让他们看。"④ 于是,周恩来将陪送中外记者西北参观团的任务,安排给了南方局⑤;又按照董必武的要求,与毛泽东先后致电董转记者团,特别是11位外国记者,欢迎他们到延安参

---

① 《中共中央南方局大事记》,重庆出版社2004年版,第274、269、266—267、263—264页。
② 《毛泽东年谱(1893—1949)》中卷,人民出版社、中央文献出版社1993年版,第517页。
③ 《中共中央南方局大事记》,重庆出版社2004年版,第273、275、263—264页。
④ 毛泽东:《关于路线学习、工作作风和时局问题》(1944年3月5日),《毛泽东文集》第3卷,人民出版社1996年版,第99页。
⑤ 《周恩来年谱(1898—1949)》修订本,中央文献出版社1998年版,第584页。

观。① 对于此事,国民党当局知道后,也极为重视。蒋介石亲自布置应对方案,详细规定:"各记者赴陕北时,应先到西安,次到潼关与克难坡阎长官处。西安与克难坡两地军政首长,除应遵照中央授意之宣传或谈话要点作适当之准备外,并应多多延揽受奸党压迫来自东北、平津、冀、鲁、苏等地之教授、学者、知识分子与民众青年,令其事先预备材料,提出实证,详述其耳闻目击奸党在沦陷区各省县袭击友军、破坏抗战、违反政令、毁坏法纪、残杀军政教育人员及各地无辜民众等罪行,尤其对于其本身亲受奸党之逼迫残杀等痛苦情形,应尽量叙述,俟中外记者到达当地时,即由彼等与之接洽,以所预备之材料与谈话内容,详举以告";电告胡宗南、阎锡山,"可将自延安及共军方面逃抵榆林之共党召至西安"、克难坡,以便外籍记者抵达时,"由彼等与之谈话,宣布奸党罪恶之真相";另外,"我方派遣陪同外籍记者赴延安之人员,应慎选精干练达、确有把握、确能胜任者充任……沿途把握机会,作适切之宣传,但不必多说话,应竭力避免故意挑剔之形式……更不必露监视或干涉之态度"。② 可见蒋很清楚记者访延将带来的后果,于是采取先换记者眼睛和头脑的策略,亲自编排导演了一场反共闹剧。国方因此加紧准备。但到3月底,南方局已侦知徐恩曾的中统局在加紧训练记者如何提问题、梁寒操的中宣部也正在外国记者中做工作。③ 接着,胡宗南奉命,令西安一带国民党机关连日动员布置特工人员伪装成中共叛徒、受害者、知情者等各种人物,准备在记者团经过的沿途,包围记者、提供伪证、"控诉"中共的种种行径也被中共中央侦知。南方局于是按照毛、周4月上旬的两次电示,将这些情况透露给各记者,使他们预作了识破骗局的精神准备。同时在延安也作了充分准备,决心本着主动、真实、诚朴、虚心和认真五个原则多做解答解释工作,揭穿国民党的造谣诬蔑,达到"宣传出去,争取过来"的目的。④ 由于中共的努力,终使"特务

---

① 《中共中央南方局大事记》,第264页;《毛泽东年谱(1893—1949)》中卷,人民出版社、中央文献出版社1993年版,第509页。
② 《蒋总裁训词 关于外籍记者赴延安及林祖涵来渝之准备注意事项》(1944年3月15日),《民国档案》1994年第2期,第51页。
③ 《中共中央南方局大事记》,重庆出版社2004年版,第265页。
④ 《周恩来年谱(1898—1949)》修订本,中央文献出版社1998年版,第586、587、589页。

捣乱未成功"①。6月9日,记者团一行21人到达延安,受到中共中央热烈欢迎。毛泽东、周恩来等人亲自出面接见全团记者,向他们详细介绍解放区各方面的情况,宣传中共战绩,分析国内外形势;重申中共在国际事务上的态度及对于国内问题的合作抗日、争取民主的政策始终不变,强调中国缺乏民主制度,希望国民党及各党派在政治、军事、经济、文化、党务、国际关系上实行民主,以便克敌制胜,达到真正统一;②声明了中共的共产主义思想、当前民主革命目标、工业社会方向、土地革命的必要性以及普选的"三三制"政权组织方式乃至对爆发内战的担心,并要求美英等国赞助中国实现民主,③呼吁外援。记者团在解放区进行广泛参观访问时,受到热情接待。月余活动下来,中国记者连特务在内,"一致承认我党组织力强,与人民成一片,军事不可侮,生产成绩好,文化方向对","公开表示,国共决不能打,只能政治解决"。④记者参观团的主体于7月下旬回渝,将中共的民主新风带到了重庆及世界各地。这一役,由于南方局的有力参与,以蒋介石的策略完全泡汤而告终。

6月5日,林伯渠、董必武、王若飞致电毛泽东,报告10天来的活动及各方面的动态。电报说:"同国民党的谈判,我们全遵照党中央指示进行;蒋介石目前虽极困难,但绝无解决问题诚意,今天只是做出谈判姿态给中外看;此点苏美英人士、中间党派、地方实力派及孙科、许宝驹、王昆仑都同我们看法一致。我们的态度是"不闭谈判之门,也不存急切解决之想,而把精力全用在宣传我实行民主抗战的成绩及力量上,用在推动国民党内外一切不满现状的人积极起来,争取民主运动,并使这一运动互相配合上"。已同美国武官详谈两次,他目前最关心的是华北、华中敌军的行动,同苏联武官已谈过,本周内还将与英国武官谈。中间党派及地方实力派曾有恐我党与国民党单独解决的心理,现在他们已清楚了我们的态度,增加了他们争取民主运动的信心。

---

①《毛泽东年谱(1893—1949)》中卷,人民出版社、中央文献出版社1993年版,第522页。
②毛泽东:《会见中外记者西北参观团的讲话》(1944年6月12日),《毛泽东文集》第3卷,人民出版社1996年版,第169—170页。
③毛泽东:《同英国记者斯坦因的谈话》(1944年7月14日),《毛泽东文集》第3卷,人民出版社1996年版,第182、187页。
④《周恩来年谱(1898—1949)》修订本,中央文献出版社1998年版,第591页。

近来了解到川、康、滇、粤、桂西南各地方实力派,有拥护李济深为中心,对重庆采取马蹄形包围,希望西北来一个军事发动,并拟西南在双十节将有一个大发动。我们劝他们"不要妄为,要在法令中抓住有利于实行地方自治的东西,放手去做,要使自己比中央更民主进步"。左翼文化界、妇女界,均开过座谈会,并个别和一些教授、学生、工业家谈过,他们都不满现状,要求民主。在国民党内也有相当一部分人,我们可以推动他们起来争取民主……有些英美人士和中间人士,希望中共改变名称,以减少外人疑虑,得到外国援助。而陈铭枢、孙科等人从自身需要出发,也有此主张。在这方面还需要多做解释。[①]"

仅从这份战略情报性质的工作报告就可见,南方局遵循中共中央的谈判策略,在短时间内已经将重庆和大后方除国民党当局之外的所有政治力量,几乎全发动起来,虽然美英和地方实力派必不可免有自己的战略考虑或利益追求而生枝节,但总体而言,都视中共为一体,愿意拥护乃至追随中共的民主政治主张了。这就从根本上推动了宪政运动转变为民主运动,对于毛泽东提出联合政府主张,中共中央实施民主联合政府战略,准备了实践的基础。就国共关系而言,这已使双方力量的天平接近平衡了。

二、联合政府主张的提出与宣传

顺应形势的发展,在前一阶段谈判的基础上,中共中央酝酿、南方局协助,终于正式提出了民主联合政府主张,并在国统区乃至对国际上广为宣传,为中共广泛赢得了人心。由此造成的强大声势,使第二次宪政运动有了可供操作的具体目标指向而掀起高潮,甚至影响了美国因素而产生对蒋介石的压力,改变了国共关系的基本态势。

[①]《中共中央南方局大事记》,重庆出版社2004年版,第270—271页。

(一)联合政府主张的酝酿和形成

在世界反法西斯战争及民主潮流滚滚向前的形势下,却面临中国正面战场与国民党统治双重危机的局势中,1944年5月下旬,国民党在重庆召开了五届十二中全会。会议照例以蒋介石的开幕词主导方向。对于已经开始的豫湘桂大溃败局面和统治危机,蒋搪塞说"现在正是最后胜利以前必须作最艰苦战斗的阶段",宣称"现在正在国家民族争生死存亡的关头",因此要全体国民党人对危机承担责任,具体而言,对于军事政治经济党务,要"以忠实诚恳的自我批评来寻求其得失成败之故","以求切实的改进";同时按照"精神第一"、遗教为本的原则,宣称国民革命50年发展的主要因素"在于本党有光明纯洁的精神,和一贯不变的方针",这包括在"主义、政纲是始终一贯的,革命的程序是始终不变的";因此对前途要有自信心、责任心、忍耐心。① 这即是说,国民党的主义、政纲乃至实践程序都是好的,出现当前危机的原因在于国民党员都不努力,不负责任,因此为克服危局,要通过"自我批评"来树立责任心。这表明,蒋介石不懂或是懂而忘却了,现代政治是民主政治,民主政治是政党政治,政党政治的成败主要取决于政党,关键是执政党的政纲即政策和策略是否合乎民族、国家、人民的长远利益和当前利益。因此在他看来,须坚持既定政策,唯一可打板子的是下边的人即国民党员们,他们没有自信心、责任心、忍耐心,这却正是中共挺过一次次难关走到今天之所依凭,所以唯一可调整的是治党策略——不再讥笑中共整风运动采用的批评与自我批评方法,而要以它来促使自省、自警的责任心重生。可见蒋看到了国民党腐败和它的重要根源即不负责任态度与行为的严重危害性,但作为唯心主义者,他的思考只能到此为止,因而解决问题的办法只能是片面强调精神的重要性,而根本忽略物质基础即经济制度、政党政策的决定性,所以在他看来,中共的批评和自我批评只具有修正精神的工具效用,同时因为问题出在下属没有责任心,自我批评也就只是下属们的事情了。按照这种政策不变、策略微调的

---

① 蒋介石:《开幕词》(1944年5月20日),《中国国民党历次代表大会及中央全会资料》下册,光明日报出版社1985年版,第863—864页。

模式,全会一面规定加强战力、巩固经济、稳定物价、提高行政效率、贯彻战时法令,加紧推行地方自治、健全民意机关、以立宪政之基础,"厉行法治,保障民权,尊重舆论,宣达民隐,以慰国民之愿望"五项任务,①以图维护一党专政、独裁统治的反民主方针,一面应付性地作策略的局部调整,声称"根据本党依法保障人民言论自由之政策",决定改善出版监察制度,"局部废止事前检查"。②试图从文人反对最烈的书报审查制度入手争取民心。对于中共以及当时正方兴未艾的民变的策略,则隐藏在"贯彻战时法令""厉行法治""健全民意机关"之类法治辞藻中,坚持"法统"前提的"统一"不变。

与国民党当局没有意识到形势已经发生根本性变化,已经进入以民主为主导的新时期不一样,中共中央从国际形势的迅速演进,从国共力量对比的全面消长,已经敏锐地意识到:就统一战线而言,现在重心有逐渐转移的趋势,现在要解决中国问题,必须估计到我们,因为国共已经是"两个平等的东西"了。因而断言"情况已经在开始改变"的"新阶段"到来了,③今年是统一战线8年以来的新时期,"新中国正被全世界人民认识着"④;于是对林伯渠重庆谈判时的12条一面肯定是对的,一面又惋惜它"未想到改组政府",并对此明确宣布"现在时机成熟"了。⑤

新时期需要有一个包括统一战线、国共关系在内而又总揽全局、突出重点的新战略,即新的政策和策略。这需要对于当前形势下构成战略认识的若干基本要素,有一个清醒而准确的认识。这个认识过程起于5月。除前述希腊因素外,更关键的在于5月23日林伯渠、董必武、王若飞致电中共中央,认为:"(一)由于蒋介石河南战事失败,英美舆论对共产党的同情与对国民党的抨击日益增加;国民党统治区的通货膨胀,物价高涨,对我党想打又不敢

---

①《第五届中央执行委员会第十二次全体会议宣言》(1944年5月26日),《中国国民党历次代表大会及中央全会资料》下册,光明日报出版社1985年版,第864—869页。
②《改进出版检查制度案》(1944年5月25日),《中国国民党历次代表大会及中央全会资料》下册,光明日报出版社1985年版,第891、892页。
③《毛泽东年谱(1893—1949)》中卷,人民出版社、中央文献出版社1993年版,第546—547、535—536页。
④《周恩来年谱(1898—1949)》修订本,中央文献出版社1998年版,第598、596页。
⑤《毛泽东年谱(1893—1949)》中卷,人民出版社、中央文献出版社1993年版,第547页。

打;国民党内部各派系军队、各个人之间的倾轧和离心离德等因素增加,蒋介石的独裁统治存在着日益严重的困难。(二)蒋的死而后已的独裁本质以及我党在西安谈判中避免刺激的态度增加了蒋的幻想,以致他在国民党十二中全会上的讲话中,采取了顽固的态度。(三)我党对蒋的方针必须随情况的改变而改变。不然会被蒋利用去加强国民党内对于一党专政的信心,且向盟国粉饰我国的所谓团结局面,同时,使英美难于说话,使民主党派不敢硬挺,使国民党内以孙科、邵力子为首要求实行民主的力量不能抬头,对于促进全国团结抗战进步,将无所得。(四)同意中央所提20条的精神。只有继续揭露蒋之欺骗,不给他敷衍捧场,才能真正对团结抗战有利。[①]"

这是针对当时的重庆谈判,提出了对时局的估计乃至改变谈判方针的建议。但它的主要内容,无疑是一份战略情报及其分析,指出蒋介石力量的下降及其本质的确定性,决定了必须采取新的对蒋方针,否则将为蒋利用而不好处理与英美、国民党内民主力量、中间党派等各方面的关系。它虽未提出联合政府之类主张,但其抓住形势演变、系统认识和处理各方关系、实现有利于我的发展思路,与毛泽东一贯的战略思维是一致的,当然也就形成对于毛泽东的新战略思考的重大启发。所以,毛泽东于6月3日复电三人,表示"完全同意你们对时局的估计与谈判的方针,你们的意见和我们是一致的。"

6月5日,中共六届七中全会全体会议讨论和通过了毛泽东起草的《中共中央关于城市工作的指示》。照毛泽东在会上的解释,这就是提出了占领大城市和交通要道的任务。之所以提出这个任务,除了中共民主革命战略的规定外,毛泽东认为:是因为党领导的抗战成绩、整风与生产成效、实力上升,而国民党在精神上物质上都下降,汤恩伯一败如水,英、美舆论和民主政团同盟同情我们,国民党内部有分化。[②] 这种观点的根据,很明显主要来源于南方局的战略情报。这个任务的要求,是在抗战战略反攻阶段实现农村包围城市的目的——进城去掌握政权、工业和现代交通,即奔向工业化现代化。但在不与国民党破裂的前提下,这样做、能这样做的条件只能是在中央政权里有

[①]《中共中央南方局大事记》,重庆出版社2004年版,第268—269页。
[②]《毛泽东年谱(1893—1949)》中卷,人民出版社、中央文献出版社1993年版,第517—518页。

发言权、决定权,这就需要联合政府。可见基于形势的变化,基于林伯渠谈判的了解和试探,基于南方局对形势和任务的战略情报与分析,毛泽东的战略思考,即新的政策和策略思考,已不再是简单的增加编军、争取合法地位、保障边区安全,而是要在此基础上,与国民党在中央政权层面斗争,争取实现民主联合政府了。所以,毛泽东撰写的《解放日报》6月14日社论明确指出:要医治中国的时症,"唯有团结与民主",因此国民党政府及国民党统治人士应该"即刻进行严肃的自我批评,修改自己的政策,从今天起,与民更始"。① 虽然这时在毛泽东头脑中很可能还没有出现联合政府模式,但要到中央政府中去实现民主的考虑则已是确定的了。

8月16日,南方局根据在重庆对国统区形势的长期观察、对统一战线工作的长期实践,致电中共中央,详细分析美苏对华政策及国民党当局的外交政策,就中共的外交工作即国际统一战线工作提出了建议:"一是我们的外交政策,须从争取民族民主革命的彻底胜利,建立独立的民主的统一和平的繁荣的新中国出发,以自力更生为主,争取外援为辅,去求得实现。必须使自己力量更加强大,成为决定中国问题主要因素,并应迅速设法增强我们在东南沿海地区的力量,努力使这些区域控制在坚决抗战的力量手里。坚持抗战与民主,尽力促其政府政治进步,尽力推进大后方的民主运动。其次,在争取外援上,要对朋友加以分析。若不分析,笼统的没有远见的观念,是很危险的。其三,要在一切国际、国内、战时、战后重大问题上,明白表示我们的态度,要使盟邦清楚知道我们坚持抗战要彻底胜利,民主政治要彻底实现的决心及努力,强调我们对于战后世界和平与世界经济合作的保障及可能有极大贡献。针对着他们想知道我们对于苏联关系,对于财产制度,对于国际贸易,对于利用物资,对于宗教信仰,对于民主自由等问题的意见及实际措施,给予明确的回答。要求公平合理地分配援华的物资。我们要随时注意研究国际间的活动(如战后救济总署、国际援华活动、战后和平计划等),准备与提出自己的意见。其四,建议中央要指定专人负责研究国际外交问题,建立专门负责国际

---

① 毛泽东:《纪念联合国日,保卫西安与西北!》(1944年6月14日),《毛泽东文集》第3卷,人民出版社1996年版,第176、175页。

宣传的机关。要在与国民党对外宣传斗争中,处处争取主动与先着,不要陷于只是被动解释。要约束全体党员,对许多国际事件慎重的统一说话,在中央未有决定前,不得自由向外发表意见。其五,这次美国军事代表团到延,我们的干部要以热诚的态度欢迎他们,应研究如何同他们一块共事。同时,又要了解他们的政治立场,要照顾美国人自己所喜爱的生活方式,自由主义,个人主义,勿使其感觉受有限制监视。他们说话做事喜欢坦白爽快,不同的意见可以公开争论,个人关系弄好对于工作进行帮助很大。①"

18日,董必武、林伯渠、王若飞又致电中共中央,分析豫湘战事,认为日军不会打西安,对昆明是防御进攻;蒋对日寇的进攻,完全采取保存反共反人民实力向后撤的政策,把打垮日寇完全寄希望于美英空军;豫湘战事的失败,使蒋在国内的威信大降,但是他的法西斯统治暂时不会改变,也不会就垮,他今天还带着抗日的帽子,使人民不能武装反对他。电报因此建议中央迅速成立专门国际宣传机构,加强新华社的工作;需要对马列主义中国化及中共独立领导的新民主主义革命作更多的解释;加强对反共宣传的斗争;赞助东北等地的解放运动。②

另外,董必武22日致周恩来电也值得注意。董的电报汇报了与中间党派张澜、左舜生、章士钊晤谈民主运动的情形,认为民盟作用很大;还谈到左舜生表示中共责任大,在外边,中共若无民盟配合,将处于孤立,民盟如无中共实力支持,则空洞无内容;因此他请中央考虑民盟可能想要的经费帮助。③

这三个电报虽然是南方局在履行分析形势、提出建议的职责,就具体工作问题向中央提出建议,但它们合起来反映了南方局对时局、党的任务、统战工作的内容等的总体认识,是一组极有价值的战略情报。它们重点涉及的对外、对美国的问题,对蒋介石政治动向的分析,恰恰是中共中央制定并实施新战略的主要依据;强调从争取民族民主革命的彻底胜利出发去制定政策(战

---

① 《南方局就外交工作致中共中央电》(1944年8月16日),《中共中央南方局大事记》,第279—280页。
② 《董必武、林伯渠、王若飞致中共中央电》(1944年8月18日),《中共中央南方局大事记》,第280—281页。
③ 《董必武致周恩来电》(1944年8月22日),《中共中央南方局大事记》第281页。

略),至少对毛泽东提出新战略起了促进作用;着重强调的对重大问题明确表态、加强对外对内宣传、注重在东南沿海的力量发展、注重发展大后方的民主运动等,都是中共即将提出的新战略的重要策略手段;也反映了南方局对中间党派的长期统战工作已取得很大成绩,左舜生所代表的中国青年党作为民盟的中右势力,尚有认定中共责任大的表示,表明民盟在很大程度上已经认可了中共在民主政治上的领导作用;同时也表明了南方局对于今后统战工作的策略,应倾全力于民主、着重于宣传和国际统战的方式方法的高度重视,这即是对于国内统战,重在利用蒋的威信降低,动员倾向于民主的力量,对他们加强革命理论、民主问题的宣传,并相应在宣传上加强对国民党的斗争,而对于国际统战,主要是通过宣传,使以美国为主的外国政治力量,理解中共在反败退、反保存实力准备内战、反一党独裁等问题上对国民党当局的斗争,理解中共在战后对于中国及世界的必要性,从而争取他们的支持乃至公平对待国共两党,至于在美军登陆等问题上的合作、争取其援助则是次要的。若按此思路形成统战工作方案,概言之将是以国内民主、国际宣传构成当前统战工作的重点,目的在于扩大国内国际统一战线,争取政治上的主动。这实际上是对于当前中共工作的全局性思考的结果,虽然还不够全面,更没有看到联合政府这个致国民党当局于死命的一着,但从南方局的工作范围看,已是相当高明的了。中共中央后来正是这样办的。所以毛泽东22日回电董、林、王:你们对时局分析及各项建议均很有价值,当加研究;其建议部分当分别处理。

但是,对于新阶段作全盘的新战略设想,还是中共中央和毛泽东首先意识到的,如前述占领大城市和攻占交通要道任务的提出,就是其重要组成部分。8月8日衡阳失陷。12日,《解放日报》发表了经毛泽东修改的社论《衡阳失守后国民党将如何》,指出衡阳失守是国民党政府及其统帅部不要民众与自愿放弃主动权的消极战略的结果,强调"一切问题的关键在政治,一切政治的关键在民众"。[①] 表示了毛泽东已决心按照中共一贯的革命方略,甩开与

[①] 毛泽东:《一切政治的关键在民众》(1944年8月12日),《毛泽东文集》第3卷,人民出版社1996年版,第202页。

国民党当局在细节问题上谈判的纠缠,利用豫湘战场国民党军大溃退的危局,对当局展开政治上的全面进攻,向国统区大规模争取民众了。所以,他当天电示南方局,与国民党谈判,不要谈5军16师了,我军47万须要求政府全部承认。① 同日的《解放日报》还以周恩来对新华社记者谈话的方式,发表了南方局草拟的讲话稿《国共谈判迄无结果》,指出过去3个月的谈判未解决丝毫问题,提出要解决问题,"只有国民党的统治人士立即放弃一党独裁政治,立即放弃削弱与消灭异己的方针,立即实行民主政治,并从民主途径中,公平合理的解决国共关系,才能得到效果"。② 这表明中共中央对于国统区、国民党当局的战略思考已经发生重大变化,需要立即提出适应新形势的新策略了。

这个新阶段的标志和新战略就是"民主的联合政府"。8月17日,毛泽东在南方局关于参政会问题的请示电上批示"应与张(澜)、左(舜生)商各党派联合政府"③,这清晰地表明了他近来对新阶段的战略思考,就是在中央政权层面,中共与以张澜、左舜生为代表的民盟结盟,以参政会为讲坛,要求将国民党政府改组为国、共、民盟三方组成的联合政府。第二天,周恩来按照毛泽东的意思起草了给董必武、林伯渠的复电,要求南方局考虑中共目前提出召集各党派及各团体代表会议,改组政府,然后由此政府召开真正民选的国民大会,讨论反攻,实行民主,能否引起大后方(尤其是各党派)的响应和各地方实力派的同情?并要求南方局就此先向有关方面试探。④ 这就在继承中共一贯民主思想的基础上,提出了当前在中央层面实现民主政治的程序:召开党派会议,讨论改组政府,以改组后的政府召集民选国大,走向民主。毛泽东又特别在电报上强调了这个程序,指出:"否则是即使召集(国大),也是假的。"⑤ 9月4日,周恩来起草中共中央致董必武、林伯渠、王若飞电,指示南方局开始实施上述方案。

---

① 《毛泽东年谱(1893—1949)》中卷,人民出版社、中央文献出版社1993年版,第534页。
② 《周恩来年谱(1898—1949)》修订本,中央文献出版社1998年版,第593页。
③ 《毛泽东年谱(1893—1949)》中卷,人民出版社、中央文献出版社1993年版,第536页。
④ 《周恩来年谱(1898—1949)》修订本,中央文献出版社1998年版,第593页。
⑤ 《毛泽东年谱(1893—1949)》中卷,人民出版社、中央文献出版社1993年版,第536页。

10月25日，毛泽东在中共中央党校大礼堂对即将上前线的干部讲话，涉及联合政府主张的实质，指出国共合作以来我们对于国民党的改良方针，已经发生了变化，现在的口号是改组政府、改组统帅部，这个口号不是改良主义的，而是革命性的。这清楚地表明，在中共中央和毛泽东看来，成立联合政府，不是仅仅解决时局的权宜之计，也不是同国民党当局谈判以争取中共一定地位的方案，而是一个宏大的革命战略构想。这个战略之所以提出，很重要的一点就在于因为南方局在统一战线工作上的长期努力，已经形成了一批一定会拥护中共主张的民主人士、中间党派、地方实力派，也在于南方局对形势的准确分析认识。

既然成立联合政府作为战略提了出来，就需要战略展开，即需要一整套的策略与之配套、为之服务。从9月1日六届七中全会主席团会议讨论成立联合政府等问题开始，中共中央对联合政府战略迅速实行了展开。首先在时间上，于8月22日电示新四军在一年内解决好以练兵为中心的带兵、养兵、用兵四大部队整训任务并培养团级干部，将战略实施的时间确定为一年。重点在军事上，认定今后主要发展方向是南方，决定派王震、王首道率部队和干部于10月南下湘鄂赣，以衡山为中心建立根据地；决定河南工作大发展，调皮定钧、徐子荣和戴季英、王树声部和干部去河南、湘赣；指示南方局派人秘密回湘南布置敌后各县人民武装斗争，东江部队沿粤汉路向北谋发展，力求与琼崖游击队打通联系；派部南进成立苏浙军区，配合美军可能在杭州湾的登陆及准备夺取杭州、上海、苏州、南京等大城市。在政治上预为筹划：要求高度重视东北工作，这关系到中国未来局面且已成刻不容缓之紧急任务，指令晋察冀、冀中、冀热、山东、胶东各成立满洲工委，动员和领导开展工作；决定成立各级城工委、城工部，准备城市武装起义；提出明年组织解放委员会问题。强调宣传的极端重要性并周密布置，如9月11日电示南方局"宣传我抗战成绩、力量与合理要求"，以此证明联合政府主张的合理性和必要性，从而确定了南方局这一阶段统战工作的重要内容。这一切都是为着实现毛泽东提出的创造美国、日本、共产党、人民及国民党内部五方面条件，重点是尽力发展自己的力量和团结各阶层人士，争取国民党变而不打内战，做好联合政府战略这篇文章。①

1930年代末和40年代初,毛泽东关于新民主主义的政治主张,完整提出了中共的国体、政体要求,却尚未解决在当时条件下具体如何实现中国特色的民主政制模式的问题。因为中共根本的要求是民主选举产生民主政府而非各党派协商产生联合政府,②这种全民普选的彻底民主与蒋介石的独裁理念差距甚远,因而在当时是不可能实现的。随着照顾中间党派政治要求的联合政府主张的提出,党派协商建政的准民主形式,成为当时条件下的必然,由此形成的一套可供操作的程序,终于使新民主主义政治主张的实现,落到了实处。这无疑是中国共产党人,尤其是毛泽东政治智慧的重大体现,是与国民党当局在国共关系较量中的重大策略发展。

(二)联合政府主张的正式提出

联合政府设想形成后,中共中央政治局就开始考虑其具体形式和内容,也就是联合政府主张的实现程序。对此,毛泽东、周恩来在1944年8月23日同美国驻华大使馆二等秘书、美军中印缅战区司令官史迪威的政治顾问约翰·谢伟思谈话中,作了总体描述:国民政府应立即召开一次临时(或过渡的)国民大会,应邀请一切团体派代表参加。在人数分配方面切实可行的妥协可以是,国民党大概占代表数的一半,所有其他代表占另一半。蒋介石将被确认为临时总统。这次临时国民大会必须有全权改组政府并制定新的法令——保持有效到宪法通过之时为止。它将监督选举,然后召开国民大会。③可见考虑到国民党的"自大",即蒋介石追求最高统治地位,国民党坚持一党独大,中共此时仍然按照抗战前就提出的抗日代表大会主张,来追求达到改组国民党政府、召开正式国大、实现民主的目的,不同处只在于这次用了临时国大的名义,并且限定了国民党的名额只占半数,意在使其不能操纵大会通

---

① 《毛泽东年谱(1893—1949)》中卷,人民出版社、中央文献出版社1993年版,第541、553页。
② 参见徐琳娜:《抗日战争时期毛泽东民主思想的演进》,《毛泽东思想与抗日战争研究文集》,中国文史出版社2005年版,第115—116页。
③ 《毛泽东年谱(1893—1949)》中卷,人民出版社、中央文献出版社1993年版,第539页;《周恩来年谱(1898—1949)》修订本,中央文献出版社1998年版,第594页。

过决议，从而突破一党专制。但这种过渡性措施毕竟没有经过普遍选举制来产生大会代表，不合于代议民主制关于民选代表组成的大会才具有立法、治国、理政全权的规则，充其量只能算是"准民主"。因此到 26 日，周恩来就已经改口了，告诉谢伟思：政治局正在考虑向国民党提出关于召开某种会议的建议①。这种考虑的最终结果，就是后来的政治协商会议。

不管会议性质名称如何，它都得提出来，使中共与中间党派能够联合行动。中共中央经过紧张的方案策划后，将正式提出选定在 9 月召开的参政会三届三次会议。9 月 4 日，周恩来就中共中央关于提出改组国民政府、成立联合政府问题，在致南方局电中指出："目前我党向国民党及国内外提出改组政府主张时机已经成熟，其方案为要求国民政府立即召集各党、各派、各军、各地方政府、各民众团体代表，开国是会议，改组中央政府，废除一党统治。然后由新政府召开国民大会，实施宪政，贯彻抗战国策，实行反攻。估计此项主张国民党目前绝难接受。但各小党派、地方实力派、国内外进步人士，甚至盟邦政府中开明人士，会加赞成。因此，这一主张，应成为今后中国人民中的政治斗争目标，以反对国民党一党统治及其所欲包办的伪国民大会与伪宪。""望你们在起草回答张、王的信中加上此项主张，以说明这是我们对于实施民主政治的具体步骤和主张。""在这次参政会中，如取得小党派及进步人士同意，可将是项主张作成提案。"②这标志着成立民主联合政府的策略不仅已经完全形成，而且首先运用到了对南方局统战工作的指导方面。中共对国民党当局在政治上的进攻开始了。

为 9 月在重庆举行参政会三届三次会议，董必武早在 8 月 5 日就已致电中共中央，请示对于此次会议的方针。9 月 4 日周恩来指明策略方针后，南方局立即在中间势力中展开了工作，征得王云五、胡霖关于在参政会会议上由林伯渠、张治中分别报告国共谈判经过的提议，并得到各中间力量的赞同。6 日，南方局致电中共中央，建议以党中央名义致函参政会，并利用林伯渠在参

---

① 参见《周恩来年谱(1898—1949)》修订本，中央文献出版社 1998 年版，第 594 页。
② 《中央关于提出改组国民政府的主张及其实施方案给林祖涵、董必武、王若飞的指示》(1944 年 9 月 4 日)，中央档案馆编：《中共中央文件选集》第 14 册，中共中央党校出版社 1992 年版，第 323 页。

政会报告的机会,提出改组政府之主张和步骤。次日,中共中央复电同意南方局的建议。这就将正式向党外提出联合政府主张的方式确定了下来。但在南方局向各中间党派、地方实力派通报并商量中共提出的改组政府主张时,他们却不赞成用中共的名义正式向参政会提出,认为这样会引起大争论,他们不便表态,希望与中共联合提出改组政府。这使毛泽东犹豫起来,电请林伯渠、董必武、王若飞"考虑现在我党中央单独向参政会提出是否合宜",甚至直至15日他还指示南方局说,小党派既不赞成我党单独向参政会提出改组政府,即请作罢,至于林报告谈判经过时是否顺便提到此点则请你们酌情决定,但在再复张治中、王世杰的信中则必须正面提出。这就是既不便迁就又不便拒绝中间党派的要求,只好自己偃旗息鼓罢了。如若这样,联合政府主张就很可能不会在参政会这种"正式"场合提出,从而将大大降低其政治号召力,大大降低中共的政治影响力,甚至可能因为只作为国共谈判的提案向国民党提出而不能公开,也就根本无影响、号召可言,反而可能产生负面影响。可见以什么方式公开提出联合政府主张,是一个关系其成败,进而关系到整个联合政府战略成败的重大政治问题。以具有远大政治眼光、说到做到著称的毛泽东,尚且临阵踌躇,可见这个问题的难度极大。但南方局坚持中共立场,在如此重大的政治问题上绝不妥协,按照最初预定的方案,与中间势力反复磋商,终于使他们在14日赞成中共以林伯渠在大会报告中顺便提出的方式将联合政府主张正式提出来。这时,预定的大会报告时间已经迫近,南方局已不可能再向中共中央请示对联合政府主张提出与否与提出方式的问题了,而是断然决定了按照他们最初预定并得到中央认可的方案行事。

于是,9月15日上午,林伯渠在向参政会三届三次会议报告国共四个多月谈判经过时,代表中共强调指出,挽救目前抗战危局准备反攻所应采取的急救办法是"国民党立即结束一党统治的局面,由国民政府召集各党各派、各抗日部队、各地方政府、各人民团体的代表,开国是会议,组织各抗日党派联合政府",正式公开提出了成立联合政府的主张和步骤。对此,与会"听者咸感满意"。而对于下午张治中本着国民党十二中全会的"健全民意机关、以立宪政之基础"的策略,发表反驳林伯渠所提主张,认为应当在参政会和宪政协进会的范围内谈民主,不应当另搞别的什么东西的言论,黄炎培将其评论为"远不如林祖涵之简当"①,曲折地表达了中间力量的不满。

9月16日,南方局冲破国民党中宣部不准报道联合政府主张的禁令,将这一主张在《新华日报》作了摘要透露,第二天更是将它全部发表,以至这两天的《新华日报》销量日增。这些情况都反映了国统区中间政治力量和广大民众对中共主张的认同,也证实了南方局在得到中共中央授权却又未见中央明示指令情况下的断然行动,是符合民意的、正确的。正是南方局这一具有历史意义的行动,冲破了国民党当局的封锁,使民主联合政府主张在国统区广为流传开来,使中共新战略的策略主张在国统区落地生根,变成了宪政运动的新高潮、新行动。加之国民党方面迫于形势和美国的压力,为了向国内外表示其统治的"民主"和中国各政治力量的"团结"抗战,在参政会三次会议上也作出了一些民主的姿态,②前已出现却声势平平的第二次宪政运动由此走向高潮。

(三)中共的谈判重心彻底转向争取联合政府

既已提出联合政府主张,对于从五六月间延续至此时的国共谈判,中共必然以新的内容去展开进攻,而国民党当局却抱着旧策略不放,希望将谈判限制在原有范围内去压服中共。8月10日,王世杰、张治中致信林伯渠,对中共的12条未表示服从国民党中央政府统一之政令军令表示不满,要中共接受其"提示案",只允许中共军队扩编至4军10师。表现了态度依旧,尽力压价。南方局在早已认识到这与中共的16军47师的要求相距甚远而不抱解决希望的基础上,于16日致电中共中央,建议为了使国民党不能在中外人士中宣传我党在衡阳失守国家困难增加的情况下提出新要求,因而攻击我谈判无诚意,在措词上宜说"为了准备配合盟国反攻,敌后的军队不仅不能减少,而且应奖励他们,但为顾及政府今天补给的能力,暂编五军十六师也可以。

---

① 黄炎培:《国民参政会日记》,《国民参政会纪实》续编,重庆出版社1981年版,第564页。
② 《参见董必武致中共中央电》(1944年9月24日),《中共中央南方局大事记》,第287页。

但盟国援华物资一定要公平合理分配",①表明南方局虽然仍想以妥协的方式解决问题,但其希望的重点已转向盟国援华物资的分配,对于编军,则着重在考虑宣传和争取民意的需要,这与当时南方局向中共中央建议的外交方针是一致的,实际上表明南方局对于现时的国共谈判,更看重的是扩大和巩固国民党当局之外的统一战线的需要,而这种需要的前提就是民主。

因此可以断定,以南方局为先导,中共关于国共谈判的重心已在五六月间谈判时开始微妙转变的基础上,完全转向了争取国际舆论和援助、国内民意和民主要求方面。在得到毛泽东22日复电首肯这个建议同时又强调斗争性的答复后,30日,林伯渠致信王世杰、张治中,在答复其10日信时,极其尖锐地表示国民党提示案与中共书面答复12条及口头8条在原则问题上相差太远,无法接受,其原因在于国民党不实行孙中山三民主义及民主政治,希望国民党不要把一党私利放在第一位,而应该放弃一党统治的方针。②这表明南方局已经将谈判的重点完全放到了宣传民主,扩大统一战线,在政治上迫使对方让步、成立联合政府方面。在这种情况下,国民党方面一面于9月10日由张治中、王世杰函复林伯渠,指责林信"为夸张抹煞之词"和"不实之言",且"要求与时俱增",希望中共切实拥护国府的统一、服从国民党当局的军事指挥,再派代表至重庆谈判,显示了一种不谙时势的强硬姿态;一面于当日以邵力子到曾家岩与董必武、林伯渠晤谈,表示对民主和联合政府都愿意赞成,但必须有步骤,慢慢增加信心,表现出对于中共的进攻无良策应对,只好以"拖"待时或者回避的无奈。

中共则绝不给其以可乘之机。南方局按照毛泽东关于对张、王复函"严肃批评,并指蒋名,甚为必要"的指示起草了对张、王的答复信,经毛泽东修改后,10月13日正式提交给国民党方面,明确指出挽救时局的唯一办法是立即结束一党专政,开紧急国是会议,成立各党派联合政府,由这个政府宣布并实行彻底改革军事、政治、经济、文化各方面的新政策,强调"此计不决,则两党谈判即使可能解决若干枝节问题,至于关系国家民族的重大问题,必不能获

---

① 《董必武、林伯渠致中共中央电》(1944年8月16日),《中共中央南方局大事记》,第279页。
② 《毛泽东年谱(1893—1949)》中卷,人民出版社、中央文献出版社1993年版,第540页。

得彻底解决",又特别提醒说:"我们这个建议,实是代表全国人民的要求,即贵党中亦有不少人士同具此心。"①这就遵循新策略,迫使国民党当局必须正视民主问题而不能回避,从而使谈判的主题完全转向争取联合政府了。但对方一时是转不过弯来的,四五月间就开始的这一轮国共谈判,因而不了了之。

与谈判相配合,同时也作为联合政府战略的重要策略实施部分,南方局在中共中央指挥下,力图以宣传为手段,打破谈判的秘密性,以合法的宣传将问题提到全社会乃至全世界面前,使世人了解谈判的真相,明了谈判遇阻的关键症结在于国民党当局否认民主问题,从而同情中共,造成当局在政治上的被动进而被迫让步。他们因此策划了在参政会报告两党谈判,"对国民党反动意见加以驳斥,并宣传我抗战成绩、力量与合理要求"②等一整套宣传方案,得到毛泽东的肯定。这既表现在9月15日林伯渠于参政会公开国共谈判经过的报告;更表现在南方局将10月13日复张、王信向各方面特别是外国人广为散发;还表现在南方局向各方面广为宣传延安对于蒋介石在参政会三届三次会议开幕时的演讲所宣扬的"寡头政治的统一论"、包含的"阴风惨惨的杀机"的批评,关于蒋介石双十节演说使人感到内战危险存在和发展的评论,对于国民党政府发言人张平群关于组织联合政府"不值讨论,吾人亦不拟讨论"之类言论的诘问,使人们在"废止寡头专政,改组国民政府与统帅部,这个要求是无法抗拒的"问题上很快形成了共识,进而使中共的声望在大后方乃至全世界急剧提高。通过宣传,新阶段要争取民主、成立联合政府、避免内战的观念,逐步成为有识之士的共识,从而决定了国民党当局反共政策及其策略的非法性。

(四)南方局与第二次宪政运动的高涨

广大中间阶级、中间党派历来希望在中国实现宪政。1944年,面对豫湘大溃败、国统区的腐败和对中间势力的压抑等因素造成的抗战危局,特别是

---

① 毛泽东:《为林伯渠起草的复王世杰、张治中的信》(1944年9月27日),《毛泽东文集》第3卷,人民出版社1996年版,第214、215页。
② 参见《毛泽东年谱(1893—1949)》中卷,人民出版社、中央文献出版社1993年版,第544页。

在上半年受到南方局不断深入的鼓励和引导后，他们的宪政要求充实了民主新追求，于下半年再一次高涨起来。9月1日，黄炎培等重庆教育、文化、工商、金融、交通、法律界人士30人在《国讯》及《宪政》月刊同时发表《民主与胜利献言》，提出9项主张，要求实施人民渴望之民主制度、与民更始。明显表现了接受中共主张，将宪政推向民主的意图。

对于中共，要贯彻实施联合政府战略和策略，就需要引导和发展宪政运动。因此，南方局进一步加紧了同中间力量的联系往来。这首先表现在情感上的进一步接近。周恩来在得悉邹韬奋于7月24日在上海病逝的消息后，9月2日向中共中央提议追悼邹韬奋。在建议得到毛泽东同意后，周恩来又于10月12日致电林伯渠、董必武、王若飞，要求南方局为预定11月1日在延安召开的邹韬奋追悼会和著作展览，在重庆搜集《萍踪寄语》《生活日报》《大众生活》等，并请宋庆龄、柳亚子、张澜、黄炎培、沈钧儒、陶行知等写纪念短文。南方局不仅积极照办，还组织领导重庆各界于10月1日举行了追悼邹韬奋逝世大会，南方局主要领导人董必武等人和宋庆龄及800余人出席大会，林伯渠、郭沫若等在会上致词，呼吁为消灭法西斯、实现民主政治而奋斗。对邹韬奋的悼念，是中共及其南方局对战友的褒扬和缅怀，必然使中间党派与中共的感情联系更加融洽；同时也体现了周恩来等南方局前后任领导人对邹韬奋与民主力量、民主政治的关系的高度重视，事实上使悼念活动成为抓住时机、配合联合政府主张的提出，对中间力量进行动员和集结的活动。

与中间力量加紧联系还表现在继续关心和支持他们事业。10月28日，林伯渠、董必武到重庆小龙坎渝鑫钢铁厂，同该厂经理讨论如何办好民族工业、把该厂办成模范企业等问题，表示了对民族工业的关心支持，同时显示了在工业发展问题上与民族工业家们的一致性，那就是在民主化的前提下的现代化、工业化，首先搞好重工业。关心中间阶级的事业，开始表现为替中间力量争取直接的政治利益。最迟从9月初开始，南方局已遵循中共中央电示，为争取下届参政会扩大名额，重新加入救国会的人选如沈钧儒、陶行知、张申府、史良等，增加进步文化人如郭沫若、茅盾等，而开展了积极的工作。虽然由于国民党当局视救国会为中共的"尾巴"等原因，南方局的这项工作未能如愿,但它的开展却是一个重要标志,与以前着重于理解和支持中间党派的民主要求、鼓励和帮助他们组织起来,即间接帮助他们实现民主政治目标相比较,这项工作意在直接帮助他们争取当前民主政治利益,表明中共及其南方局与中间党派特别是中左党派的关系,同"联合政府"所标志的新阶段一致,已经发展到一个争取直接政治利益的新阶段。

随着联合政府主张的提出,在南方局工作范围内,第二次宪政运动在民主口号下,以联合政府相号召,掀起了高潮。首先是舆论开路。由于南方局的联络宣传,9月初各中间党派已经知道联合政府主张,并马上予以认同和宣传。如5日的《时事新报》已刊出了左舜生和张君劢的谈话,表示"各党各派联合政权应实现""将来的政治,必须以各党各派共谋的民主政治"。① 19日,民主政团同盟在重庆召开全国代表会议,决定改名中国民主同盟,吸收个人加盟。这使民盟改组成为有党派与无党派民主人士的联盟,增强了盟内民主力量。19日,国统区各主要城市的中间势力报纸同时发表社论,要求民主。《云南日报》的社论认为"不循民主的路线而谈统一,将永远不能获得统一"。《新中国日报》的社论强调"国共双方所争执的许多问题,只是民主宪政的问题","民主宪政不仅是中共的需要,而且是中共以外其他政党一致的主张",对"中共的努力与敌周旋表示钦佩之忱"。《华西日报》的社论则几乎就是中共一贯主张的翻版:"抗战若要胜利,必须团结,团结若要坚实扩大必须民主","一切问题依靠民主解决";认为"坚决主张立即实行民主,从根本解决中国当前的重大问题"的,不仅"共产党如此,即使其他各党各派和无党派的公平正直真能代表全国民意的人士,更是如此"。《新华日报》对于宪政呼声作了充分报道甚至用整版篇幅发表有关座谈记录。

紧随舆论的就是成立争取民主的组织并开展活动。9月24日,重庆各界各党派500余人在迁川大厦集会。民盟中央主席张澜主持会议并首先发言,认为民国以来至今,国家各方面还十分困难,就是一直实行一党专政的结果,所以为挽救危亡就非实行民主不可。接着,冯玉祥、邵力子、左舜生、孔庚、章

---

① 彭明主编:《中国现代史资料选辑》第5册下,中国人民大学出版社1989年版,第609—610、607页。

伯钧、董必武、黄炎培、沈钧儒等人及一些青年的发言,都强烈呼吁立即结束一党专政、召开国是会议、成立联合政府以挽救危亡。会议决定组织起来,成立重庆民主促进会。同一天,沈钧儒等人还发起成立民主宪政促进会,呼吁迅速召开国是会议、成立联合政府。中间力量援引第一次宪政运动的旧例,重新发起的宪政座谈会,这时也很快扩大到几百人,乃至发展成一二千群众参加的大会。南方局则如董必武所要求的那样,着力宣传、乘势推进联合政府主张的实现。如在25日由民盟等共同召集的宪政座谈会上,董必武着重介绍了中共中央关于召开国是会议、改组政府、建立联合政府的主张。再如11月9日董必武与黄炎培、左舜生、张申府在重庆信义街39号举行了讨论国是问题的座谈会,明确提出:各党派应进一步密切联系,共同奋斗,以建立民主自由之中国。正因为南方局的努力,10月10日,民盟发表政治主张,呼吁立即结束一党专政,建立各党派联合政权,实行民主政治。① 中间党派在这一时期的行动,明白无误地表示了他们对于中共的联合政府主张不仅已经接受,而且已经将它变为具体行动了。年底,在南方局工作人员徐冰的鼓舞和支持下,许德珩等人发起了"民主科学座谈会",常以聚餐形式聚会讨论民主与抗战问题,主张"团结民主,抗战到底"。这些活动当然培养了中间势力拥护联合政府、反对一党专政的基本感情和认知。

在抗战面临危机的刺激下,地方实力派对于联合政府的要求显得更为迫切、隐秘和激烈。8月底,在龙云的催促下,南方局派去做龙的统战工作的华岗,按照龙的民盟、滇、川康、李济深及中共五方联合的设想,与龙及李的代表朱蕴山经过数度磋商,初步拟定了五方共同执行、互相信守之五条合作纲领:实行民主,废除一党专政,驱逐日寇,保障人民自由,中央与地方分权,五方会商。龙云还要华岗去成都与龙云、刘文辉、李济深的代表及民盟人员开五方会议。9月1日,李济深向南方局方面提出想在广西架设与中共联络的电台。因此,南方局于11月4日由董必武向中共中央建议:在西南加强同地方实力派的联系,促使他们向蒋介石要求民主,但不公开反蒋;在川、康、滇酝酿组织

---

① 《中国民主同盟对抗战最后阶段的政治主张》(1944年10月10日),中国民主同盟中央文史资料委员会编:《中国民主同盟历史文献(1941—1949)》,文史资料出版社1983年版,第32页。

联合政府问题;请中央速与龙云通电并要龙转告刘文辉。这一切反映了南方局对于西南地方实力派的加强联络乃至组织联合政府,是积极促成的;同时又力图将其反蒋倾向引导到要求民主方面,实际上显示了南方局希望西南地方实力派在民主联合政府问题上与中共携手,造成某种三足鼎立迫蒋让步的态势,再加上民盟,实现尽快促成联合政府的策略意图。这与中共中央的联合政府战略无疑是有差距的,但它却真实反映了南方局对地方实力派统战工作的成绩,也表现了只要控制得当,地方实力派的争民主活动,对以成立联合政府为中心的民主宪政运动,是会起到推进作用的。

(五)发挥群众性统战工作的配合作用

按照中共的抗日民族统一战线政策和策略,群众性大统战是基础、最重要,必须时时处处存在并发挥作用。争取联合政府这样的重大战略行动,群众运动的配合,当然必不可少。南方局及其下属组织因而广泛发动了文化界、青年学生等方面的群众运动,配合联合政府主张的推广和民主运动的发动。

1944年9月30日,中苏文化协会举行茶会,讨论促进中苏邦交、沟通中苏文化,董必武、林伯渠等出席,林与郭沫若等人在会上致词,强烈呼吁为消灭法西斯、实现民主政治而奋斗。南方局还针对日军逼近广西,拟定了桂林疏散办法,安排文化人在桂林危急时的撤离,并于10月25日得到中共中央同意后,开始组织实施,尤其对叶挺、廖承志、柳亚子三家着意接济。这再一次体现了中共在危难时对进步文化界的关心,从而得到他们对联合政府主张的竭诚支持。

这时的群众运动已经充分体现了从前各方面统战工作的成果——各种要求民主的政治力量都努力投身其中,而不再是从前那种中共孤军奋斗的情况了。10月7日,在中共地下组织推动下,成都华西大学、金陵大学、金陵女子大学、燕京大学、齐鲁大学5校的12个社团2000余人,在华西体育馆举行名为"国是座谈会"的群众大会,张澜在会上高呼"结束一党专政,成立联合政府"。这次自1940年以来成都的第一次公开的群众集会,结束了在反共高压下群众运动的低迷状况,并使群众运动自复兴之日起就站到了争取联合政府的时代潮头。11月5日,成都各大中学校部分进步青年成立民主青年协会,在南方局领导下有组织地深入推进民主运动。因此在11日爆发了成都学生7000多人参加的示威游行,抗议当局镇压学生的暴行,要求立即结束一党专政。周恩来和南方局肯定它"是国民党统治区群众运动新高涨的一个信号"。10月10日,在中共云南省工委的秘密领导和龙云的支持下,西南联合大学、云南大学的进步社团、昆明文化界、民盟云南支部以及李公朴、闻一多等进步人士联合发起了6000多人的保卫大西南群众大会,发表宣言,表示响应中共提出的结束一党专政、成立联合政府的号召。在此前后,重庆各高等学校也举行了类似集会,一致呼吁成立联合政府,如复旦大学千余师生举行了国庆纪念晚会,法学院院长张志让、教授周谷城等在会上要求刷新政治、实行民主。正是由于群众性统战工作的开展,显示了群众强烈的民主意愿,使联合政府主张成为时代的呼声,从而有力配合了联合政府主张在政治层面的推进。

(六)促成美军观察组进驻延安

为实现联合政府战略,中共还借力借到了美国人头上。1941年2月14日,通过英国驻华大使卡尔的帮助,周恩来在重庆会见了美国总统罗斯福的代表居里,向他介绍了中共的民主主张和各项政策。居里表示美国赞助中国统一,反对日本,不愿内战扩大,主张政府改革。这是中共与美国官方高层接触的开始,使周恩来看到了联美制蒋的发展趋势。周恩来还了解到并注重居里来华使命包括要求在中国建立空军根据地等极重要情报[①]。这些为中共后来寻求与美国的战时军事合作提供了最初的思考原点。之后,南方局加强了与重庆的美国驻华官方人员的交往,并让香港采取配合行动[②]。太平洋战争刚爆发,周恩来就马上函告英、美驻华大使,表示中共将与其并肩作战,并随

[①] 参见《周恩来致毛泽东电》(1941年3月6日),《中共中央南方局大事记》,第161页。
[②] 参见《周恩来致廖承志并报毛泽东电》(1941年5月16日),《中共中央南方局大事记》,第172页。

即安排广东、香港的中共组织救援在港的英、美、荷、比、印国际友人脱险。周恩来还特别注意向美方提供中共军队抗敌战绩和牵制侵华日军总兵力近半数的材料,邀请美国军事代表团访问延安,表示了希望与美国开展战时军事合作的态度。这引来自 1942 年初夏开始,南方局与美国驻华大使馆二等秘书、美军中缅印战区司令部政治顾问约翰·戴维斯的频频交往,他希望中共在侦察敌情方面给美国提供便利。周恩来向戴维斯建议美国派一个军官小组在陕西、山西建立观察站。再后,周恩来又会见了罗斯福的代表威尔斯基、美国使馆二秘谢伟思和参赞约翰·文森特,使南方局同美国使馆情报处建立了交换军事情报及宣传品的关系。终于,谢伟思在 1943 年 1 月 23 日的述职报告中作出了"中共军队的价值不容忽视"的判断,建议"派代表访问中共根据地"。戴维斯与周恩来交谈后,也向史迪威谈了此事,认为派观察使团前往共产党控制区有好处,激起了史迪威的极大兴趣。戴维斯又分别于 6 月 24 日和 1944 年 1 月 15 日两次向史迪威和美国国务院提交备忘录,陈述自己的主张。这些最终引起罗斯福的注意,指令参谋长联席会议主席马歇尔筹划此事,并以增加对日军的情报来源为由,在 2 月 9 日至 3 月 9 日之间,四次致电,促使蒋介石同意了此事。①

这一切工作及其成效,都完全符合毛泽东关于对英、美主要是宣传抗战,要求英、美派人进住陕甘宁边区②的要求。于是,按照中共中央的指示,南方局尽力促使美军观察组进驻延安。直到 7 月初,还将当前国共谈判中的中共 12 条及国方"提示案"密交美国副总统华莱士参阅,终于促成了美军观察组进驻延安。7 月 22 日、8 月 7 日,以美军中缅印战区司令部上校包瑞德为组长的驻延安观察组(戴维斯为其起的代号是"迪克西使团"③)18 名成员分两批抵达延安。随着迪克西使团的到来,中共与美国的交往,以配合美军在华

---

① 参见[美]D. 包瑞德著,万高潮等译《美军观察组在延安》,解放军出版社 1984 年版,第 23—26 页。
② 《毛泽东年谱(1893—1949)》中卷,人民出版社、中央文献出版社 1993 年版,第 508 页。
③ 迪克西使团,the Dixie Division。"迪克西",意为"太阳永远照耀",源于美国南北战争期间一首歌颂南方的流行歌曲(其歌词为"他们所称的关于迪克西的东西是真的吗? ……"),因而成为对南方反叛各州的统称。这里用以指称中共领导的抗日民主根据地,既有在政治上不恰当的一面,又有在国际法上承认中共合法地位的内涵,还有在情感上对中共肯定和倾心的含义。

登陆为共同目标,开始骤然升温。中共对美军在华行动给予了积极配合。如 8 月 20 日毛泽东电示八路军、新四军为盟军收集日本海军在青岛、烟台、连云港的情报;21 日,毛泽东指示新四军在设置无线电网、提供敌军情报、协同登陆作战等事上与美军合作。

中共的主观目标是以配合作战换取美国对联合政府主张的支持、以相当部分援华物资援助中共并相应降低蒋介石的政治影响力。这首先就需要使美方明白中共的主张和要求。因此,按照周恩来在 5 月间提出的"宣传出去"和"争取过来"的方针,从 8 月 23 日到 10 月 12 日,毛泽东、周恩来或一道、或分别,同随美军观察组到延安的人员多次交谈。比如,同谢伟思作了 4 次交谈,其中多数是长谈。周恩来还在 10 月 29 日与戴维斯就战后中国建设问题谈过一次。这些谈话向这些美国人宣传了中共的主张,并通过他们向美国政府转达了这样的信息:国共关系是解决中国问题的关键;如果国共内战,中国的统一、远东的稳定、经济发展统统会推迟,而国民党已在忙于为发动内战制造借口,所以内战很可能不可避免,防止内战、使蒋妥协的希望在很大程度上有赖于外国尤其是美国的影响,因为国民党在今天处境下必须看美国的脸色行事,美国只有既支持国民党,又支持共产党,才能赢得中国战场的决定性胜利;国府应邀请各党派代表立即召开临时(或过渡的)国民大会或召开某种会议,改组政府、制定新的法令、监督选举召开国大;美国政策要努力引导国民党改革自己;中共进城后将派人到美国学习技术、招聘外国专家和顾问,还需要大量沿海航行船只发展贸易。① 周恩来在 9 月 22 日以后代表中共起草了给史迪威的说帖,认为国民党法西斯化的政令和失败主义的军令造成了正面战场和国统区的空前危机,坚决主张国府立即召集国事会议,取消一党专政,成立联合政府;承认解放区及其民选政府;坚决要求制止内战危机;中共至少应获得美国租借法案分配于中国的军火、物资全数的二分之一。② 可见,中共中央这时在倾全力争取美国对联合政府主张的理解和支持;利用美国因素制

---

① 参见《毛泽东年谱(1893—1949)》中卷,人民出版社、中央文献出版社 1993 年版,第 539、550 页;《周恩来年谱(1898—1949)》修订本,中央文献出版社 1998 年版,第 594、598、599 页。

② 参见《周恩来年谱(1898—1949)》修订本,中央文献出版社 1998 年版,第 596—597 页。

约国民党当局,成为中共实现既维护国共合作又促成民主政治(联合政府)的政策的重要策略手段。

美军观察组这时进驻延安,当然是美国战略意图的一部分,即为了避免在日本本土登陆作战可能遭遇的极大牺牲,先在中国登陆,与中国军队配合作战,消灭中国境内的日军,构成对已经彻底孤立的日本的完全战略包围,迫使其投降。这在中共中央和毛泽东看来,当然是重大的战略机遇。因此从观察组完全到达延安后,大致了解美国战略意图的当时,即8月中旬起,毛泽东已将观察组称为"战友们"。除布置有关地区和部队配合美军外,最迟自21日开始,毛泽东已经指令新四军有关负责人张云逸、饶漱石、赖传珠等:在很快将到来的美军登陆前,抓紧时间,在预定登陆地区辐射范围内,"认真布置吴淞、宁波、杭州、南京间,特别是吴淞至宁波沿海及沪杭甬铁路沿线地区的工作,广泛地发展游击战争及准备大城市的武装起义。一师及苏中、苏南的党在此工作上应担负很大责任。"直到11月2日,毛泽东、刘少奇还在深入指示饶漱石、张云逸、赖传珠,说:美军可能在杭州湾登陆,而我们在那一带工作还很薄弱。为了配合美军登陆及准备夺取杭州、上海、苏州、南京等大城市,除粟裕带两个团南进外,请你们考虑设立苏浙军区,以粟裕为司令员,谭震林为政治委员,统一指挥苏南及全浙江,将来必要时设立中央分局领导之。遵照此令,苏浙军区于次年1月成立。

至此,毛泽东的战略意图已经非常清楚,那就是提出联合政府主张,既号召国人,又交好美国人,形成民主声势,迫使国民党当局改组政府,在中央层面实现中共、民盟参政的准民主;同时配合美军登陆,从日伪手中夺取长江三角洲的大城市(次年扩大到或者说重心移到胶东半岛),既为按照马列主义关于经济是社会发展的根本基础、工业化时代的经济中心在城市特别是大城市的理论指导,进城从事工业化,更为以城市经济、工业经济壮大中共实力,迫使国民党当局不打内战,实现联合政府、走向民选政府,从而完成"农村包围城市"的历史任务,实现中共领导的新民主主义社会,为下一步走向社会主义创造条件。因此,毛泽东提出的民主联合政府主张,是中共完成民主革命的大战略,是中共当时全部政策和策略的集中表现;按照毛泽东的大手笔,包括南方局在内,中共全党上下的一切努力,诸如八路军新四军从1944年攻占乡镇发展到1945年初开始规模日益扩大的打进县城、南方局引导宪政运动走向人民民主、争取美军观察组到延安、即将开始的围绕联合政府的国共长期谈判斗争、准备上海起义,直至抢占东北等等,无一不是这个战略的战役组成部分,即实现战略目标的策略运用。

为此,对于借力打力的国际统战,南方局这时尽力发挥了重要的配合作用。一是对中共与美军的合作进行宣传,以扩大影响,促进合作。如按照周恩来8月29日电示,将美军一架轰炸机20日在苏北失事,新四军已救出并正在继续营救有关人员的消息,及时向美国等有关方面作了转告。二是宣传中共实力即不论战绩、兵力、地位都优于国民党,争取得到美方更多帮助。如按照毛泽东电示,向美方提出希望美国援华军火由国共平分。[1]

中共及其南方局的国际统战工作是颇见成效的。9月28日,美国新闻处的广播也说"中国形势甚为严重,亟需成立联合政府"。这表明,由于大力宣传,中共的联合政府主张在很大程度上已成为全世界的共识。这个因素与民主导向的宪政运动相结合,使国共关系长期不平衡的状态终于扭转,达到了双方平衡的基本态势。

三、围绕联合政府主张的谈判斗争

中共在认为各方面条件都有利后,形成了联合政府战略。随即开始努力使它实现。这种努力以赫尔利的"斡旋""调停"为起点,以国共谈判的形式进行;虽未取得实质性进展,却为中共中央及其南方局提供了契机,在国统区群众特别是中间势力中,全力宣传并组织力量,去推动联合政府主张的实现。

---

[1]《毛泽东年谱(1893—1949)》中卷,人民出版社、中央文献出版社1993年版,第537—538、555、544—545页。

(一) 赫尔利访问延安与《五项协议草案》

现在看来,当时南方局配合中共中央的国际统战工作,除宣传和促进与美军的合作、争取美方帮助外,最重要的是第三点,即为赫尔利访问延安事积极联系。1944 年 9 月 6 日,赫尔利以罗斯福私人代表身份到达重庆,使命是协调史迪威与蒋介石的矛盾。开始时,赫尔利不愿接近中共,目的是防止构成对中共在形式上的承认而不利于蒋政权的"统一"。虽然美方有此态度,中共中央却不愿意放弃这个进行国际统战的机会。根据周恩来 8 日关于向史迪威、赫尔利等提出援助要求,欢迎赫尔利等人来延安的指示,南方局尽力与美方联系,促使赫尔利改变了之前的想法,于 10 月 17、18、23 日,与他进行了三次会谈,并及时将会谈情况报告中共中央以便决策。在会谈中,董必武、林伯渠向赫尔利介绍了中共的立即结束一党专政、成立民主联合政府主张;了解到赫尔利试图解决国共关系,承认中共是决定中国命运的一种因素,认为蒋是全国公认的抗日领袖,认为中国现政府不民主等基本态度和就民主问题向蒋施加的压力,了解了赫尔利试图用斡旋方式促成国共问题解决的步骤;特别是从赫尔利处了解到蒋试图灭共的所谓国共问题解决方案。林、董由会谈情况得出"蒋见我态度强硬,怕我们不承认他是抗战领袖"的见解,使毛泽东进一步确认了"蒋最怕指名批评他,美国亦怕我们不要蒋,故在许蒋存在的条件下,可以作出一些有利于我们的交易来"①的策略观点。于是,通过会谈,南方局推动赫尔利作出了造访延安的决定。

赫尔利对中国历史文化和当前情况,都是不了解的。他涉足国共问题之后,大而化之地设想:约张治中、王世杰和林伯渠、董必武先谈出初步结果;他再以此去征得蒋介石同意,然后到延安与毛泽东谈,求得双方合作的基础;最后蒋、毛见面,发出宣言,两党便合作起来了,他自己也就建功立业了。但是他实际上没有走完第一步,便开始走第二步,与蒋介石共同草拟了《为着协议的基础》,随即就迈出了第三步。

---

① 《毛泽东年谱(1893—1949)》中卷,人民出版社、中央文献出版社 1993 年版,第 552 页。

11月7日,赫尔利携带着他与蒋的作品,飞抵延安。从8日上午至10日上午,毛泽东、周恩来等人与赫尔利进行了4次会谈。《为着协议的基础》的核心是中共军队遵守并执行国府及其军委会的命令、中共军队官兵接受政府的改组、然后国府才承认中共的合法地位。这种做法即国民党当局后来宣称的先军队国家化、再政治民主化。它的结果明显有两种:中共交出军队,国民党当局承认中共的合法地位、让中共领导层人员做官,宣布实行宪政,因此中共及其革命将失去实力的支撑而归于消散,中间党派则失去中共的支持而无所作为,甚至连存在的法理基础也没有了,国民党则在吞并中共后,以唯一大党的资格继续实行一党专政;中共交出军队,国民党当局则可基于国共政治意识形态对立的根本原因,凭借手中的权力,在战后依靠美国的支持,随意制造一个或一些诸如中共要"推翻政府"之类的借口,就可以重演大革命时期的历史,不仅不给中共官做,还要将其彻底消灭,而中间党派在其间的最好命运将不过是个别党派去点缀国民党当局的"宪政",结果仍然是国民党一党专政。

毛泽东是永远不会忘记大革命的经验教训、永远追求共产主义理想的。所以上述无论哪一种结果,他看到的都是蒋介石将使中国共产党和中国革命彻底终结的如意算盘,他都不会答应。他当然严厉批评美蒋方案。赫尔利于是建议中共修改协议。经过谈判,形成了中共草拟的《中国国民政府、中国国民党与中国共产党协议》(《五项协议草案》),由毛泽东、赫尔利于10日签字认可。它规定:国共"应通力合作""击败日本","并共同致力于中国的复兴工作";"国民政府应即改组为一联合政府,由一切抗日政党及无党派之政治团体所派代表构成之","军事委员会亦应同时改组为联合军事委员会,由所有抗日军队派遣代表构成之";"联合政府应遵照孙中山先生所倡原则,创设一民治、民享、民有之政府","提倡进步与民主",充分保障人民的自由权利;"一切抗日武力应遵守并实施联合政府及联合军事委员会之命令,并由政府及联合军事委员会予以承认";联合政府承认国共两党及一切抗日政党的合法地位。① 除个别语句如"民治、民享、民有"是投美蒋所好而新加的以外，"五项协议草案"集中概括地反映了中共的一贯主张，实际上是要通过先改组政府以削弱国民党的权力和对政府的操控，以由此形成的国、共、民盟的联合政府，来保证中共及中间党派在未来的政治利益最大化，使蒋介石消灭中共、反对民主的企图彻底破灭。这与上述国民党当局要搞的接纳没有实力的中共领导人做官的国共"联合政府"，完全是两码事。

赫尔利却不理解，因而不在乎参加政府与改组政府的区别，只觉得自己将国共拉到了一起而急于向美国总统表功，故要求毛泽东写信给罗斯福谈此事。深知蒋介石其人的毛泽东、周恩来当然不放心，认为蒋认定中共参加政府与成立联合政府是有区别的，赫尔利则将二者混而为一，估计蒋必定会对协议提出修改。② 因此，毛泽东接受赫尔利的建议，给罗斯福写信，告知中共的主张，并要赫尔利将协议草案转交罗斯福，以图达到争取美国政府的同情和支持，使其迫蒋接受中共草案，成立联合政府的目的；同时他又拒绝了赫尔利的毛、蒋会谈建议，决定派周恩来赴渝谈判。

(二) 中共力争"入股"以推进联合政府战略

进入 1944 年 11 月，豫湘战事已经扩展到广西，终于演变成国民党军的豫湘桂大溃败。月底，日军侵入贵州。12 月 5 日，独山陷落，贵阳、重庆为之震动。虽然日军因为打通交通线的战略目的已经达到，不久就退出了贵州，但"一党专政"的恶果却因此而进一步暴露无遗。所以，在国民党军遭到削弱的同时，国民党及其政权就是在大后方有识之士面前也已到了天怒人怨、难以照旧独裁统治下去的地步。在这种情况下，要挽救中国的危机并保证抗战胜利，苏联倾向于扶持民主运动和组织联合政权；美国对国共两党则"深恐分裂"，尽力"拉拢局面"。所以蒋介石虽"无民主可能"，但在形式上却想敷衍。③ 形势有利于中共的联合政府主张的实现。

---

① 《中共中央南方局大事记》，重庆出版社 2004 年版，第 292—293 页。
② 《周恩来年谱(1898—1949)》修订本，中央文献出版社 1998 年版，第 600 页。
③ 参见《周恩来年谱(1898—1949)》修订本，中央文献出版社 1998 年版，第 617、616 页。

12月25日，中共中央发出经毛泽东修改的关于目前形势与任务的指示，认为国民党崩溃甚至投降的危险可能发生；可见"最近八个月，中国政治形势起了一个大变化。国共力量对比，已由过去多年的国强共弱，达到现在的国共几乎平衡，并正在走向共强国弱的地位。我党现在已确实成了抗日救国的决定因素"；"如果在数年之后，我们能达到一百万至一百五十万有纪律有训练的军队，而又有充足的粮食及日用品供养这个军队……中国的命运就可由我们掌握了"。1945年1月5日，毛泽东在一份指示电中又指出："不是两年胜利，而是两年准备胜利。"①这就是说，随形势发展而来的国共实力对比变化，毛泽东对于联合政府主张，作了日益深入、清晰的战略思考，已经形成一套以实现联合政府为目标，包括统一战线、武装斗争等策略在内的、完备的战略设想了，其基本点就是根据实力原则，在两年内使中共军队达到100万—150万，以此主导抗战乃至中国革命走向胜利。

但这个新的战略设想在当时国共实力并未平衡的情况下，还只能是远景目标、努力的动力，而不是现实目标。诚如周恩来所说：真正能逼蒋让步的条件，还没有完全成熟。②这时还只能考虑当前面目标，争取成立以蒋介石国民党为主体的联合政府。所以毛泽东在2月3日的六届七中全会主席团会议上说：去年九月提出建立联合政府的主张是正确的，这是一个原则的转变，以前是你的政府，我要人民，9月以后是改组政府，我可参加；联合政府仍然是蒋介石的政府，不过我们入了股，造成一种条件；为着大局，可能还要忍耐一点；如何避免缴枪，要采取慎重步骤；要反对右的危险；党派会议是预备会议性质，不是少数服从多数；对我们提出的条件，国民党要先实行几条才能召开国事会议；蒋介石如提出召开国民大会，我们要抵制。毛泽东的话，就联合政府问题总结了5个月来的经验，明确了联合政府主张在当前的性质、步骤、实现条件、斗争策略、前途和保证力量问题，从一个侧面反映了几个月来在此问题上的一波三折，特别是提出抵制国大以取代联合政府主张提出之前的召开

---

① 《毛泽东年谱(1893—1949)》中卷，人民出版社、中央文献出版社1993年版，第568—569、571页。
② 《周恩来年谱(1898—1949)》修订本，中央文献出版社1998年版，第618页。

国大的呼吁,反映了国共在联合政府问题上的当前策略斗争焦点之所在。

围绕联合政府战略,中共中央继续进行相关战略部署。在组织机构设置上,1944年11月7日,周恩来代中共中央起草致林伯渠、董必武、王若飞电:林、董回延后,王若飞留渝主持工作,以待董返渝;在王若飞主持下,可组织工作委员会。此电是从筹备中共七大需林伯渠、董必武回延安的实际考虑而发,更是基于联合政府战略需要在中共中央集中统一领导下迅速展开实施的考虑而发出的,因为调整后的中共中央重庆工作委员会组成人员多为从事统战工作者,可见之后重庆工委的工作重点在于统战。这在一定程度上可以理解为,以国共关系为重心的小统战工作不论是公开的,还是秘密的,都是联合政府战略的关键策略部分,需要专人和专门机构负责,因而形成了从周恩来到南方局(重庆工委)这样一个专职统战工作的体系。

12月25日,中共中央发出经毛泽东修改的关于目前形势与任务的指示,规定明年工作应特别注意发展生产、城市工作及扩大解放区三方面。按照这一指示,在前一阶段的基础上,战略展开继续进行。这时,毛泽东就国共谈判问题强调指出,我们要准备力量,多搞军队,扩大解放区,赶走日本侵略者;可调一些人到广西、广东去,中国的国土蒋介石丢到哪里,我们就到哪里。这就在10月已经派遣王震率359旅一部南下的基础上,进一步确定了中共军队向南发展的方针并展开了部署。中共中央于1945年2、3月间令太行再调2千人南下加强河南,并令各地支持河南财政以便其迅速建立根据地,打通华北与鄂湘;令新四军积极布置南进,目前要争取半年左右时间,深入扩大苏南工作;要求王震部进一步南进,以衡阳、宝庆(今邵阳)或郴州、宜章为中心建立根据地;继续强调要准备几千干部到东北去。[①] 中共中央还指示华南抗日武装斗争以湘粤桂边为主要发展方向,并通过对李济深等人的上层统战关系及外交工作,力求打通南路。这实际上开始形成一个从北到南、以南方为重点、以经济发达地区为重心、以日军为攻击对象、填补国民党军败退后所留空

[①] 毛泽东:《时局问题及其它》(1945年2月25日),《毛泽东文集》第3卷,人民出版社1996年版,第252、251页;《毛泽东年谱(1893—1949)》中卷,人民出版社、中央文献出版社1993年版,第561、578、582、586页。

白的军事战略力量部署。与之相配合,在文的方面,重点在于继续加大宣传攻势,尖锐批评蒋介石拒绝五项协议草案,强调大后方人民和爱国党派有责任为建立民主联合政府而努力,强调中共及其领导的军队政权的合法性和争取真正民主平等的合理性①。

(三) 周恩来两度赴重庆谈判

1944年11月10日下午,满怀信心的赫尔利与既期盼又担忧的周恩来,同包瑞德一道离开延安,飞赴重庆。

国民党当局的反共政策依旧,当然采取拖的策略,以致周恩来抵渝后长达一周时间,并无谈判机会。直到17日,蒋介石才对赫尔利表示不接受五项协议草案,并且提出三条反建议,其主要内容为:(一)国民政府欲有效完成所有国内武装之统一与集中,愿将中共武力改编后,收为国军之一部分;承认中共的合法地位。(二)中共在竭诚拥护政府,并把军队交由政府统一指挥后,政府在中共之高级军官中"遴员参加军委会"。(三)政府愿遵守孙中山倡导的三民主义,依抗战建国纲领之规定,对言论、出版、集会、结社以及公民自由予以保障;但"各该自由权利,应受抗战期间军事安全需要之限制"。②诚如毛泽东知道这三条后,将国民党当局的行为评价为"党治不动,请几个客,限制我军"③那样,蒋形成的这个协议草案,实质是坚持国民党一贯的招降中共策略,等于宣告赫尔利白忙乎了。所以,赫尔利于18、19日与蒋介石长谈后,显得非常低沉,与负责接待他的国府中将参军兼国防研究院副主任杜建时闲谈说:"为了防止内战,最好和最要紧的方法,是设法让共产党把军队交出来",为此就"必须让共产党参加政府,作为交换条件"。④这话与赫尔利的初衷不尽一致,表明蒋介石的观点及其两天阐释对赫尔利思想转变的意义重大。正因此,这种思想与前述初到重庆时的避共行为联系一起,反映了美国

---

① 参见《毛泽东年谱(1893—1949)》中卷,人民出版社、中央文献出版社1993年版,第575页。
② 《中共中央南方局大事记》,重庆出版社2004年版,第293页。
③ 《毛泽东年谱(1893—1949)》中卷,人民出版社、中央文献出版社1993年版,第560页。
④ 廖耀湘、杜建时:《我们所知道的关于美蒋勾结的内幕情况》,全国政协文史资料委员会编《文史资料选辑》(合订本)第29辑,中国文史出版社2000年版,第23页。

的拥蒋立场再加上接受蒋介石的观点,所形成的赫尔利让中共参政以诱使其交出军队的"交换条件"设想,是经过深思熟虑的,因而是自愿的、坚定的。

因此可以认定蒋介石于21日另提的三项协定草案,是与赫尔利合谋的结果:中共派代表参加政府和军委会;中共军队交军委会管辖,进行整编;承认中共合法。这种中共交出军队以换取参加政府、被承认合法的策略与联合政府主张完全背道而驰,中共当然不能接受。当天,周恩来两次会见赫尔利,接受他转交的国方三项协议草案,并对他表示:参加政府和军委会,只是挂名,毫无实权,说明国民党无改变一党专政的诚意;因赫尔利已背弃他在延安签订的协定,周要立刻返延。

22日,周恩来、董必武会见王世杰、宋子文。王表示不准备放弃一党专政,因为目前还是训政时期,"无从宣布废止党治",但政府准备容纳党外人士。周表示不同意国方草案和王的意见,但愿从双方所提建议中找出共同点,为成立联合政府做准备。同日,周、董见蒋。蒋坚持三点意见,并说联合政府就是取消政府,而"政府的尊严不能损害"。周则坚持联合政府,反驳说:政府是内阁,并非国家,不称职,就应该改组。从法律上看,这话将许多中国人从来就搞不清楚、国民党人或许有意搞不清楚的政府与国家的关系问题,进而有关自然法的基本内涵问题,作了极为简明准确的阐释;因而在政治上,它以决绝的态度表明了中共坚持谈判的基本原则或底线和最终目标不可更改。

不过,周恩来仍然希望寻找到双方的共同点以解决问题,于是采纳了孙科的意见,利用国方三条所主张的形式,包容中共五条的要求,起草了准备向国民党提出的谈判复案,包括将国防最高委员会改组为联合的国防最高委员会,由它颁布各项新民主政策,并改组行政院和军委会,使之分别成为各党派的联合内阁和由各抗日军队代表组成的军委会;中共军队编列为正规国军;承认中共和所有抗日党派为合法政党,释放爱国政治犯,给人民以各项自由等内容。但毛泽东洞悉国方三条等于是要中共投降,因而要求坚持联合政府这一解决困局的方案,绝不妥协。11月下旬,蒋介石还派人试探周恩来对于他准备组织政学系政府,请国民党外数人参加一事的态度。12月上旬,接替史迪威的魏德迈与赫尔利频繁约请周恩来会谈,要中共接受蒋的三项提议,不要改组政府,务必参加国府,并许以中共若参加政府则美国将给予50架运输机的军火的允诺①。对这些,周恩来皆指出关键是国府非联合政府,"政府不改组,就无法挽救目前的时局",这"是一个救中国的问题"。

国、共、美各方差距甚大,决定了周恩来只能无功而返。12月7日,周恩来、董必武从重庆回到延安。

当天,中共六届七中全会全体会议听取了周恩来关于谈判情况的报告,认为双方提案无法求得基本共同点,准备早日公布五条协议,以引起舆论注意和督促国民党政府改变态度。会议决定:周、董不再去重庆谈判;筹建解放区联合委员会,并为此由周恩来等35人组成准备委员会,作为组成一个不同于联合政府的独立政府的初步步骤②。这就提出了一个不同于"入股"成立联合政府,而是中共准备与蒋对立并单独联合中间势力建立政权的新政治战略主张。这个新主张在1949年的新政协会议上得到了成功实现,但在1944—1945年提出时,则因条件不具备而明显过早。8日,周恩来将七中全会决定内容函告赫尔利;并在同毛泽东一起与包瑞德会谈时,又告知了他,同时表示了对赫尔利态度的不理解。包瑞德对于解联的看法却是:当中共成立解放区联合委员会时,蒋介石会宣布中共搞分裂而予以打击。这次谈话的第二天,毛泽东将成立解联的目的修改为四个:组织沦陷区,加强解放区,帮助大后方,促进联合政府。他并且请七中全会从反面考虑如果美国不帮助、蒋介石取消八路军、中间派不赞成,我们是否会孤立;建议看看情况再讨论决定解联事宜。③ 这即是说从解联的政府性质上退让,仅将它作为联合政府战略的重要组成部分予以考虑。11日,王若飞电告毛泽东、周恩来、董必武:赫尔利对我们将公布五条协议草案"非常气愤",认为这使他难堪。12日,毛泽东向七中全会主席团会议提出:解放区联合委员会暂缓成立;现在总的任务是

---

① 转引自陶文钊:《对〈赫尔利接受中共五点建议析疑〉的商榷》,《近代史研究》1989年第6期,第254页。
② 参见《毛泽东年谱(1893—1949)》中卷,人民出版社、中央文献出版社1993年版,第561、564页。
③《毛泽东年谱(1893—1949)》中卷,人民出版社、中央文献出版社1993年版,第564页。

建立民主联合政府,七大也要采取这种态度。周恩来对此表示同意,认为晚点筹备解联,迟搞无害,因联合政府的口号更响亮,如蒋介石失败了,联合政府中我们就是大股,是中心。当天,毛泽东、周恩来立即电示王若飞,转告包瑞德或戴维斯,我们无意与美方决裂,五条协议草案可不发表;但"牺牲联合政府,牺牲民主原则,去几个人到重庆做官,这种廉价出卖人民的勾当,我们决不能干",希望美国朋友不要硬拉我们如此;解放区联合委员会只能在中共七大以后再说。这样,解联问题犹如一个插曲,很快消失了,中共中央又完全退回到11月谈判前的联合政府立场,从而继续保持了政治上的主动。在这一重大决策中,重庆工委11日的政治情报,起了重要的作用。

这时中共仍对美国抱有希望,继续与美军商谈在山东沿海的军事合作,继续与赫尔利保持联系,尤其鉴于美军为了战略利益的需要而极为注意防止国共摩擦,正告赫尔利"在国民党一党政治下的任何人事变动,都不可能变更目前国民政府的制度和政策",因此为了便于人民监督政府改变态度,五条协议草案虽暂不发表,但当在适当时候发表。① 这最后一点虽是为了坚持原则,又希望促使美国转变态度而提出的,却是不利于赫尔利的政治前途的。因此,这可能促使赫尔利作出两方面截然不同的反应:积极进取,化解矛盾和危险于成就之中;或者消极摊牌,反咬一口。若是后者,将可能使事情的发展处于僵持状态而不利于中共的政治战略、国际统战。12月21日,赫尔利的反应是前者,他致电周恩来:"希望再来重庆商谈"。由此,双方开始了新一轮谈判地点、内容的函电磋商。28日,周恩来致信赫尔利,请他转告国民党当局,中共不愿就联合政府问题继续抽象探讨,要求其做到四点:释放政治犯,撤退包围陕甘宁、中共军队的国民党军,取消限制人民自由的各种禁令,停止一切特务活动。这不是在新一轮谈判中不谈联合政府,而是以前提条件的形式,变正面进攻为侧面进攻策略,从长期威胁中共的问题入手,达到在谈判中既解决内战隐患,又披露蒋介石政权的非民主而为联合政府作铺垫的目的。1945年1月11日,毛泽东致电赫尔利,向国府提议在重庆召开由国、共、民盟三方

---

① 《周恩来年谱(1898—1949)》修订本,中央文献出版社1998年版,第606—607页。

代表参加的国是会议之预备会议。这表明中共中央已决心改变以前谈判纯属国共对垒的状况，希望消除国共长期秘密谈判而可能在中间势力中造成的误解，团结和引进新的力量，在民主协商的框架内解决问题。这就完全回到了上年9月提出的程序上，最终明确了召开三党派会议、政治协商解决的模式。这同召开解联的主张有着近似的一致性：既是策略，又是目的。在作了这些策略准备，并且得到赫尔利相信国民政府准备作出重要让步的保证之后，周恩来于1月24日再次飞抵重庆，开始新一轮谈判。

周恩来抵渝前后反复向记者和宋子文申明，此行任务是提出召开党派会议，成立联合政府，挽救时局，除此别无他途。但这一次在美国人的干预下，国民党当局给谈判准备了若干使人意想不到的内容。宋子文在周恩来抵渝当日宴请他时，就提出拟请中共和其他党派参加行政院下准备设立的行政委员会。这既有当时蒋介石正打算组织政学系内阁的因素在起作用，更反映了国民党当局回应联合政府主张的策略——国美两方将其理解为战时内阁性的新机构，希望用这个换汤不换药的机构将中共、民盟等党派圈进去吃闲饭，也算"联合政府"了。第二天，赫尔利又向周恩来转告了他与国方商谈的国方五点谈判方案，即除了去年11月21日的三条和行政委员会之外，再增加一项内容：成立有国、共、美各一人参加的整编委员会，整编中共军队，并为中共军队设一美军将官做总司令，国共各派一人任副职。这当然是国美双方的共同创作，但却不是创新。在赫尔利看来，此举也许并无恶意，只是想由美国人来充当国共是非的仲裁人，既避免了内战，又以事实上的国民党政府来保证国美双方利益，还以此为导向，将国共双方尽快拢到一起去，实现中共要求的"联合政府"。赫尔利的基本立场明显站在国方。在蒋介石看来，这是再好不过的了。周恩来对此，当即拒绝，声明这不是解决问题的办法。

因为，国、共、美三方心里都清楚，国、美此举触犯了中共的底线。正如同中共的联合政府主张在很大程度上来自希腊民族团结政府的启示一样，国美的整编委员会由美国人当头儿、整编中共军队的设想更是直接来自于希腊团结政府的范例。正如本书在前面所述，1944年5月，英国人以调解为名，召开了英国扶持的希腊流亡政府与希腊解放区各党派组织组成的全国民族解放政治委员会双方的贝鲁特会议，达成协议，改组流亡政府、解散民解委，以民解委少量成员参加改组后的流亡政府，形成带有联合政府性质的希腊团结政府，从而统一了全国政权。这对毛泽东构成了启示。但后续事项是毛泽东在提出联合政府主张时尚未发生因而不知道的。9月26日，举行由希腊人民解放军、流亡政府、全国民主联盟与英军代表参加的统一全国武装力量会议，达成协议，规定控制全国绝大部分领土的12万解放军服从希腊政府的命令，政府再将军队交给驻希腊盟军司令、英军中将罗纳德·斯科比指挥。这样，从政权到军权，希腊共产党联合各进步党派在长期反法西斯战争中取得的成果，被坐享其成的英军和流亡政府剥夺得干干净净。10月14日，英军带着流亡政府进入已被解放军解放的雅典，随即违反贝鲁特协议，下令单方面解散解放军，导致希共等党派参加政府的部长于12月1日辞职；3日雅典居民50万人示威游行，斯科比开枪镇压，死伤165人；之后40多天，英军重兵进攻解放军，杀害希腊爱国军民6000余人，造成震惊世界的雅典大屠杀；迫使解放军于1945年1月9日与英军达成协议，缴械、解散；随后年余时间里，前解放军官兵和群众被捕84000人、被杀1289人；1946年9月，在英军刺刀保护下，已被废黜的希腊国王乔治二世复辟。在周恩来第二次到重庆谈判时，希腊悲剧正在关键的恶性爆发阶段，中共能不吸取血的教训而将国家的主权、自己的性命交给一个可能的美国斯科比吗？另外，根据现代国际法，国家、民族独立自由的最简明标志，就是政府和军队不得有外国人参与或操控，必须掌握在本国人手中。因此，于情于理于法，中共都必须拒绝美蒋方案，坚决捍卫国家、民族和党的主权与利益。所以，毛泽东得知周恩来拒绝赫尔利的国共美三方整编委员会后，致电他说："你拒绝了赫尔利的两个补充办法是很对的。这是将中国军队尤其是将我党军队隶属于外国，变为殖民地军队的恶毒政策，我们绝对不能同意。"①

在与宋子文、赫尔利、王世杰、张治中的谈判中，周恩来强调国方的不公平，坚持先解决一党包办、结束一党统治，主张改组军委会，反对成立整编委

---

① 《毛泽东年谱(1893—1949)》中卷，人民出版社、中央文献出版社1993年版，第574页。

员,并起草了党派会议协议草案,强调会议应包括国、共、民盟三方代表,有权讨论和解决结束一党统治、改组政府并起草施政纲领,保证各代表有平等地位和来往自由。这在谈判前期是有效果的,迫使赫尔利承认了国方五条的不公平,口头承认了结束一党统治并表示倾向于召集党派会议。

但国民党人很快就反悔并发起了反攻。2月2日,在周恩来提出党派会议协议草案的同时,王世杰提出了国方草拟的方案,很快又提出了改变会议名称的主张。国方主张召开国民党和各党派、无党派代表的政治咨询会议,却不提改组政府,也反对用党派会议名称。周恩来坚持以协议草案为讨论基础,拒绝了王世杰方案。①但毛泽东却主张对王提案不完全拒绝。这种灵活性保留了国共后来转圜的余地,终于导致政协会议的召开;在当前却使谈判得以继续。

这时,毛泽东又电示周恩来,要求除坚持废除党治外,着重要求国民党先行放人、撤兵、给自由、废特务四条,否则"不能证明废党治、行民主不是骗局,我们万难加入政府",因为这将使中共纵然加入联合政府却难于实际负责。②因此,从10日开始,周恩来改以这四项先决条件与国方谈判。这时,急于见成效的赫尔利要求发表共同声明,并导向说他将向罗斯福报告国共关系已接近。周恩来认为问题并未解决,拒绝共同声明;若一定要发表声明,就要说明中共的要求和国共双方意见不同之点,以明真相,并应将真相报罗斯福。13日,周恩来与蒋介石面谈,说明中共关于召开党派会议的意见及参加政府的先决条件。但这时,蒋介石的召开国民大会、继续一党专政的主意已定,在策略上就必然要排斥可能产生非一党政府的党派会议,反对联合政府;苏美英三国首脑的雅尔塔会议这时刚开完,欧洲战事即将结束,战争重心转向东亚,三国因此都将有求于他,使他可以待价而沽,对于内政为所欲为。所以蒋对于谈判中的内容,除了政治咨询会议之外,一律予以否定。他表示:党派会议等于分赃会议,组织联合政府无异于推翻政府。周恩来虽然逐一驳斥,但却

---

① 《周恩来年谱(1898—1949)》修订本,中央文献出版社1998年版,第614页。
② 《毛泽东年谱(1893—1949)》中卷,人民出版社、中央文献出版社1993年版,第577、576—577页。

无法使谈判继续进行了,因为中共与国美两方政策立场的差距太大,蒋介石又"一言九鼎",拒人于千里之外。

接下来,周恩来要做的事就只剩下处理善后了。他于 2 月中旬写了关于谈判的声明交给赫尔利,阐明国共基本分歧,从而避免了赫尔利曲解谈判而不利于中共的可能性。15 日,他代表中共中央就国共谈判发表声明,说明谈判中存在分歧的原因在于国民党当局反对民主的联合政府,使谈判无法继续进行,因而毫无结果。他还于 14 日面告谢伟思:国共谈判又陷入僵局的原因在于蒋除了成立政治咨询委员会外,不同意其他任何方案,它甚至比以前提的"战时内阁"的形式还退了一步;再次破裂表明蒋介石决不会对限制他的权力或根本改变现状的方案作出让步,这次谈判破裂的责任在于国民党。周恩来这些声明的核心在于明确责任,以便争取国内政治力量和舆论的支持,争取美国人明辨是非,将其政策向中共有所倾斜。这就使善后变成了进攻。这样做是必要的,但对于美国则已无济于事了。16 日,即将回国述职的赫尔利对蒋介石说:"等到对日战争结束,你那些装备精良的师团就可以轻而易举地战胜共军了。"①当天,周恩来返回延安。

但决不能将这次国共谈判视为徒劳。就中共而言,它的成绩除了表现在 2 月 18 日毛泽东所认定的又孤立了一次顽固派,抵制了国民党和赫尔利要我们廉价或无代价下水并要解除我们军队的图谋外,还表现在谈判中提出了政治协商会议的雏形,明确了对分歧问题各陈己见的方式,强化了人们对党派会议的三方构成方式和结束一党统治、制定共同纲领、改组政府、提出政治解决方案等基本内容的认识,而这些恰好正是日后毛泽东赴重庆谈判、次年初召开政协会议的基本构成要素。可见它为以后中共在这些场合推进联合政府主张,提供了基本经验和行为框架,具有十分重要的意义。

(四)重庆工委对周恩来赴渝谈判的工作配合

正因为民主政治、改组政府在当前统战工作中的突出重要性,重庆工委

---

① [美]迈克尔·沙勒著,郭济祖译:《美国十字军在中国(1938—1945 年)》,商务印书馆 1982 年版,第 208 页。

在这一轮谈判中,尽力通过加强对各方面的统战工作,深入宣传中共的联合政府主张,协调各方观点,从策略上配合谈判的开展。

一是广泛宣传联合政府主张,以此为中心去团结进步力量及中间力量。11月中旬,周恩来一到重庆,王若飞就陪同他与董必武等人,接连出席郭沫若为柳亚子抵渝举办的洗尘宴会,同郭、柳及沈钧儒、艾芜、阳翰笙等交谈时局变化,说明来渝任务,强调团结民主力量,共同争取建立联合政府和抗战最后胜利;出席文工会欢迎周恩来的宴会,向赴宴的夏衍、沙汀、王亚平、张西曼、冯雪峰、黄洛峰等一百余人介绍延安情况和目前时局、国共谈判问题。下旬,按照毛泽东电示,周恩来开始考虑起草民主纲领(即联合政府纲领),并就此与中间党派作非正式商量。周恩来还会见了魏德迈,先后接待英国军官哈米士、英驻华使馆秘书赫戈登、赫尔利的华人副官伍汉民,宣传解放区战绩,强调成立联合政府的必要,并与美新处、《劳工报》《纽约杂志》记者福尔曼、爱泼斯坦、白修德、国际宣传处顾问夫聪广泛交往,寻求各盟国官方和新闻舆论对联合政府主张的理解和支持。

二是试探中间力量对解放区联合委员会的态度。11月23日,毛泽东在六届七中全会主席团会议上正式提出组织解联后,周恩来和重庆工委即按照有关电示,在重庆与有关朋友磋商解联有关事宜,直到12月中共中央搁置此方案后才暂时告一段落。

三是引导同盟者和群众顶住蒋介石的压力,深入开展群众统战工作。11月,王若飞在重庆会见国民党西康省主席、川军代表人物刘文辉的代表杨家桢时说:蒋介石集团是外强中干,应采取以眼还眼,以牙还牙的办法同他们作斗争。13日在赴文工会宴请时,周恩来当众批评蒋介石发起十万青年从军运动是欺骗青年、组织法西斯党军。12月9日,《新华日报》发表周恩来纪念"一二·九"的文章,认为现在正面战场正是处在极为严重关头,需要大后方青年更"切实而坚韧"地发扬"一二·九"精神,才能推进民主争取抗战胜利。重庆工委青年组于12月发起动员组织知识青年到农村去的宣教活动。次年1月下旬周恩来再到重庆时,又专门就此在工委作报告,推动活动的深入开展。

为促成和配合周恩来再次来渝谈判,并扩大其成绩,重庆工委在事前事中事后,从大、小两个统战层面,做了大量工作。

从前期准备工作来看,重庆工委系统继续在大后方推进宪政运动,为成立联合政府提供群众力量的支持。如在云南,1944年12月25日,组织推动昆明各界6000多人召开护国运动30周年纪念大会和会后2万人的示威游行;年底在西南联大成立中共的秘密外围组织"民主青年同盟",并逐步在各大中学校及部分工人中建立了分支部或小组,广泛宣传了联合政府主张,推动民主运动走向高潮。在重庆,工委派出负责人员就联合政府问题,同民盟主要人士座谈,通报中共同国民党方面接洽情况,有针对性地商讨了中共所提三方国是会议预备会议的主张。因此,1945年初,重庆产业界人士胡厥文等开始公开谴责国民党军的豫湘桂大溃败;黄炎培等60多名各方人士联名发表《时局进言》,要求国民党和各党派切实合作,挽救时局;柳亚子甚至公开宣传说"中国的光明在延安"。1月15日,民盟发表宣言,提出结束一党专政、召集党派会议、建立联合政权、承认党派合法地位等10项纲领性主张,明确表示了对中共主张的响应,对宣传联合政府主张、扩大民盟的影响都发挥了很大作用。26日《新华日报》因刊登了这个宣言,被国民党当局下令禁售当天该报,但民盟宣言却因此卖到200元一份。美洲10家华侨报纸也在2月10日通电要求国内废止一党专政,成立联合政府。这些使毛泽东兴奋地断言"可见民意所在""可见我党主张已得海外拥护"。[①] 在1月14日工委人员与民盟人士的座谈中,民盟不仅认为中共态度完全正确,完全符合全国人民的要求,并且建议中共加速准备与民盟及国民党内民主派间的共同纲领草案,既体现了民盟追求民主的热情,更表明民盟已经与中共在民主问题上取得一致性并愿意与中共并肩努力了。由此促成了周恩来开始起草共同纲领,从某种程度上开始了成立新中国的政治准备工作,当然对周恩来再次赴重庆谈判不无鼓舞作用。

重庆工委还遵照中共中央电示,就党派会议的国是会议预备会议性质、

[①] 参见《毛泽东年谱(1893—1949)》中卷,人民出版社、中央文献出版社1993年版,第579页。

由它讨论确定国是会议和联合政府之组织及其实际步骤、通过共同纲领等内容,首先应实现放人、撤兵、给自由、废特务四条先决条件等问题,与民盟及国民党民主派交换了意见,实际是作了进一步的宣传,达成各方共识。就是孙科也受影响,向王若飞表示中共改组政府和统帅部的要求合理。这种人心所向,是对中共谈判斗争极其重要的支持。

1月下旬周恩来再到重庆,遵照毛泽东提出的"征小党派同意,共同抵制蒋的国大把戏"①的策略主张,重庆工委始终密切协助、配合周恩来的谈判及相关工作。如安排各种场合,协助周恩来招待媒体记者、产业界人士,说明中共主张,说明工业家对坚持抗战、民族独立的责任;邀请民盟负责人商谈召集党派会议等问题,介绍谈判情况,求得他们对中共主张的一致赞成并愿为之共同奋斗;访问孙科,就党派会议、联合政府、中共所提具体要求进行长时间商谈;邀集了国民党内民主派、民盟和社会名流座谈挽救时局的主张和办法,赢得对中共态度的赞成。再如陪同周恩来应邀出席孙科及各方人士发起的各种餐会,以中共方案为基础,讨论国共问题,说明取消国民党一党专政、实行民主的出路。2月8日,《新华日报》刊登马寅初的演讲《中国工业化与民主是不可分割的》,呼吁今日唯有从速组织联合政府,召开国是会议,开放言论,确立各党派合法地位,建立地方自治,中国的工业化才有可能。13日,工委妇女组发动和领导重庆妇女界104人署名发表对时局的主张,要求召开国是会议,成立联合政府,给人民以言论结社等项自由。这些工作使民盟等各方面的政治主张与中共更进一步靠近。

谈判停顿之后,重庆工委继续围绕党派会议、联合政府问题,同中间党派、中间人士密切联系,从引导形势分析入手,帮助他们深入理解中共的政策、主张,以坚持联合政府要求、促进民主政治的实现。如向各方面秘密印发了《解放日报》评蒋介石3月1日讲演的文章。又如2月21日邀集在渝各中间力量的代表齐集郭沫若家,就雅尔塔会议及国共团结问题进行讨论。并从此形成了以后每隔10天左右举行一次这种会议的惯例。这种会议帮助中间

---

① 《毛泽东年谱(1893—1949)》中卷,人民出版社、中央文献出版社1993年版,第574页。

力量认识到蒋介石的独裁思想丝毫未变,因而对其假民主保持足够的警惕,并认识到进一步联合起来争取民主的必要,开始秘密酝酿成立包括国民党民主分子的民主统一委员会。工委对此力促其成。这还使中间力量更进一步靠近中共,更寄希望于国共谈判、联合政府的早日成功,因此发出了以公意请周恩来尽早返渝继续谈判的呼声。

同时,重庆工委还尽力抓住时机,开展群众性民主运动。如针对2月20日国民党特务无理枪杀重庆电业工人胡世合的事件,发动声势浩大的声援受害者、反对国特统治、伸张正义的群众斗争,以斗争胜利来配合和推动整个民主运动的发展。又如发动和领导了重庆文化界、昆明妇女界分别发出数百人签名的《对时局进言》《对目前危局的呼吁》,要求召开临时紧急会议,组织战时全国一致政府,提出了废除一切限制人民集会、结社、言论、出版、演出等自由活动之法令,取消党化教育之设施等具体主张。这些工作,宣传、组织了争民主的力量,推动了民主运动的当前发展,以联合政府主张为思想背景,为下一步斗争作了准备。这些正是国共两党政策尖锐对立的具体表现。

四、在政策对立中争取联合政府

随着美国扶蒋反共政策的确立,蒋介石的反共内战政策日益明显,中共因而确立了七大路线——联合政府战略在更高层次的展开。虽因形势迅速发展演变,七大战略在这一阶段终未能实现,但其争取中间力量、促成联合政府的策略,由于重庆工委的积极贯彻落实而开展的统战工作,还是富有成效的。

(一)中共七大与国民党六全大会的政策和策略宣示

进入1945年4月,形势的发展加快。5日,苏联宣布废除1941年签订的《苏日中立条约》。12日,罗斯福逝世,杜鲁门继任美国总统。这时,美国秘密研制原子弹的工作已到了收尾阶段,加上之前 2 月间雅尔塔会议关于欧洲战事结束后 2—3 个月内苏联开始对日本作战的协定,使得美国进攻日本本土的战略发生变化,不再需要以中国为基地,从而不再需要中共的帮助了。相反,由于美苏对峙格局已经初露端倪,美国政客以政治意识形态划线,自然将拒不听从西方及国内中间势力的改名劝告而坚持共产党名称、坚守共产主义理想信念和根本目标的中共,划归苏联阵营。加之对其长期追求的巨大的在华市场利益的考虑,美国政府当然就要抛弃由于莫洛托夫的中共是"人造奶油共产党"的观点所造成的长期游移,明确站到作为真正并且长期盟友的蒋介石国民党现政权一边,而与中共摊牌、了断长期不明不白的游戏了。于是,2 日,赫尔利在华盛顿公开宣布美国的军事援助只给国民党政府,并且变相指责中共及其军队阻碍了中国的统一。这就表明,美国政府最终选定了"扶蒋反共"政策。5 月 8 日,德国投降,欧洲反法西斯战争胜利结束,使美国人得以专注东亚,将前述政治思想、政策决定、政治形势趋势逐步变成为现实。

在这样的国际背景下,反共立场和政策一贯坚定的蒋介石 3 月 1 日在重庆宪政实施协进会上发表演说,声称"政府不能违反建国大纲,结束训政,将其政治上的责任和最后决定权移交于各党各派","不能还政于各党各派或其联合政府";①国府准备组织一个三人委员会管理整编中共军队的一切事宜,并在蒋节制下指派一名美国将官直接统率共产党军队。② 可见蒋介石决心坚持一党专政的既定政策;为了达到依靠美国人成就反共大业的目的,蒋介石已经顾不得他一贯宣称的民族主义了,至于国际法规定、民族国家独立的现代法治根本追求,则更不在话下,弃之如敝履。鉴于这种形势和国民党的顽固立场,毛泽东认为目前逼蒋让步的条件"根本谈不到成熟",因而指示重庆工委对于"王提议应拒绝",现在周恩来再去重庆谈判于"政治上不利"。③ 周恩来在电示重庆工委将工作重心放在逼迫蒋介石取消 11 月召集国大的同

---

① 《蒋介石年谱》,中共党史出版社 1995 年版,第 310 页。
② 参见《毛泽东年谱(1893—1949)》中卷,人民出版社、中央文献出版社 1993 年版,第 582 页。
③ 《毛泽东年谱(1893—1949)》中卷,人民出版社、中央文献出版社 1993 年版,第 583 页。"王提议"即 1945 年 2 月 2 日王世杰关于召开政治咨询会议的方案。

时,也认为逼美放弃扶蒋政策,一时还做不到。① 这表明中共中央已清楚地看到局势的有利与不利两方面。

但基于在时间上直到6月15日仍对"日、美决战当在明年夏季以后","尚有一年至一年半以上之时间可以利用"②的估计,基于中共已有党员120万,军队也从半年前的47万发展到91万,已有近1亿人口的根据地,而国民党军数量在下降并将继续下降的基本实力估计,中共中央对联合政府战略的目标追求已开始发生重大变化,已将注意力的重心放到了以自己为中心成立联合政府方面。在3月31日的六届七中全会全体会议上,毛泽东对七大政治报告作说明时说:现在是有更大希望的时期;大革命、内战、抗战各个时期的一般纲领都没有变,以后还可用若干年;"工农民主专政是新民主主义的本质。具体纲领在各个阶段是不同的。"现阶段"联合政府是具体纲领,它是统一战线政权的具体形式。这个口号好久没有想出来","这个口号一提出,重庆的同志如获至宝,人民群众如此广泛拥护,我是没有料到的"。他预测联合政府有三种可能性:一种是坏的我们不希望的可能性,即要我们交出军队,国民党政府还是独裁的;给我们官做,不要拒绝,军队我们当然是不交的。第二种可能性是形式上废止一党专政,实际上是独裁加若干民主。第三种可能性是以我们为中心,我们有150万军队、1亿5千万人民时,在蒋介石的力量更加缩小、削弱,无联合可能时,就要如此做,这是中国政治发展的基本趋势和规律,我们要建设的国家就是这样一个国家。③ 这就清楚地表明了他和中共中央追求的是以工农民主专政为基础的联合政府的第三种可能性,而不是第一、二种可能性;但在力量不够时,前两种可能性也是可以考虑的。

所以,在4月23日至6月11日于延安召开的中国共产党第七次全国代表大会上,毛泽东指出:"中国一切政党的政策及其实践在中国人民中所表现的作用的好坏、大小,归根到底,看它对于中国人民的生产力的发展是否有帮

---

① 《周恩来年谱(1898—1949)》修订本,中央文献出版社1998年版,第620页。
② 毛泽东:《王震王首道部的行动方针》(1945年6月15日),《毛泽东军事文集》第2卷,军事科学出版社、中央文献出版社1993年版,第797—798页。
③ 毛泽东:《对〈论联合政府〉的说明》(1945年3月31日),《毛泽东文集》第3卷,人民出版社1996年版,第275—276、277页。

助及其帮助之大小,看它是束缚生产力的,还是解放生产力的。"因此,中共的任务就是要"解放中国人民的生产力,使之获得充分发展",其步骤是首先在中国境内实现新民主主义的政治条件,然后"为着中国的工业化和农业近代化而斗争",即在若干年内逐步建立重工业和轻工业,使中国由农业国变为工业国。① 这是按照马克思主义的生产力理论,正式提出了判断政党历史作用的生产力标准,用以概括和规定中共的历史任务,是解放生产力即进行革命、建立工农民主专政、变革经济制度,和发展生产力即实现工业化、农业近代化。这在现阶段则应当是实现耕者有其田,在发展国营和合作社经济的同时,便利不操纵而有利于国民生计的私人资本主义经济发展,建立工人阶级领导下的各革命阶级民主联盟的统一战线政权,这就需要废止国民党一党专政、建立民主联合政府。大会全面接受了毛泽东这一中国革命"两步走"的规划,关于当前形势和任务决定着两个中国之命运、中共应追求独立自由民主统一富强目标的基本认识,关于形势及其发展的前途光明、道路曲折的观点,关于新民主主义理论和当前实践的论述,关于展开联合政府战略基本点的部署和面临困难的分析,最终形成了包含这些内容的七大路线:"放手发动群众,壮大人民力量,在我党的领导下,打败日本侵略者,解放全国人民,建立一个新民主主义的中国。"② 这就是要实现联合政府战略的第三种可能性。虽然它在形式上仍然要求"成立一个由国民党、共产党、民主同盟和无党派分子的代表人物联合组成的临时的中央政府"③,但在实质内容上却与以前的要求实现第二种可能性不同了,中共不再要求改组和加入蒋介石政府,而是要新成立政府,即最终走向自己领导,成立只容纳国民党革命派、民主党派的联合政府,将抗战和民主革命引向最后胜利。故,这实际上是不同于以前联合政府战略要求"入股"而是要"自营"的另一个战略——中共七大战略,虽然它仍以联合政府命名,现在还以争取"入股"为表现形式。

---

① 毛泽东:《论联合政府》(1945年4月24日),《毛泽东选集》第3卷,人民出版社1991年版,第1079、1081页。
② 毛泽东:《愚公移山》(1945年6月11日),《毛泽东选集》第3卷,人民出版社1991年版,第1101页。
③ 毛泽东:《论联合政府》,《毛泽东选集》第3卷,人民出版社1991年版,第1067页。

为实现七大战略,中共中央作了策略上的相关部署。在宣传上尖锐批评国民党丧师失地、祸国殃民及其阻止国大,要求废止独夫专政、成立联合政府并反对内战;希望美国不要插手国共问题。将军事上的部署提高到关乎中华解放①的高度予以强调,努力在华北、华中扩大武装和解放区;继续增派部队南下,加强两年内建成南北枢纽和华南若干战略根据地的工作;进一步筹划东北工作,提出要准备15万—20万人将来开到东北去(包括去搞工业),建立中国革命的巩固基础;6月17日指示重庆工委在大后方着重积极准备农村武装斗争及深入做国民党军队的工作。在政治上决定成立解放区青年和妇女联合会,6月19日的中共七届一中全会决定由周恩来负责筹备解放区人民代表会议,在8月间完成准备工作,以便在不能制止蒋介石于11月召开国大时,一步到位地成立普选的民主政权——解放区联合会,造成一种以合共产党之法、合国际法有关原则规则去对抗蒋介石之法的态势,至少达到迫蒋让步的目的;同时继续对中间力量进行统战工作,争取和团结他们一道去实现上述目标,从而在合法性上增强与国民党当局抗衡的力量(诚如毛泽东在七届一中全会指出的,国民大会开不成的好处是大家不合法),促成全新意义上的联合政府的实现。

按照蒋介石的政策和策略规定,5月5—21日,国民党在重庆举行六全大会,蒋介石提出为了复兴中国、救国救民救世界,当前就要"加强战斗力量,争取抗战最后胜利";"确定实施宪政,完成革命建国大业",其具体办法是"在本年十一月十二日总理八十诞辰召集国民大会","以防止野心家假借民主名义,僭窃民权,便利私图,陷国事于紊乱无主的状态";"增进人民生活,贯彻革命终极目标",其具体办法是"厉行平均地权,节制资本的政策,消灭一切兼并剥削的现象",同时遵照实业计划,进行"物质建设与经济建设";所以"首先必须健全本党""改正本党的弱点"。② 这个定调,表明蒋介石的主张、政策和策略是有根源的、始终如一的,虽然他从来没有将其变为现实,如"平均地

---

① 《毛泽东年谱(1893—1949)》中卷,人民出版社、中央文献出版社1993年版,第602页。
② 蒋介石:《开幕词》(1945年5月5日),《中国国民党历次代表大会及中央全会资料》下册,光明日报出版社1985年版,第901—906页。

权",其第一步为丈量清理土地,虽历经近20年,却就是数不清楚,也就免谈下一步了;当然也有新意,那就是以本年开国大来抵制党派会议与联合政府,改正国民党的"弱点"而非缺点、错误以健全之。照此定调,大会当然拒绝了成立联合政府,决定于11月召开国大,坚持一党独裁统治;强调相对于抑制土地兼并、耕者有其田、提高前线将士待遇、保障农工公教人员生活、普及青年就学就业机会等,"吾人更须知,民生主义之基本工作即为实现国父之实业计划,盖必生产力提高,而后生活有普遍改善之可能",说到底,其他皆不重要,唯有实业发展之一事才是根本,而这又只在于为发展衣食住行四大需求而"接受国外资本技术之协作";①指出国民党的缺点在于"党的民主精神不足,以致党与党员脱节,党员与民众脱节,驯至官僚主义侵入","全国百分之八十以上之工农民众,在党员数量中竟不达半数",党务"有流于形式化之弊","纪律未能切实执行"以致"精神涣散",纠正办法是负责干部须"依法选举","党内应倡导相互批评……互相尊重"以巩固团结,"大量征求农工党员,培养农工干部","今后吾党必须深入民间",在实际工作中训练、考核、选拔干部,提高同志的理论修养,"正确的领导青年""加强党员政治训练""争取第三者对本党之同情"。② 这些表明蒋介石国民党也举起了民主的旗号;其政策的重心不在于它喊得最响亮的民生、"实现三民主义之新农村社会"③之类,而在于使外资控制的以轻工业为主体(交通、动力、国防工业除外)的工商资本家们发财,走的是在20世纪仍然没有科学系统观念的、不愿解决工业化前提条件的、以小国弱国的发展方式达到大国强国目标的所谓"复兴中国"道路,所以仅仅几年后,它就使国民党政权民心尽失、败逃台湾;但它没有认识到政策的根本错误,只是从表面看到了党务的官僚主义、形式主义,于是形式主义地借鉴在整风中壮大起来的中共的经验,如批评、提高理论修养等,却未

---

①《第六次全国代表大会宣言》(1945年5月21日),《中国国民党历次代表大会及中央全会资料》下册,光明日报出版社1985年版,第912、913页。
②《对于党务报告之决议案》(1945年5月19日)、《本党同志对中共问题之工作方针》(1945年5月17日),《中国国民党历次代表大会及中央全会资料》下册,光明日报出版社1985年版,第919—920、921页。
③《农民政策纲领》(1945年5月17日),《中国国民党历次代表大会及中央全会资料》下册,光明日报出版社1985年版,第927页。

想过只照顾自己阶级利益而不考虑工农根本利益的即根本反民主实质的政策,与中共的方法、经验是不配套的,因而实行起来是会走样的,是无济于事且会适得其反的,如批评,不辅之以自我批评,更没有政策讨论环境和修正机制,在官僚资本的官员、忙于谋私的干部当政当权的情况下和训政环境中,就只可能是上对下、官对民变本加厉地训和批,不仅不解决任何问题,反而将使本已恶劣的党群关系、上下关系、官民关系更为恶化。这一切政策规定,从根本上与中共的政策是对立的,决定了大会必然照例坚持反共政策,并从策略上攻击中共一贯"不奉中央之军令政令""一贯坚持其武装割据,借以破坏抗战",且"最近更变本加厉,提出联合政府口号","企图颠覆政府,危害国家",但又基于现实考虑而宣称本党仍"寻求政治解决之道",愿与中共"在不妨碍抗战,危害国家之范围内,一切问题可以商谈解决",同时又提出了全党"提高警觉","整军肃政,加强力量,使本党政治解决之方针得以贯彻",[①]从而确立了文武两手并进、既拉又打的反共策略,这是必然导致与中共冲突的。因此,六全大会以一整套政策和策略表明决心在美国支持下压迫中共屈服让步,达到"军令政令统一",从而回答了战后中国向何处去的问题,即以内战坚持独裁。

(二)重庆工委为实现联合政府而继续努力

在民主与专制对峙之形势中,中共在大后方推动民主运动、争取联合政府,面临有利与不利因素并存的状况。如周恩来在3月24日电示重庆工委将工作重心放在逼迫蒋介石取消11月召集国大的问题上时,也认为逼美放弃扶蒋政策,一时还做不到。[②] 直到5月30日王若飞向毛泽东、周恩来报告大后方民主运动概况及今后的方针时,还说:由于一般人认为美国今天只援助蒋,蒋还有力量、有办法,同时又认为敌人很快投降,可以坐待胜利,所以许多人一面说毛主席"论联合政府"很好,一面又认为蒋还有前途,因而对目前

---

① 《本党同志对中共问题之工作方针》《对于中共问题之决议案》(1945年5月17日),《中国国民党历次代表大会及中央全会资料》下册,光明日报出版社1985年版,第921、922页。
② 《周恩来年谱(1898—1949)》修订本,中央文献出版社1998年版,第620页。

民主运动表示消沉、无办法,对于两党尖锐对立的主张,认为内战不可避免;我认为,只有先在思想上打破一般人的错误认识,才能使他们积极起来行动;当前民主运动的工作,是把争取"联合政府"、反对"国民大会",从具体的斗争中去推动民主同盟、国民党民主派、产业界、文化界、妇女界、青年学生等的努力活动;民主同盟前天开会,表示完全与中共取一致行动;孙科主张中共与同盟应坚决不出席参政会,及坚决反对国民大会。① 这表明美国扶蒋反共政策对中国民众的重大影响不可小视,当然也表明重庆工委的应对办法是进一步加强宣传以推动运动。

于是,重庆工委的统战工作集中在配合联合政府战略策略的展开上,主要表现在下述几个方面。

分析国际形势,提供中共中央参考。对于赫尔利4月2日的扶蒋反共政策谈话,重庆工委敏锐地意识到问题的严重性,5日即在《新华日报》发表时评《我们的坚定而明确的态度——评赫尔利将军谈话》,指出赫尔利的谈话"有助长中国分裂与内战的危险"。毛泽东高度评价这个评论。30日,王若飞写信给周恩来并毛泽东,认为赫尔利的扶蒋路线代表了美国政府的基本国策,我不相信美军登陆我们区域后,会无条件地尊重我们的抗日民主政权,无条件地帮助我们;很可能是先站住据点,造成事实,限制我们及苏联对我们的援助;对此,我们应有所警惕。这对于中共七大认识到美国对华政策的基本点在于联蒋抗日、拒苏反共、称霸东方,具有助蒋内战的危险性,因而坚定对蒋介石必定反共、准备内战的基本认识,调整对美政策,警惕美蒋动向,重视困难,强调自力更生等,无疑具有重要的警醒作用,提供了基本参考。

同中间党派加强联系,力促其与中共步调一致地争取实现联合政府。这首先是向他们大力宣传中共七大的政策主张。5月21日,王若飞将毛泽东的政治报告《论联合政府》送给黄炎培、冷遹,目的当然在于使广大中间力量能够了解和传播中共对中国前途的基本规划,认识到中共的主张是他们的利益所系,与中共一致行动。7月6日,《新华日报》登载了《论联合政府》,重庆群

---

① 《中共中央南方局大事记》,重庆出版社2004年版,第318—319页。

众争相购买,国民党当局下令没收市面发售的该报,邮检扣留发往外埠的该报。重庆工委则马上指示新华日报馆加印一批当天报纸,设法送往群众、进步民主人士、海外华侨、各国驻华使领馆和在渝友好人士、国民党党政军上层人物手中;还将《论联合政府》印成小册子,加上伪装封面,广为散发,使尽可能多的群众了解了中共的政策。同时,重庆工委及时向中间党派传递有关信息,加强协商,争取他们的一致行动。3月8日,王若飞、王炳南同章伯钧、沈钧儒、左舜生、屈武、王昆仑、张申府、邓初民、陈珍如、杨耿光、谭平山、冷遹、郭沫若、许宝驹、黄炎培在良庄沈钧儒寓所举行会议,适时传达了中共中央的意见,着重就坚持召开党派会议,结束国民党一党专制,成立联合政府,反对利用国大欺骗民众的问题进行了商谈。通过协商,民盟表示赞同中共主张,愿与中共采取一致行动;形成了要求抵制国民大会、成立联合政府的斗争思路。13日,民盟在特园举行扩大谈话会,传看重庆工委提供的周恩来7日致王世杰信的抄件,及时了解到中共的斗争与他们利益的一致性,深入理解了中共将召开党派会议、成立联合政府与抵制国大联系进行的态度。在中共七大期间,重庆工委还奉命向中间党派和各方面传达了中共决心以召开解放区人民代表会议对抗国民党召开国大的信息①,以此鼓励他们坚持对蒋介石独裁理念的斗争,力避出现国共破裂的可能性。在这个过程中,重庆工委还着重密切与民盟中最坚定分子的联系,依靠他们推动工作。如6月30日毛泽东、周恩来复沈钧儒、陶行知、张申府电,表示:"三位先生拟来延赐教,无任欢迎,何日命驾,乞示行期。"这无疑是重庆工委联系的结果,当然表明了它在重要关头对于最坚定的同盟者的坚定信任和密切依靠。

这些工作取得了积极的结果。3月10日,民盟发表谈话,指出以八九年前非经普选的旧代表召开国大,则所谓民主团结"岂不将图托空谈"②,从合法性角度否定了国大。4月28日,民盟在重庆开会,左舜生、黄炎培、沈钧儒、章伯钧均表示对出席参政会问题,完全与中共采取一致行动;并向中共建议,请中共中央先有个明确的表示,然后他们才有依据去说话,希望拿这个问题

---

① 参见《周恩来年谱(1898—1949)》修订本,中央文献出版社1998年版,第625页。
② 《中国民主同盟历史文献(1941—1949)》,文史资料出版社1983年版,第41页。

逼蒋重开谈判,达成党派会议。会议决定由左舜生起草一封致国共两党信,反对内战,促进尽快实现民主团结,重开谈判。虽然日后并未见此信,但这次会议表明,民盟支持中共抵制参政会以反对国大的态度,希望与中共一起求得召开党派会议、成立联合政府的态度,是十分鲜明而坚定的。

在欢送董必武赴美国出席联合国制宪会议上做文章,间接推动成立联合政府。国共两次谈判后,两党关系的重点一时表现在出席制定联合国宪章的旧金山会议代表问题上。2月18日,周恩来致电赫尔利,提出4月25日旧金山会议的中国代表团的组成,应是国民党代表占三分之一,因国民政府完全是国民党独裁统治,不能代表解放区和国统区广大人民的公意;其余三分之二应由共产党及民盟派遣。这就将争取中共和民盟的合法地位问题、拟议中的联合政府构成问题提到了国际社会面前,使代表名额分配成为配合联合政府主张的一场斗争。赫尔利当即表示不同意。重庆工委当然投入到这个斗争中,在重庆搜集有关情报,于3月6日电告中共中央,蒋介石可能指派中共参加旧金山会议的代表。如果这种情况发生,将很可能出现与中共意图相左的人选,造成在国际国内问题上都于中共不利的局面。因此中共中央高度重视此事,毛泽东当即提出要重庆工委向国民党当局提出中共人选,免蒋随意委派;周恩来9日分别致信王世杰、赫尔利,重申代表团应包括中共和民盟代表,提出中共代表为周恩来、董必武、秦邦宪。但在27日国府公布的代表团成员名单中,中共代表只有董必武一人,清楚表露了蒋介石矮化、排挤中共的意图。周恩来当即代表中共中央电示重庆工委:为委曲求全我们同意董老参加;但须转告王世杰、邵力子,对只给中共一名代表表示不满。工委将此事广为宣传,使名额之争变成为声讨蒋介石、团结中间党派争民主的斗争。4月6日,董必武由延抵渝。民盟当天就举行欢送董必武赴旧金山的茶会,沈钧儒、冷遹、黄炎培、左舜生、章伯钧、张申府、陶行知、史良、刘王立明、翦伯赞等40多位知名人士出席。董必武在讲话中提出要为民主团结、党派协议、成立联合政府而共同努力;对国民党当局无视中共的作用,只给十分之一代表名额表示"极不满意"。与会者明显表示了对中共的支持,如沈钧儒称董必武是中国人民的代表,章伯钧说董必武是真正代表中国劳苦大众的。8日,重庆妇女界也举行欢送董必武的茶会,史良在主持会议并致词时说旧金山会议很重要,是必须要有中国人民真正的代表参加的。直到7日,董必武还在争取6名随员名额,却终因国民党当局固执成见而无果。12日,董必武偕随员陈家康(重庆工委外事组成员)、章汉夫(《新华日报》总编辑)由渝赴美。

重庆工委着重于统战工作,力促国共再度谈判,实现联合政府的再一方面策略,是成就五参政员访问延安。1944年9月15日的参政会三届三次会议决定推冷遹、王云五、胡霖、傅斯年、陶孟和组织陕北考察团,前往延安考察以促成国共分歧的解决。南方局当即将此消息电告中共中央。毛泽东随即于18日复电,对五参政员访问延安表示欢迎,并要林伯渠、董必武转交对他们的欢迎电。21日,董必武、林伯渠对记者谈话,代表中共中央欢迎五参政员赴延安考察。从此,在参政员访延问题上穿针引线、积极促成,就成为南方局这一时期的一项重要统战工作。但由于国共谈判随后不久就在重庆展开、中共对参政会的认识进一步恶化等原因,五名参政员长期未能成行。1945年2月间,褚辅成、黄炎培鉴于国共谈判陷于停顿,"创议电延安","希望国共恢复商谈"。① 中共对于参政会的基本认识是根据其组织法和历来事实,判定它自成立以来就"任何决定问题的权力也没有"。随着国民党以召开国大对抗联合政府的主张出台,并在3月间宣布将把国大问题交付参政会审议,试图在国民党当局的法律框架内使国大合法化,中共认为参政会实际上已经演变成为国民党当局的御用工具,对它彻底没有了信心和兴趣。3月5日,毛泽东致电王若飞,说明对于下届参政会"不争议席,听其委派,但均可参加",表示了一种消极抵制态度。同时,新华社发表毛泽东写的新华社记者评论,声明让没有实际权力的参政会"审议"国大应否召集,"岂非犯法违纪",显示了政治思想宣传上的积极反对态度。因此,虽然4月间国府公布第四届参政员名单时,增加了中共参政员名额,加进了周恩来,中共中央仍然认为参政会由国民党包办,违背民主原则,它要强迫通过召集国民党一手包办的分裂人民的准备内战的国大,是反动的;决定不出席7月间召开的参政会四届一次会议,

---

① 黄炎培:《八十年来》,全国政协文史资料委员会编:《文史资料选辑》(合订本)第73辑,中国文史出版社1986年版,第66页。

也不出席国大,以警告美蒋,给反蒋的民主派撑腰,同时将出席参政会会议作为不开国大的交换条件。重庆工委却从策略上看重参政会,就这些问题对在重庆的参政员、中间力量如褚辅成、黄炎培等作了广泛的宣传解释工作。4月2日,王若飞同黄炎培、吴贻芳、胡霖、邵力子、雷震、左舜生、沈钧儒、章伯钧、张申府、孙科等谈国共问题,结果是一致请致电延安,欢迎周恩来和董必武再来重庆协商。5月21日、30日晚,王若飞又邀请黄炎培、冷遹就国共关系问题作商谈。这些努力促成了褚辅成于25日在参政会招待王若飞、黄炎培、左舜生、章伯钧、王云五、冷遹、傅斯年、王世杰、邵力子、雷震,商讨恢复国共商谈的办法,决定以此询问蒋介石的意见。这样,国共谈判问题就与促成参政员访问延安一事结合起来了。6月1日,蒋介石同褚辅成、黄炎培等人谈话,对他们的提议"表示空空洞洞,无成见,诸君意如何,当照办"①。对于这种明显的敷衍,他们信以为真。于是,褚辅成、黄炎培、冷遹、王云五、傅斯年、左舜生、章伯钧七参政员于第二天致电毛泽东、周恩来,提出团结问题之政治解决,久为国人所渴望,希望国共继续商谈。王若飞将此电转达中共中央。18日,毛、周回复王若飞电,要他抄送给七参政员的欢迎电,并要他争取陪同他们到延安。王若飞遵令而行,于7月1日陪同六参政员褚辅成、黄炎培、冷遹、傅斯年、左舜生、章伯钧(王云五因病未能同行)由重庆飞抵延安。

毛泽东、周恩来等人同六参政员经过3次商谈,于7月4日达成《中共代表与褚辅成、黄炎培等六参政员延安会谈记录》,一致同意决定停止国民大会召开,从速召开政治会议。六参政员在延时,黄炎培曾问毛泽东,对于"其兴也浡焉""其亡也忽焉"以至于"人亡政息"的历史周期率,中共从过去到现在,一直希望能找出一条跳出这周期率支配的新路来,找到没有?毛泽东回答:我们已经找到新路,我们能跳出这周期率,这条新路,就是民主,只有让人民来监督政府,政府才不敢松懈,只有人人起来负责,才不会人亡政息。② 这个回答顺应黄炎培注重解决现实问题的兴趣,不失时机地宣传中共解决现实问题的思路,着意于鼓励中间力量起来,同中共一起负责,坚持民主要求,打

---

① 黄炎培:《国民参政会日记》,《国民参政会纪实》续编,重庆出版社1987年版,第567页。
② 《毛泽东年谱(1893—1949)》中卷,人民出版社、中央文献出版社1993年版,第609—610页。

破蒋介石国民党独家"负责"、实行独裁的局面,监督政府,促其向前,以实现当前联合政府的民主目标。

5日,六参政员由延回渝。7日,他们向蒋介石报告了在延安的商谈情况,并将会谈记录交给了王世杰。中共拒绝出席参政会、各党派和无党派参政员访问延安及其商谈结果,对于7月7—20日举行的参政会四届一次会议可谓影响极大。许多参政员对这次会议消极待之,如张澜未出席会议;第一天到会人数之少,更是创了历届参政会会议的记录。虽然参政会因而从此完全成为国民党的御用工具,但在这次会议上,蒋介石仍被迫打了退堂鼓,表示:政府对于国民大会召集有关的问题,拟不提出任何具体的方案,而要听取参政会的意见。19日,参政会就国大问题通过一个妥协性决议,表示对于会期意见不一,请政府酌定。它的实质是将蒋介石踢来的皮球又踢了回去,使其11月开国大的打算在很大程度上成为泡影。

抵制国大、使其失败,是中共中央直接策划并具体运作的结果,重庆工委在其间发挥的作用则是应予重视的。正是重庆工委在联合政府问题上与中共中央的认识有微妙不同,动员中间势力力促国共重开谈判以成立联合政府,才使他们看到希望,有了六参政员访延,代表中间势力与中共中央达成共识,当即构成了国大的非法性,从长远看则构成了毛泽东赴重庆谈判的必然性,达成国共协议,决定召开政协会议以推进联合政府的合法性。

(三)威胁联合政府的内战态势益显

由于美国政府扶蒋反共政策的确立,4月以后的国际国内形势对于中共是利弊并存的。但基于1946年底才能结束抗战的基本时间估计,七大战略还有充分的时间去展开、实践,因此中共中央对形势的基本估计仍然是"很好"[①]。同时,由于国共谈判的再度停顿和美国扶蒋反共政策的明朗化,如7月31日,接替史迪威担任中国战区参谋长和驻华美军司令的魏德迈,已向蒋

[①] 毛泽东:《在中国革命死难烈士追悼大会上的演说》(1945年6月17日),《毛泽东文集》第3卷,人民出版社1996年版,第437页。

介石表示美国将尽力空运中央军去收复失地①。有这种强力支持,蒋介石重新开始了反共摩擦活动。5月上旬,中共中央就已开始关注这方面情况,发出反内战的呼声。但"淳化事件"的发生,多少仍在意料之外。7月15日,胡宗南部国民党军9个师已在陕甘宁边区南线淳化等地集结,21日向淳化县爷台山八路军防地发起进攻,27日,八路军被迫撤出爷台山地区。淳化事件与数月来"扶蒋反共"政策所酿成的时局相一致,使风云陡转,内战危机剧增。一时间,反内战取代了联合政府的重要性。

由于中国国内形势在美国主导下日益转向不利于中共的发展方向,中共中央在7月中旬连续发表毛泽东起草或改写的新华社评论《赫尔利政策的危险性》《新华社记者再评赫尔利政策》,以赫尔利为突破口,猛烈批评4月以来美国扶蒋反共政策具有助长国民党政府反动、增大中国内战危机、拖延对日战争胜利、妨碍世界和平的危险性;希望美方"平等待我",希望公正的美国舆论界、政府人员及军队人员积极纠正赫尔利式的错误政策。以后数十年的中美对峙由此揭开序幕。很清楚的是,它起因于美方在中国内政问题和利益问题上对中国的干涉、在国共关系上对中共的不公正,并非肇始于中共在政治意识形态问题上刻意与美方对立。即使如此,周恩来仍于28日起草了复美国战时情报处(美国新闻处)重庆分处处长费思函,表示中共愿开展与美方的文化交往。可见中共当时基于国共关系的策略考虑,基于联合政府战略考虑,对美国仍然秉持交好政策,与对国民党当局一样,采取的是打、拉并用的策略,仅对美国的扶蒋反共政策予以揭露和批评,总体上仍希望与美国合作,以促使美国政策转向、国内形势好转。

当然,问题的关键还在于调动国内力量反内战。22日,新华社发表毛泽东写的时局评论《内战危险空前严重》,呼吁解放区军民、国统区人民民主力量、英美苏三国在东方问题上团结一致,坚决反对中国内战,以此实现改变中国政治形势的可能。从这里可见,中共中央已经很清楚地认识到内战危险的严重性,它将使国内政治形势严重恶化。

---

① 《蒋介石年谱》,中共党史出版社1995年版,第312页。

因此对于中共,扭转危险政治形势的第一要务是按照以斗争求团结的原则,显示实力、增强实力、坚决斗争、制止内战危险。23 日,书记处会议以爷台山反击战为核心对边区反摩擦作战作了部署。8 月 8 日,八路军向爷台山反击,9 日收复该地区,使内战危险暂时得以制止。同时,中共中央对于战略力量的部署猛然加速,全部提前到年底以前或日本战败以前必须完成,并将当前目标都转到应付内战爆发。

对于上述一切,重庆工委都遵照中共中央的指示,全力予以贯彻或配合。为制止内战,重庆工委从 6 月开始向中间党派等各方面批评美国的扶蒋反共政策,宣传反对蒋介石内战方针,希望以此促使美国改变政策、压制蒋的气焰,并坚定同盟者之信心。"淳化事件"发生后,对于美国驻华大使馆劝告中共不要批评赫尔利一事,重庆工委针锋相对地向各有关方面解释说:赫尔利曾经批评中共,把中共和军阀并列,为什么中共不能批评他?美国政府停止扶蒋反共政策,我们就停止批评。① 为制止"淳化事件"对局势的恶化,毛泽东将事件逐日进展情况和实质详细电告重庆工委,工委派徐冰于 7 月 25 日访晤邵力子,提出双方军队"各回原地",要求制止内战。同时,徐冰到特园向中间党派通报国民党军在参政会期间挑起淳化事件的经过,并编印了《淳化事件真相》材料分送大后方基本民众的各方面、民主人士及各国使节和新闻界,揭露国民党军的入侵详情,表达中共打退它的决心。8 月 2 日,《新华日报》全文发表晋绥联防军贺龙、徐向前、肖劲光等将领致蒋介石、参政会、八路军办事处及各方人士的通电,吁请调查"淳化事件"真相,迅速制止内战,一致对外。《新华日报》还为此配发社论《吁请调查淳化事件真相》,揭露国民党在所谓缓和的幌子下,执行"反共第一"的内战政策。

这些工作争取了爱国民主人士和中间党派的同情。3 日,沈钧儒发表谈话,呼吁国人加强团结,反对内战,要求立即召开政治会议,并组织调查团调查边区冲突事件。7 月 28 日,民盟发表对时局宣言,要求切实保障人民自由;释放一切爱国政治犯;彻底取消一切特务及类似法令和相关机构;承认各党

---

① 参见毛泽东:《关于批评美国对华政策的电报》(1945 年 7 月 30 日),《毛泽东文集》第 3 卷,人民出版社 1996 年版,第 450 页。

派公开活动之权利,并且指出对这些要求,执政党果有放弃一党专政,实行民主之诚意,就应立刻照办。① 这些吁请,明确表示了对于内战的反对,表达了民意,发挥了应有的震慑作用。同时,中间力量将反内战与召开政治会议、反对一党专政相提并论,表明了他们对二者间的内在联系的关注,这就突出了蒋介石的反民主,因而对于推进民主、转变形势,不无重要作用。因此,刘文辉在夏天又派杨家桢到重庆请求王若飞指点时,王告诉杨,必须坚决顶住蒋之压迫,坚决反蒋斗争,但又必须注意斗争策略和方式方法;8月上旬,周恩来电示两广动员人民自卫自治,帮助民盟在华南发展,以便与昆明相呼应,对重庆造成犄角之势,欢迎李济深派员并转达梁漱溟参加11月各解放区人民代表会议,等等,都成为题中之义。

因为抗战胜利以大大超乎国共预料的速度于8月间到来,国共两党在联合政府与国大问题上的较量在这一阶段远未分出胜负。但从前述一切可见,中共中央通过以联合政府相号召的统战工作,争取中间势力、孤立国民党当局的策略已经甚见成效,并且出现由文向武深入发展的趋势,不仅预示了下一阶段重庆谈判中,中共团结民盟、挫败国民党当局,促成并召开政协会议,明确联合政府及抵制国大的合法性等一系列成绩的必然,而且为再后一阶段反蒋"第二条战线"形成,使蒋介石国民党陷入政治上空前孤立,打下了基础。

---

① 《中国民主同盟对时局宣言》(1945年7月28日),《中国民主同盟历史文献(1941—1949)》,第50页。

第六章　从重庆谈判到内战爆发

一、重庆谈判：中共和平民主团结政策的政治攻势

抗战胜利前后，国共两党根据国内外形势变化，适时调整既定战略部署，以应对战后国内政治、军事新格局。面对"内战、独裁、分裂"的威胁，中共中央提出了"和平、民主、团结"方针政策，并且得到社会各界的普遍认同。国共两党通过重庆谈判，签署"双十协定"，将"和平、民主、团结"政策及民主程序化途径加以确认，作为战后中国发展的基本原则和方向。

（一）受降权利之争与国共"和战"抉择

1945年8月15日，日本宣布无条件投降。随之摆在国共两党面前最重大、最迫切、最现实的政治，是怎样分配对日受降权利的问题。国共关于受降权的争执，绝非仅仅是一个对日受降的军事问题，也是关乎着战后国家的走向和国内政治格局根本变化的政治问题。对国民党来说，如果承认中共的受降权，就意味着承认中共的合法政治地位，也就意味着中共可以在未来和国民党分享国家政治权力。对共产党来说，如果得不到受降权，就意味着中共军队在抗日战争中付出的巨大牺牲被抹杀，进而意味着中国共产党、边区政

府及人民军队的合法地位被否认,更无从奢谈参与政权改组,组织联合政府了。

8月10日晚,日本乞降消息毫无征兆地传到国内后,国共两党领袖均颇感意外,却有不同反应:蒋介石连夜召集军事干部会议商讨对策,初步达成垄断受降权利的意向;毛泽东、周恩来、朱德等中共领导人基于对国内政治形势和军事态势的客观分析判断,初步形成接收解放区附近敌伪占领区的联合受降共识。二者的区别,可以从当晚向各自军事将领发出的命令内容,看出端倪。

蒋介石在深夜向何应钦下达命令:对外,向日军最高指挥官发出最后通牒,要求24小时内答复关于停止军事行动、维护社会秩序、保护公私财产、听候国军处置等条件;对内,则要求国军执行除了积极进占"敌后各要点、要线"、利用伪军"控制敌军撤离后之要点、要线以待国军到达""应有应战准备"等五项命令外,特别强调各战区"应警告辖区以内敌军,不得向我已指定之军事长官以外任何人投降、缴械"。①

11日,国民党中常会和国防最高委员会举行临时联席会议,通过有关受降和沦陷区问题决议案,决定由军事委员会负责受降和伪军处置,中央秘书处负责伪组织处理,行政院负责伪币处理和复员计划制定②等受降的基本策略。会后,蒋介石分别致电各战区国民党军将领及十八集团军总司令朱德,措辞及内容截然相反,令人咂舌。其致国军电文称:"倭寇政府已示投降,国内外军阀仍不免有负隅顽抗之事故,目前断不能认为日寇已实行投降。且我国领土之内,迄今尚有多数盘踞寇军,狡恶万端,诡计百出,非以军事实力迫令放下武器,绝不能望其觉悟。我各战区前线将领及全体官兵,务当严密警戒防范,加倍奋斗,一切依照既定军事计划与命令执行,绝不可稍有松懈,致

---

① 《指示对各战区日军投降应注意事项电》,王正华编辑:《蒋中正"总统"档案·事略稿本》第62册,台北"国史馆"2011年印行,第68—69页。
② 《中央对于日本请求投降之决策暨有关受降及沦陷区各问题之议案》(1945年8月11日),秦孝仪主编:《中华民国重要史料初编》第七编(二),国民党中央委员会党史委员会1981年印行,第9页。

涉贻误。务希切实遵照,并逐级饬遵照为要。"①此电所谓"国内外军阀仍不免有负隅顽抗之事故"及"一切依照既定军事计划与命令执行"等内容,隐含着蒋介石由来已久却无法实施的关于战后国内军政战略思考及政策安排,即在军事上,以受降名义,在西南,将滇系龙云部队及川系潘文华部队分别调出云南和四川,完全控制西南诸省,以巩固"建国南方统一之基地";在华中、华东、华北和西北等地区,进占各解放区,压缩中共部队回旋空间;在东北,借助即将签署的"中苏友好协定",设想整体接收东北三省军政主权,以达到建成"统一全国"的战略布局②。同日,蒋介石向八路军总司令朱德下达命令称"政府对于敌军投降一切有关事项,均已统筹决定,分令实施。所有该集团军所属部队,应就原地驻防待命,勿再擅自移动"③。两通截然不同的命令,不仅将中共军队对日受降权利剥夺无余,还束缚各解放区军队的行动自由。国民党当局这种利用掌握中央政权的优势,企图垄断对日受降的主导权以打压中共、准备内战的策略,是再明白不过的了。这必然引起中共强烈不满和高度警惕。

  为配合上述军事计划,另一方面,国民党当局还寻求美国、苏联及侵华日军最高指挥部对其独享受降权利的认可,并试图否认中共部队受降权利的合法性。8月12日,美国特使赫尔利向国务卿报告,如果美国和联合国家允许中国的一个武装的政党接受日本投降,并缴获日本人的武器,那么,中国的内战便将是不可避免的。他建议,日本须将所有在中国的武装交给国民政府,日本若企图武装中国国内任何反抗国民政府的军队,尤应予以惩罚。显然赫尔利不让中共军队受降的建议,为美国决策者所接受。15日,杜鲁门向驻日盟军司令麦克阿瑟发布了第一号命令,其中"指定蒋介石享有在中国(除满洲

---

①第六战区参谋处编:《第六战区受降纪实》,1946年印本,第3页,转引自汪朝光:《中华民国史》第11册,中华书局2011年版,第10页。
②《自记上星期反省录》,蔡盛琦编辑:《蒋中正"总统"档案·事略稿本》第63册,台北"国史馆"2012年印行,第66页。
③《电第十八集团军总司令朱德》,《蒋中正"总统"档案·事略稿本》第62册,台北"国史馆"2012年印行,第83页。

外)受降的权力"①;17日,魏德曼宣称:"中国战区内一切受降事宜均由中国代表负责执行,美方运输机决协助运送中国官员及军队前往目的地。"②至此,美国政府已经完全明确了支持国民党垄断受降权利的政策。

在美国公开支持下,蒋介石对中共军队的受降行动,更加以严格限制和公然诋毁。15日,任命何应钦为中国战区接受日军投降全权负责人,并详细布置接收任务,其中规定:"对于非经政府指定之受降部队,如有擅自接受敌军投降,企图扰乱我受降计划者,得呈请本委员长下令惩罚之","敌军应对本委员长所指定之部队投降,如对非指定之部队而擅自向其投降或让防、或于投降期间不遵我军命令实施者,得由陆军总司令下令以武力制裁之,并对不遵命令之敌部队长或敌军最高指挥官,直接予以处置。"③21日,国民政府公布中国战区15名受降长官名单,没有一名中共军队将领。22日,蒋介石在回应冈村宁次抗议国军非法接收行动的答复中,公然宣称"我军除声明中共所属之部队,已认其为中国叛乱之匪部,不能认为中国之军队"④。至此,中共军队不仅被完全排除在受降工作之外,就连其存在的合法性,也遭到了公开的否认。

面对国民党当局军事压迫和政治绞杀的严重局面,中共中央在政治、军事两个层面作出果断部署。在政治上,首先在受降权利问题上,多方交涉,据理力争,力争达到联合接收的目的。13日,毛泽东以第十八集团军朱德总司令和彭德怀副总司令的名义,致电蒋介石,表示坚决拒绝接受要求中共部队就地驻防待命的无理要求⑤。15日,朱德代表中共向美英苏三国发出说帖,严正指出"延安总部指挥下之抗日军队有权接受日伪投降,并负责实施同盟国在受降后之一切规定"⑥。16日,朱德再次致蒋介石电,指出蒋介石命令第

---

① 中共中央文献研究室编:《毛泽东年谱(1893—1949)》下卷,人民出版社、中央文献出版社1993年版,第6页。
② 《蒋中正"总统"档案·事略稿本》第62册,台北"国史馆"2012年印行,第220页。
③ 《致何总司令应钦令负责处理在中国战区内之全部敌军投降事宜电》,《蒋中正"总统"档案·事略稿本》第62册,台北"国史馆"2012年印行,第223页。
④ 《蒋中正"总统"档案·事略稿本》第62册,台北"国史馆"2012年印行,第293页。
⑤ 毛泽东:《坚决拒绝蒋介石的"驻防待命"的命令》(1945年8月13日),《毛泽东军事文选》第3卷,军事科学出版社、中央文献出版社1993年版,第23—24页。
⑥ 《蒋中正"总统"档案·事略稿本》第62册,台北"国史馆"2012年印行,第201页。

十八集团军"就原地驻防待命"是完全错误的,并就国共受降权利分配,提出正式方案:1.国民党在接收日伪投降与缔结受降后的一切协定和条约时,须事先取得中共的同意;2.中国解放区、中国沦陷区及其一切抗日力量,有权接受日伪军队的投降,收缴其武器资材,并负责实施同盟国在受降后之一切规定;3.中国解放区、中国沦陷区的人民及一切抗日武装力量,应有权派代表参加同盟国接受敌国的投降和处理敌国投降后的工作;4.中国解放区及一切抗日武装力量,有权选出代表团,参加将来关于处理日本的和平会议及联合国会议;5.提出制止内战的办法,即凡被解放区军队所包围的敌伪军,由解放区军队接受其投降,国军则接受被国军所包围的敌伪军的投降,如果不照此施行,势将引起不良后果;6.要求立即废止一党专政,召开各党派会议,成立联合政府,及承认解放区之边区政权及中共军队的合法地位。① 但是,中共上述抗议、申诉和建议,均未得到国民党当局以及美国政府的正面回应。

其次,向国内民众和国际社会表明中共的严正立场,高举"反对内战"旗帜以应对国民党内战政策。揭露国民党垄断受降权的本质"是发出的全面内战的信号",提出用"壮大民主力量"及"人民接收敌伪"的方式制止内战。毛泽东指示全党要"坚决反对内战,不赞成内战,要阻止内战"②,考虑恢复国共谈判,以解决国内可能发生的武装冲突,甚至内战;同时暂缓对国民党及美国政府的批评,以缓和国共关系。周恩来指示重庆工委大力宣传"反对内战、反对独裁、主张和平、主张民主"等中共基本政策③,以争取国内民众,尤其是民主力量的支持,共同制止可能爆发的大规模内战。于是,重庆工委在《新华日报》连续发表社论,指出抗战胜利果实应该归人民,应当取消一党专政和特务活动,呼吁建立一个真正的民主团结自由幸福的新中国;发动妇女、高校师生反对内战,呼吁和平民主。

在军事上,中共采取"针锋相对,寸土必争"的强硬对策。11日,中共中央以第十八集团军总司令朱德身份和延安总部名义,向各解放区部队连发七

---

① 毛泽东:《向蒋介石提出的声明和要求》(1945年8月16日),《毛泽东军事文集》第3卷,军事科学出版社、中央文献出版社1993年版,第37—38页。
② 《毛泽东年谱(1893—1949)》下卷,人民出版社、中央文献出版社1993年版,第6,5页。
③ 《周恩来年谱(1898—1949)》修订本,中央文献出版社1998年版,第629页。

道命令。一方面,传达要求各解放区部队向附近各城镇、交通要道的日伪军及伪政权送出通牒,限期"缴出全部武装","接受编遣";要求中共军队"如遇有拒绝投降、缴械之日伪军,即应予以坚决消灭"和"委任专员负责管理各地区之行政事宜"①等原则性命令;另一方面,部署华东、华北、西北各解放区部队,准备在日本正式投降之后,接收东北三省、内蒙古、绥远、察哈尔等重点区域。即具体要求山西、绥远、河北、察哈尔等地部队,交替向察哈尔、热河、辽宁、吉林等省推进;要求"所有沿北宁、平绥、平汉、同蒲、德(德州)石(石家庄)、正太、道(道口)清(清化)、津浦、陇海、粤汉、京沪、京燕、沪杭、广九与潮汕等铁路线及其他重要交通线之解放区抗日部队"②,肃清交通要道的敌伪军,并准备接受敌伪军投降。19日,华中局向中共中央报告,准备在上海动员20万群众武装起义,被中共中央认为"完全正确",并要求"其他城市如有起义条件,照此办理"。中共中央还指示晋察冀分局,要求对于华北的大城市,如北平、天津、唐山、保定、石家庄等,"迅速布置城内人民的武装起义,以便于不失时机配合攻城我军实行起义,夺取这些城市"③。

但是,随着情况的变化,中共中央很快对接收方针作了重要调整,即由大中城市转向中小城市和广大乡村。8月22日,中共中央致电各大区,认为"苏联为中、苏条约所限制及为维持远东和平,不可能援助我们。蒋介石利用其合法地位接受敌军投降,敌伪只能将大城市及交通要道交给蒋介石。在此种形势下,我军应改变方针,除个别地点仍可占领外,一般应以相当兵力威胁大城市及要道,使敌伪向大城要道集中,而以必要兵力着重于夺取小城市及广大乡村,扩大并巩固解放区,发动群众斗争,并注意组训军队,准备应付新局面,作持久打算。望各地按具体情况逐步转变思想与部署"④。此时,中共实际上已经放弃了争取合法受降的想法,而将工作重点置于尽可能地以和平

---

① 《延安总部命令第一号》(1945年8月10日),中央档案馆编:《中共中央文件选集》第15册,中共中央党校出版社1991年版,第217页。
② 《蒋中正"总统"档案·事略稿本》第62册,台北"国史馆"2012年印行,第88—92页。
③ 《毛泽东年谱(1893—1949)》下卷,人民出版社、中央文献出版社1993年版,第9页。
④ 《中共中央、中央军委关于改变战略方针的指示》(1945年8月22日),《中共中央文件选集》第15册,中共中央党校出版社1991年版,第243页。

或武力方式扩大解放区,争取在未来国内斗争中的有利地位。

此后,中共不再理会国民党"固守原防"的命令,按照既定部署,以和平或武力方式,在华北、华中接收或占领了若干地区。据统计,中共部队占领的城镇,晋察冀近60座,晋冀鲁豫近80座,山东60余座,华中40余座,晋绥10余座,其中包括张家口(察哈尔省会)、承德(热河省会)、集宁、邢台、邯郸、衡水、长治、焦作、烟台、威海、淄川、博山、周村、临沂、菏泽、曲阜、济宁、淮阴、淮安、盐城等重要城市(镇)。在东北,中共进入了数十座苏军占据的城市①。到9月初,中共部队已经达到127万,占领县城285座,解放区人口扩到了125500000人②。此时,中共无论是军队数量,还是解放区面积和人口,都已经达到了从事武装斗争以来的最高峰,增强了中共与国民党抗衡的实力。

在受降和接收过程中,国共双方立场不一,在一些地区引发了严重的冲突和军事对峙。由于长期敌后抗战的就近地利之便和1945年初就开始的攻占敌占区县城行动,到日本投降之初,中共军队已攻占河北132个县中的94座县城,完全控制了82个县;攻占山东的城镇已达到90%以上。③ 如此局面,不再容国民党小觑和国际社会的漠视。此时,国民党必须在中共的"和平政策""与既定事实上的"内战政策"之间作出选择。

(二)中共"和平民主团结"政策的确定

抗战胜利初期,国民党政权在政治、军事两方面均占据主动和话语权,大有将内战强加于中共之势。国内政局严重的不利境地,没有给中共时间和机会充分动员全党全国民众,从容执行七大既定建立"独立、自由、民主、统一、富强"新民主主义国家制度的基本政策。必须在坚决执行七大既定基本政策的前提下,顺应国内外反对内战、呼吁和平的大势,制订能够得到国内广大民众,尤其是民主政治力量支持,通过谈判取得合法地位的政策策略,防止局

---

① 转引自《中华民国史》第11册,中华书局2011年版,第24页。
② 《毛泽东年谱(1893—1949)》下卷,人民出版社、中央文献出版社1993年版,第29页。
③ 《山东省政府主席何思源致财政部部长俞鸿钧告朱德令鲁境共军窥犯津浦胶济铁路沿线祈请政府派军援助电》(1945年8月18日),《中华民国重要史料初编》第七编(2),国民党中央委员会党史委员会1981年印行,第318页。

势继续滑向"联合政府第一种可能性泥潭,或在国民党发动的内战中失败"①。

8月9日,在中共七届一中全会第二次会议上,毛泽东对时局进行客观分析后,确定"配合作战、制止内战、集中统一、国共谈判"四项应对时局的策略方针。11日,向全党传达上述精神。13日,在延安发表公开演讲,揭露国民党发动内战的阴谋,向国内外阐明中共"坚决反对内战,不赞成内战,要阻止内战",将"以极大的努力和耐心领导着人民来制止内战"的严正立场,并在苏美中协定基础上"准备继续国共谈判"的积极态度。②

几乎同时,民盟主席张澜发表谈话,表示"希望国共两党军队赶快停止各地足以促成大规模内战的一切摩擦,并立刻召开党派会议,从事团结商谈,以使内部的政治纷争迅速而彻底地得到总解决"③。赫尔利建议蒋介石邀请毛泽东到重庆作正式谈判,解决国共两党间的一切问题。④ 从国内外两位具有重要影响力的政治人物对中共主张肯定性表态可见,中共阻止内战的和平政策已经发挥很大作用。

此时,国民党当局正玩弄着"两手政策",以应付中共和平呼吁。一方面,在政治上,煞费苦心地部署接收计划,发布人事任命,控制大中城市;在军事上,继续在美军的帮助下,将大批国民党军从大后方抢运至华中、华北、东北等地,抢夺战略要地,准备发动内战。在外交上,急于以签订《中苏友好同盟条约》及附属协定为代价,以承诺只要"中共对军令、政令必须完全归中央统一,即照各国政党对国家法令切实遵守,则政府将一视同仁,一俟正式国会召集,政府改组时,当可容纳其在行政院之内,但决不能称为联合政府"为筹码,换取苏联对其处置中共问题的认可,即换取苏联"只对中央政府予以所有精神上及物质上之援助,苏联政府对中国之一切援助应以中央政府为限"⑤的

---

① 《中共中央南方局统战史论》,人民出版社2008年版,第308页。
② 《毛泽东年谱(1893—1949)》中卷,人民出版社、中央文献出版社1993年版,第617—618页。
③ 《中国民主同盟历史文献》,文史资料出版社1983年版,第59页。
④ Foreign Revolutions of the United States, 1945, Vol.7, P.446.
⑤ 秦孝仪主编:《中华民国重要史料初编》第三编(二),国民党中央委员会党史委员会1981年印行,第594、611页。

保证。

另一方面,在政学系骨干分子吴鼎昌的怂恿下,仓卒地打出"和平"的旗号,试图巩固其政治话语权。蒋介石分别于8月14、20、23日三次电邀毛泽东赴重庆共商国是,"共定大计"①,并将电文公布于主要报纸上,以一副诚恳的、迫不及待的面目出现,以便站在主动的、谋求和平统一的有利地位,既争取备战时间,又以高压态势迫使中共就范,实现其政治解决政令、军令统一的目的,或者借口谈判破裂而诿过于中共,名正言顺地进攻解放区。一时间,国际国内各色人等,诸如斯大林、魏德迈、胡适、张干等人,纷纷致电延安,要求毛泽东赴重庆与蒋介石谈判。

对于蒋介石的"两手政策",中共中央明确提出以革命的两手对付反革命的两手的策略。在政治上,不拒绝谈判邀请,把握和平机会,阻止内战。在军事上,继续执行既定"针锋相对,寸土必争"的方针,在解放区周围独立自主地开展接收工作。同时,逐步调整着重向南发展的战略部署为"向北发展,向南防御",具体制定"力求控制热、察两省,控制东北"的方针。中共开始进军东北,扼守关内外交通节点;通过接收敌伪占领区,控制陇海、平汉、津浦、同蒲等重要交通干线,巩固华中、华北、察绥、山东等解放区,集中力量发展东北、华北战略根据地,以应对随时到来的内战。

作为对蒋介石邀请毛泽东赴重庆谈判的第一封公开信的回应,中共中央于16日,公开提出六项要求,其中有"国民党在接收日伪投降与缔结受降后的一切协定和条约时,须事先与中共商量,并取得一致","请立即废止一党专政,召开各党派会议,成立民主的联合政府,及承认解放区之边区政权及中共军队的合法地位"②等两项先决条件,要求蒋介石表示意见后,才"考虑和你会面"。引导国内外社会舆论对蒋介石和谈邀请的认识。

22日,作为对蒋介石邀请毛泽东赴重庆谈判的第二封公开信的回应,中共中央决定由周恩来到重庆重启谈判,并准备向国民党政府提出《目前紧急

---

①《蒋中正"总统"档案·事略稿本》第62册,台北"国史馆"2011年印行,第273页。
②1945年8月17日《解放日报》;《蒋中正"总统"档案·事略稿本》第62册,台北"国史馆"2011年印行,第211—213页。

要求十四条》,其中要求"承认解放区的民选政府和抗日军队","释放爱国政治犯";"承认各党派合法地位";"立即召开各党派及无党派代表人物的政治会议,商讨抗战结束后的紧急措施",结束训政,成立民主的联合政府,并筹备自由的普选的国民大会。表明中共在和平政策基础上,比较清晰、系统地阐述联合政府主张以及实现途径。

当日,斯大林来电,劝告"中国不能打内战,否则中华民族有被毁灭的危险,毛泽东应赴重庆和谈"[①]。次日,中共中央召开政治局扩大会议,对国际国内政治形势进行了客观的分析和讨论,决定将《目前紧急要求十四条》修改为六项,即"1. 承认解放区的民选政府和抗日军队,撤退包围与进攻解放区的军队,以便立即实现和平,避免内战;2. 划定八路军、新四军及华南抗日纵队接受日军投降的地区,并给予他们以参加处置日本的一切工作的权利,以昭公允;3. 严惩汉奸,解散伪军;4. 公平合理的整编军队,办理复员,救济难胞,减轻赋税,以纾民困;5. 承认各党派合法地位,取消一切妨碍人民集会结社言论出版自由的法令,取消特务机关,释放爱国政治犯;6. 立即召开各党派及无党派代表人物的会议,商讨抗战结束后的各项重大问题,制定民主的宪政纲领,结束训政,成立举国一致的民主联合政府,并筹备自由无拘束的普选的国民大会"[②],作为中共当前的基本任务和方针政策,加以贯彻。会议初步作出毛泽东赴重庆参加谈判的决定,并围绕着这一决定,部署了中央主要负责人工作及期间斗争策略调整等诸项动议。

25日,中共中央政治局和书记处,正式作出毛泽东代表中共中央赴重庆参加谈判的重大决定,随即将上述"目前紧急要求六条"内容,以《中共中央对目前时局的宣言》的形式,向国内外公布,正式提出"和平、民主、团结"政策,系统地、完整地表达中共以政治方式解决国共纷争,谋求战后中国的和平、民主与团结的严正立场、政治主张和实现途径的设计。中共将"目前紧急要求六条"内定为重庆谈判中中共政策策略的基础。次日,政治局就重庆谈

---

① 《周恩来年谱(1898—1949)》修订本,中央文献出版社1998年版,第630页。
② 中共中央党校党史教研室选编:《中共党史参考资料》(6),人民出版社1979年版,第2页;《周恩来年谱(1898—1949)》修订本,中央文献出版社1998年版,第630页。

判策略继续讨论、完善,决定在解放区的地盘、解放军的数量及货币等方面作出必要的让步,认为:"无此让步,不能击破国民党的内战阴谋,不能取得政治上的主动地位,不能取得国际舆论和国内中间派的同情,不能换得我党的合法地位和和平局面",造成"在内外压力下,可能在谈判后,(国民党)有条件地承认我党地位,我党亦有条件地承认国民党的地位,造成两党合作(加上民主同盟等)、和平发展的新阶段"。但是,在作出让步的同时,坚持不损害根本利益,要求各部队在"蒋反我亦反,蒋停我亦停,以斗争达到团结,做到有理有利有节"策略下,对一些交通要道"凡是能控制者均控制之,哪怕暂时的也好。同时以必要的力量,尽量广占乡村和府城县城小市镇",①要求各地党委不要因为谈判,而放弃对蒋介石的警惕。

至此,中共战后"和平、民主、团结"政策及实施策略制定和部署完毕,为战后中国赢得了短暂的和平局面,也为中国民主进程争取到了一次实践机会。随着中共和平民主政策策略的层层推进,国民党将会为其自身的顽固立场、僵化政策和傲慢态度付出代价,在政治上穷于应付,一步一步失去主动权。

(三)重庆谈判:确认"和平、民主、团结"

8月28日下午,毛泽东、周恩来、王若飞等人组成的中共代表团,在赫尔利、张治中陪同下,从延安飞抵重庆。国共自29日开始谈判至10月10日双方代表签署《双十协定》止,历时43天。根据谈判的相关议题和进程,大致可以分为:交换意见、具体谈判和签署协议三个阶段。

第一阶段:交换意见(8月29日至9月3日)。国共双方领袖直接面谈,确立谈判原则;双方代表就谈判的必要性、原则、方针、程序和内容等问题自由交流。谈判开始的第一天,蒋介石首先提出"中国没有内战",试图否认中共军队的合法性。毛泽东则当即列举十年内战和抗日战争中的大量事实予

---

① 《中共中央关于同国民党进行和平谈判的通知》(1945年8月26日),《毛泽东选集》第4卷,人民出版社1991年版,第1153—1154页。

以反驳,"说中国没有内战是欺骗"①。国民党人心里虽不同意,坚持认定进攻中共部队是"剿匪",所以8月29日、9月17日及10月13日,何应钦、蒋介石先后三次密令各战区印发蒋介石于1933年进攻红军时制定的《剿匪手册》,并照此行事,但是,在口头上却不得不承认"内战"概念。从法理角度看,国民党当局若公开承认中共及其反内战的合法性,那么美国援助国军从事内战就属于非法;而事实和国民党当局的内在政策目标却正是如此。因此,在法理上已经注定了蒋介石终将处于孤立挨打的境地。

蒋介石针对中共公开发表《对目前时局的宣言》的3项要求,为国方代表制订了6条原则:(一)不得于现在政府法统之外,来谈改组政府问题,即其所谓召开党派会议,讨论国是、组织联合政府;(二)不得分期或局部解决,必须现时整个解决一切问题;(三)归结于政令、军令之统一,一切问题,必须以此为中心。② 这就为国方希望的谈判定下了基调。

8月30日,毛泽东、周恩来拟就重庆谈判方案11条,即:在和平、民主、团结基础上实现全国的统一,建设独立、自由和富强的新中国,彻底实现三民主义;拥护蒋先生,承认蒋先生在全国的领导地位;承认国共两党及抗日党派的平等合法地位,确立长期合作、和平建国方针;承认解放区部队及地方政权在抗日战争中的功绩和合法地位;严惩汉奸,解散伪军;重划受降地区,解放区抗日军队参加受降工作;停止一切武装冲突,各部暂留原地待命;实现政治民主化,军队国家化,党派平等合法;政治民主化的必要办法:由国民政府召集各党派及无党派代表人物的政治会议,各党派参加政府,重选国民大会;由中共推荐陕甘宁边区及热河、察哈尔、河北、山东、山西5省省府主席,绥远、河南、江苏、安徽、湖北、浙江、广东及东北10省副主席,北平、天津、青岛、上海4特别市副市长;推行地方自治,实行普选;军队国家化的必要办法:公平合理地整编全国军队,确定分期实施计划;解放区部队编成16个军48个师,驻地集中于淮河流域及陇海路以北地区;中共及地方军事人员,参加军委会及其他各部的工作;设立北平行营及北方政治委员会,任中共人员为主任;党派平

---

① 《毛泽东年谱(1893—1949)》下卷,人民出版社、中央文献出版社1993年版,第17页。
② 《蒋中正"总统"档案·事略稿本》第62册,台北"国史馆"2012年印行,第377页。

等的必须办法:释放政治犯,取消一切不合理禁令,取消特务等。① 方案准备适时提交国方,表明中共立场和谈判方向,以试探国方的态度,及早获得国方的对案。

9月2日,毛泽东依据上述11条,就政治会议、国民大会、自由、政党、释放政治犯、解放区行政、中共军队、受降等8项基本问题,以口头方式向王世杰提出中共谈判的原则性意见:双方会谈有结果时,应召开由各党派及无党派人士代表参加的政治会议;如果政府坚持旧代表必须有效,则中共不能与其成立协议;按照一般民主国家人民在平时所享有之自由,废止或修正现行法令;应予各党派以合法地位;应释放一切政治犯,并列入共同声明中;应承认解放区及一切收复区内的民选政府;中共军队须改编为48师,并在北平成立行营和政治委员会,由中共将领主持,负责指挥中共在山东、江苏、河北、热、察、绥等地军队;中共应参加分区受降等。② 这8项原则除第二项外,基本都是以前6项措施所有,但随着位次的变化,中共更强调政治问题的解决,更突出中间势力的地位和作用,主要目的是要照顾同盟者利益,以调动中间党派的积极性。中共自身利益要求也进一步提高,并将其具体化,既照顾了国民党的权力机构,又与其坚持的法统原则抗衡;最引人注目的让步是,不再抵制国大,但在坚持一般民主原则下,确定了国民党单方面召开国大的非法性,即不承认国民党的法统地位;前两项原则结合,构成了一个重大突破,有利于以政治会议推进民主政治的程序化模式的确立。这项谈判策略,坚持中共的党派会议主张、否定国民党一党专政的法统地位,从而开启多党政治的进程。在此前提下,又照顾到王世杰2月间所提议的咨询会议方案,在形式上使国方不致于觉得难堪,而可以接受。

可见,毛泽东的8项原则,是针对蒋介石的3项原则而来,即要废除国民党的法统;中共在重庆谈判中不提改组政府和成立联合政府,固然是当时不利形势所使然,但并未因此而放弃自己一贯坚持的方向和原则,只是变换形

---

① 《毛泽东年谱(1893—1949)》下卷,人民出版社、中央文献出版社1993年版,第18—19页。
② 参见朱汇森等编:《中华民国史事纪要(初稿)》(1945年8—9月),台北"国史馆"1988年印行,第751—752页。

式,以另一种面目出现而已。但在重庆谈判的初期,鉴于以前国民党坚决反对党派会议,实现这种形式的前景并不明朗。因此,中共虽有如此设想,把政治会议作为第一项原则,但不敢抱什么希望,所以对它作了"国共谈判有结果时"的条件限定,而将谈判力争的重点放在否定旧代表、重选新代表、召开多党国大,一步到位地实现民主政体的希望上,也就是要实现自陈独秀以来中共既定的民主政治体系。因此,政治会议不是中共初定的谈判必达目标,而是为谈判设定的一个要价砝码,是谈判过程中的意外收获。但在29日晚,毛泽东向蒋介石提出谈判政治会议时,蒋居然接受了[1],从而使其变为重庆谈判中的重大问题。

9月3日,中共代表周恩来、王若飞正式向国方代表提出上述8项基本问题11条方案。次日,蒋介石将自己拟定的"对共谈判要点"4条交与国方代表:军队问题,中共军队最多编12个师,驻地由双方商讨决定;解放区问题,此为事实所绝对行不通者,只要中共做到军令政令的统一,则对县级行政人员酌予留任,省级行政人员亦可延引中共人士;政治问题,拟改组国防最高委员会为政治会议,由各党各派人士参加,中央政府俟国大后再予改组;国大问题,已选国大代表仍然有效,中共方面可酌增代表名额。可见,蒋介石另有打算。但是,只要他将党派政治会议列入谈判议程,即便算盘再如意,也于事无补了。

第二阶段:具体商谈(9月4日至10月5日),国共双方代表在上述蒋介石的"三项原则""四个要点"和毛泽东的"八项原则"规定的框架下,在中共"十一条方案"的基础上,就具体问题进行谈判。32天内,分别在中山四路德安里101、103号及国民参政会驻地,周恩来、王若飞与张群、邵力子、张治中、张厉生、叶楚伧等国方代表及部分民主人士,进行了12次艰苦的谈判。为成立协议,按照既定的方案,中共在谈判中作了如下让步:不提党派会议,只求各党派参加政府;不反对参加国大,且表示不另行召开会议(即解放区代表会议),但不放弃普选代表的主张;在赫尔利建议的中共军队按照与国民党军一

---

[1]《中华民国史事纪要(初稿)》(1945年8—9月),台北"国史馆"1988年印行,第794页。

比五比例缩编的基础上,进一步让步,愿意按照一比六的比例缩编为 43 个师,乃至 20—24 个师,但裁减必须分期实施;进一步让出南方 8 个解放区(广东、浙江、苏南、皖南、皖中、湖北、湖南及豫南);不再坚持要求豫、皖、苏、鄂、浙、粤及东北 9 省副主席及沪市副市长职位,对山西省的职位要求由主席降为副主席。但是由于国民党坚持不承认解放区及其政权,坚持中共军队只能编为 12 个师,最终双方在军队和解放区问题上未能达成协议。

第三阶段:成立协议,签字确认(10 月 6 日至 10 月 10 日)。重庆谈判达成协议之处,包括和平建国方针、政治协商会议、国民大会(延期、旧代表有效但须增加名额)、党派合法及政治民主化、军队国家化、党派平等合作等问题。这些谈判结果,加之中共为配合谈判而展开的大量工作取得的成效,如 9 月 10 日至 10 月 12 日期间,八路军 129 师在上党地区果断、富有成效地回击阎锡山部的大规模挑衅;又如重庆谈判期间,毛泽东、周恩来利用一切机会,尽可能抽出时间,会见、拜访、慰问了国内外各阶层人士,包括国民党各派人士(含坚决反共的陈氏兄弟)、中间阶级和党派人士、文教科技界人士和朋友、在渝参政员、各国驻华使团代表和民间人士直至美军普通士兵,听取他们的意见建议,全力阐释中共和平民主团结的政策主张,力争他们的理解和支持。所有这些努力,共同推动和决定了国共必然就这个不尽人意的谈判结果签字。10 月 10 日,在中山四路 107 号桂园客厅,在周恩来草拟的《政府与中共代表会谈纪要》(亦称《双十协定》)文本上,国共双方代表王世杰、张群、张治中、邵力子、周恩来、王若飞依次签字。次日,毛泽东、王若飞由张治中陪同飞返延安。

为了配合重庆谈判,重庆工委系统都尽全力做好宣传工作、群众工作、中间党派的团结工作。《新华日报》以新闻报道、群众来信、社论、文章乃至文艺作品等各种形式,报道毛泽东赴重庆谈判,宣传中共的和平民主团结方针,反映群众的结束一党专政、要求党派合法、实现民主政治的呼声。由此带动了中间立场报刊的响应和呼吁,直呼要求联合政府。中共组织力量深入各方面,推动了以学生运动为主体的国统区民主运动,以要和平、反内战、争民主为主要内容,进一步发展;带动了中间党派积极配合中共进行谈判,如张澜分别致函蒋介石、毛泽东,对两党商谈问题提出建议。这一切工作及其成绩,使中共的政策主张在国统区开始普遍开来、赢得民心,对国民党当局构成巨大压力,在很大程度上促成了重庆谈判的成功。

中共在重庆谈判中迫使国民党表示要做到国共"长期合作,坚决避免内战",在事实上承认了和平民主的方针;迫使国民党接受"内战"的概念,就使其法统难以成立,使中共达到了避免内战立即爆发的主要目的,也避免了中共在政治上的被动、非法;加上延期召开国大等,则形成了国民党在政治上由主动变为被动的趋势;虽未就中共军队和解放区问题达成协议,看似未达成中共谈判的根本目的,也许会被人理解为中共的失败,但恰恰相反,没有成立协议就只能维持现状,使中共军队和解放区得以完整地保存。特别值得注意的是,由于中共变换方式,提出在国大之前,召开一次政治会议以商讨国事,即党派会议不再作为抵制国大的方式,而是作为召开国大的前提,意外地得到国民党的原则同意,条件是不用党派会议名称,而改称政治协商会议,加进社会贤达。这就为突破国民党法统,提供了最关键的突破口。在事实上,使中共的党派会议方案得以成立,从而使毛泽东在一年前提出的实现中国民主政治的新程序性模式在经历周折后得以确认,使实现联合政府战略的基本途径得以成立。从长远眼光和政权合法性的角度看,这是中共在重庆谈判中取得的最大收获,它使中共的民主追求、统一战线工作全盘活了起来,从而根本扭转政治上的劣势地位。因此,从战后国共两党政治战略布局态势看,重庆谈判以蒋介石的全盘失败、中共全面胜利而告结束。

二、政治协商会议:联合政府政策及其运作模式的确立

1946年1月10日至31日,在重庆召开了由国民党、共产党、民主同盟、青年党和社会贤达五个方面参加的政治协商会议。在中共、中间党派和无党派人士的共同努力下,此次政协会议确定了战后中国政体以议会制、内阁制

和省自治制等为主体内容的民主政治制度模式,确认了实现和平民主政治新程序模式,为战后中国政治发展确定了原则、途径和目标。

(一) 中共为召开政协而努力

重庆谈判后,虽然国共之间的谈判仍在持续,但是美国对华政策由抗战时期的"扶蒋用共"转变为"扶蒋压共";蒋介石从未放弃武装反共的企图,但真要马上冒天下之大不韪,公开撕毁"双十协定",悍然发动内战,也不可能。因此,这段时间内,国共关系呈现"和战"并存态势,即一时偏和、一时偏战,和中酝酿战,战中酝酿和。针对这种局面,中共决定谈判应本着反内战、争民主、求和平的基本方针,执行"边谈边打的谈判"策略。

重庆谈判后,中国民众要求废除国民党一党专政、反内战、要和平民主的运动此起彼伏。对此,国民党政府采取特务统治的镇压政策,重庆工委则积极组织群众的反内战、反独裁、求民主的运动。11月中旬,在中共的推动下,重庆各中间党派负责人张澜、沈钧儒、黄炎培等发起成立"陪都各界反内战联合会",并于19日在西南实业大厦举行有五百多人参加的反内战大会,呼吁各界和纳税人罢工、罢课,拒绝参加内战和纳税,用自己的实际行动来制止内战爆发,以促进联合政府的早日建立,奠定国内永久和平。12月,在中共的领导下,重庆五万多失业工人成立了失业工人请愿团,向国民党政府提出保障工人生活、工作权利等7项要求,开展反对国民党特务迫害的斗争,取得了斗争胜利[①]。昆明发生"一二·一"惨案后,重庆工委的领导成员董必武、王若飞出席了在重庆召开的群众性追悼会,抗议国民党暴行,并通电要求追查祸首、公葬烈士、赔偿损失、保障人权、停止内战,掀起了席卷全国的反内战、争民主运动。

与此同时,美国的"扶蒋反共"政策,因逆全世界和平民主潮流而动,受到国际国内舆论关于和平民主要求的冲击,被迫以"扶蒋压共"的形式出现,表现为杜鲁门派出马歇尔以特使身份来华调停处理国共争端,试图通过马歇尔

---

① 王斌:《四川现代史》,西南师范大学出版社1988年版,第350页。

的调处,促使国民党当局采取一些改革措施,以换取中共交出军队,取消解放区政权,把共产党"统一"到以国民党为主体并主持的联合政府中。根据形势的发展,中共中央就国共谈判问题致电南方局(12月由重庆工委恢复南方局,又名重庆局)及董必武、王若飞:赫尔利在中国的政策已经失败,马歇尔来华后,美国的扶蒋反共政策可能改变,我们应在政治上取攻势,军事上取守势。马歇尔来华调处后,国共双方签署停战协定。蒋介石迫于形势,宣布政治协商会议于1946年1月10日在重庆召开。

政协代表名额的分配,是中共与国民党在政协会议召开前的前哨战。国民党为了控制多数代表,使政治协商会议通过有利于他们的提案,孤立中共,使出各种手段拉拢中间党派,特别是对民盟采取了打拉结合的手法。抗战胜利后,民盟提出在政治上实行英美式的议会民主,经济上则是苏联的经济民主。[1] 民盟的这种主张,与中共的主张是有一定距离的。但它在组织联合政府,反对国民党一党专制,要求和平民主方面,与中共有共同点,对国民党的一党专制构成挑战。因而,被国民党视为中共的附庸,在政协代表名额分配问题上不能不遭到国民党的疑忌和分化打击。国民党认为:凡与本党政纲政策不抵触之政党,均可视为友党,并应和谐相待,争其对本党之同情与助力,务使中共及中共之尾巴,即所谓民主同盟陷于完全孤立地位[2]。诚如当局的一份内部情报所称:"民盟内部矛盾动摇,应分别分化。其不能争取者,目前亦予以最大之宽容,视其前途演变。青年党对政府颇表好感,民盟势孤该党。除张东荪、蒋匀田等少数人坚持意见外,余均与本党保持联系且各派对民盟日益疏远"[3],国民党对民盟采取了分化孤立的策略。他们以高官厚禄拉拢其领导人罗隆基,遭到拒绝后,张群、吴铁城又对民盟中央常委、国家社会党领导人张君劢、张东荪做了许多拉拢工作。甚至,蒋介石也亲自出面,特别宴请款待张君劢、张东荪,但都未达到目的。于是,蒋介石就唆使青年党领袖曾琦闹"独立",以分裂民盟,答应青年党作为一个独立单位参加政协会议,并违背

---

[1]罗隆基:《从参加旧政协到参加南京和谈的一些回忆》,《文史资料选辑》第20辑,第204页。
[2]《政治情报》第301期(1946年6月29日),第16页。
[3]《重庆警备司令部代电》叁二字第1333号(1946年10月),转引自《中共中央南方局统战史论》,人民出版社2008年版,第327页。

国共重庆谈判的协议,私下许给青年党5个代表名额。由于国民党的离间和收买,青年党突然提出要在民盟9名代表名额中占5个名额。在遭到拒绝后,青年党表示坚决退出民盟,以独立身份参加政协会议。中共为了挫败国民党的阴谋,加强与民盟的团结与合作,坚决支持民盟。周恩来多次向民盟领导人表示,民盟原定的9名代表名额不能减少。他还提议,民盟仍保持9名代表,青年党以独立单位参加,占5席,解决为此而增加名额的办法是:共产党让出两个名额,变为7席;国民党让出1个名额。

(二)中共民主理念和联合政府政策的强势影响

蒋介石同意召开政协会议,并不等于他同意废除国民党一党专政的政权体制。早在政协会议开幕之前,蒋介石就为会议定下了基调:"至于对共方针,若准其成立地方政权,不如与其参加中央政府也。只要其共军受编与恢复交通,则其政治上之要求,决与尽量容纳也。"直到12月31日,蒋介石在全面分析重庆谈判后的美苏对华政策及中共政策策略后,制定了四项策略加以应对:(一)开放中央政权,容纳各党派参加政府,以消除美国对我"一党专政制度"的疑虑,且杜绝中共与反动派对国民政府攻讦的口实;但宪政政府未成立以前,仍保持国民党政府的法统,而打消其联合政府与党派会议之毒计。(二)投其所好,将计就计,赞成其"长期合作"'的提议。一面提高国民党的警觉性、竞争性,加强国民党的组织,促进党、政、军、教等各项工作的进步;一面以精诚感召中共,冲淡其颜色,潜移其思想,使其突变,阴谋发现,以达成我长期和平全力建国之理想。(三)依据中共"军党分离"的口号,造成"军队国家化"的氛围,使中共不能不放弃军权,而归政府统一。蒋介石曾对马歇尔说:"政治事往往有弄假成真者,吾人今日对共,亦唯有本此原则,引之臻入正轨而已。但军队国家化之主张,必须彻底追求,积极进行,不可稍有放松也。"(四)中共以参加政府,获得公开地位,为掩护其长成,扩充其实力,发展其组织,便利其宣传的良图。我们应顺其意而行,不予阻碍,但相约不作工潮与学潮之运动。一来可以防止其扰乱社会秩序,窒丧人民生机,二来可以防止其武力割据地方,阻碍军令政令之统一。①

到了 12 月,国际上要求中国和平统一、国内民主力量要求和平民主的呼声日益强烈。15 日,杜鲁门发表对华政策的声明,要求国民政府"召开一全国主要政党代表会议,以谋早日解决目前之内争";17 日,中共中央对杜鲁门对华政策中"关于国共停止敌对行动,召开各党派代表会议,结束国民党一党专政,改组政府"的建议,表示欢迎。27 日,苏美英三国外长会议发表公报,认为"国民政府各级机构中民主党派之广泛参与及内部冲突之停止,均属必要"。

与此同时,出于对政局现实的分析和对国民党交往经验的总结,中共也在考虑恢复谈判,召开政治协商会议。周恩来提出在"政治进攻、军事自卫"原则下,以政治协商会议为政治攻势的主要讲坛,辅之以国共的幕后商谈,实现"反内战、争民主、求和平"既定政策。15 日,中共中央决定由周恩来率中共代表团参加政协,任务是配合军事自卫,开展政治攻势,同时寻求可以接受的妥协方案。具体方法是争取停战,在政协会议上制定和平建国纲领,改组政府,在此基础上讨论国大和宪法问题,至于解放区问题在地方自治下解决,军队国家化问题由改组后的民主政府解决。②

1946 年 1 月 5 日,中共中央最终确定参加政协会议的策略:"1. 我们必须坚持用党派会议的方式来解决问题,这将造成为我们及其他党派与国民党斗争的第一个问题。2. 如果国民党被迫接受用政协来解决问题,那这次政协会议亦将可能解决一些问题。我们对政协应作解决一些问题的准备。3. 如果政协能够解决一些问题,那我们准备提出的纲领就应更实际一些,简单一些。"③这表明,中共中央尽管知道蒋介石并无合作的诚心,也无和平的诚意,还是决定派中共代表团参加政治协商会,准备利用政协会议这一讲坛,揭露国民党内战、独裁政策的实质,教育全国民众、争取民主力量,以便中共进行政治攻势,迫使国民党以签订协议的方式,将实现民主政治新程序性模式法

---

① 叶健青编辑:《蒋中正"总统"档案·事略稿本》第 64 册,台北"国史馆"2012 年印行,第 218、287—289 页。
② 《周恩来年谱(1898—1976)》修订本,中央文献出版社 1998 年版,第 648、644、646 页。
③ 转引自《中共中央南方局统战史论》,人民出版社 2008 年版,第 328—329 页。

律化。

1月10日,各方关注的政治协商会议在重庆开幕。会议代表由国民党8人、共产党7人、青年党5人、民主同盟9人及社会贤达9人,共5个方面38人分别组成政府组织、施政纲领、军事、国民大会、宪法草案5个小组及1个综合委员会。蒋介石以会议主席身份致开幕词,宣布了4项诺言:人民享有各项自由,现行法令将依此原则修订,司法、警察以外机关不得拘捕、审讯人民;各政党在法律之前一律平等,并可在法律范围内公开活动;各地依法实行由下而上之普选;政治犯除汉奸及确有危害民国之行为者外,分别予以释放①。周恩来在致词中首先对"四项诺言表示欢迎",表达了中共"愿以极大的诚意和容忍,与各党代表和社会贤达,共商国是,努力合作";在此基础上,"必须实行和平建国的方针,使政治民主化、军队国家化及党派平等合法化,而当前的过渡时期中,首先是要在共同纲领的基础上,实现各党派、无党派代表人士合作的举国一致的政府",②只有有了和平团结的政治局面和民主统一的政治基础,中国才能进行真正的人民普选,实施民主宪政,也才能有真正的农业改革和工业建设。周恩来的发言提纲挈领地阐述了中共关于民主联合政府主张的程序性内涵:召开政协会议,制定共同纲领;改组国民政府,成立联合政府,组织全民普选、制定民主宪法、成立民主政府、实施民主宪政、领导国家建设,实现建立独立、民主、富强之新民主主义中国。这种环环相扣的程序与蒋介石应对政协会议的"因应政策"有着本质区别,这就决定了在政协会讨论改组政府、等五大问题时,国共必然针锋相对,激烈争论。

改组政府问题,是政治协商会议的首要议题。它涉及如何结束国民党一党"训政",组织各党派临时联合政府,然后由其负责召开国民大会,实施宪政等基本国策。中共与国民党对此问题均有自己的主张和预案,且两者具有本质的区别,因此,双方代表在会上进行了针锋相对的斗争。1月14日,政协举行第4次会议,中心议题是中央政府机构之改组与扩大问题。王世杰提出的《关于扩大政府组织之意见》的核心内容是,取消国防最高委员会,以扩大的

---

① 1946年1月7日《中央日报》。
② 1946年1月11日《新华日报》。

国民政府委员会为政治最高指导机关,委员名额可在原有的 36 名基础上,由蒋介石提请选任党外人士担任,并经"国民党中央执行委员会通过",再增加 12 人,共计 48 人;国民党人须占"特定程度多数",以便"履行领导的责任";蒋介石并应拥有相对否决权和紧急处置权,但应于事后报告国府委员会;部会长官任命权属于行政院,增设政务委员若干人。显然,国民党的提案忠实地执行了蒋介石的"扩大政府",而非"改组政府",以便继续维持一党专政的政策策略。众所周知,当时的国府委员会只是一个"有薪可领,无事可做"的党国元老的敬老院;行政院也只是一个既无权又无能的执行总裁命令和纸条的事务机关。① 由此观察,国民党的本意是使国府委员会成为某种程度上的最高咨询机关,一种荣誉机构。

这样的提案,必然会引起与会代表的强烈不满和愤慨。郭沫若作为"社会贤达"一分子,在发言中毫不含糊地指出:"主席权限太大,国府委员连建议权也没有",并提议根据党派平等合法原则,由各党派另立机构来研究国府组织法。中共更是一针见血指出,该提案"把现在已经动摇的一党专政,经过三个多月的临时的'扩大的'一党专政,最后过渡到完全合法的'宪政'式的一党专政。总之,变来变去,还是一个一党专政"。②

针对王世杰的提案,中共中央指示中共代表团三点原则:(一)国民党改组政府方案,仍是露骨地要保持一党专政,不能接受;(二)改组政府未获协议前,对国大问题绝不要让步;(三)军队国家化问题,应表示非有广泛代议制政府则军队无法统一。中共中央认为,应说服中间派了解上述意见,争取其共同行动。③ 其后,董必武代表中共提出"关于改组政府组织的八项主张",明确要求有一个共同纲领;政府委员会是政府的最高决策机构,有权决定政府的人选;政府主要职员数目大党不得超过三分之一;政府委员人选应由政治协商会议协商产生;手令必须防止;为便于召开会议和进行工作,政府委员会内可产生出少数人组成常委会;政府改组应包括各院部会;政府改组后,应明

---

① 转引自秦立海:《民主联合政府与政治协商会议》,人民出版社 2008 年版,第 194 页。
② 《评〈扩大政府组织之意见〉》,1946 年 1 月 19 日《解放日报》。
③ 《中央关于我在政协斗争中之方针原则的指示》(1946 年 1 月 16 日),中共中央统战部:《中共中央解放战争时期统一战线文件选编》,档案出版社 1988 年版,第 43 页。

文规定党的费用开支不得由国库支出。中共提案一经公布,立即赢得了中间党派的坚定支持。民盟代表罗隆基指出,我们讨论的问题是政府重新"改组",而不是所谓的"扩大";认为改组后的政府要真能决策,真能执行,真能过渡到民主,不然只有过渡而无目的,就无意义,否则其实质就是维持国民党一党专政。就连青年党在响应国民党的同时,也提出《改革政治制度,实行政治民主化案》,主张以中央政治会议代替国防最高委员会以决定国策,全盘改组政务执行机关应包括各院会。它同时不主张设国府委员会,要求扩大国民参政会,作为宪政实施前的监督机关。至于社会贤达,也多反对国民党隐形的一党专政和个人独裁,希望真正实现政治民主化。这样,对国民党提案的几乎一致反对,表明中共反对国民党一党专政的民主政策,得到了广泛一致的认同。

由于中共和各党派的坚持,国民党在政府改组问题上,不得不作出妥协。从1月28日达成的协议看,国民党接受了中共和民盟的主张,同意使国府委员会成为拥有实际政治权力的最高国务机关,有决策权和用人权,主席和行政院对国府委员会负责;国府委员选任,无须经国民党中执委通过;取消国民政府主席的紧急处置权,并限制其否决权;凡是涉及施政纲领变更之议案,必须有出席国府委员2/3赞成,始得协议,以确保政府改组后的平稳过渡。作为妥协条件,中共和民盟同意国民党占有国府委员名额的半数(40名中的20名)。但国府委员的具体分配方案,及中共和民盟力争的1/3(40名中的14名)否决权,却未得到明确协议,只好留待会后"另行商定",从而留下隐患。但迫使国民党当局承认党派合法、政府改组,无可否认是抗战以来中共民主政策的最大胜利。

和平建国纲领,作为政府改组后和宪政实施前各党派临时联合政府的共同施政准则,直接关系到能否顺利实现过渡,作用重大而内容繁杂,各方均慎重对待之。吴铁城主张施政纲领可仿照《抗战建国纲领》形式,选择过渡时期应做、能做之事,不分门类,列成简单条文即可。此外,他还借他人之口,提出政协会议实为党派会议,无法律依据,因此所拟纲领最好称为"政治协定"。陈布雷则提出,因当时国共业已停战,"和平"已经不成问题,主张直接称为

"建国纲领";其内容涉及地方政权事项,应充分讨论、协商,使之不妨碍"国家统一"。①罗隆基表示反对以《抗战建国纲领》为共同纲领的蓝本,并指出"政治协商会议非人民代表,只要真正适合人民的需要,能订一好的纲领,就应看成是法的根据"。章伯钧主张施政纲领定名为"和平建国纲领",并认为其制定应以国民党一大宣言及约法为根据,同时参考中共及其他党派政纲和各界人士的意见。甚至连青年党代表常燕生也赞成施政纲领应定名为《和平建国纲领》。这曲折地表现了对中共和平政策及国民党"建国"概念的认同。

董必武则依据尚未脱稿的《和平建国纲领》草案基本精神,在会上代表中共发表关于联合政府施政的意见,系统地提出确立和平建国基本方针,保障人民权利,取消一党专政,改革军事、财经和文教制度等10项主张:各党派长期合作,实施宪政,和平建国;保障人民各项自由权利;改组国民政府为各党派及无党派人士参加的举国一致的联合政府;改组后的国府协同政协商定宪法草案,并召开有各党派参加的自由的民主的国民大会,制定宪法;推行地方自治,成立各级地方民选政府,省得自订省宪;改组军事委员会,使之成为各党派及无党派人士共同领导的机构,公平合理地分期整编全国军队;改革财经和文教制度。②这实际是将中共的政治主张和相关政策推向全国。民盟代表黄炎培、章伯钧、罗隆基等,均表示赞成以中共起草的"和平建国纲领"为共同纲领的蓝本,并驳斥了吴铁城关于政协会议没有法律根据的谬论,形成了"能够适应人民的要求,就是法律的根据"的广泛共识。董必武所提10点主张在《大公报》《新民报》《新华日报》公布后,更争取了社会各界的广泛同情,以至各界认为:"中共之政治主张,与英美之民主政治可以说大致相同,尤其是对经济方面,主张企业自由与民主化,更非想象中之共产主义。"③16日,中共代表向政协会议正式提出《和平建国纲领草案》,该草案由总则、人民权利、中央机构、国民大会、地方自治、军事改革、复员善后、财经改革、文教改革、国际和平及华侨等10条48款组成,全面反映了中共对于和平建设新中国的主

---

① 历史文献社编:《政协文献》,1946年印本,第54—55、56、57、77页。
② 1946年1月16、17日《新华日报》。
③ 蒋匀田:《中国近代史转捩点》,香港友联出版社有限公司1976年版,第26页。

张。虽然26日达成协议的《和平建国纲领》在结构、条目上有较大变化,但已无法改变中共主张向社会普及的事实,尤其他关于施政纲领之变更,必须有出席委员会的2/3委员赞成,才能通过决议的规定,更是确认了中共民主政治程序性模式的主张。

军事问题的实质是实现军队国家化、政治民主化的程序等问题,它是国共双方争论的焦点之一。1月16日,政协第六次大会,专门讨论军队国家化的一般原则问题。会议开始之初,青年党和民盟先后提出《停止军事冲突,实行军队国家化》及《实现军队国家化,并大量裁兵案》两项提案,并分别由陈启天、梁漱溟代表各自政党,对其提案作了口头说明。综其基本精神,可以概括为:政治民主化与军队国家化并重,国军与共军同时都要整编。针对此两项提案及说明,国民党代表张群、林蔚、邵力子发言表示反对,坚持"首先军队国家化,然后政治民主化"的一贯主张,并提出军队整编仅限于中共军队、"军事方面困难大的问题"可以不交由政协会议大会讨论,以及在两个月内尽快完成等无理建议。对此,周恩来表示原则同意青年党和民盟提案精神,并明确指出,现在的政府还是一党专政的政府,把人民的军队交给政府,实质上是交给国民党,人民的军队就会变成国民党的军队。这就坚持了中共一贯主张的政治民主化是军队国家化的基本前提的原则立场。周恩来在报告中提出"军队国家化与政治民主化、军队国家化的标准及军队国家化的办法"等三大问题,系统地回应了国民党、青年党及民盟的提议,阐述了中共的主张。尤其是在"军队国家化的办法问题"的发言中,周恩来全面阐述了中共关于军事改革的12点建议:同意组织专门委员会,公平合理地整编全国军队;同意全国整编及大量裁军原则;在承认中共军队,并与国军同时整编、商定驻地等前提下,中共保证缩编到20个师,在宪政实施时,实现军队的国家化;同意由国共以外的文人主管军队;同意改革军队制度与教育;地方保安队负责地方治安,不必调动;同意军党分离;同意现役军人不做官;过渡时期,军费不超过国家总预算的1/4;遣散伪军;解除日军武装;过渡期所举外债,必须通过联合政府的批准,且不用于养兵等。① 与此同时,他也委婉地批评和纠正了陈启天、梁漱溟等人"秀才谈兵"的理想主义,指出军队国家化的标准是军队属于整个国家,也属于中国人民,军队不应该站在人民之上,而是人民的子弟兵;政治协商会议,就是要心平气和地商讨,以达到政治民主化、军队国家化的目的。稍后,中共代表陆定一还直接批评了国民党军队教育中流行的"军人第一"的错误观念,以及民盟要求全国军队应脱离党派,归属国家,现役军人脱离党籍,大量裁减常备兵额的幼稚主张。中共的根本原则是"要求政治民主化至少要与军队国家化同时并进;整军计划,要合理、要平等、要真民主"②。这与国民党的政策目标差距实在太大,以至于最后的决定仅是由周恩来、张治中、马歇尔组成军事三人小组,商定中共军队的整编办法并依此进行整编,同时按照国府军政部计划整编国军。

国民大会,涉及现代民主政治中政体产生的组织程序、路径规范和政权结构等核心构件,是决定中共一贯主张的民主政治程序化模式能否在法律文本上实现的关键所在。在此问题上,国共双方争论十分激烈,互不相让,乃致延期一日续谈。两党争执的焦点为国大组织法、选举法以及旧代表有效与否等三大问题,尤其以国大旧代表是否有效,争论最为激烈。会议前后,国民党代表陈布雷、张厉生、邵力子、吴铁城、陈立夫等以各种理由论证10年前国民党一手包办的国大旧代表有效。他们的言论无非是利用所谓"法统"的有效性等说辞,来压制、抵消或有意忽视政治形势变化的客观性。这些言论充斥着政治的傲慢、霸道和无理,当然遭到中共、民盟、青年党以及社会贤达的一致强烈反对。

会上,张厉生首先提出"关于国民大会之四条意见",即:(一)1945年5月5日召开国民大会;(二)第　届国民大会的职权仅为制定宪法;(三)第一届国民大会代表除已经选出的以外,剩下名额可以适当增加;(四)第二届国民大会,于宪法颁布后6个月内召开③。针对张厉生坚持国大旧代表有效的

---

① 《政协文献》,1946年印本,第91—112、87—102、97—102页。
② 《军队国家化的根本原则与根本方案》,1946年1月23日《解放日报》。
③ 1946年1月18日《新华日报》。

主张,邓颖超、吴玉章等先后发言指出:坚持旧代表有效,是不顾事实,将剥夺许多人民的权利,有失于人民。他们坚持中共的一贯主张:协商重定国民大会组织法、选举法,并据此普选国大代表。① 章伯钧、罗隆基等反应更为激烈,他们表示坚决主张旧代表无效,必须重选②。就连青年党代表曾琦也批评国民党在国大代表问题上一党专制,与民意不合,主张认清当前事实,不要拿法统来说事③。上述情况表明,国民党坚持旧代表资格有效的主张,已经导致了除国民党以外的所有与会政党和社会贤达的一致反对。在18日会上,周恩来发言,对17日邵力子歪曲引用毛泽东在重庆谈判期间对王世杰说的"中共坚持旧代表无效,唯不会因得不到协议而不出席"一段话,作了驳斥、解释和澄清。他说:"政治解决就是相互容让、妥协,但要有一定原则。我党'不承认旧代表,又不要分裂',就要在许多问题上找民主化的出路,比如改组政府问题,我们'不是要几个位置,而是要有确定的共同纲领';'在原则上有了共同点,大家才能根据共同的政策去奋斗,为人民谋利益'。"④清晰表达了中共的希望:与会各方既然要协商,要政治解决国是问题,就应大家坐下来,本着和谐的态度,彼此把意见提出来,供会内外人士批评,也就要相互妥协。但是,妥协、容忍、和谐不在徒求形式,而是实际解决问题;如果别的问题不解决,又坚持要中共在代表问题上妥协,我们将无法向人民交代。陈立夫当日认为中国只能实行一党制,旧代表的产生是民主的,"民主不是无法无天",有人批评国大选举法有指定代表为不民主,其实中国要发展到民主阶段,还有相当时间。邓颖超当即驳斥指出,中国的民主化进程固然需要一定时间,但即使在现在的中国,指定代表本身是不民主,也是不必要的。针对陈立夫"苏联也是搞一党专政"的托词,陆定一说:"我们认为苏联制度的特点是使无权的工农知识分子有权。国民党学习这一制度,如能使工农知识分子有权,那要不胜感谢,而事实确实是大家所共见的。"他强调:"苏联并不是一切事情由党包办,而是由党领导人民工作。在中国则一党专政是办不通的,中国只应实行

---

① 《政协文献》,1946年印本,第111—113、116—120页。
② 《中国民主同盟历史文献(1941—1949)》,文史资料出版社1983年版,第130—134页。
③ 《政协文献》,1946年印本,第121页。
④ 《周恩来年谱(1898—1949)》修订本,中央文献出版社1998年版,第654页。

多党政治。"①

综合中共代表的发言,可以总结出中共对国大问题的基本主张,即:10年前的国民大会组织法,已经不适合中国目前的形势,必须考虑修改;10年来中国人民的数量和质量已经发生了变化,必须赋予全体国民以选举权和被选举权;中国领土已经改变,旧国大选举已不适用;现在党派合法存在,过去则不是,应重新筹备选举;旧选举法第2条第4款、第25条,组织法第3条既不合理又不合法;不得有因政治、职业等原因而限制选举权。因此,中共提出两条意见:(一)由改组后的国民政府协同政治协商会议,商定中国民主宪法草案、国大选举法、组织法之后,立即重选;(二)在本年内召开重新选举出来的国民大会,制定宪法,成立民主联合政府。

为了和平民主、团结建国,中共对国民党作了很大的妥协。在增选各党派新代表,并且中共和民盟代表占刚过四分之一名额而能够决定国大合法与否的前提下,中共代表做民盟的工作,劝其承认了旧国大代表有效,从而促成了协议的达成。

关于宪法草案问题,争论集中在总统职权大小、国民大会与立法院和监察院的关系、行政院与立法院之间的关系、中央集权与地方分权之间关系等四个问题上。孙科提出以《五五宪草》为蓝本形成新宪法。他认为五五宪草是根据五权宪法精神拟定的,体现"人民有权,政府有能"的原则②。中共、民盟、青年党及无党派人士对此均表示强烈不满。吴玉章提出:五院制的实践已经证明"五院事权分散,实际都没有权,而大权独落于元首一身。这容易流于个人专制之弊",应予以修改,而"英美等先进民主国家"所行的国会制度,其经验很可采取。他建议宪草修改应遵行以下四项基本原则:保障人民的权利;中央与地方采取均权主义,限制总统的权力;确立省为自治单位,省长民选,自制省宪;确定政治、军事、经济、文教等方面民主政策等。这表明中共仍然坚持中共二大以来始终不变的关于民主政体及国家结构的基本主张,只是

---

①《政协文献》,1946年印本,第126—127页。
②《政府代表孙科对于五五宪草之说明》,《中华民国重要史料初编》第七编(二),国民党中央委员会党史委员会1981年印行,第208—211页。

限于当时政治条件,将其作了一定程度的降低,以求达到解放区合法化及高度自治的阶段性目标。青年党代表曾琦、杨永浚等围绕五五宪草关于中央行政与立法机构、地方自治等内容缺陷发表意见,指出,中央机构应采取内阁制和两院制,五院制只可保存精神,不要拘泥形式;中央地方均权,省的财政权、最高自治地位,省长民选等内容,都应该加入宪草。这体现了青年党着重坚持"地方自治是民主的基础,地方重于中央,自治重于行政"①的地方自治理念。民盟则坚持中国民主制度应效法英美国家,建立议会制政体的一贯主张,认为五权宪法"把立法这一部门也划成政府的能,而不是人民的权,再设立一个庞大、不着边际的国民大会,以行使所谓直接民权。这种制度,从民主运用的观点来说,就远不如英美现行的议会制度"。② 民盟代表黄炎培、沈钧儒、张申府等提出,五五宪草中总统权力过大,必须修改;行政院也不应向总统负责;人民自由权利应有充分保证,以及以省为自治单位,制定省宪,实现地方分权等主张。尤其是沈钧儒主张依照地方分权制,中共解放区地方政权不论从抗日的历史性贡献,还是从政治的进步性来说,应该提出并在政治协商会议上讨论和解决,即应该从法律上承认解放区,并首先在这些区域实行地方分权制③。社会贤达傅斯年、胡霖、李烛尘等的意见则是折中的。如傅斯年很客气地要求一种奇怪政体:"如仍采五院制,可以立法院作为下院,监察院作为上院,运用各国两院制之国会职权,两院名称可仍旧,唯职权扩大,不必有国会之名,但有国会之实","如此,则一面接受五权宪法之原则,一面实行两院制之议会制度,两者可兼顾"。④

除国民党以外的与会各方均对五五宪草很不满意,主张另订宪草,且使国民党人无言以对,原因在于国民党的宪草太具"中国特色"而无视现代民主政治的基本程序规定,尤其无视战后被国人视为至宝的美国的政体模式。由此,与会各方一致推举民盟代表、宪法专家张君劢主持修订宪草。⑤ 张君劢在

---

① 《政协文献》,1946 年印本,第 131—132 页。
② 《中国民主同盟历史文献(1941—1949)》,文史资料出版社 1983 年版,第 76—77 页。
③ 《政协文献》,1946 年印本,第 131 页。
④ 《中华民国重要史料初编》第七编(二),国民党中央委员会党史委员会 1981 年印行,第 207 页。
⑤ 蒋匀田:《中国近代史转折点》,香港友联出版社有限公司 1976 年版,第 36—37 页。

"保全五权宪法之名,运入英美宪政之实"理念下,草拟了 12 条宪草修改原则,其对宪政设计的精神和内容,使"在野各方面莫不欣然色喜,一致赞成;尤其是周恩来简直是佩服之至,如获至宝"①。国民党人的脸面也因此得到了保全。于是宣告成立协议。实际上这仍是中共理念占了绝对上风,使国民党奉为法统的反共、"统一"等政策依据归于失败。

(三)政协协议:联合政府政策及其程序性模式的确认

1945 年 12 月 27 日,鉴于国民党军已在华中、华东、华北乃至西北等大部分区域内,对中共军队形成全面对峙、压制,甚至进攻的态势;且其已在承德、集宁、赤峰、包头、大同等中共军队通往东北的战略支撑点占据主动地位,国内局势已成"关内小打,关外大打"的严重局面。为有利于政协会议在和平环境中顺利进行,周恩来向王世杰等提交书面建议,要求无条件停战。经协商,1946 年 1 月 10 日双方正式签订停战协议。从当时因盟国在第二次世界大战中取得胜利而传入,并盛行于中国的英美法系的程序法和判例法的角度看,这就以法律性质的约束性文件开创了一个具有法律约束力的先例,即政协会议必须在和平环境中召开。由此类推,国民大会更应该在和平环境中进行,否则即属违法。②

1 月 31 日,政协会议通过了政府组织、国民大会、和平建国纲领、军事问题、宪法草案等五大协议案。当日,宣布会议闭幕。2 月 1 日,国民政府公布《政治协商会议五项协议》,以法律文本的形式确认了战后中国结束训政,实现宪政,走向和平民主等方向和途径,即实现政治民主化的制度规定和新程序确认。

首先,《政府组织案》的核心内容是要求国民党在国大召开前修正政府组织法,并依此充实和提高国府委员会,改组行政院,变更最高决策机构,调整决策机制,以保障政治民主化目标的实现;其实质就是要求结束国民党一党

---

①《梁漱溟全集》(6),第 900 页。转引自《民主联合政府与政治协商会议》,人民出版社 2008 年版,第 203 页。
②《中共中央南方局统战史论》,人民出版社 2008 年版,第 334 页。

专政的政府,成立事实上的临时联合政府。众所周知,训政名义下的国民政府的各院、各部会职权均由国民党党员把持,一切权力皆掌握在国民党中央及其总裁手中。对此《政府组织案》规定,"国民政府委员会为政府之最高国务机构",有权讨论和议决立法原则、施政方针、军政大计、财政计划及预算;各部会长官及不管部会政务委员之任免,暨立法委员、监察委员之任用等重大事项。这实际上使国府委员会取代国民党中常会,成为国家最高决策机构。在最高决策机构人员构成中,国民党仍然可以占据半数,是政府中的第一大党。但是,其余半数由其他党派或社会贤达组成,且"行政院现有部会及拟设置不管部会之政务员总额中,拟以七席或八席,约请国民党以外人士充任"。这势必打破国民党独揽政府职位的局面。在政府决策方面,一般议案,国民党可以凭借其半数优势而较容易通过;但是,按照"国民政府委员会所讨论之议案,其性质涉及施政纲领之变更者,则须有出席委员三分之二之赞成,始得议决"的规定,中共和民盟拥有的1/3国府委员席位,将对其形成强有力的制衡,使之无法轻易实现在重大问题上的独断专行。最后,"国民政府主席对于国民政府委员会之决议,如认为执行有困难时,得提交复议,如有五分之三以上委员仍主张维持原案,该案应予以执行"①。这对国府主席的紧急事件处置权和人事任免权加以限制,实际上否定了国民党总裁的个人独裁。由此可见,按照《政府组织案》改组后的临时政府,从人员构成上看,是各党各派及无党无派的联合体;从决策机制上看,也基本体现了代议政治的制衡原则。因此,仅从协议案文本而言,若严格执行,将改变训政时期国民党一党专政、国民党总裁一人专权的局面,而代之以虽然没用联合政府名义,实质上却是多党联合执政的临时联合政府。

其次,《军事问题案》包括建军、整军、治军和整编等4大原则或办法。由于军队国家化与政治民主化之间的高度关联性,国共双方将其与政治民主化进程同时实施,以达到整编军队实现军队国家化的目标。但整编全国军队的具体办法等技术性问题,非一时所能完善,因此《军事问题案》所达成的协议,

---

①《蒋中正"总统"档案·事略稿本》第64册,台北"国史馆"2012年印行,第510、507页。

为原则性意见或办法,会后将由国共及美国军事人员组成三人小组会议,商定具体整编办法,统编中共军队和整编国民党军队,以实现军队国家化。其核心内容,在建军原则中,确定军队性质和职责,规定军队"属于国家,军人责任在于卫国爱民",军队教育"永远超出于党派系统及个人关系之外",解除军事将领与蒋介石之间人身依附关系的意图十分明显。在整军原则中,规定军党分立、军民分治、以政治军等协议,排除蒋介石秘密操控军队;防止军人干政;改组军事委员会为国防部,隶属行政院,以文职官员执掌其职;在国防部设置建军委员会,以各方人员充任,负责建军计划和考核等内容;规定中共必须放弃对整编后人民军队的直接政治领导,可能削弱对其后军事斗争的掌控能力,但是,中共和民盟通过设置建军委员会,以间接实现建立"联合统帅部"的要求,打破国民党垄断军权的顽固立场;通过降低军队统帅部地位,将之置于民主联合政府约束之下,防止国民党操控和左右军事力量。上述举措,也有利于将国民党军队,由实际的"党军"改造为真正意义上的"国家军队",以保证军队国家化的真正实现。稍后,三人军事小组会议达成《整军协定》,规定国共军队整编比例为5:1,且部分中共军队按照地方自治原则,可以改编为省保安部队,在一定程度上有利于中共保存部分武装力量,以利于防止内战,创造利于推进政治民主化进程的国内和平环境。

第三,《和平建国纲领案》的基本内容包括:各党派长期合作,实施宪政,和平建国;保障人民各项自由权利;改组国民政府为各党派及无党派人士参加的举国一致的联合政府;改组后的国府协同政协商定宪法草案,并召开有各党派参加的自由的民主的国民大会,制定宪法;推行地方自治,成立各级地方民选政府,省得自订省宪;改组军事委员会,使之成为各党派及无党派人士共同领导的机构,公平合理地分期整编全国军队①等方面。其中核心点是通过"'政治民主化'、'军队国家化'及党派平等合法,为达到和平建国必由之途径"和"用政治方法解决政治纠纷,以保持国家之和平发展"两款协议,明确肯定认了中共及民主党派的合法地位,同时确认了中共要求政治民主化与

---

① 1946年2月1日《新华日报》。

军队国家化同时进行的主张的合法性,确定了用政治方法解决国内纷争、避免发生内战的原则,变相认定了国民党反共内战的非法性,有利于推进政治民主化;通过"积极推行地方自治,实行由下而上之普选,迅速普遍成立省县(市)参议会,并实行县长民选","中央与地方之权限,采均权主义。各地得采取因地制宜之实施","凡收复区有争执之政府,暂维持现状"等3款协议,体现中共及中间党派和社会贤达一致主张地方自治,以打破国民党政府的专权,在满足包括地方实力派在内的中间势力的利益要求的同时,也为中共解放区政权的合法存在和发展提供了制度和法律保障。

综上所述,《和平建国纲领案》是战后中国走向政治民主化和军队国家化过程中,临时民主联合政府的施政纲领性文件。换句话说,在党派联合的意义上,它具有"共同纲领"的性质,如若认真执行,将使中共的七大战略推迟实现,更使蒋介石国民党的反共内战政策难于实现,使国家走向和平民主团结基础上的统一发展。

第四,《宪法草案案》的重点内容是规定宪法草案的修改原则。其核心是对国民大会、中央五院、地方自治等作出制度规定。关于国大,规定"全国选民行使四权,名之曰国民大会"。国大没有常设机构,因而被"无形"化,充其量只是一个制宪会议。另外,立法院虽经民选且被明定为最高立法机关却未被明确赋予监督权,监察院因为由各省议会选举产生而不可能作为两院之一行使监督权,从而满足蒋介石国民党的"五权宪法"政府架构乃至其追求的总统至高无上、个人独裁的总统制,可见这是本质上讨好蒋介石而使人民无权的设计。同时,起草人张君劢又写了如下具有重大变化的内容,即在名义上保留五五宪草的五权划分和五院建制时,对五院的地位、职权及其相互关系作了重大调整,尽可能使之具有西方代议制的"三权分立、相互制衡、责任内阁"的特征。如规定立法院"为国家最高立法机关,由选民直接选举之,其职权相当于各民主国家之议会",拥有立法权,而且行政院必须对其负责,可以理解为事实上接受其监督,这与西方代议制国家下院的职权基本一致;监察院"为国家最高监察机关,由各省级议会及各民族自治区议会选举之,其职权为行使同意弹劾及监察权",从产生途径看其职权来源有点像西方的下院,从其基本职权及人员构成看似又有些像西方的上院,但其基本职权与西方上下两院皆不同则是肯定的,总之是一个不伦不类的东西,却肯定符合国民党五院制的数额要求。又如规定行政院"为国家最高行政机关,行政院长由总统提名,经立法院同意任命之,行政院对立法院负责","如立法院对行政院全体不信任时,行政院长或辞职,或提请总统解散立法院",不向国民大会负责而是向立法院负责,这正是变国大为无形而名存实亡的要害所在;行政院长因此似乎成了政府首脑。与此相应的是总统作为国家元首,不再兼具行政首长职权,其颁布紧急命令须在事后一月内报告立法院,这在一定程度上削弱了总统权力,因此这个"四不像"对蒋介石个人独裁的反共反民主政策是会构成一定制约的。

第五,《国民大会案》由9条协议构成,加之《宪法草案案》中"关于国民大会"条附注,即"第一次国民大会之召集方法,由政治协商会议协议之"。基本内容包括国民大会召开时间和职权、1200名旧代表有效、收复区新增150名名额、各党派及社会贤达新增700名名额、代表总额及宪政实施期限等;其核心内容是,"依选举法规定之区域及职业代表一千二百照旧"及"宪法之通过经过出席代表四分之三之同意为之"①等两项规定。根据政协的程序规定,改组后的联合政府将于当年5月5日召集制宪国大、制定宪法。为保证国大和制宪的民主方向,中共和民盟力争拥有否决权的足够席位。经过10次谈判,各方承认1200名旧代表继续有效;新增850名代表中,中共和民盟共占515名,达到国大代表总额2050名的1/4强,即可握有否决权,使任何违反《宪法草案案》原则而制定的"五五宪草修正案"无法在制宪国大上得以通过。

从政治协商会议五项协议文本内容看,战后中国的民主政治制度显然带有欧美近代政治制度的烙印,与中共新民主主义纲领仍有差距,但基本上反映了中共自提出建立联合政府口号以来的政治主张和程序设计。因此,周恩来指出"政协就是党派会议,在政协决议中承认了联合政府。照政协的决议

---

① 《蒋中正"总统"档案·事略稿本》第64册,台北"国史馆"2012年印行,第511—530、536、538—539、540页。

改组的政府,就是联合政府",所以"政协路线就是毛泽东同志《论联合政府》的路线"①。同时,政协协议也否定了国民党一党专政、个人独裁的政治制度和内战政策,实质是否定国民党顽固坚持的所谓"法统"说辞。

　　从政治协商会议五项协议相关联的内在逻辑,即从程序设计看,政协会议确定了中国当时情势下实现民主政治的新程序性模式。这就是,首先通过政协会议制定共同纲领;然后依据共同纲领,改组国民党政府,在事实上使之变成各党派共同组织的联合政府;再由联合政府组织召开国民大会,制定宪法;最后,依据宪法,成立民选政府,实施宪政,领导国家建设。按照程序法原则,这个程序必须循序渐进,逐步完成;若省略其中某些步骤或者颠倒顺序,都是违法的。这个程序性模式在民选、民主的最后方向上,与中共的历来主张相一致,但鉴于各种政治力量分立、内战可能爆发等实际情况,按照毛泽东提出联合政府主张时的步骤设计进行了调整。所以,它是一种既不同于欧美、苏联的民主程序模式,也不同于中共过去的民主程序模式的新程序模式。这个模式,在经过一年半的反复斗争,最终在政协会议上为各党各派所接受,得以确定。这个模式也影响了实体法的内容,即以权宜之计的协商民主取代了选举民主,成立临时性的党派联合政府作为过渡形式,引导中国民主进程最终走向根本性选举民主,成立民选政府。这种模式,无疑具有中国特色,影响深远,当时被中共和中间党派称之为政协路线。由于政协会议是在中国没有宪法和民选政府的情况下,按照民主政治的内涵之一,即政党政治的规范,由当时中国最大的两个政党谈判决定召开的,并有当时中国所有重要政党乃至无党派人士参加的,确定未来民主政治的会议,反映民意远较国民党及其政府全面、充分。所以,在法律上,它的层级应该高于国民党政府,它的协议作为各党派协调意志的集中反映,也应在法律层级上高于国民党政府公布的法律,具有最高权威性。这就决定了按照政协所规定的模式,即政协路线,去实现民主政治的合法性,当然也就确定了违背这个模式即政协路线,是具有

---

① 周恩来:《一年来的谈判及前途》(1946年12月18日),《周恩来选集》上卷,人民出版社1980年版,第256页。

非法性的。①

中共在抗战之前就提出的抗日民主根本政策,其民主部分与国民党当局的反共"统一"政策始终根本对立并因此左右了国共合作的进程。国共对立政策的斗争至此初见分晓——中共大胜,国民党完败,统一战线因此开始走向人民民主统一战线。

三、国民党推行内战政策与第二次国共合作破裂

政治协商会议后,中共坚定执行政协五项协议,以极大的忍耐、理性甚至妥协,对待国民党当局不断破坏协议的行为。但是,国民党六届二中全会全面否定政协协议,继之大肆用兵东北,并非法召集"国大",倒行逆施,不仅暴露了其顽固坚持一党专政、个人独裁和内战政策的立场,也严重违反政协五项协议精神,破坏和平民主进程,毁坏国共合作的基础,使国家和国民党当局自身滑向全面内战的深渊。

(一) 国民党坚持专制独裁政策与中共的和平民主政策受阻

政协五项协议达成后,中共中央随即授权政协中共代表团签字接受各项协议,并作出"从此中国即走上和平民主建设的新阶段"重要论断②。为此,中共作出今后主要领导群众运动和坚持议会斗争的基本政策和策略,即参加"独裁加若干民主"的联合政府,利用合法的国民大会和国府委员会两大平台,与国民党作政治斗争,以维护政协协议的执行,确保民主制度的建设。

1946年2月1日,中共中央向全党发出《关于目前形势与任务的指示》,明确指出因为政协会议五项决议达成和逐步实施,国民党一党专政和蒋介石个人独裁的即将结束,中国也就随之走上了和平民主建设的新阶段;因此,中

---

① 《中共中央南方局统战史论》,人民出版社2008年版,第336—337页。
② 中共中央党史研究室:《中共党史大事年表》,人民出版社1987年版,第186页。

共领导的中国革命的主要斗争形式,"目前已由武装斗争转变到非武装的群众的与议会的斗争,国内问题由政治方式来解决。党的全部工作必须适应这一新形势"。①当日,周恩来当面向蒋介石转达毛泽东关于军党分立、长期合作的意见和毛泽东将亲自参加联合政府的意愿②。在中共代表团召开的记者招待会上,周恩来进一步阐述了今后中共政策及执行步骤,表示"现在已经进入和平时期,愿与国民党及各党派长期合作,以后不是武装斗争了"。他还表明了中共对于执行政协协议的态度及具体步骤,即政府改组,和国民党商量,越快越好;军事整编,"中共军队的整编要通过三个步骤:第一步,中共(七届)二中全会可能于二月底或三月初召开,讨论并宣布取消军队中党的组织。第二步,实行整编,将军队中党的组织取消。第三步,由三人小组及改组后的政府制定全国军队统一的教育计划,普遍实施"③。2日,中共中央要求华东局"巩固华中现有地区,因中央机关将来可能迁淮阴办公"④。2月3日,延安召开庆祝和平民主大会,朱德在会上表示"从大局方面看,国内和平局面已经确定了,全国民主化的方向也是已经确定了。我们的国家从此走上和平民主与建设的新阶段,这个事实,已经不能抵抗了,已经不容怀疑了","中国共产党已经准备参加政府,以便站在负责的地位与各党派合作,实现这些决议,保证国家的民主化"⑤。6日,政治局会议拟就参加宪草审议委员会、国民政府委员会、行政院等3项机构的中共方面名单,即同意"周恩来、董必武、吴玉章、秦邦宪和何思敬五人为宪草审议委员的我方人选;毛泽东、林伯渠、董必武、吴玉章、周恩来、刘少奇、范明枢、张闻天为国民政府委员的我方人选,以便将来指导中心移至外边;以周恩来、林伯渠、董必武、王若飞分任行政院副院长、两个部长及不管部部长"。在此次会议上,刘少奇就改组政府确定后,中央机关迁移到华东地区等问题提出讨论。毛泽东明确表示,为方便随时参

---

① 《毛泽东年谱(1893—1949)》下卷,人民出版社、中央文献出版社1993年版,第55页。
② 《中共中央南方局统战史论》,人民出版社2008年版,第342页。
③ 中共代表团梅园新村纪念馆:《国共谈判文献资料选辑(1945.8—1947.3)》增订本,江苏人民出版社1984年版,第101—103页。
④ 《毛泽东年谱(1893—1949)》下卷,人民出版社、中央文献出版社1993年版,第56页。
⑤ 1946年2月4日《解放日报》。

加国府会议,中央总部应迁到淮阴或淮安。2月9日,毛泽东通过与美联社记者的谈话,公开表示:"政治协商会议成绩圆满,令人兴奋。但来日大难,仍当努力,深信各种障碍都可加以扫除","总的方面,中国走上民主舞台的步骤,已经部署完成,其间马歇尔特使促成中国停止内战,推进团结、和平与民主,其功殊不可没。实际上中国恢复和平,建立民主政府,世界各国也交相有利","各党当前的任务,最主要的是在履行政治协商会议的各项决议,组织立宪政府,实行经济复兴。共产党于此准备出力拥护。"①至此,中共中央以坦诚的态度,向国内外清晰地、完整地表明了政协会议后中共将要执行的方针、政策。正是由于中共诚恳的态度和正确政策策略的执行,国共两党在短时间内达成了《关于军队整编及统编中共军队为国军之基本方案》,为解决"军队国家化",以推动民主进程及国共合作,准备了条件,赢得了国内外的广泛赞誉和认同。

2月6日,国共双方恢复军事问题商谈。9日,通过《停止军事冲突、恢复交通暨军队整编及统编中共军队方案报告》,至此关于恢复交通问题,获得协议。21日,军事三人会议举行第三次商谈,周恩来提出15项意见,在东江纵队、军队数目和驻地等三个方面作出重大让步,提出中共"军队可以不驻华南,愿以大部驻华北,在东北和华东分驻一部"②。24日,军事三人会议和军事三人小组合并办公,并举行合并后的第一次会议,具体商谈整军细节。在此前后,中共代表在军种、数量比例、宪兵及护路队等问题上再次作出让步,但在混编时间和编制单位两方面坚持了原则。25日,双方签署《关于军队整编及统编中共军队为国军之基本方案》,其基本内容是:在撤免中共部队军官时,应由政府内的中共代表提名;协定公布后12个月内,政府应将90个师、中共应将18个师以外之各部队复员,3到6个星期内,政府与中共应交出保留各师表册及复员部队次序,12个月完毕后的6个月,政府军应缩编为50个师,中共军应缩编为10个师,合共60个师,编为20个军;自整编开始6个月

---

① 《毛泽东年谱(1893—1949)》下卷,人民出版社、中央文献出版社1993年版,第56页。
② 《三人会议政府代表张治中上蒋主席报告周恩来代表、马歇尔特使会谈经过呈》(1946年2月11日),秦孝仪主编:《中华民国重要史料初编》第七编(三),国民党中央委员会党史委员会1981年印行,第74页。

后,由政府军和中共军编成集团军,12个月终了时,国共军队在东北、西北、华北、华中、华南等区域以师级为单位混合编置;省保安部队不得超过1.5万人,以轻武器为限;军调部为本协定执行机关,协定生效后,政府及任何党派组织不得保持或支持任何秘密或独立武力,伪军及非正规军应尽速解除武装并解散之[①]。方案的核心是坚持政协决议原则,在军事统帅权问题上,规定"最高统帅有任免所属军官之权,但在整编军队过程中,遇必须撤免中共所领导单位之任何一司令官,或有地位之任一共产党军官时,最高统帅应指派政府内资深之共产党代表所提名之军长,以补其缺","当国内发生骚乱,经该地省主席向国府委员会确证当地局势已非地方警察及保安部队所能应付时,国民政府主席以最高统帅之资格,经由国民政府委员会之同意,可以使用陆军以恢复秩序"[②],防止军事独裁和滥用国防军干涉地方政治,有利于民主发展方向;在统编程序问题上,中共坚持"二期三阶段制",即第一期整编,前6个月各自编成,后6个月实行以军为基础的混编。第二期实行以师为基础的混编的统编方案,防止人民军队在没有得到"政治民主化"的保障时被混编的危险,这样既作出让步,又坚持政协决议原则,即在一个西方式民主政体下,建立一支真正的国家军队。在整军协定签订时,国共美三方代表均给予了肯定的评价。张治中称,政治协商会议之成功,乃在达成政治民主化之目标,此一文件,则将奠定军队国家化之基础。今后我国当可本和平建设之大方针,以建设三民主义之新中国。本人代表政府签此方案,并百分之百保证其执行,使达成逐步军队国家化之目的。周恩来称,只要政府和中共,乃至全国人民都能坚守和拥护此一方案,相信任何困难阻碍,都不能妨碍此方案之实施。我代表中国共产党,向诸位,向全国人民,向世界友邦保证,凡我们签订的文件,特别要包含这次签订的整军基本方案,我都要使他百分之百的实现。马歇尔称,此协定为中国之希望。吾相信其将不为少数顽固分子所污损,盖此少数顽固分子,自利自私,即摧毁中国大多数人民所渴望之和平及繁荣生存

[①]《国共谈判文献资料选辑(1945年8月—1947年3月)》增订本,江苏人民出版社1984年版,第130—136页。

[②]《蒋中正"总统"档案·事略稿本》第64册,台北"国史馆"2012年印行,第670—671页。

权利而不顾也①。

整军协定达成后,军事三人小组根据政协协议要求,携带军调部三方委员于2月28日至3月6日巡视了北平、张家口、集宁、济南、徐州、新乡、太原、归绥、延安、武汉等地停战令执行情况。据张治中回忆,当时"全国各地除东北外算是大体完全停止冲突了","有时国共双方将领都在一起开会聚餐"②。三人小组还会见了中共领导人毛泽东、刘少奇、朱德等,解决了若干未决问题。在延安,毛泽东告诉马歇尔,中共将尽其可能地遵守已经达成的协议,在美国朋友的帮助下,这些协议定能付诸实施,完成中国的复兴重建工作。随后,马歇尔自信地告诉杜鲁门:"各地的所有问题已经得到澄清,并促进了普遍的理解","事情将迅速得以解决,交通将重新恢复"③。

在国内外各界为政协决议及整军协定的成功签署,表现出诚挚欢迎和践行决心之时,国民党内部右派势力却极力破坏政协决议,阻止国内和平民主进程。这不能不引起中共的关注和反击。中共坚持"和平民主建设的新阶段"参加联合政府与国民党长期合作的基本政策,采取了集中回击以陈立夫为首的国民党右派的斗争策略。

早在政协会议期间,中共中央重庆局(南方局于1945年12月恢复后的名称)照例发动各方面群众和政治力量,支持和配合政协的进行。例如与各党派为促进政协会议成功,成立了陪都各界协进会,每天在沧白堂举行演讲会或报告会,邀请政协代表报告会议进展,并宣传和平民主主张。国民党右派④不断派特务捣乱会场,谩骂、殴打主持人和听众,跟踪、侮辱参加讲演的政协代表。尤其是1月19日梁漱溟报告时,国民党特务五次捣乱,喊出了"拥护国民党""打倒异党"等口号,以致会场内乱石横飞、爆竹声声,不少群众受伤,演讲无法进行。政协会议闭幕后,基于上述国民党内部少数人阻挠会议

---

① 1946年2月26日《新华日报》。
② 《张治中回忆录》,中国文史出版社1993年版,第739—740页。
③ Minutes of Meeting Between General Marshall and Chairman Mao Tse-tungat Yenan, March 4,1946, General Marshall to President Truman, March 6,1946, FRUS, vol. 9, pp. 501—502,510. 转引自汪朝光:《中华民国史》第11册,第151页。
④ 参见李炳南:《政治协商会议与国共谈判》,台北永业出版社1993年版,第333页。

召开、破坏民主进程的行为,中共中央的判断和应对策略是于2月7日向全党发出《关于争取蒋介石国民党向民主方面转变暂时停止宣传攻势的指示》,指出:"政协会议以后国民党内部已起分化,一派主张与各党派合作,除开国民党内部的民主派外,邵力子、王世杰、张治中,以及政学系的张群和于右任等,最近都转到这一派。他们愿意支持政协决议;另一派则反对政协决议,他们认为政协是国民党的失败,国民党从此完事,大哭大闹,要弹劾国民党出席政协代表,并对蒋威胁,西西复兴的领导成分,若干元老,如吴稚晖等及何应钦等将领属于这一派。以上两派正在形成,斗争已开始激烈化。因此,我们今天对待国民党的态度必须细心谨慎,我们的方针是争取蒋介石国民党继续向民主方面转变,以实现国家民主化;孤立国民党内部的反动派。我们现在应谨慎的与蒋介石、孙科、王世杰、邵力子及政学系等人合作,进行民主化工作,而反对西西复兴两系中的坚决反民主分子","应该指出这是反动分子的行为,使之与整个国民党及蒋介石分开。"①

诚如中共判断的那样,国民党内的反动派是坚持反共反民主政策立场的。2月10日,中共与民主建国会、救国会、民盟等中间党派及团体发起组织的"庆祝政治协商会议成功大会筹备会",在重庆较场口举行庆祝政协成功大会。国民党CC系派出号称"市农会代表"的国民党党棍刘野樵冒充"总主席",把持会场;国民党重庆市党部组织的流氓、特务则手持凶器,殴打群众,冲散会场,并对主席团成员郭沫若、李公朴、章乃器、施复亮、马寅初等社会贤达和中间党派成员,大打出手,制造了震惊中外的"较场口血案"。22日,CC系策动重庆沙坪坝各大学组织"二二二反共反苏大游行",打出反共反苏口号。国民党特务及流氓在重庆乘机捣毁《新华日报》营业部、《民主报》报馆,殴打《新华日报》工作人员杨黎源、徐君曼、管佑民等,致其重伤;在西安捣毁《秦风日报·工商日报联合版》,迫使其停刊,捕杀民盟盟员王任等人;在北平非法取缔及查封了77家报刊。针对CC系破坏政协协议的累累暴行,为维护政协决议的精神,中共联合民盟等中间党派展开了坚决斗争。"较场口血案"

---

① 中央档案馆编:《中共中央文件选集》第16册,中共中央党校出版社1991年版,第72—73页。

发生当晚,民盟召集政协会议代表举行紧急会议,周恩来、邓颖超、孙科、邵力子等10余人到会,决定推举周恩来、张君劢、陈启天、李烛尘等4人当面与蒋介石交涉,并带去沈钧儒、张君劢、周恩来、董必武、王若飞、李烛尘、梁漱溟、章伯钧、张申府、罗隆基等11人联名给蒋介石的抗议信。次日,《新华日报》发表报道、社论及文章,揭露较场口惨案的真相,谴责国民党公然破坏政协决议,侵犯人民自由权利;组织"二一〇血案后援会",要求惩办凶手,实现民主自由,有力地推动了维护政协决议的和平民主运动。12日,政协四代表前往国民党中央党部陈述对较场口事件的看法,提出由政协代表共同彻查事件真相的要求。"二二二反共反苏大游行"事件发生后,中共政协代表立即召开记者招待会。周恩来在会上发表声明,要求国民党政府必须采取措施,负起责任,惩办祸首,赔偿损失,保证民主。对于事件真相,周恩来明确指出是CC系所策动,目的是反对政学系、反对政协会议一切决议[1]。据此,他策略地将真相区别为三类性质,即把爱国与排外、把学生爱国运动与特务阴谋行动、把国民党政府与少数国民党阴谋头子等不同性质的情况分开,坦率地指出"我们懂得这种阴谋并不是国民党和政府所有领袖都知道的,而是其中有一部分人不满意政协会议的成果,一方面制造事件来破坏政府和蒋主席的威信;另一方面想挑起共产党及民主人士的忿怒,好制造更大的事件,来撕毁政协的决议",尽管如此,中共还是知道怎样不受欺骗和挑拨,怎样绕过暗礁,去为民族"建设一个和平、民主、团结、统一的国家"而努力[2]。正是中共坚定地维护和执行政协决议的态度,正确制定和执行维护国共合作的基本政策策略,有力地回击了国民党顽固分子破坏和平民主进程的行为,团结了中间党派和马歇尔,甚至国民党众多成员,为整军协定的谈判及协定的签订、三人小组及军调部顺利巡视全国、宪草审议委员会谈判奠定了良好的政治氛围。

国民党六届二中全会及参政会四届二次会议的召开及其决议的形成,标志着国民党全面推翻政协决议,破坏民主进程,顽固重启"一党专政和个人独裁"政策。为应对此种新情况,中共坚持采取继续政治谈判,谋求和平、不参

---

[1] 蒋匀田:《中国近代史转换点》,香港友联出版社有限公司1976年版,第66—77页。
[2] 1946年2月23日《新华日报》。

加国民参政会和国民大会来抵制国民党违法行为等"议会斗争"形式为主,同时加强军事斗争准备的政策策略。

3月1日至17日,国民党六届二中全会在重庆召开,会议主题原本应是批准政协五项决议,然而其实际提案和决议却与政协决议内容完全不相符合①。在蒋介石的"在不违背革命主义,不动摇国家法统之下,不惜变通总理关于建国程序的遗教,以求得和平建国的机会""但是我们本党还负有捍卫主义、保障民国的特殊义务。我们党的地位较之抗战结束以前已稍有不同,而在宪政实施以前,我们在法理上与事实上,还不能诿卸我们对于国家所负的责任"等力图坚持一党专政和个人独裁言论煽动下;在张继、邹鲁、潘公展、方治等顽固集团要求中共"放弃割据之政权""放弃武力争权之野心""不应以种种问题束缚领袖",坚持五权宪法"不容率予变更"而应实行总统制、国大"不应约束其权力"等斥责和争论声中;在孙科、张治中、王世杰等国民党政协代表的战战兢兢中,全会通过了《对于政治协商会议之决议案》。该决议案将"政治民主化"和"军队国家化"难于推进的症结,完全归咎于中共,要求中共"使政治民主化之原则不致因任何障碍而不能普遍实现",中共对于整军协议"务须切实履行。尤其目前一切停止冲突,恢复交通之成议,必须迅确实现;封锁、围城、征兵、扩军及军队之调动,必须即刻停止"。决议提出"五权宪法乃三民主义之具体实行方法,实有不可分离之关系","所有对于'五五宪草'之任何修改意见,皆应依照建国大纲与五权宪法之基本原则而拟订,提由国民大会讨论决定"②。全会决议授权国民党中常委根据"1. 制定宪法应以建国大纲为最基本之依据;2. 国民大会应为有形之组织,用集中开会方式,行使建国大纲所规定之职权,其中召集次数应酌予增加;3. 立法院对行政院,不应有同意权及不信任权,行政院亦不应有提请解散立法院之权;4. 监察院不应有同意权;5. 省无须制定省宪"③等五项原则去审查宪草修正案。很明显,根

---

① 李炳南:《政治协商会议与国共谈判》,台北永业出版社1993年版,第337页。
② 中国国民党中央执行委员会秘书处编:《中国国民党第六届中央执行委员会第二次全体会议记录》,1946年印本,第6—7、118页。
③ 《中华民国重要史料初编》第七编(二),国民党中央委员会党史委员会1981年印行,第260—261页。

据这"基本上都是完全反对政协会议所通过的修改五五宪草十二项原则"①的原则,无异于否定政协的宪草决议。全会还决定,国府委员由国府主席提请国民党中央执行委员会选任,在中执会闭会期间,提请中常会选任;在国防最高委员会撤销后,恢复设立中央政治委员会,作为国民党对于政治的最高指导机构。这两项决定实际将政务置于国民党控制之下,违反了政协决议各党派协商的民主原则。说到底,就是坚持既定政策不变。

紧接着,3月20日至4月2日,召开国民党控制下的参政会四届二次会议,企图将国民党二中全会决议通过"民意"招牌而"合法化"。在会上,蒋介石公开否定政协协议,宣称:政协会议本质上不是制宪会议,政协会议关于政府组织的协议,本质上不能代替约法;如政协果真成为这样一个性质的会议,我们政府和全国人民是决不能承认的。② 在其鼓动下,参政会通过的《关于政协的决议》几乎完全是蒋介石上述讲话精神的翻版,且单方面宣布5月5日召开国民大会。这样,国民党六届二中全会所定的战后政策基本框架,实质就是推翻政协协议,中断民主政治进程,"不外是为了保持中央集权、一党专政、个人独裁的法西斯统治"③。

针对国民党当局掀起的这股逆流,中共按照政协决议精神和"议会斗争"政策,及时公开揭露和批判其错误,联合各中间党派发动民主政治攻势,敦促国民党改弦易辙,回到政协关于战后中国民主建设的正确轨道上来。

政协会议后,落实其五项决议的中心工作,除了上述整军问题以外,宪法草案的审议也同时展开。蒋介石作为反民主的顽固派首领和幕后操纵者,打算利用此一契机,暗中改变政协《宪法草案决议案》关于国民大会、中央政治制度及地方自治制度的原则决议,为其一党专政和个人独裁扫除障碍,铺平道路。2月8日宪草审议委员会成立。10日,蒋介石召见国民党部分中央委员,商决完全违背政协决议精神的对宪法草案12条意见④,为国民党代表的

---

① 《政治协商会议与国共谈判》,台北永业出版社1993年版,第339页。
② 《中国国民党第六届中央执行委员会第二次全体会议记录》,1946年印本,第145—147页。
③ 《周恩来年谱(1898—1949)》修订本,中央文献出版社1998年版,第668页。
④ 蒋介石:《对于宪法草案之提示(1946.2.10)》,《中华民国重要史料初编》第七编(二),国民党中央委员会党史委员会1981年印行,第486—488页。

工作定下了基调,也为国民党内部顽固派借机发难提供了理论。由此导致的国民党六届二中全会贯彻这12条意见所得之严重后果,不能不引起中共的警惕和相应的政策策略悄然变化。

3月初,为维护政协协议,重庆局在舆论上开始集中批判国民党二中全会企图破坏民主协商精神和撕毁政协决议的倒行逆施,但在实际行动上,还是维护大局,坚持协商让步的原则。3月10日,《新华日报》发表题为"反动顽固派的猖獗行动必须立时制止"的社论,指出"自国民党二中全会开幕以来,国民党内的顽固反动分子,就把反对政治协商会的街头暴行搬到会议场中进行'合法斗争'了。八九天以来,国民党的二中全会成了反对政治协商会议的讲坛",并揭露其肆无忌惮地公开正面攻击政协会议和企图撕毁一切协议的实质,同时警告"国民党的全会已经逼临于极端危险深渊的边缘,中国国内政局处于十分严重的开头"[①]。14日,《新华日报》发表题为《打击法西斯统治的企图》的社论,揭露国民党二中全会否定政协关于"省得制定省宪""多党内阁制"等宪草修改原则内容的行为,"不外是为了保持中央集权,一党专政,个人独裁的法西斯统治"的本质。

鉴于国内政局的急剧变化,3月15日,中共中央召开政治局会议分析和讨论时局,得出四点结论,即"1.战后,民主在向前发展;2.法西斯残余势力与同盟国内的亲法西斯势力已经在组织反苏反共反民主的反革命运动,这些反动势力是当前和今后的主要敌人;3.各国资产阶级分裂为反苏反共与和苏和共两大派,和苏和共派又包括资产阶级的中派和左派,如蒋介石就是中派,这就产生了妥协的可能性;4.党的路线是联合广大人民和资产阶级的中、左派,打倒法西斯残余势力和资产阶级中的反革命势力"[②]。从以上结论可以看出,中共对蒋介石国民党走民主政治道路仍然寄于期待,希望以重大让步来阻止国民党滑向对抗局面。因此,3月14—15日,中共在宪草修改原则问题上再次作出三点让步,即同意"将无形国大改为有形国大、取消政协商定的宪草修

---

① 1946年3月10日《新华日报》。
② 《毛泽东年谱(1893—1949)》下卷,人民出版社、中央文献出版社1993年版,第60—61页。

改原则第六项第二条条文、省得制定省宪改为省得制定省自治法"①。但中共对国民党的态度和对中国未来形势的估计已有了明显变化。3月16日,毛泽东致电周恩来,指出:"最近时期一切事实证明,蒋介石反苏反共反民主的反动方针一时不会改变。只有经过严重斗争,使其知难而退,才有作某些较有利于民主的妥协之可能。"②但是当日蒋介石却顽固地向国民党二中全会提出《政治协商会议及宪草修改原则之审查报告》。17日,中共中央发言人发表谈话,指出"国民党内许多有力人士,现正试图改变政治协商会议的若干原则决定,特别是关于宪法原则,此举不能得到中国共产党及其他民主党派和广大人民的同意",声明"中国共产党决不动摇,并坚持政治协商会的一切决议,特别是宪法原则决议,必须百分之百实现,反对有任何修改,并呼吁一切民主人士与全国人民准备为此神圣的任务进行严重的奋斗"③。毛泽东再次致电周恩来称:"如果蒋介石坚决要修改宪法原则,我们便须考虑是否参加政府及是否参加国大问题。我党国府名单及国大代表名单暂勿提出","闻二中全会决议很坏,我们应展开批评攻势,针锋相对,寸土必争。"④18日,周恩来就国民党二中全会发表公开谈话,批评"二中全会的决议动摇了政治协商会议的决议"⑤,"按照政协决定,只能将宪法审议委员会的修正案,提交国大,并无其他";"中国在今后几个月内,将是一个极严重的时期"⑥。自此开始,中共明确表示不参加国民党当局操控的国民大会和政府,以抵制其对政协决议的破坏。此后中共仍力争和平,但不再提实行"和平民主新阶段"的政策和采取联合各民主党派进行大规模民主攻势的策略。3月20日,中共参政员拒绝出席参政会四届二次会议,以防止出现"以谋不利于团结"的政治局面。26日,中共代表团拒绝提交整军协定所要求的各种表册,以待国民党履行一致同意的政协决议。30日,王若飞代表中共就国府委员会名单发表正式声明,表示

---

① 《周恩来年谱(1898—1949)》修订本,中央文献出版社1998年版,第668页。
② 《毛泽东年谱(1893—1949)》下卷,人民出版社、中央文献出版社1993年版,第62页。
③ 《政协文献》,1946年印本,第139页。
④ 《甲乙致丙丁电》(1946年3月17日),中央档案馆卷90,第9号。转引自汪朝光:《中华民国史》第11册,中华书局2011年版,第173页。
⑤ 《周恩来年谱(1898—1949)》修订本,中央文献出版社1998年版,第668—669页。
⑥ 周恩来:《关于国民党二中全会的谈话》,1946年3月19日《新华日报》。

"鉴于政府关于人民自由权利之四项诺言未切实履行、国民党二中全会违反政协决议之混乱情形、宪草修改原则之争端未解决,而中共应有之国府委员及行政院政务委员之名额,政府亦未做最后之肯定。故中共代表团声明:只有上述各项问题确定解决后,中共方能考虑参加国民政府及行政院之人选"①。此外,中共宣布无限期推迟拟通过中共对政协会议决议的七届二中全会;提议废止训政时期约法;提出国民政府的新组织法,应依政协会议的有关协议来制订。这些获得了各民主党派的广泛支持。

民盟等中间党派与中共采取一致行动。张澜首先发表谈话,指出国民党二中全会将政协协议推翻或者混淆,"其目的无非在维持其国民党一党专政的实质与形式",表示对"国民党二中全会违反政协的决议,我们不能不加以重视。如果问题不弄清楚,我们同盟为对国民负责计,不愿贸然参加政府"②。3月31日,罗隆基代表民盟发表声明,表示在参加政府问题上与中共采取拒绝提交国大代表名单的同一态度。民进领导人马叙伦连续发表《写在国民党二中全会期内》的系列文章,愤怒谴责国民党破坏政协协议,并告诫"国民党不要被时代轮子碾坏了"③。第三党在香港版《人民报》上连续发表社论,谴责国民党推翻协议,号召民主党派、民主人士坚持政协决议,"击碎反动分子的最后抵抗"④。九三学社发表《对时局的主张》,反对国民党违反政协协议⑤。三民主义同志联合会、国民党民主同志联合会等国民党内五个民主团体联合发表声明,谴责蒋介石和国民党推翻政协协议的卑鄙和无耻。这种同仇敌忾的声讨,实际上是各党派明辨是非、坚定信念、认清目标和方向的和平民主运动,它形成了强大的民主舆论攻势。国民党对此穷于应对,也不屑应对,而是悍然启动内战政策,以图武力解决政治争端。这决定了中共的和平民主政策在当时的不可行性,第二次国共合作危在旦夕。

---

①《政协文献》,1946年印本,第175—176页。
②《中国民主同盟历史文献》,文史资料出版社1983年版,第153页。
③中国民主促进会中央宣传部编:《马叙伦政论文选》,文史资料出版社1985年版,第83页。
④全国政协文史资料研究委员会编:《文史集萃》第4辑,文史资料出版社1984年版,第166页。
⑤1946年5月4日《新华日报》。

(二)国民党内战政策与中共"边打边谈"策略

政协会议前签署的国共停战协定未将东北包括在内,导致停战令下达后,关外武装冲突始终没有停止。造成这种局面的主要原因是国民党坚持接收东北主权是外交问题,拒绝承认中共军队及地方政权的合法存在,从而使东北问题处于一种既不谈判,又不停战的局面。

政协会议后,中共关于东北问题的政策一直秉持政治协商解决,但遭到国民党强硬的拒绝。马歇尔在与蒋介石几经商量后,于3月11日在三人军事小组会议正式提出"政府军队为重建主权所必须占领之地区(包括煤矿),需要共军由此撤退;苏联军所撤之地区,中共军队不得开入占领"①。这暴露了国民党独占东北的企图,却与中共"东北问题力求和平解决,力求与国民党合作"②,通过谈判"改组国民政府接收东北机构、承认抗日民主部队、承认各县民主自治政权、限制国民党军数量",以"实现东北的和平民主与团结建设"③政策策略背道而驰,中共理所当然地加以拒绝。当日,苏联军队开始从四平、沈阳、长春、哈尔滨等地撤退。3月13日,中共中央致电周恩来,指示东北政策策略:在蒋军尚不承认东北停战及中共在东北的地位情况下,也应采取强硬政策;"可以承认在停战条件下,国军可以接收沈阳至哈尔滨之长春路上各城市(路两旁不在内)","须待政治问题解决及我军驻防地区确定,并须到东北和我军负责人商讨后才能具体解决"以后,再进驻长春路旁地区;要求国方从热河撤军。此时,中共军队早已捷足先登,控制了包括辽北省会四平在内的一批重要城市、战略要地和交通枢纽,阻断了国民党军北上之路,态度开始强硬。蒋介石在心理上对东北局势开始缺乏自信,"深以为国家前途忧也,乃决心对东北不求急进,有多少力量,收复多少主权",但在策略上仍然"严令张治中部长坚决拒绝,至多只允其对于政治问题另行商谈而已"④。

---

① 《中华民国重要史料初编》第七编(二),国民党中央委员会党史委员会1981年印行,第91页。
② 《周恩来年谱(1898—1949)》修订本,中央文献出版社1998年版,第661页。
③ 《毛泽东年谱(1893—1949)》下卷,人民出版社、中央文献出版社1993年版,第57—58页。
④ 叶健青编辑:《蒋中正"总统"档案·事略稿本》第65册,台北"国史馆"2012年印行,第136、162—163页。

3月27日,国共签署《调处东北停战的协议》,规定了国共两军"停止冲突,并作必要及公平的调处"①的基本原则。但紧接着当蒋介石得到美军再代为向东北运输5万兵力的允诺后,态度更加强硬,于4月1日在国民参政会断然否认东北问题属于内政范畴,否认东北民主联军、否认东北民选政府等基本事实;指责中共要求和平解决东北问题的提议,是"求得其私人党派的利益,而置国家生死存亡于不顾"②。蒋介石的讲话,激怒了中共领导人,以至于将中共在东北的策略迅速调整为"以打促谈"。4月5日,中共中央致电周恩来,提出对东北问题采取"通盘计划以粉碎反动派的进攻","应准备大打,决勿幻想国方能让步的政策"③。次日,蒋介石两次向熊式辉下达命令:"我军应集中所有全力,凡最有力之部队,皆应向北抽调,先击破四平街以南之共军","认为此时东北应集中全力击破四平街以南地区之共军主力,则接收东北易于为力。"④此后,国共两党关于东北问题的解决方式均采取了军事斗争,由此大规模的内战在东北点燃了。4月初,国民党方面以5个军11个师的兵力,南向本溪、北向四平发动猛攻,18日猛攻四平,东北内战爆发。中共军队乘国民党军队被阻挡在四平之机,于当日进驻长春,28日开进哈尔滨。此时蒋介石已经恼羞成怒,发誓不拿下长春,誓不罢休;而中共则"准备于必要时,把长春变为马德里"⑤。国共鏖战四平,目的在于当政治谈判陷入僵局时,以一场重大的军事胜利来迫使对方在政治上作出妥协。中共认为守住了四平,就能获得和平,因为"和平方针是矛,坚强抵抗是盾。战而遇到抵抗,使其知难而退,才会走向和平"⑥,也就是说中共希望通过"反对国民党内战与独裁方针,力争和平与民主"⑦,以军事胜利迫使国民党坐下来继续谈判,回到政协决议的道路去。国民党则希望通过军事胜利迫使中共接受其二中全会对政协决议的修改,按照其意志改组政府、修订宪草,达到其"一党专政,个人独

---

① 《中华民国重要史料初编》第七编(三),国民党中央委员会党史委员会1981年印行,第320页。
② 《国民参政会纪实》下卷,重庆出版社1985年版,第1538—1541页。
③ 《周恩来年谱(1898—1949)》修订本,中央文献出版社1998年版,第672页。
④ 《蒋中正"总统"档案·事略稿本》第65册,台北"国史馆"2012年印行,第281、287页。
⑤ 《毛泽东年谱(1893—1949)》下卷,人民出版社、中央文献出版社1993年版,第70页。
⑥ 中共中央文献研究室等编:《周恩来一九四六年谈判文选》,中央文献出版社1996年版,第4页。
⑦ 《周恩来年谱(1898—1976)》修订本,中央文献出版社1998年版,第676页。

裁"的目的。5月19日,中共军队撤出四平,22日撤出长春。按照蒋介石起初"打下长春,再谈停战",即攻下四平、占领长春就止战,经营南满,以图北满的战略构想,东北内战就应停止。但是,当国民党军在四平、长春处于优势地位时,蒋介石的心态发生变化,企图顺势全面接收东北①。他在政治上突然单方面宣布局部"改组政府",任命社会贤达王云五和秘密国民党员俞大维,分别担任经济部长和交通部长,以破坏两党之前达成的此两部长由中共人士担任的共识。这是蒋介石对共产党参加政府表示挡驾的行为。"从此,蒋介石对召开国民大会和改组政府的确另有打算。那就是召开没有共产党参加的伪国大,组织没有共产党参加的伪联合政府"②。他以胜利者的姿态,甚至无视民盟提出的三项停战建议和马歇尔"现正尽力设法使东北战事不致延及华北"并要求其"与中共恢复和谈"的警告,通过宋美龄、宋子文、王世杰等人转达4封备忘录要求马歇尔"对中共亦可暂不理会",并向中共提出极其苛刻的停战条件。在军事上,蒋认为东北中共军主力既被击溃,是占领东北全境的关键时机,命令杜聿明部"向哈尔滨兼程挺进,必先占领该战略据点"③;在关内陇海路上部署27个主力军,牵制和围困苏北、中原、华东乃至西北中共部队,企图一举进占中共苏北、中原、山东、晋绥等解放区。似乎可说蒋介石及军事将领的心态变化,促使四平之战演变成东北大战,战火逐渐蔓延至全国。但是说到底,根据前述材料可见,国共双方其实都是本着一贯的政治理念并依据实力来确定政策和策略的:国民党当局的政策是凭借实力实现反共反民主的独裁统一,策略是军事解决;中共的政策因为限于实力,仍然是和平民主团结,策略则是以打促谈,以谈判弥补军事实力的不足,力求当前政策目标实现。

武装冲突期间,国共两党在马歇尔和各中间党派的斡旋下,曾经有过时断时续的政治谈判,试图调和。但是,中共此时抱定"以打促谈"的斗争策略,

---

① 郝伯村:《郝伯村解读蒋公日记(1945—1949)》,台北天下远见出版股份有限公司2011年版,第182页。
② 《文史资料选辑》第20辑,第251页。转引自秦立海:《民主联合政府与政治协商会议》,人民出版社2008年版,第258页。
③ 《蒋中正"总统"档案·事略稿本》第65册,台北"国史馆"2012年印行,第563、448、576—591页。

一面坚持军事斗争争取重大胜利以迫使国民党回到谈判桌来;一面联合各中间党派提出和平方案,采取让步措施遏制内战,争取和平;积极响应马歇尔及各中间党派的斡旋建议和意见,争取各界的谅解和同情。

4月22日,周恩来向马歇尔表示,中共愿意执行3月27日指令,苏军即将撤完,东北已无接收问题,不应再有军队调动,东北应无条件停战。23日,中共中央决定联合各中间党派一致抵制国大,表示"我们希望在和平民主条件下,各党派合作开国大,但现在一切重要问题都未解决,东北在打仗,宪草未定,政府未改组,自由无保障,五五时间太促,决不能开,必须延期,请与民盟协同力争延期为要"①。29日,周恩来及马歇尔均表示接受民盟提出的解决东北问题方案,即中共军队退出长春,国民党只派行政人员和平接收长春,不得派军队进入。同时,国共重开政治谈判,依据政协决议和整军方案的精神解决东北问题;揭露蒋介石停战条件的实质是"不愿承认中共已有的地区、凡是能用武力则用武力,只有不得已时才能谈判、一切要听他的命令,他只在被迫时才让一点"②等,初步争取马歇尔对中共政策的理解和对国民党政策的质疑。在马歇尔的压力下,蒋介石同意自6月7日起在东北停战15天,与中共恢复谈判,解决问题,但同时声明:"政府对于收复主权保持自由行动一点,应始终予以维持";并声明这是他跟共产党打交道的最后努力,如不能解决问题,宁愿从事全面战争。此次,国共谈判的停止东北冲突、恢复交通和整军三个方面议题,被完全限制在蒋介石的提案范围内;争执的焦点则被扭曲地集中到美方职权、中共军队驻区及中共撤退区的地方行政问题。在谈判中,国民党坚持要给予军事三人小组中美方代表最终决定权,中共再次作出让步,接受了这一不合理的要求。6月24日,国共达成停止东北冲突、恢复交通和军调部美方人员决定权等三项协议。但是,国民党坚持所有协议必须同时签字,而此时谈判中最核心、最艰难的整军补充方案尚未达成协议,因此上述协议未能最终签署。此后一段时间,国共双方围绕整军补充方案问题的谈判迟迟不得进展,最终也未能达成协议,因此马歇尔调停工作基本陷入停顿境地。

---

① 《毛泽东年谱(1893—1949)》下卷,人民出版社、中央文献出版社1993年版,第71、73页。
② 《周恩来年谱(1898—1976)》修订本,中央文献出版社1998年版,第677—678页。

6月26日,蒋介石决定全盘战略方针为:"此时对东北军事应暂取守势,不可亟求进展,因原定政策本以收复长春及其以南之南满与北宁二铁路干线为军事目标,其他地区则用政治方法以求解决,一则使俄国不致正面出而干涉,一则使我兵力运用容易,不致过于分散而为俄共所乘也。故关内共军未戡定以前,对东北之军事决心维持现有形势为要旨,此不能不慎出之也。"可见其战略重心转向关内,决心发动全面内战了。但蒋介石虽决心再次走向内战,却又不愿承担战争责任。于是在已经挑起全面内战的第二天,即6月27日,他召集研究对共政略战略时,决定"无论对共交涉有无结果,目前军事行动,仍不宜用正式讨伐方式,只可作局部事故,逐渐解决。但每一事故,必须求其告一段落,并须充分准备,以求速决也"①。7月3日,他突然向最高国防委员会提出当年11月12日召开国大的议案,并表示:"如届时有一部分党派代表不参加,国大仍如期举行,绝不再有变更。"因此国民党宣称政府对于国民大会的召开,是根据建国大纲与约法的规定,无须与各方协商;协商也不能违反这个大纲与约法的规定。稍后,蒋介石更声称,中共是国民党真正的敌人,要彻底消灭中共,必须从政治、经济、文化、教育、社会各个方面对其发动全面斗争。这就是说,蒋介石国民党无意和谈,决心凭军事实力说话,通过打来实现政策,达到目的,但不宣战,不承担发动内战的罪责。因此在这之后,国民党当局在公开场合,大谈和平之门不闭,期待与中共继续谈判;但实际上已通过战争将和谈大门关闭。中共对此不能不调整政策和策略,虽然还在做着谈判的努力,但已经只能是以谈判配合已经开始的实际大打了。所以,马歇尔也就撕破脸皮,对国民党当局不无偏袒地指责中共"并不是为谈判而谈判,而是为宣传而谈判"了②。

上述国共美三方态度的陡变,皆由于6月26日国民党军进攻中共的中原解放区,导致全面内战爆发。至此,第二次国共内战取代了第二次国共合作,国共合作时期的政策和策略当然停止而转向了新的方面。

---

①叶健青编辑:《蒋中正"总统"档案·事略稿本》第66册,台北"国史馆"2012年印行,第38、181—182、188—189页。
②《民主联合政府与政治协商会议》,人民出版社2008年版,第265页。

结束语

第二次国共合作从酝酿、形成,直到结束,历经10年有余,虽然因为两党政策和策略的对立而摩擦不断,却坚持到了最后,并因此形成了抗日民族统一战线,团结了全国人民,最终打败了日本帝国主义,捍卫了中华民族的尊严和权益,并使根本推动民族、国家和人民发展的现代民主制度得以传播、开始深入人心和得到部分成功实践,从而打开了通往国家主权独立、人民自由幸福的大门。究其根本原因,无疑首推面对日本帝国主义的野蛮侵略、中华民族的生死存亡,为了民族血脉的延续、中华文明的传承、中国人民生命财产和尊严的捍卫,发扬中华民族抗击外侮、保家卫国的民族精神和爱国情怀所使然。同时,保卫民族、国家主权与领土完整的现代国际法意识和追求也发挥着并且日益突出地发挥了重大的作用。

作为政党,作为现代先进政党,在民族情结和现代阶级意识的双重支配下,中国共产党率先提出了抗日民族统一战线的政策方针,并提出了包括第二次国共合作、通过抗日战争推进民主政治发展在内的一整套不同层面的政策和策略,从而推动了抗日民族统一战线包括第二次国共合作的实现和曲折发展,最终引导抗日战争走向了胜利。但作为工业化时代(这是就根本的经济发展形态而言。若从它必然要求的政治形态、文化形态来看,则是民主化、科学化时代)的核心阶级——中国工人阶级——为主体的广大无产阶级利益的代表者,无论从工业化对现代民主政治的必然要求看,还是从工人阶级和人民群众的当前与长远利益看,还是从党本身的根本追求与抗日的现实需要看,中共都必须和必然在抗战中提出民主政治的主张,追求民主政治的实现,以保证抗日战争胜利、推进民族国家的发展。而在半殖民地半封建中国社会的时代背景中,干革命、争民主就是"犯法",是要掉脑袋的事情,因此既得有合当局之法的争取,还得有非当局之法的武装斗争相配合。这又决定了中共必须遵循这个规律,吸取1924—1927年国共合作和1925—1927年大革命的成功经验与失败教训,在抗战中维护和发展自己的实力,首先是武装力量。但是,代表大地主大资产阶级利益的中国国民党,作为当时的执政党,却有另一套政治理念,既有复兴传统政治文明的底蕴,又有近代中国军阀政治的经验,还有对于法西斯主义的期许。这一切的糅合,使它在私有制社会这种最便利实行多党政治的环境中,在世界主要工业化国家纷纷走向资本主义代议政治甚至社会主义民主政治的大环境中,却误认法西斯德国及意大利是效法的榜样,形成一整套颇具特色的封建法西斯主义理念,坚持奉行一党独大、一党专政、个人独裁的"训政",当然视中共和众多有参政愿望的中间势力的小党派为非法,必欲除之而后快(当然这主要是对中共,而对其他中间势力小党派则不必,只要稍加吓唬、打压即可,因其没有政治实力尤其是军事实力)。可见,国共不同的阶级立场,决定了两党不同的政治信仰和追求,也就决定了双方各自对于对方的不同政策和策略。这在中共,就有了从土地革命时期的反对国民党统治以实行工农民主,到抗战前期的改造国民党以坚持抗战,再到抗战后期的孤立国民党反共顽固势力以实现新民主主义的政策变化,相应采取了武装反抗国民党反动统治、以民主方法争取和团结国民党当局实现民主坚持抗战、团结和领导全民(在操作层面的重要力量是包括国民党民主派在内的中间势力和党派)以联合政府方式改组国民党政府(目的是结束一党专政)从而走向民主政治等不同阶段的不同策略,其运作结果只能是两个方面,或者是中共希望的民主联合政府和新民主主义政治,或者是中共限于实力较弱而尚不情愿的内战。在这同一时序中的国民党当局,则奉行以反共为核心的"统一"政策,坚持从武力"剿共",到军事"收编"、政治"容共"和"溶共",再到军事政治双管齐下地利用、打压的限共和"有了三民主义就不必有共产主义"的反共宣传等一系列策略手段的配套运作,最后到军事限制与"政治解决"(根本是先交军队、再让你的几个人来做官)相结合等一系列策略变换,其必然结果只能是反共和内战。这不是一股道上跑的车,终归是要决裂的。所以,在第二次国共合作发动和坚持抗战,最终迎来抗战胜利的同时,又有了第二次合作期间国共不断地摩擦、谈判直至发展基础实力和团结与运用第三方力量等尖锐斗争。

第二次国共合作中的这一切关系,在很大程度上都表现在代表中共中央常驻重庆和大后方的南方局的所有工作中。换句话说,南方局同国民党的联络、谈判、斗争,同中间力量的交往、协商、共同奋斗,乃至对国民党统治区中共组织的隐蔽、巩固和发展,对广大群众的宣传、组织和领导,无一不是围绕发展演变中的国共两党政策和策略,对于中共政策和策略的具体贯彻落实与运用,其成就根本在于既维护了国共合作为重要表现的统一战线,从而坚持了抗战,又发展了中共革命利益即引导和发展了人民民主。

从第二次国共合作这段历史的发展演变和最终结果可见,政党及其政策和策略的成败,根本不是取决于自身的主观认定,而是取决于历史发展的方向和民族、国家、人民的当前与长远的发展需要。这就决定了无论革命,还是执政,政党都需要在把握历史发展方向、发展本阶级利益的同时,着眼于民族、国家和人民的当前利益与根本利益,正确制定、调整、执行政策和策略。唯其如此,政党才能随着民族、国家和人民的发展而发展;否则,必败无疑。作为规律,概莫能外,国共两党也须遵循。难怪毛泽东在 1948 年国共胜负大势初定之时,面对当时中共党内以农民等小资产阶级群众为主体的基层出现的严重"左"倾错误和各级领导层面出现的右倾错误,要以全力纠正这些错误倾向,并且一针见血地告诫全党:"只有党的政策和策略全部走上正轨,中国革命才有胜利的可能。政策和策略是党的生命,各级领导同志务必充分注意,万万不可粗心大意。"① 这无疑是总结了中共的历史经验和教训,尤其是抗战中的成功经验,所形成的正确观念和结论。必须指出,这种小心翼翼地制订与执行正确政策和策略的观念,在毛泽东是一以贯之的。诚如他在抗日战

---

① 毛泽东:《关于情况的通报》(1948 年 3 月 20 日),《毛泽东选集》第 4 卷,人民出版社 1991 年版,第 1298 页。

争中对郭沫若谈及国际条件和中共自身努力时所有的感慨和要求时说:"我虽然兢兢业业,生怕出岔子,但说不定岔子从什么地方跑来;你看到了什么错误缺点,希望随时示知。"①正是靠着这种始终兢兢业业,绝不敢粗心大意的精神,中共及其南方局才在抗日战争中始终坚持并不断完善了正确的政策和策略,使中国革命由弱到强,使抗日民主走向胜利和发展。反观国民党蒋介石,则始终坚持反共政策及策略,还自高自大、自以为是,绝不反躬自省,以致使国民党统治日益腐败,党心民心尽失,既使第二次国共合作破裂,又使自己最终从大陆败亡,充其量给后来的执政党留下了一个可耻的殷鉴。

历史的经验值得注意,必须重视。从国家的领土主权完整、民族和人民的历史发展着眼,现在国共两党又走到了新的历史关键时刻。这需要两党制定与执行正确的政策和策略,领导海峡两岸人民发扬民族团结精神和爱国情怀,实现国家的统一;在国际形势和台湾岛内形势复杂多变且日趋尖锐的情况下,尤其需要国民党不要再犯历史性错误,而应认清形势,以民族、国家、人民的根本利益为重,与中共再度携手合作,写好国家统一的新篇章,也使自己有一个光明的前途。

---

① 毛泽东:《给郭沫若的信》(1944年11月21日),《毛泽东文集》第3卷,人民出版社1996年版,第227页。

附：主要参考文献

一、文献档案

中央档案馆编:《中共中央文件选集》第1册,中共中央党校出版社1982年版

中央档案馆编:《中共中央文件选集》第2—4、6、7册,中共中央党校出版社1983年版

中央档案馆编:《中共中央文件选集》第8、10册,中共中央党校出版社1985年版

中央档案馆编:《中共中央文件选集》第9册,中共中央党校出版社1986年版

中央档案馆编:《中共中央文件选集》第11、12、15、16册,中共中央党校出版社1991年版

中央档案馆编:《中共中央文件选集》第14册,中共中央党校出版社1992年版

中央档案馆编:《皖南事变(资料选辑)》,中共中央党校出版社1982年版

中央统战部、中央档案馆编:《中共中央抗日民族统一战线文件选编》下,档案出版社1986年版

中共中央文献研究室编:《毛泽东文集》第1、2卷,人民出版社1993年版

中共中央文献研究室编:《毛泽东文集》第3卷,人民出版社1996年版

中共中央文献研究室编:《毛泽东年谱(1893—1949)》上、中、下卷,人民出版社、中央文献出版社1993年版

《毛泽东选集》第1—4卷,人民出版社1991年版

《毛泽东军事文集》第2、3卷,军事科学出版社、中央文献出版社1993年版

中共中央文献研究室编:《毛泽东思想形成与发展大事记》,中央文献出版社2011年版

中共中央文献研究室编:《周恩来年谱(1898—1949)》,人民出版社、中央文献出版社1989年版

中共中央文献研究室编:《周恩来年谱(1898—1949)》修订本,中央文献出版社1998年版

中共中央文献研究室编:《周恩来年谱(1898—1949)》上册,中央文献出版社2007年版

中共中央文献研究室等编:《周恩来一九四六年谈判文选》,中央文献出版社1996年版

《周恩来选集》上卷,人民出版社1980年版

中共中央文献研究室、中国人民解放军军事科学院编:《周恩来军事文选》第2卷,人民出版社1997年版

崔奇主编:《周恩来政论选》上册,中央文献出版社、人民日报出版社1998年版

中共中央文献研究室、中央档案馆编:《建党以来重要文献选编(1921—1949)》第1、13册,中央文献出版社2011年版

中国第二历史档案馆编:《中华民国史档案资料汇编》第五辑第二编政治(二),江苏古籍出版社1998年版

中共中央马恩列斯著作编译局编:《斯大林全集》第 10 卷,人民出版社 1954 年版

中共中央马恩列斯著作编译局编:《列宁选集》第 4 卷,人民出版社 1972 年版

中共中央党史研究室张闻天选集传记组编:《张闻天年谱》上卷,中共党史出版社 2010 年修订版

中共中央党史资料征集委员会编:《第二次国共合作的形成》,中共党史资料出版社 1989 年版

中共中央统战部:《中共中央解放战争时期统一战线文件选编》,档案出版社 1988 年版

中共代表团梅园新村纪念馆:《国共谈判文献资料选辑(1945.8—1947.3)》增订本,江苏人民出版社 1984 年版

中共中央党校中共党史教研室编:《中国国民党史文献选编(1894—1949 年)》,中央党校科研办公室 1984 年印行

中共重庆市委党史研究室编:《中共中央南方局大事记》,重庆出版社 2004 年版

中国社会科学院近代史研究所中华民国史研究室、中山大学历史系孙中山研究室、广东省社会科学院历史研究室等合编:《孙中山全集》第 3、5、7、9、11 卷,中华书局 2006 年版

中国民主同盟中央文史资料委员会编:《中国民主同盟历史文献(1941—1949)》,文史资料出版社 1983 年版

方庆秋主编:《中国社会民主党》,中国档案出版社 1988 年版

方庆秋主编:《中国青年党》,中国档案出版社 1988 年版

中国民主促进会中央宣传部编:《马叙伦政论文选》,文史资料出版社 1985 年版

中国人民大学法律系国家法教研室资料室编:《中外宪法选编》,人民出版社 1982 年版

朱汇森等编:《中华民国史事纪要(初稿)》(1945 年 8—9 月),(台北)

"国史馆"1988年印行

秦孝仪主编:《"总统"蒋公大事长编初稿》卷5(上),(台北)"中央文物供应社"1978年版

秦孝仪主编:《中华民国重要史料初编》第三编(二)、第五编(四)、第七编(二、三),(台北)中国国民党中央委员会党史委员会1981年印行

秦孝仪主编:《"总统"蒋公思想言论总集》卷9、15、37、38,(台北)中国国民党中央党史委员会1984年印行

王正华编辑:《蒋中正"总统"档案·事略稿本》第62册,(台北)"国史馆"2011年印行

蔡盛琦编辑:《蒋中正"总统"档案·事略稿本》第63册,(台北)"国史馆"2012年印行

叶健青编辑:《蒋中正"总统"档案·事略稿本》第64—66册,(台北)"国史馆"2012年印行

蒋介石日记,美国斯坦福大学胡佛研究所藏蒋介石日记手稿影印件(相关部分)

李勇、张仲田编:《蒋介石年谱》,中共党史出版社1995年版

荣孟源主编:《中国国民党历次代表大会及中央全会资料》上、下册,光明日报出版社1985年版

孟广涵主编:《国民参政会纪实》上、下卷,重庆出版社1985年版

重庆市政协文史资料研究委员会等编:《国民参政会纪实》续编,重庆出版社1987年版

孟广涵主编:《抗战时期国共合作纪实》上卷,重庆出版社1992年版

袁旭等编著:《第二次中日战争纪事》,档案出版社1988年版

童小鹏著:《在周恩来身边四十年》上册,华文出版社2006版

四川省地方志编纂委员会编:《四川省志·大事纪述》中册,四川科学技术出版社1999年版

全国政协文史资料研究委员会编:《文史集萃》第4辑,文史资料出版社1984年版

全国政协文史资料研究委员会编:《文史资料选辑》(合订本)第 14、20 辑,中国文史出版社 2000 年版

全国政协文史委编:《文史资料选辑》第 27 辑,中国文史出版社 1986 年版

全国政协文史资料委员会编:《文史资料选辑》(合订本)第 73 辑,中国文史出版社 1986 年版

彭明主编:《中国现代史资料选辑》第 5 册上、下,中国人民大学出版社 1989 年版

彭明主编:《中国现代史资料选辑》第 3 册,中国人民大学出版社 1988 年版

历史文献社编:《政协文献》,1946 年印行

李渊庭、阎秉华编:《梁漱溟先生年谱》,广西师范大学出版社 2003 年版

公安部档案馆编:《在蒋介石身边八年——侍从室高级幕僚唐纵日记》,群众出版社 1991 年版

复旦大学历史系编译:《日本帝国主义对外侵略史料选编(1931—1945)》,上海人民出版社 1983 年版

陈旭麓主编:《宋教仁集》下册,中华书局 1981 年版

《张治中回忆录》,中国文史出版社 1993 年版

《武汉文史资料》2007 年第 7 期

《皖南事变文电选编(国民党部分)》,安徽省档案馆 1985 年印行

《陈独秀文章选编》中卷,生活·读书·新知三联书店 1984 年版

[美] D. 包瑞德著,万高潮等译《美军观察组在延安》,解放军出版社 1984 年版

二、研究著作

中共中央文献研究室编:《毛泽东传(1893—1949)》,中央文献出版社

2004年版

中共中央文献研究室:《周恩来传》(上),中央文献出版社2008年版

中共中央党史研究室著:《中国共产党历史》第1卷,中共党史出版社2002年版

中共湖南省委党史研究室编:《中共中央南方局的党建工作》,中共党史出版社2009年版

张秀章编著:《蒋介石日记揭秘》下册,团结出版社2007年版

叶永烈著:《毛泽东与蒋介石》,安徽教育出版社2009年版

杨奎松:《国民党的"联共"与"反共"》,社会科学文献出版社2008年版

吴珍美著:《蒋介石的联共谋略》,东方出版社2006年版

工聚英:《八路军抗战简史》,解放军出版社2005年版

王桧林主编:《中国现代史(1919—1949)》下册,北京师范大学出版社1988年版

王功安等主编:《国共两党关系史》,武汉出版社1988年版

王斌:《四川现代史》,西南师范大学出版社1988年版

汪朝光:《中华民国史》第11册,中华书局2011年版

田克勤著:《国共关系论纲》,东北师范大学出版社1992年版

孙宅巍著:《蒋介石的宠将陈诚》,河南人民出版社1990年版

石源华著:《中华民国外交史》,上海人民出版社1994年版

沙健孙主编:《中国共产党与抗日战争》上册,中央文献出版社2005年版

邱钱牧主编:《中国政党史》,山西人民出版社1991年版

毛磊等主编:《国共两党谈判通史》,兰州大学出版社1996年版

马齐彬主编:《国共两党关系史》,中共中央党校出版社1995年版

刘会军等主编:《中国共产党九十年历程——共赴国难》,吉林人民出版社2011年版

李炳南:《政治协商会议与国共谈判》,(台北)永业出版社1993年版

金冲及主编:《周恩来传》,中央文献出版社1998年版

金冲及主编:《周恩来传(1898—1949)》,人民出版社、中央文献出版社

1989 年版

蒋匀田:《中国近代史转捩点》,(香港)友联出版社有限公司 1976 年版

姜克夫编著:《民国军事史》第 3 卷,重庆出版社 2009 年版

胡大牛主编:《中共中央南方局统战史论》,人民出版社 2008 年版

郝伯村:《郝伯村解读蒋公日记(1945—1949)》,(台北)天下远见出版股份有限公司 2011 年版

冯文彬等主编:《中国共产党建设全书 1921—1991》第 1 卷,山西人民出版社 1991 年版

陈雪:《国共谈判中的周恩来》,中共中央党校出版社 2001 年版

A. M. 列多夫斯基:《斯大林与中国》,新华出版社 2001 年版

[日]古屋奎二著:《蒋"总统"秘录》第 12、13 册,(台北)中央日报社 1977 年版

三、报刊资料

1939 年 9 月 16 日,10 月 7 日,1942 年 7 月 7 日,1945 年 8 月 17 日,1946 年 1 月 11、16—19、23 日,2 月 1、4、23、26 日,3 月 10、19 日,5 月 4 日重庆《新华日报》

1941 年 1 月 18 日、1946 年 1 月 7 日《中央日报》

1995 年 9 月 18 日《光明日报》

《文献和研究》1985 年第 4 期

《党史研究》1981 年第 2 期、1986 年第 3 期

《中共党史研究》1990 年第 5 期、2011 年第 10 期

《百年潮》2003 年第 12 期、2004 年第 10 期

《党史研究与教学》2002 年第 6 期

《近代史研究》1989 年第 6 期

《民国档案》1994年第2期

《抗日战争研究》2002年第4期

后 记

本书是周勇主持的国家哲学社会科学基金特别委托项目《第二次国共合作及其经验研究——以中共中央南方局和抗战大后方为中心》（项目批准号：09@ZH012）的子课题"第二次国共合作政策和策略研究"的最终成果，也是胡大牛主持的重庆市社会科学规划重大专项"第二次国共合作政策和策略研究"（批准号2009-ZDZX03）的最终成果。

本书各章研究和写作的具体分工是：导言、第1、5章及结束语初稿——胡大牛（中共重庆市委党校中共党史教研部），第2、3章——扶小兰（重庆市委党校中共党史教研部），第4章——李祥营（重庆市委党校党史教研部），第6章——唐伯友（重庆图书馆），结束语——周勇（重庆市人民代表大会常务委员会）。全书由胡大牛统稿并编订主要参考书目、撰写后记，周勇修改定稿。

本课题从申请到立项、研究和结项，始终得到中共重庆市委宣传部、重庆市委抗战大后方历史文化工作协调小组办公室、重庆市社会科学规划办公室、中国抗战大后方研究协同创新中心及有关方面的大力支持和帮助，在此谨致诚挚的谢意。

本课题的研究写作，历时5年。我们力求站在民族、国家和人民发展的立场，去看待认识问题；秉持实事求是的中共指导思想和史学原则，去指导研究问题；遵循全面、系统、具体问题具体分析等科学的理念和方法，去把握和分析问题。但现实总在快慢不等的发展变动中，史料的发掘和采用总在因时势而异的进行中,研究者的学养、视角、认知总有不同且在提高过程中,这些都决定了历史研究总有其局限性,某种程度上也可说总是一门"遗憾的艺术"。本书也不能例外,在给读者以新认知的同时,也期待着本身的提高——请读者诸君不吝赐教。

胡大牛

2015 年 7 月 16 日